공간의 현상학, 풍경 그리고 건축

과학·건축·현상학의
심층횡단을 통한
인간의 미래 거주 방향 모색

이종관

- 성균관대학교 철학과와 동 대학원을 졸업한 뒤, 독일 뷔츠부르크대학에서 수학하고 트리어대학에서 철학 박사 학위를 받았다. 춘천교대를 거쳐 현재 성균관대학교 철학과 교수로 재직 중이며, 건교부 산하 미래주거연구 위원회 자문위원, 정보통신정책연구원 기획총괄위원, 과학기술정책연구원 미래포럼 자문위원, 교육과학부 융합 학문발전위원회 위원 등으로 활동하며, 세상의 밑그림을 그리는 작업에 철학자의 노동이 소용되길 희망했다.

- 후설과 현상학에서 출발했던 철학적 도정은 이제 인간의 가능성과 미래를 탐사하는 지점에 와 있다. 삶이 거주하는 인간적인 도시들과 그 풍경은 탐사의 구체적인 주제가 되었고, 앞으로 이들을 기록으로 남겨갈 생각이다. 주요 저서로는 『사이버문화와 예술의 유혹』『과학에서 에로스까지』『자연에 대한 철학적 성찰』『소설로 읽는 현대 철학, 소피아를 사랑한 스파이』 등이 있고, 주요 논문으로는 「그림에 떠오르는 현대문화」「아인슈타인의 상대성이론에 대한 현상학적 연구」「성애의 현상학」「과학, 현상학 그리고 세계」「마지막 탱고 그 후, 후설의 정초주의를 옹호하며」 등이 있다.

* 이 저서는 2007년 정부(교육인적자원부)의 재원으로 한국학술재단의 지원을 받아 수행된 연구임
(KRF-2007-812-A00089)

공간의 현상학, 풍경 그리고 건축

과학·건축·현상학의 심층횡단을 통한 인간의 미래 거주 방향 모색

이종관 지음

성균관대학교
출판부

책을 내면서

철학을 직업을 삼고 살아온 지 올해로 꼭 20년이 되었다. 철학하는 사람들에게 꿈이 있다면, 아마 그것은 자기 철학을 삶 속에 숨 쉬게 만들고 싶은 것이리라. 나도 예외가 아니었다. 하지만 그것은 이루어질 수 없는 꿈만 같았다. 철학의 언어는 언제부터인가 고립된 섬에서 사용되는 언어인 양 삶과 유리되어 버렸고, 철학자들의 이야기는 그들만의 자폐적 이야기가 돼버렸다. 또 언제부턴가 철학의 언어는 극단적으로 추상화되어 삶을 담을 수 없는 기호들의 계산 과정이 돼버리기도 했다. 인간의 삶은 철학을 갈구하고, 그래서 철학은 동물도 신도 할 수 없는 오직 인간만이 할 수 있는 성찰의 창조물로 탄생했지만, 현대의 철학은 삶을 담지 못하고 형해화形骸化되었다.

그런데 10여 년 전 어느 여름날 나는 우연히 철학을 형체화하여 삶이 거주할 수 있는 터로 짓는 일이 가능하다는 것을 알게 되었다. 그것도 하늘과 땅과 신성함과 죽을 운명의 인간이 모여드는 작품으로서의 집을, 그리고 자연과 인간과 기술이 상호창조적으로 화해할 수 있는 시적詩的 도시를, 바로 건축현상학을 만나게 된 것이다. 물론 이전에도 철학자들이 건축에 대해 쓴 글을 접한 적이 있었지만, 인식론·형이상학·과학철학에만 관심이 있었던 나는 그저 건성으로 읽었었다.

그런 와중에 아주 우연히도 한 건축가를 만나게 되었다. 그는 성균관대 건축학과의 변태호 교수이다. 그는 어느 날 건축학과 실습실 쓰레기통에서 한심하게 처박혀 있던 현상학 관련 책 한 권을 발견했다며 내게 연락을 해왔다. 그리고 그 책으로부터 평소에 관심이 있던 현상학을 전공하는 사람이 같은 학교에 재직하고 있다는 사실을 알게 되었다고 덧붙였다. 이렇게 버려진 한 권의 책 때문에 그와 나의 만남은 시작되었다. 그는 펜실베이니아대학 유학 시절 건축이 철학이라는 사실을 깨닫게 되었다며, 철학자들이 건축에 관심을 가져주기를 촉구하였다. 그리고 내게 건축현상학의 개척자 크리스티안 노르베르크 슐츠의 저작들을 읽어보라고 건네주었다.

그 후 나는 틈틈이 슐츠의 저작을 탐독하였고, 그를 통해 그저 구름 속을 거니는 것만 같아 한동안 관심을 잃고 있었던 하이데거의 철학으로 거슬러 올라가는 기회도 다시 얻게 되었다. 다른 한편으로 과학적 공간과 건축 그리고 인간이 살고 있는 실존적 공간과의 관계를 다시 성찰하는 기회를 갖게 되었다. 이 책은 이렇게 철학과 과학과 건축을 넘나들며 구름 속을 거닐던 철학을 형체화하여 삶의 공간으로 짓고 싶었던 나의 철학적 여정을 기록함으로써 시작되었다.

그간 파편적으로 흩어져 있던 이 기록들은 이제 미래의 시적 건축과 그를 통한 새로운 경제의 모색이라는 모험으로까지 확장되어, 체계적인 한 권의 책으로 출판되기에 이르렀다. 책의 출판은 전적으로 한국연구재단의 인문저술지원 프로그램 덕택이다. 연구재단의 지원이 없었으면 연구의 확장도 책의 출판도 불가능했을 것이다. 이 프로그램은 대학당국으로부터 맹목적으로 강요되는 대량 논문 생산에 매몰되어 정작 자기 학문개척의 절정인 저서 집필은 엄두도 내지 못하고 있는 인문학자들에게 생명수와 같은 정책이다. 이 프로그램이 지속적으로 더욱 확대되기를 기대한다. 또한 교정을 보면서 느낀 것이지만, 이 책이 진정으로 삶의 공간을 지어내기 위해서는 좀 더 다듬고 심화시켜야 부분이 남아 있다. 하지만 인문저술지원 자체가 집필기간을 3년으로 제한하고 있어 아쉬운 면이 있다. 그럼에도 이 책이 보다 나은 삶의 터전을 짓기 위해 고민하는 건축가들에게 조금이나마 도움이 되었으면 하는 바람이다.

이 책이 나오기까지 필자는 많은 분들의 도움을 받았다. 우선 이렇게 책을 출간할 때마다 새삼 고마움을 느끼는 두 분이 있다. 바로 무지했던 나를 학문의 세계로 인도해주신 은사 이영호 교수님과 박종현 교수님이다. 이미 은퇴를 하셨지만, 지적 활달함과 예리한 통찰력 그리고 끊임없는 정진으로 여전히 제자들에게 많은 가르침을 주고 계신다. 두 분 은사님께서 건강하고 행복한 노년을 누리시길 기원한다.

그리고 고마움과 함께 용서를 구해야할 사람이 있다. 바로 변태호 교수이다. 나와 건축의 만남은 그를 통해 가능했다. 그는 나의 관심과 연구를 독려하기 위해 슐츠의 책을 여러 권 빌려주었었다. 그러나 10여 년이 지난 지금까지도 나는 그 책을 돌려주지 않고 뻔뻔스럽게도 내 것인 양 책장에 꽂아두고 있다. 솔직히 그를 만날 때마나 책을 돌려 달라는 말이 나올까봐 두려웠다. 그러나 그는 여태껏 한 번도 책의 반환을 채근하지 않았다. 책 대신 술을 사라고 협박한 적도 없다. 책을 떼어 먹은 나에 대한 그의 아량이 없었다면, 철학과 건축 그리고 풍경을 넘나들던 내 철학적 여정은 시작조차 가능하지 못했을 것이다. 이 자리를 빌려 변태호 교수에게 정식으로 감사의 마음을 전한다.

마지막으로 이 책은 출판 작업 자체가 쉽지 않았다. 적잖은 분량의 초고는 무질서한 상태로 많은 사진 자료를 담고 있었고, 또 꼼꼼하지 못한 내 성격으로 인해 오탈자들이 많아 출판을 하기에 적합한 상태가 아니었다. 그러나 성균관대출판부의 현상철 선생은 거의 1년에 걸쳐 이 원고를 성심껏 다듬어 주고, 때에 따라서는 독자의 입장에서 조언을 해주며 원고가 책으로 탄생할 수 있도록 수고를 아끼지 않았다. 이 기회를 빌려 고마움을 전한다.

글을 쓸 때면 경험하는 것이지만, 가끔 전혀 생각지도 못했던 문장이 떠오르며 사유를 이끌어가는 경우가 있다. 그리고 그때 희미하지만 영감의 존재를 확인한다. 영감은 알 듯 모를 듯 막연한 목소리로 들리며 영혼을 울린다. 이 책에 한 문장이라도 감동적인 글귀가 있다면, 그것은 그 목소리가 들려주는 언어다. 그 목소리에게 고마움을 전한다.

철학은 맹목적인 것을 용납하지 않지만, 맹목적이어도 아름다운 것이 있다. 아마도 자식들을 사랑하는 부모님의 마음이 그럴 것이다. 청년의 쾌활함과 낭만으로 되돌아가신 아버님, 여전히 젊은 엄마인 양 자식들 걱정에 여념이 없으신 어머님, 그리고 끝까지 사랑을 주시다 2년 전 영면하신 장모님, 그 분들께 이 책을 바친다.

2011년이 저물어가는 명륜골 연구실에서

목 차

3부 | 건축에서 미래로

맺음말 혹은 보론 | 경제위기와 풍경현상학

| 1부 |

건축에서 현상학으로

1

문을 열며

거처 없이, 집 없이 삶은 이루어질 수 없다. 아무리 노마드nomad와 유비쿼터스ubiquitous가 디지털과 트랜스휴먼transhuman의 시대를 이끌어가는 유행어가 되었을지라도, 인간은 무한정 떠돌 수만은 없다. 또 인간은 어디든지 편재하는 유령 같은 존재자가 될 수도 없다. 인간의 삶이 이루어지기 위한 필수 조건은 어디엔가 정착하는 것이다. 그리고 정착은 무엇인가를 지음building으로써 이루어진다.

철학이 단순히 삶의 허공을 떠도는 기호들의 유희가 아니라면, 또 철학은 어디까지나 인간의 삶이 있기 때문에 시작된 것이며 그리하여 언젠가는 반드시 삶의 현장으로 되돌아와야 한다면, 철학에는 결코 도외시할 수 없는 긴박한 주제가 있다. 그것은 '삶은 어디에, 무엇을 지으며, 영위되어야 하는가'의 문제다. 즉 철학이란 '공간과 건축'의 문제를 삶과의 관련 속에서 성찰해야 할 책무가 있는 것이다.

그럼에도 철학이 삶의 문제를 고민하고, 공간의 문제를 성찰하며, 건축의 문제 영역에 적극적으로 개입한 경우는 찾아보기 힘들다. 지금까지 삶의 문제와 공간의 문제는 철학에서 분리되어 다루어져 왔으며, 건축은 철학에서 제대로 거론되지도 못했다.

다행스럽게도 현상학에서는 삶과 공간과 건축의 문제가 서로 잃어버렸던 연관 관계를 희미하게나마 회복하면서 철학적 성찰의 장으로 복귀한다. 여기서 결정적인 것은 현상학이 공간의 문제를 다루면서 단순히 과학적 공간을 객관적 공간으로 전제하고 그 토대 위에서 공간의 문제를 고찰하지 않는다는 점이다.

현상학은 이미 그 개척자인 후설에 의해 선언되었듯이 철저히 검토되지 않은 어떤 이론도 타당한 것으로 전제하지 않는다. 이러한 현상학적 에토스를 따라 공간의 문제를 고찰해보면, 과학적 공간의 타당성 근거는 투명해진다. 뿐만 아니라 과학적 공간에서 배척되어온, 그러나 과학적 공간의 근거가 되는 공간 현상이 발견된다. 이때 공간은 실존적 거주 방식으로 특징지어지는 인간 삶의 문제와 같은 맥락에서 출현하는 현상이다. 때문에 현상학에서 공간에 관한 논의는 삶의 필수 조건인 건축의 문제를 철학적 탐구의 필수 영역으로 발견해내는 작업으로 발전한다.

이 과정에서 가장 중요한 역할을 한 현상학자가 바로 하이데거이다. 그는 스승인 후설의 과학 비판을 계승하지만, 후설의 인식론적 현상학의 한계를 벗어나 실존론적·존재론적 현상학의 차원으로 진입한다. 그리하여 그 어떤 철학자보다 삶·공간·건축이 서로 연관성을 회복하는 근본적 차원으로 철학 논의의 방향을 심화시켰다. 그리고 그것은 이제 인간 삶의 생생한 거주의 현장에 현상학적 탐구가 스며드는 계기가 된다. 소위 '건축현상학'이 탄생하는 것이다.

건축현상학은 고대에서부터 현대를 거쳐 포스트모던시대에 이르기까지 인간의 삶·공간·건축이 이루어낸 인간 삶의 흔적들을 현상학적으로 재조명하면서, 거주와 건축의 문제를 통해 인류의 문화사를 재해석하는 기회를 터놓는다. 그리고 이러한 재해석은 단순히 과거에 대한 기억과 해석의 차원에서 머무르지 않는다. 그것은 인간의 삶·공간·건축의 문제를 이제 어떻게 재구상하여 삶의 거주지로 형성해낼 것인가 하는 미래적 과업에 중요한 방향을 제시한다. 하지만 유감스럽게도 건축의 영역에서 전개되는 공간 탐구 속에 숨겨진 이러한 현상학적 잠재력은 충분히 포착되지 않은 채 사장될 위기에 처해 있다.

이 책을 집필하려는 필자의 첫 번째 동기는 바로 이러한 위기감에서 시작되었다. 왜 현상학적 공간 연구와 건축현상학이 자신의 잠재력을 충분히 발휘하지 못하는가?

　여기에는 다음과 같은 두 가지 이유가 있다. 첫째, 삶·공간·건축
이란 문제의식은 현상학적 탐구를 통해 하이데거에 이르러 단절된 연
관 관계를 회복하는 단계에 들어선다. 그러나 하이데거에서는 과학적
공간에 대한 탐구가 내처 충분한 밀도로 진행되지 않았다. 또한 하이
데거가 발견해낸 공간 현상, 즉 "터place, ort"의 개념은 하이데거 외곽
에 위치한 철학에서는 야유의 대상이 될 정도로 종래의 철학적 분위
기를 탈각한 채, 완전히 생소한 언어로 기술되고 있다.

　둘째, 건축현상학은 크리스티안 노르베르크 슐츠Christian Norberg-
Schulz (1926~2000)[1]에서 출현하여 인간의 삶, 공간, 풍경, 건축물들을 시
대별로 관통하며 건축과 거주의 본질을 구체적인 삶의 현장과 도시에
서 발견해내는 성과를 거둔다. 그러나 그의 건축현상학 역시 과학적
공간에 대한 현상학적 탐구, 현상학적 터 개념
과의 관계 등을 충분히 밝혀내지 않은 채 논의
를 전개하고 있다.

　즉 그의 건축현상학으로는 건축학자들에게
철학적 논의의 지평으로 진입하는 길을 열어줄
수 없으며, 또한 현상학자들에게 건축의 현장
으로 접근하는 가교를 설치해줄 수 없다. 때문
에 건축현상학은 철학자들로부터, 현상학은 건
축가들로부터 외면당하고 있는 판국이다. 앞
으로 서술하겠지만, 이러한 괴리의 상황은 과

크리스티안 노르베르크 슐츠

학적 공간과 과학적 공간에 대한 현상학적 성찰, 그리고 건축현상학이
심층횡단의 과정을 통해 그 본질적 연관 관계를 선명하게 드러냄으로
써 극복될 수 있을 것이다.

　그러나 이 책을 집필하려는 보다 더 근본적인 동기는 미래의 인간

거주와 관련된 문제에서 촉발하였다. 첨단 과학기술의 급속한 발전과 그에 주도되는 미래 비전은 미래 인간을 유비쿼터스 도시(U-City, Ubiquitous-City, 이하 U-City로 약칭)와 같은 도시에 거주시키려 한다. 그러나 이 책의 후반부에서 밝혀지겠지만, 이러한 미래도시는 사실상 인간을 위한 것이 아니라, 탈인간화된 초인간transhuman에 정향된 도시 개념이다. 그리고 이러한 탈인간과 초인간은 디지털 공간에 편재하는(유비쿼터스한) 존재자들로서 거주와 건축을 필요로 하지 않는다. 유감스럽게도 이러한 사실들이 철학자들은 물론 건축가들에 의해서도 간과되고 있다. 막연하게 현대 테크놀로지의 유토피아주의를 추종하며 통속적 미래주의의 상상력으로 기획되는 미래도시에서 사실상 인간·거주·풍경·건축은 실종되고 있는 것이다.

이 책은 바로 이러한 점을 일깨우려 한다. 사실 미래에 대한 기획은 삶·공간·건축이 갖고 있는 내밀한 연관성이 회복되고 충분히 이해될 때 가능하다. 따라서 이 책은 첨단 과학기술을 절대화하는 상투적 미래주의의 근본적 문제점을 비판적으로 드러냄으로써 오히려 미래를 기획해본다.

그러나 이렇게 상이한 학문에 속하는 문제 영역을 넘나들며 철학적 사유를 전개하는 것은 쉬운 일이 아니다. 때에 따라서는 각 영역에서 출현하는 동일한 용어나 비슷하게 보이는 생각에 현혹되어 사유가 엉뚱한 방향으로 표류할 수 있다. 또한 그러한 용어들이 자신의 영역에서 갖는 고유한 의미를 무시한 채, 전혀 다른 의미로 해석되는 폭력의 위험도 있다. 이러한 위험을 피하기 위해 상이한 학문을 가로지르며 사유를 전개하는 것은 항상 엄격한 절차를 요구한다. 따라서 이 책은 이러한 절차를 마련하는 과제 또한 갖는다.

물론 21세기가 되면서 서로 다른 학문의 영역을 소통시키거나 융합시키려는 시도들이 간혹 융합이라는 문자 그대로, 때로는 통섭이란 이름으로 바뀌어 유행처럼 번져나가고 있다. 여러 학문 영역에서 융합 혹은 통섭이란 방법론이 학문 간의 소통을 활성화시키기 위한 전범으로 추종되고 있는 것이다.

그러나 과연 진정으로 융합과 통섭이 그럴만한 자격이 있을까? 건축과 철학이란 상이한 영역을 넘나드는 이 책의 시도 또한 현재 유행하고 있는 융합과 통섭을 답습해야 하는 것은 아닐까?

분명한 것은 '철학의 이름으로' 상이한 학문 영역을 넘나들며 사유를 전개하는 것은 막연한 답습을 허용하지 않는다는 사실이다. 그것은 융합과 통섭과 '비판적 대결'을 요구한다. 그리고 만일 융합과 통섭에 문제가 있을 경우, 상이한 영역을 넘나드는 학문적 통로를 철학은 스스로 찾아야 할 것이다. 이러한 이유에서 이 책은 융합과 통섭을 비판적으로 검토하는 예비적 고찰로부터 출발한다.

2

융합과 통섭
그리고
심층횡단

20세기 말 그리고 21세기의 여명에 학문의 변화를 촉구하는 목소리가 도처에서 들려왔다. 시대는 변하고 있는데, 현재의 학문은 근대 역사와 함께 발전해온 것이라서 변화에 제대로 대응할 수 없다는 것이 그 이유였다. 그러나 이러한 주장은 시대의 요구에 대한 예민한 반응이긴 하였지만, 유감스럽게도 선언적 내용 이상은 담지 못하고 있다.

과연 학문은 자기에게 그어진 경계를 어떻게 넘어, 어떻게 변화해야 할 것인가?

최근 모든 학문에 중요하게 적용되는 이 문제를 절박하게 받아들이며, 이에 대한 답변을 모색하는 과감한 시도들이 진행되고 있다. 그것이 바로 융합convergence과 통섭consilience이다. 20세기 후반 정보통신 기술의 급격한 발전과 그에 수반되는 사회 변화 속에서 학문과 기술의 혁신은 미래를 기약하는 시대적 과제가 되었다.

융합과 통섭은 이러한 혁신적 요구에 적극적으로 대응하며 출현한 이념이라는 점에서 시의성과 미래지향적 가치를 인정받고 있다. 실로 많은 사람들을 매료시켰고, 순식간에 엄청난 호응을 불러일으켰다. 그리고 미래는 이러한 융합이나 통섭을 자본으로 삼아 보장될 수 있다는 것이 이 시대의 신념이 돼버린 듯하다. 그러나 이러한 신념은 과연 올바른 길을 가고 있는가? 그리하여 이러한 신념이 기대하는 미래는 현실화될 수 있는가? 이에 대한 확인을 위해서라도, 필자는 융합과 통섭에 대한 보다 면밀한 검토가 필요하다는 생각이다.

사실 융합과 통섭은 지나치게 빨리 지배 이념이 돼버렸다. 경우에 따라서는 학문이나 기술의 영역적 차이나 이질성을 전혀 고려하지 못한 채, 무분별하게 남용되기까지 한다. 심지어 학문 간 융합이나 통섭의 요구가 어처구니없게도 엄밀한 학문성의 포기로 오해되는 경우도 있다. 이제는 학술토론장이나 매스컴에서조차 심심치 않게 비빔밥이나 잡탕이 갖는 미각의 덕을 운운하며, 기존의 학문들이 서로 섞일 것을 요구하는 상황도 목격할 수 있다. 급기야 이론적 성찰 없이 학문의 융합을 시장수요에 대한 신속한 대응이라는 미명 아래 임의로 남발하는 사태로까지 비화하고 있다.

하지만 이러한 남용의 피해는 융합과 통섭이 갖고 있는 긍정적인 기능마저도 위협할 수 있다. 분명한 것은 학문은 식욕과 미각을 충족시키기 위한 요리가 아니며, 당연히 학자도 요리사가 아니다. 학문은 임의적이며 즉흥적인 발상도, 잡담도 또한 단순한 담론도 아니다. 학문이 다른 것과 구별되는 까닭은 그것이 타당성의 정초 관계로 질서 지어진 지식의 텍스트이며, 이 관계의 총체에 의해 그 경계가 형성되었다는 데 있다. 따라서 학문적 타당성과 경계를 정초하고 구획 짓는 과정에 대한 치열한 반성이 선행되지 않을 때, 융합이나 통섭은 학문에 대한 기본적인 이해 없이 자행되는 무지의 향연으로 전락할 것이다.

더욱 심각한 것은 현재 대학에서조차 융합과 통섭이 학문에 대한 면밀한 이론적 검토가 없는 상태에서 유포되며 남발되고 있다는 점이다. 이렇게 숙성 과정 없이 급조된 융합이나 통섭은 학문의 난립과 소멸이라는 악순환을 몰고 올 위험성이 높다. 그리고 진정한 융합과 통섭의 기반이 되어야 할 전공학문 단위의 붕괴라는 결과를 초래할 것이다. 이는 장기적으로 모든 학문의 파산은 물론 융합과 통섭 자체를 불가능하게 만들어버릴 위험마저 있다. 문제는 여기에 그치지 않는다. 가장 우려되는 사실은 이 악순환 속에서 미래를 책임질 학생들이 길을 잃은 학문적 미아가 되리라는 점이다. 이를 예방하기 위해서라도 융합과 통섭 개념에 대한 비판적 고찰은 반드시 필요하다.

NBIC 융합

현재 국내에서는 융합기술convergent technology이라는 개념을 매우 폭넓게 사용하고 있다. 그러나 융합이라는 개념이 본격적으로 등장하여, 그것이 새로운 학문적 패러다임으로 추종되기 시작한 시점에서는 매우 정확하고 뚜렷한 내용을 갖고 있었다.

이 융합 개념은 2002년 미국 국가과학재단 NSF (National Science Foundation)에서 발간된 NBIC (Nano·Bio·Info·Cogno) 보고서에서 미래기술의 패러다임으로 화려하게 등장했다. 하지만 그 발원은 IT기술의 혁신적인 발전 덕택에 일기 시작한 정보통신·멀티미디어·엔터테인먼트 산업의 융합 현상으로 거슬러 올라간다. 1990년대 시작된 이러한 초기의 융합 현상은 응당 관련 산업들을 수렴해나가면서도, 역으로 새로운 기술적 발전을 필요로 하게 되었다. NBIC 융합기술은 이렇게 이미 IT 영역에서 비트bit를 기반으로 일어나고 있는 초기 융합 현상에 주목하고 이러한 융합을 개념적으로 명료화함과 동시에 IT를 넘어 확장하려는 시도에서 비롯되었다.

이 과정에서 기폭제가 된 것이 바로 그 즈음에서 각광을 받기 시작한 나노기술nano-technology이다. 나노기술은 그 동안 물리적·기술적 한계로 여겨진 극소 세계에 접근할 수 있는 문을 열어 주었다. 그에 따라 새롭게 열린 나노의 세계는 화학이나 물리학, 생물학적 현상들을

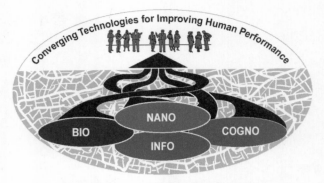

인간의 능력 향상을 위한 기술의 융합을 상징하는 로고

원자나 분자 수준의 차원에서 이해하는 것과 유사하게, 정보통신·미디어 관련 산업들을 나노 수준의 단계에서 이해하고, 나아가 기술적으로 조작할 수 있는 가능성들을 열어 주었다.

극미의 세계를 다루는 기술적 방법론의 발전은 다양한 학문·기술 분야에서 활용되는 정보통신 기술의 발전에 새로운 국면을 열어주었으며, 융합의 가능성까지 열어주었다. 이렇게 해서 이른바 NBIC, 즉 나노Nano, 바이오Bio, 인포Info, 그리고 인지Cogno의 기술적 융합이 하나의 패러다임으로 등장하게 된다.

2001년 미국 국가과학재단을 주축으로 한 연구모임을 통해 나온 보고서의 제목은 『인간의 능력 향상을 위한 융합기술Convergent Technologies to Improve Human Performance』[2]이다. 이 보고서에서 주로 다루어지는 관련 융합기술 분야는, 1) 나노과학과 나노기술 2) 바이오기술과 바이오의학 및 유전공학 3) 정보·컴퓨터과학 및 미디어이론과 기술 4) 인지신경과학 및 인지과학기술 등이다. 제목이 시사하는 바와 같이 보고서는 기술의 발전이 인간의 미래를 어떻게 바꾸어 나가는가에 대해 도전적이고 도발적으로 전망하고 있다. 따라서 이 보고서는 항간에서 회자되고 있던 이른바 트랜스휴머니즘transhumanism과 첨단기술

의 발전이 어떠한 미래를 약속하는가에 대한 논란을 증폭시키는 계기
가 되기도 했다.

　트랜스휴머니즘은 구글google과 나사NASA가 지원하는 싱귤래리티
대학Singularity University의 총장인 레이 커즈와일Ray Kurzweil, 나노물리
학의 개척자 킴 에릭 드렉슬러Kim Eric Drexler, 옥스퍼드대학의 철학자
닉 보스트롬Nick Bostrom등에 의해 주도된다. 그리고 이것은 현재 미래
연구를 이끌어가는 지배담론의 역할을 수행하고 있다.

　트랜스휴머니즘은 간단히 말해 첨단 기술의 발전이 미래 어느 시
점에 특이점singularity에 도달해 성공적으로 융합되면, 인간을 이러한
융합기술로 개조하여 생물학적 한계를 극복할 수 있다고 주장한다.
달리 표현하면, 인간의 생물학적 신체는 도태되고, 첨단 기술에 의해
능력이 완전하게 증강된, 인간 이후의 존재자가 출현한다고 예측하는
것이다. 이 시점에 이르면 진화의 방향은 기술에 의해 조정되며, 이는
자연적 진화와는 전혀 다른 새로운 차원의 진화로서 기존의 과학이나
철학의 틀로는 이해될 수 없는 신세계를 펼쳐낸다.[3]

　미국이 주도하고 있는 기술융합의 개념에는 우선 NBIC 기술이 거
듭제곱의 속도로 발전하는 현 추세에서 이 기술들이 서로 상호작용하
며 결합할 때, 기술의 완성도가 폭발적으로 상승하리라는 믿음이 전
제되어 있다. 이를 설득시키는 데는 특이점이란 수학적 메타포가 동
원되어 미래 예측에 대한 과학성을 과시함과 동시에 테크노피아의 미
래를 전망한다. 이러한 낙관적인 전망은 이미 90년대 후반에 제시되
었지만, 2002년의 보고서에서는 다음과 같은 가능성 혹은 과제로서
구체화된다.

- 21세기 내에 나노 수준으로부터 인간의 두뇌에 이르는 물질의 구
  조와 행태에 대해 포괄적인 이해에 기초한 '새로운 르네상스' 가

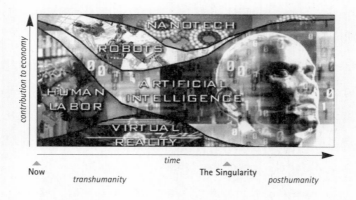

도래할 것이다.

- 세계 평화, 전지구적 번영 그리고 공감과 성취가 높은 수준으로 진화할 것이다.

- 인간 삶의 전 영역에서 증강된 삶을 누릴 수 있을 것이다.

- 문화와 인격의 본성에 대한, 전적으로 새로운 종류의 엄밀한 연구, 그리고 자연과학·사회과학·인문학의 결합에 의한 지식의 통합이 이루어질 것이다.

- 수십억 인류의 글로벌 네트워크 사회가 마치 하나로 연결된 두뇌나 생물학적 유기체의 확장된 형태로 간주될 수 있을 정도로 발전할 것이다.

- NBIC 기술 발전을 기초로 사회적 행위에 대한 예측과학과 진보된 행동교정 프로그램이 발전할 것이다. 이는 타인에게 해를 입힐 수 있는 행동을 억제하고 사회적으로 유익한 행동을 고무할 것이다.

이러한 전망이 실제로 가능할지 혹은 그저 단순한 희망일지의 여부는 일단 차치하고, 융합기술의 발전과 그러한 발전에 기초한 미래상을 담은 보고서들을 검토해보면, 다음과 같은 내용들이 눈에 띤다.

첫째, 융합기술이라 할 때 융합의 대상이 되는 기술의 범위는 비교적 정확히 규정되어 있다. 융합의 범위를 이렇게 비교적 정확하게 규정할 수 있는 까닭은 논의되고 있는 융합이 컨버전스의 원래 의미, 즉 '수렴'의 의미를 강하게 지니고 있기 때문이다. 물론 여기서 기술은 각기 다른 영역에서 활용되고 있는 기술이지만, 그 영역의 물리적 구성자는 나노 수준의 물질로 환원될 수 있다는 가정 아래에서 융합이 시도되고 있다. 예컨대 인간의 인지작용은 뇌의 활동으로 환원되고, 뇌는 결국 뉴런들의 상호작용으로 환원되며, 이 뉴런들의 작용은 생화학적 현상이지만 다시 이 생화학적 현상이 결국 분자물리학으로 환원되며, 나아가 이 분자물리학은 최근 발전하고 있는 나노기술을 통해 분자적 차원에서 연구되고 기술적으로 조작될 수 있는 것이다.[4]

둘째, 특히 강조되어야 할 사실은 융합이란 말이 자연스럽게 연상시키듯 다양한 기술의 수평적 결합이 아니라, 나노기술을 플랫폼으로 하는 수렴적 융합이라는 점이다. 따라서 'convergence'를 우리나라에서 '융합'으로 번역한 것은 불행한 사건이었다. 그것은 오역일 뿐만 아니라, 이 수렴적 융합이 기존의 협력적 연구collaborative research와 어떻게 구별되는지도 불분명하게 만들어버렸다. 그것은 학제적 interdicplinary 연구와 같은 포괄적 개념으로 오용되기도 하며, 어떤 경우에는 퓨전fusion, 결합composition, 조합combination 등과 혼돈되어 많은 부작용을 초래하고 있다. 이러한 부작용이 과학기술이나 교육정책에 전이된다면, 정책의 목적과 방향 역시 불명확함과 혼란에 빠질 위험이 있다.

셋째, 미국의 NBIC 수렴적 융합에는 환원주의적 형이상학 혹은 획일성의 존재론이 암묵적으로 작동하고 있다. 즉 실재는 다양성으로 경계 지어진 것이 아니라 동일성의 영역이며, 이 동일성의 실질적인 기반은 나노 스케일의 물질이라는 것이다.

넷째, 비록 융합기술을 통해 자연과 인간 그리고 사회와 문화에 대한 새로운 이해에 도달할 수 있을 것이라고 예상하지만, 그러한 새로운 이해가 목표로 하는 것은 전통적인 의미의 진리가 아니라 기술적이고 도구적인 지식이라는 점이다.

다섯째, NBIC를 주축으로 하는 기술융합이 성공적으로 이루어지면, 인간의 능력이 획기적으로 증강되어 유토피아적 미래가 펼쳐질 것이라고 예측한다. 여기서 노출되듯 융합 개념에는 기술-미래주의 Techno-futurism라는 기술지상주의가 맹목적으로 전제되어 있다.[5]

NBIC 융합은 그 진원지인 미국에서 희망적 미래를 약속하는 국가적 어젠다로 채택된 이후 세계적 반향을 일으켰다. 그 중에서도 그 반향이 구체화되고, 또 비판적으로 검토된 지역은 유럽연합이다. 유럽연합은 미국 국가과학재단의 보고서가 간행된 이후 연차적으로 기술융합에 대한 연구 결과를 보고하고 있다. 유럽연합의 보고서들에서 주목할 만한 점은 유럽식의 기술융합 이해가 그 진원지인 미국과는 차이를 보이고 있다는 점이다.

미국과 유럽연합에서 융합 개념의 차이

우선 가장 주목할 만한 차이는 미국에서 융합은 주로 나노 테크놀로지를 중심으로 논의되고 있는데 반해, 유럽연합의 융합기술 논의는 보다 폭넓게 진행된다는 점이다. 즉 미국에서 논의되고 있는 융합의 기저에는 관련 기술 영역의 대상들을 나노 수준의 물질로 환원한다는 환원주의적 이념이 자리 잡고 있다. 그러나 유럽연합에서는 융합되는 학문과 기술이 서로 대등한 관계를 유지한다는 것을 전제로 한다. 비록 융합이 새로운 가능성을 발견하고 혁신을 이루어 내리라는 기대에 있어서는 미국이나 유럽이나 차이가 없다고 하더라도, 융합을 바라보는 근본적인 관점에는 차이가 있는 것이다.

두 진영의 융합기술에 대한 이해와 그에 의지하는 미래상의 차이는 인간의 능력과 미래에 대한 예상에서 좀 더 구체적으로 드러난다. 미국의 경우 NBIC 융합기술을 토대로 인간 개개인의 생물학적 조건에 적극 개입하고자 하지만, 유럽연합의 경우엔 융합기술의 가능성에 대해 좀 더 사려 깊게 접근한다. 즉 인간의 지속 가능한 삶을 영위하기 위한 사회적 조건을 마련하기 위해 융합기술의 가능성에 초점을 맞추는 것이다.

미국의 NBIC 융합이 트랜스휴머니즘에 의해 주도되어 자연인을 능가하는 획기적인 인간 능력의 향상을 향해 매진하는 경향을 보인다면, 유럽연합의 그것은 개조나 능가보다 인간을 치유하려는 목적에 더 큰 비중을 둔다. 단적으로 말해서 미국의 융합기술을 추동하는 이념적 동인이 '트랜스휴머니즘'이라면, 유럽연합의 그것은 '휴머니즘'이다.

이러한 차이는 인간의 마음과 관련하여 확연한 차이를 보인다. 미국의 NBIC 융합은 '마음의 공학화engineering of mind'에 치중하는 반면, 유럽은 '마음을 배려하는 공학engineering for mind'을 지향하고, 이와 더불어 자본주의 체제 아래서 융합기술에 의한 혁신 제품의 소비와 사용을 감시하며 조절하는 활동을 포함한다. 결국 유럽연합은 융합기술의 발전이 가져올 사회적 문제들을 전체적인 측면에서 다각도로 검토하고 있다. 유럽연합의 고위전문가 그룹High Level Expert Group은 미국의 융합기술 비전의 문제점에 대해 비판적인 검토를 거친 결과, 다음과 같이 유럽연합 방식의 융합기술 버전을 제안한다.[6]

• NBIC 융합에 사회적Socio, 인류학적Anthro, 철학적Philo, 지리학적Geo, 생태학적Eco 영역 등 다양한 문제의식과 기술적 고려사항을 배려한다. HLEG는 이렇게 유럽적 특수성을 고려한 융합기술을

NBIC 융합기술과 구별하기 위해 '유럽적 지식사회를 위한 융합기술Converging Technologies for the European Knowledge Society', 즉 CTEKS 으로 명명한다.

- 융합기술에 대한 HLEG의 정의는 미국의 그것보다 폭이 넓다. 그에 따르면, 융합기술은 "각각의 다른 기술들이 공통의 목적을 추구하게 하는 기술과 지식체계"이다. 따라서 단지 NBIC 기술만이 아니라 사회과학과 인문학의 특별한 역할을 인정한다. 그런 점에서 자유의지와 (신경체계) 결정론 사이의 오래된 논란을 조급하게 판정내리지 않으려 한다.

- HLEG는 유럽문화의 다양성을 보존하고, 경제적 기회를 창출하는 데 기여할 사회적 필요의 중요성을 강조한다. 사회과학과 인문학은 이러한 문맥에서 융합기술의 방향성을 가늠하는 논의에 참여하며, 융합기술의 발전이 야기할 수 있는 위험을 평가한다. 이러한 분과들은 융합기술의 발전에서 인간의 문제를 고려하게 한다.

- HLEG는 인간의 마음을 공학적으로 조작하고자 하는 기술에 있어서 미국에 비해 회의적이다. 즉 인간의 두뇌를 일종의 기계장치로 간주하는 태도를 경계한다. 무엇보다 기계론적이고 결정론적 접근을 통해서는 인간 행위에서 도덕적 선택의 가능성을 고려할 수 없기 때문이다. 좀 더 근본적으로는 인간의 신체를 바라보는 관점도 상이하다. 몸을 생물적·기계적 관점에서 단순히 '소유'되는 것으로 보지 않고, 현상학적 전통에서 다른 무엇으로 환원될 수 없는 몸 자체의 고유성을 인정한다.

융합기술을 바라보는 미국과 유럽연합의 관점 차이를 방법론적으로 정리하면 다음과 같다. 미국의 융합은 NBIC라는 비교적 소수의 핵심기술을 중심으로 인간의 능력을 획기적으로 향상하는 것에 강하게 초점이 맞춰져, 일종의 하향적top-down 방식으로 진행되고 있다. 이에 반해 유럽은 다양한 학문 영역과 기술이 함께 참여하는 상향적bottom-up 방식으로 진행된다. 사실 NBIC를 중심으로 하는 미국의 융합 프로그램에는 군사적 목적과 동기가 반영되어 있다. 더욱이 '새로운 르네상스'라는 개념은 지나치게 낙관적이며, 효율성과 성과를 극대화하려는 목적에 치중해 있다. 유럽연합의 접근은 좀 더 구체적이고, 인문·사회과학적 문제들이 고려되어 있다는 점에서 가치 지향적이다. 이에 덧붙여 융합에 대한 미국식 접근은 '대상 지향적object-oriented'인데 반해, 유럽연합의 접근은 '문제 지향적problem-oriented'라는 평가를 받기도 한다.

융합의 문제점

한국은 미국의 NSF-NBIC 융합보고서가 발표된 후 1년이 지난 시점에 이미 융합기술의 중요성을 인식하였다. 그리고 매우 신속하게 이 논의를 수용하여 융합기술에 대한 포괄적인 연구를 시도했으며, 이때 이미 상당한 수준의 구체성을 가진 융합기술의 방향과 목록을 제시하였다. 그 결과 한국은 융합기술과 관련된 정책적 관심과 연구 성과에 있어서 이미 세계적으로도 선도적인 위치를 인정받고 있다.

또한 융합에 대한 관심은 이제 기술 분야를 넘어 학문의 영역으로 퍼져나가, 학문 간 융합은 창의적인 미래를 향한 시대적 요청으로 등장하고 있다. 그간 비교적 성공적으로 진행되어 온 기술 영역의 융합은 미래를 향한 창의적 자본으로 개념화되는 단계에 이르렀으며, 국가의 연구진흥 정책의 핵심으로 부상하고 있다. 실로 한국적 융합의 발전은 한국 특유의 속도전을 특징으로 하여 단기간에 이룩한 기술집약적인 측면에서 상대적으로 많은 성과를 이루어냈다.

그러나 이렇게 급속도로 추진되는 융합에서는 유감스럽게도 기술을 통해 이 기술의 사용자이며 수혜자인 인간이 어떤 의미의 삶을 살게 될지에 관한 성찰이 거의 실종되어 있다. 한국적 급속 융합의 원형인 NBIC 융합 개념에서도 사정은 마찬가지이다. NBIC 융합을 인문학적으로 성찰해보면, 이념적 측면, 학문이론적 측면, 목적성 측면에서 상당한 문제점을 노출한다.

첫 번째, 이념적 측면에서 NBIC 융합은 공학적 융합이기 때문에 학문관 자체가 이미 도구주의적이며 몰가치적이라는 함정에 매몰되어 있다. 또한 모든 것을 나노 수준의 물질로 수렴시켜 조작할 수 있다는 환원주의적 형이상학에 침윤되어 있다. 나아가 인간을 끊임없이 기술적으로 개조함으로써 인간의 결점이 극복된 인공적 존재자가 출현한다는 트랜스휴머니즘을 맹목적으로 추종하고 있다.

트랜스휴머니즘은 자연적 인간이 지닌 불완전한 부분을 찾아내어 이를 인공지능이나 장기로 대체함으로써 완전성을 향해 개조된 새로운 존재, 즉 트랜스휴먼을 생산하는 비전을 제시하고 있다. 이러한 기술의 기저에는 임의적 조작을 가해 완전한 인간을 만들어낼 수 있다는 우생학적 인간관이 자리 잡고 있다. 유감스럽게도 이 우생학적 인간관은 나치시대에 이미 경험했던 인종개량이라는 프로젝트의 최신 버전이다. 다만 그 기술이 NBIC라는 첨단기술로 발전했을 뿐이다. 인문학은 제2차 세계대전 이후 우생학적 인간관의 구시대성을 비판하고, 여러 가지 방식으로 이를 치유하려 노력하였다. 따라서 이러한 구시대적 우생학적 인간관을 바탕으로 하고 있는 NBIC 융합을 여타 학문 분야로 무분별하게 확산시키는 것은 역사를 퇴행으로 몰아갈 위험이 있다.

두 번째, 학문이론적 측면에서 NBIC 융합은 융합 양상의 다양성에 대한 인식을 결여하고 있다. 융합은 적어도 아래 네 가지 관점에서 융합의 양상과 방법론이 구별되어야 한다.

    — 대상 공유적 융합
    — 방법 공유적 융합
    — 이론 공유적 융합
    — 문제 공유적 융합

대상 공유적 융합은 연구대상의 존재론적 전제를 공유한다. 예를 들어 정신분석학과 뇌과학이 융합연구를 하는 경우를 상정해보자. 이러한 융합연구가 이루어지기 위해서는 우선 정신분석학과 뇌과학 모두 무의식이란 연구대상의 실재성을 인정해야 한다. 오직 그러한 전제 위에서만 정신분석학과 뇌과학이 공동으로 정신분석학에서 주장하는 무의식 현상이 뇌차원에서 어떠한 신경생리학적 작용으로 물질화되는지 연구할 수 있다. 그러나 사르트르처럼 무의식의 존재 자체를 인정하지 않는 경우가 있는데, 이런 입장에 서게 되면 위와 같은 연구 자체가 성립할 수 없다.

NBIC 융합처럼 생명체, 인간, 물질이 모두 나노 스케일의 물질로 수렴될 수 있다는 존재론적 획일성을 주장할 경우, 생명체를 탐구하는 학문, 인간을 탐구하는 학문, 물질을 탐구하는 학문은 연구대상의 상이성에도 불구하고, 최종적으로 나노 스케일 물질이란 연구대상을 공유할 수 있다. 이런 대상 공유적 융합의 대표적 사례가 나노생명공학nanobiotechnology이다.

방법 공유적 융합은 연구대상의 실재성에 관한 입장은 달라도 같은 방법을 사용하는 경우이다. 상이한 연구들, 예를 들면 생체공학bionics의 경우, 생물학과 공학의 방법론이 상호 교환된다. 생체공학은 최적의 기계를 만들기 위해 생물학적 연구방법으로 자연을 관찰한 후, 그 결과를 기계 제작에 응용한다. 한편 생물 현상에 대한 관찰은 관찰의 정확성과 효율성을 목적으로 생물체의 행위를 공학적으로 모델링한다. 이렇게 생체공학에서는 공학과 생물학이 순환적 방식으로 방법을 공유하고 있다.

이론 공유적 융합은 동일한 이론으로 다양한 학문 영역에 속한 현상을 설명하는 경우이다. 복잡계 이론이 대표적인 경우이다. 복잡계 이론은 상호작용과 패턴의 비약적 창발을 핵심으로 하는 이론 모델을 제시한다. 이 모델은 미시적인 물리 현상을 설명하는 데 사용되기도 하며 거시적인 사회 현상을 설명하는 데 사용되기도 한다.

문제 공유적 융합은 각기 다른 존재론과 인식론, 그리고 방법론을 갖고 있지만, 어떤 사태를 문제로 인식하는 데 동의하는 경우이다. 예컨대 에너지 과소비를 심각한 환경문제로 인식하는 데 입장을 같이 하면서, 자연을 기계론 · 생기론 · 심미론 등 각기 다른 존재론의 관점에서 이해하면서 환경문제 해결을 함께 시도해 나간다.

융합 연구자들은 융합을 시도할 때 어느 차원에서 융합을 시도하고 있는지 잘 분별할 수 있어야 한다. 현재 우리나라에서 남용되고 있는 융합은 이러한 구별의 필요성을 인지하지 못한 채, 막연하게 융합을 주장한다. 이 경우 대상적 차원에서 전혀 융합되지 못할 서로 다른 분야를 무조건 융합하려 하는 반학문적 오류를 범할 수 있다. 이런 경우의 융합은 한 분야가 자신의 고유한 존재론적 기초를 포기하고 다른 분야로 일방적으로 환원될 때만 가능하다. 특히 융합이 실패할 경우, 융합의 양상을 구별하여야만 원인이 밝혀질 수 있다. 예컨대 대상적 차원에서 존재론적 기초를 공유하는 두 분야가 있더라도 문제를 공유하지 못할 때 융합은 이루어지지 않는다.

세 번째, 목적성 측면에서 NBIC 융합은 성과 지향적 융합에만 집착되어 융합 목적의 다양성에 대한 인식이 결여되어 있다. 융합은 진리 발견을 위한 융합, 기술·산업적 활용을 위한 융합, 공공적 활용을 위한 융합, 문화 발전을 위한 융합으로 그 목적이 구별되어야 한다. 그리고 목적에 따라 역시 융합의 범위, 방법론, 융합의 수준 등이 달라진다. 가령 시장에서 잘 팔리는 제품을 만들기 위해 융합기술을 개발하는 것과 순수하게 원리나 진리를 발견하기 위해 융합연구를 하는 것은 방법 및 연구절차 그리고 융합의 범위가 다를 수밖에 없다.

극단적인 예를 들면 문화콘텐츠학과 역사학의 융합연구가 진행될 때, 이 연구는 잘 팔리는 한류드라마를 만드는 것을 목적으로 한다고 치자. 이런 목적 아래서 조선시대 역사를 연구하면, 그 연구는 당연히 조선시대의 역사에서 대중들의 흥미를 유발할 수 있는 사실만을 발굴하고, 거기에 역사적·상업적 가치를 부여하려 할 것이다. 또 그렇게 발굴된 사실들이 상업적 가치를 생산하기에 미흡하면, 사실에 적절한 허구성을 가하여 이른바 팩션faction(fact+fiction)이란 미명 아래 사실 왜곡도 서슴지 않을 수도 있다. 물론 포스트모던 문학이론에서 말하는 팩션은 부정적인 것은 아니다. 그것은 우리가 사실이라고 믿는 것의 허구성을 드러내기 위해서거나 혹은 사실과 허구성은 그 경계가 모호하다는 탈형이상학적 입장을 대변하기 위한 용어이다. 그러나 역사를 상업적으로 가공하기 위한 허구화를 팩션이란 개념을 동원하여 정당화하는 것은 팩션의 오용일 뿐만 아니라, 역사학을 사극과 동일시할 위험이 있으므로 경계되어야 한다.

반면 순수하게 선사시대 인간들의 행동을 연구하기 위해 역사학과 물리학이 융합연구를 진행할 때, 역사적 사실을 보는 범위와 중요성을 인정받는 사실이 전자와는 크게 달라진다. 이전까지 역사는 기록된 문헌을 중심으로 이뤄졌고, 이러한 기록으로부터 발견된거나 해석된 것이 역사적 사실성을 인정받아 왔다. 하지만 예컨대 방사선 동위

원소 측정과 같은 물리학적 방법이 여기에 적용되면, 사물이나 물체에서도 역사적 사실을 발굴해 낼 수 있는 수준까지 범위가 확대된다. 그리고 이렇게 연구범위를 확대하는 것은 역사의 진실성에 좀 더 가까이 다가가는 것을 목적으로 한다

즉 문화콘텐츠학과 역사학의 융합연구에서는 역사적 연구의 주제와 그 방향성이 사업성 있는 문화콘텐츠로 가공될 수 있는가의 여부에 좌우된다. 그리고 이를 위해서는 진실의 가감 혹은 왜곡도 정당화된다. 그러나 물리학과 역사학이 융합할 때는 연구결과가 어떤 부가가치를 생산할 것인가와 관계없다. 이러한 융합연구는 역사를 선사시대까지 포함하여 보다 사실에 충실하게 밝혀냄으로써 역사학의 진리성을 확보하는 것을 최우선 목표로 한다.

이러한 논의는 다음과 같은 사실을 환기시킨다. 융합의 내용과 실체에 대한 성찰 없이 융합을 맹목적으로 확산시키면, 우리도 모르는 사이에 도구주의적 몰가치주의에 매몰되거나 학문 목적의 다양성에 대한 무지에 빠질 수 있다. 그리고 이러한 무지는 나치즘에서 이미 경험한 바와 같이 우생학적 독단의 포로가 될 위험마저 있다.

통섭

통섭consilience은 융합과 함께 학문연구의 새로운 이정표로 주목을 받고 있다. 이제 일상적인 용어가 되었을 정도로 유행하는 단어 중 하나다. 그러나 바로 그러한 이유 때문에 융합과 마찬가지로 통섭 개념이 출현한 배경과 그 정확한 의미가 거의 망각되어 있는 편이다.

통섭은 사회생물학이란 새로운 학문 분야를 개척한 에드워드 윌슨 Edward O. Wilson(1929~)에 의해 제시된 개념이다. 사회학과 생물학의 영역을 넘나들던 그는 근대 이후 전문화의 과정을 겪으며 형성된 현대 학문에 다음과 같은 반성을 촉구한다. 계속되고 있는 "지식의 파편화와 그것으로 인한 철학의 혼란은 실제 세계의 반영이라기보다는 학자들이 만든 인공물일 뿐이다." 7 전문화를 거쳐 고도로 심화된 지식을 생산한 현대 학문, 그러나 그 전문화로 세계에 대한 파편화된 지식만을 제공하는 함정에 빠진 현대 학문은 이제 융합되어야 한다고 강조하며, 윌슨은 통섭이라는 거대한 지식 융합 프로젝트를 제시한다.

이 통섭의 기획에 따르면 자연과학, 인문학, 사회과학, 예술로 구분되어 자기 경계에 밀폐되어 있던 현대 학문들은 이제 서로 경계를 횡단하며 지식의 대통합을 이루어내는 길을 발견할 수 있다. 나아가 윌슨은 이러한 통

에드워드 윌슨

섭을 통해서만이 현재 대학교육이 처한 위기와 인류가 당면하고 있는 문제를 해결할 수 있다고 주장한다. "인종 갈등, 무기경쟁, 인구과잉, 낙태, 환경, 가난 등은 자연과학적 지식과, 인문사회적 지식이 통합되지 않는 한 해결될 수 없으며, 경계를 넘나드는 것만이 실제 세계에 대한 명확한 관점을 제공할 것이다."[8] 오늘날 대학이 세분화된 학과에서 세분화된 교육과정을 제공하는 한, 우리가 당면하고 있는 문제를 해결해 줄 어떤 전문가도 양성될 수 없을 것이다.

그런데 이러한 거대한 목적을 갖는 통섭이란 대체 무엇인가? 통섭은 문자 그대로 횡단을 통한 합류하기를 의미한다(넘나들며通涉, 아우르기統攝). 즉 어떤 수준의 사실과 이론을 다른 수준의 사실과 이론으로 연결시킴으로써 비약을 통한 합류를 시도하는 것이다. 그러나 이 내용을 좀 더 분명히 이해하기 위해서는 이 개념의 역사를 회고해보는 것이 필요하다.

월슨은 통섭의 기획을 역사 속에서 끄집어내었다. 그것은 19세기 초반 활동했던 과학철학자 윌리엄 휴월William Whewell (1794~1866)로부터 유래한 것이다. 그에 따르면, 두 개 이상의 일반화를 보다 포괄적인 이론으로 통합하는 것은 이론의 신빙성에 대한 중요한 근거이며, 이를 "귀납의 통섭"이라 명명한다. "귀납의 통섭은 하나의 사실집합으로부터 얻어진 하나의 귀납이 다른 하나의 사실집합으로부터 얻어진 귀납과 부합할 때 나타난다."[9] 천체궤도에 대한 케플러의 법칙과 갈릴레오의 자유낙하법칙 등을 하나의 운동이론으로 통합해낸 뉴턴의 업적이 전형적인 사례이다. 그리고 현대 학문에서도 사실상 적어도 일부의 영역에서는 이러한 통섭 현상이 일어나고 있다고 월슨

윌리엄 휴월

은 주장한다. 생화학이란 학문에서 보이듯 생물학은 화학으로 흘러들어가고 있으며, 그 화학은 다시 고분자화학에서 보이듯 물리학으로 흘러들고 있다.

이러한 사례들은 적어도 자연과학의 영역에서는 통섭이란 과정이 일어나고 있으며, 이제 인문학과 사회과학도 이러한 파티에 참여해야 할 때가 되었음을 시사한다. 이에 윌슨은 자연과학과 인문학의 통섭을 시도한다.

윌슨에 따르면, 더 이상 자연과학과 인문사회과학의 경계는 필요가 없다. 물론 윌슨도 그 분리에는 나름대로 타당한 이유가 있었다는 것을 인정한다. 생명과 문화 사이에는 인간의 지성이 만들어낸 인공물의 세계가 게재되어 있기 때문이다. 인공물은 물리적인 것을 가지고 만들어지지만, 지성을 통해 디자인됨으로써 물리적인 것 이상의 속성을 갖는다. 그러나 이러한 구분은 이제 그 경직성을 상실한다. 현대의 생물학과 의학이 인간의 뇌와 유전적 본능에 대한 연구를 통해 지성을 이해하기 시작했기 때문이다. 문화는 의식과 지성의 산물이지만, 그 의식과 지성은 뇌의 생리학적 작용이다. 따라서 물리적 세계와 문화는 뇌의 생리학적 연구를 매개로 서로 횡단될 수 있다는 것이다. 그리하여 윌슨에게 과학과 문화 · 인문학 간의 통섭은 수행 가능한 프로젝트가 되었다.

윌슨의 통섭은 사실상 학문 간 횡단이라는 시대적 요청에 응답한 지금까지의 시도 중 유일하게 방대한 시도이다. 여기서 그는 횡단이란 용어를 사용하면서도 단지 리좀rhizome 모델에 의탁하여 학문 간 횡단의 필요성을 시사하는 데 그친 들뢰즈Gill Deleuze(1925~1995)를 압도한다.[10] 따라서 윌슨의 시도는 그 과감성과 거대한 기획 의도에서 높이 평가될 만하다. 그러나 유감스럽게도 초보적인 학문이론적 논의에서조차 곧 문제점을 노출하고 만다.[11] 이 문제는 바로 그가 포스트모더니즘을 공격하고 객관적 진리성을 확보하는 과정에서 드러난다.

윌슨은 과학에 대한 세련된 21세기적 통념들, 즉 과학은 더 이상 객관적 진리의 추구일 수 없다는 주장을 정면에서 논박한다. 포스트모더니스트들이 말하듯, 우리는 더 이상 객관적 진리에 대해 이야기해서는 안 되는가? 윌슨에 따르면, 절대 그렇지 않다. 물론 과학에는 더 이상 논란의 여지가 없는 최종적 주장이란 존재하지 않는다. 그러나 "증거들이 계속 쌓이고 이론들이 더 단단하게 서로 얽히면서 보편적인 인증을 받은 지식들은 존재한다."[12] 그것이 객관적 지식이며, 또는 객관적 지식을 위한 주춧돌이다.

포스트모더니즘에 대한 격렬한 반감에서 나타나듯, 그리고 앞서 인용된 윌리엄 휴월에 대한 전폭적인 지지에서 보이듯, 윌슨의 통섭이 의지하고 있는 진리 확보의 방법론은 '귀납'과 또 '정합성'이다. 사실 이 두 방법론은 과학적 방법론상으로 서로 대척점에 위치하고 있다. 가능한 한 많은 수의 개별적 경험 사실의 집합으로부터 일반적 법칙을 이끌어내는 귀납은 경험적 진리관에 뿌리를 두고 있으며, 정합성은 논리적 무모순성을 진리의 기준으로 삼는 합리주의적이고 형식주의적인 진리관에 근거하기 때문이다.

이렇게 서로 다른 두 개의 입장이 어떻게 통섭이란 기획에서 서로에게 순기능을 할 수 있을지 윌슨에서는 논의되고 있지 않다. 이것은 윌슨의 통섭 기획에서 중대한 결함이다. 그러나 이를 제외하고서도 또 다른 치명적인 문제가 남는다. 그것은 바로 귀납에 관계되는 것이다. 귀납이 이론의 진리치를 담보할 수 없다는 사실은 귀납에 관한 철학적 논의에 조금이라도 관심이 있는 이라면, 너무나 쉽게 수긍이 가는 사실이다. 복잡한 과학철학적 논의는 접어두고라도 러셀의 유명한 칠면조의 예는 귀납에 의존하는 진리가 얼마나 허망한 결과를 가져올 수 있는지를 극명하게 폭로한다.[13]

칼 포퍼Karl Popper 역시 보다 정교한 방식으로 자연과학의 영역에서조차 귀납적 추리는 과학적 이론의 정당성을 확보해줄 수 없다는 것을 초기 실증주의 비판을 통하여 폭로하였다. 그에 따르면 자연과학은 이론을 구성하는 데 있어서 개별적인 경험으로부터 출발하는 것이 아니라 가설을 세우는 것으로부터 시작한다. 이때 가설은 그것이 법칙인 한 어떤 특수한 경우에 제한된 것이 아니라, 모든 경우에 타당한 무제한적인 보편명제 형식을 가진다. 그리고 보편명제의 형식을 취하는 가설이 입증되기 위해서는 그에 상응하는 무한수의 경험적 사실이 요구된다. 하지만 무한수의 경험적 사실을 확인하는 것은 사실상 불가능하다. 따라서 자연과학 이론의 타당성은 귀납을 통한 경험적 입증을 통해 담보될 수 없다.

그러나 윌슨의 통섭 시도에서 더 치명적인 것은 귀납으로 얻어진 이론의 말단 결론과 다른 이론체계의 말단 결론을 횡단하여 그 결론 간의 정합성이 확보되면 통섭이 이루어진다는 주장이다. 윌슨은 갈릴레이 이후 발전을 거듭하고 있는 자연과학의 예를 들며 자신의 주장을 정당화하려 하지만, 이는 유감스럽게도 과학에 대한 지극히 표피적인 이해 혹은 오해에서 비롯된 것이다.

이렇게 윌슨의 통섭 구상에 잠복하고 있는 심각한 문제점을 폭로하기 위해서는 과학이론의 내적 구조로 잠시 시선을 돌릴 필요가 있다.

뉴턴에서 아인슈타인까지의 과학이론의 발전에서 보여주듯 과학이론은 그 이론을 정합적인 체계로 완성시키는 근본 가정들을 가지고 있다. 한 과학이론의 지엽적 이론들은 사실상 이 근본 가정들로부터 연역되는 것으로, 근본 가정이 다른 것으로 대치되면 지엽적 이론이 갖고 있는 의미 내용도 전적으로 달라진다. 뉴턴의 경우 근본 가정은 공간의 절대성과 평면성이며, 아인슈타인의 경우는 시공간의 비분리성과 그로부터 도출되는 시공간의 상대성 그리고 공간의 구면성이다.

공간이 이렇게 각각 다르게 가정됨으로써 이 양자의 이론에서 근본적인 입장의 차이가 존재하게 되는 것이다.

이에 관한 가장 적절한 사례가 근대 물리학의 중심 이론인 중력이다. 즉 뉴턴 물리학에서 중력은 물체 사이에 작용하는 힘이지만, 아인슈타인 물리학에서는 공간의 구면성에서 도출되는 공간의 성격으로, 서로 근본적으로 전혀 다른 의미 내용을 갖는다. 따라서 두 이론에서 도출되는 말단의 이론들을 같은 층위에서 단순하게 연결시켜 그 형식적 정합성만을 문제 삼는 것은 오히려 각각의 근본 원리가 갖는 의미 내용의 이질성을 훼손시키는 지극히 무모한 결과를 낳고 만다.

이러한 무모한 횡단의 가장 극단적인 예는 과학과 과학이 아닌 다른 영역의 횡단에서 보다 심각하게 나타난다. 예를 들어, 아인슈타인의 상대성이론에서 시공간의 상대성과 피카소의 입체주의에서 보이는 시각의 상대성을 단지 상대성이란 말단적 연결점을 찾아 수평적으로 횡단하고 통섭하려는 것이다. 라포르Paul M. Laporte가 이미 시도한 이러한 횡단은 이미 아인슈타인과 피카소 모두에게 거부당했다.

아인슈타인은 라포르에게 보낸 답장에서 다음과 같이 쓰고 있다. "나는 당신의 비교를 매우 불만족스럽게 생각합니다. [중략] 당신 논문에서 시도된 비교에 대해서 말하자면, 거기선 상대성이론이 부정확하게 이해되고 있습니다. 이러한 오류는 상대성이론을 대중화하려는 시도에서 시작되고 있습니다. [중략] 이러한 (피카소 회화의) 새로운 예술적 언어는 상대성이론과 아무런 관계도 없습니다."[14] 피카소 역시 비슷한 어조로 자신의 큐비즘을 당시 수학이나 물리학과 연관시키려는 시도를 야유하고 있다.[15] 예술의 영역에서 이미 벌어졌던 이 웃지 못할 사건은 사실 매우 복잡한 현학성으로 위장한 채 다른 학문의 영역에서도 비일비재하게 일어나고 있다.

극단적인 사례를 하나 더 들어본다면, 현대의 미시 물리학에서 논의되는 비결정성非結定性과 인간의 자유의지를 연결시키려는 시도이다. 우선 인간의 자유의지는 자율적 선택의 문제이다. 하지만 양자量子의 세계에서 비결정성이란 전혀 다른 의미이다. 그것은 양자운동의 결과를 하나의 값으로 수치화할 수는 없을지라도, 수학적으로 정확하게 한계 지어지는 일정 범위 안에서는 파악이 가능하다는 데 그 과학적 특성이 있다. 따라서 양자의 비결정성은 인간처럼 자유선택의 의지를 갖고 있어서 그 결과를 예측할 수 없다는 것과는 전혀 다른 성격의 문제이며, 전혀 다른 의미 층위에 속하는 것이다.

나아가 이러한 문제는 동서 학문의 횡단을 시도할 때도 나타난다. 앞서 언급한 양자물리학의 지극히 말단적 결과들, 예컨대 양자의 세계엔 결정적인 법칙이 없다든지, 양자세계의 불확정성 원리를 인식의 상대성으로 오인하여 동양의 대대주의對待主義와 연결시킴으로써 양자물리학을 동양적 자연관에 접근시키려는 시도 등은 치명적인 결과로 치달을 수 있는 무모한 작업이다. 양자물리학의 기본은 세계의 구조가 본질적으로 수학적 집합이라는 근대과학에 잠복된 형이상학의 최첨단 산물이다. 따라서 세계를 근본적으로 생기하는 기운, 즉 기氣로 파악하는 동양적 자연관과는 그 존재론적인 근본 원리가 전혀 다르다.[16]

이러한 예에서 보듯 각 학문의 근본 가정에 대한 통찰을 생략한 채 각 학문의 지엽적 이론이 갖고 있는 표피적 유사성을 접속 지점으로 삼고 통섭을 행하는 것은 어처구니없는 결과를 초래할 뿐이다.[17]

리좀과
횡단

융합과 통섭이 주로 자연과학적 공동탐구의 모델이라면, 인문학적 관점에서도 공동탐구를 위한 모델들이 있다. 리좀rhizome과 횡단transverse 모형이 그것이다. 들뢰즈와 가타리에 의해 제시된 리좀은 본래 융합이나 통섭처럼 공동탐구를 목표로 고안된 개념이라기보다는 근대 계몽적 이성주의에 대한 비판을 통해 대안적으로 제시된 개념이다. 리좀이라는 개념이 의도하는 것은 세계를 바라보는 시선의 전환이다. 들뢰즈와 가타리에 의하면, 근대의 계몽적 이성주의는 합리화라는 이름으로 세계를 분절화시켰다. 근대 학문의 백과전서식 나무 모형이 그 대표적 예이다. 그러나 리좀 모델은 구근 식물들의 뿌리가 그렇듯이 세계는 어떤 환원적 지향점도 특정한 중심이나 방향도 갖고 있지 않다는 데 그 핵심이 있다. 이런 점에서 전통적인 의미의 경계라는 개념도 의미가 없다.

이러한 관점은 학문의 체계를 조감하는 데에도 그대로 적용된다. 즉 리좀 모델에 의거하며 학문을 이해하면 윌슨의 통섭 개념이나 미국식인 NBIC 융합 개념 같은 환원주의적 방식은 사태를 잘못 파악하고 있다.

그러나 리좀 모델의 차원에서 전통적인 경계를 해체함으로써 얻어지는 노마드적 자유가 곧바로 공동탐구의 필요성이나 그러한 공동탐구의 절차가 무엇인지를 말해주지는 않는다. 더욱이 체계의 연결고리를 의미하는 각 노드들이 서로 미끄러져 연결될 때, 그 연결은 순전히

'우연적'이다. 이를 통해서는 공동탐구를 수행하는 서로 다른 이론들이 왜 연결될 수 있는가에 대해 의미 있는 해명을 내놓을 수 없다. 리좀 모델 자체로도 적극적인 의미의 학제적 연구를 담아내긴 어려운 것이다.[18]

독일의 철학자 볼프강 벨쉬Wolfgang Welsch (1946~)가 제안하는 '횡단' 개념도 사정은 크게 다르지 않다. 횡단은 탈경계·탈중심의 포스트모더니즘의 영향 아래 각 학문 영역을 가로지르는 일종의 경계 해체 전략의 일환으로 모색된 개념이다. 횡단이론은 각 이론들의 담론 형태와 구조에 주목해서 그 중심 영역을 해체하고, 다른 영역으로 가로지르기를 시도한다. 리좀 모델의 경우와 마찬가지로 횡단 개념 역시 학제적 공동탐구를 위한 학문적·이론적 반성이나 구체적 절차에 대한 해명이 전제되지 않는 한, 공허한 정치적 주장에 머무르기 쉽다.

학문 간
심층횡단로
제시

지금까지 다양한 형태의 학문 간 소통에 대한 비판적 성찰을 통해 각 개념에 잠복해 있는 문제점이 노출되었다. 이로부터 다른 학문 영역을 넘나드는 연구가 지향해야 할 방향을 다음과 같이 그려본다.

누차 강조된 바와 같이 모든 학문적 이론은 정당화된 지식의 체계이다. 이론을 구성하는 진술들은 모두 내적 연관관계를 갖고 있으며, 그런 점에서 이론을 구성하는 진술들은 우연한 접합이 아니다. 또한 모든 이론은 비록 명시적으로 드러나 있지 않는다 하더라도 형이상학적인 전제를 갖고 있다. 이론적 진술들은 바로 이러한 형이상학적 전제로부터 유도되는 맥락 속에서 자신의 의미를 갖는다.

이론 전체의 틀을 유지시키는 형이상학적 전제들은 동시에 세계에 대한 해당 이론의 타당성과 무관하지 않다. 만약 어느 한 이론이 견고하게 자신의 정체성을 유지하고 있다면, 그것은 이중적 타당성의 의미를 갖는다. 즉 한편으로는 그 이론의 형이상학적 전제로부터 유도되는, 일종의 연역적 의미의 내적 일관성을 갖는 체계로서의 타당성을 갖는다는 것이고, 다른 한편으로는 그 이론이 설명하고자 하는 대상이나 세계에 대해 설명적 효력(적실성)이 있다는 의미에서 타당성이 있다는 뜻이다. 일반적으로 이론의 견고함은 이러한 타당성의 정도에 비례한다.

융합과 통섭과 같은 자연과학적·학제적 공동탐구 모형이나 리좀이나 횡단 모델과 같은 인문학적 공동탐구 모형이 갖고 있는 공통의 문제점은 이렇게 학문적·이론적 반성이 없는 상태에서 공동탐구를 시도한다는 데 있다. 단순히 개념적 유사성이나 공통의 탐구 목표를 갖고 있다는 점에만 의지하여 공동탐구를 시도한다면, 그 탐구는 피상적인 수준에서 그치게 될 위험이 높다. 경우에 따라서는 서로 상반된 경향을 가진 이론을 그 이론이 사용하는 개념의 유사성에 기초해 말단의 차원에서 접합시키는 일도 생겨나게 된다. 한때 신과학 운동 분야에서 양자역학과 노장사상이나 불교를 접합시켰던 경우가 그의 한 사례일 것이다. 공동의 탐구 목표를 중심으로 하는 성공적인 학제 간 연구, 즉 융합과 통섭의 본래 의미를 살리기 위해서는 이러한 피상적·말단적 융합을 극복하는 것 자체가 하나의 과제가 될 것이다.

이런 점들이 고려된다면 상이한 학문 영역을 넘나들며 학문 간 소통을 시도하는 길은 다음과 같이 제시될 것이다. 우선 기존에 논의되고 있는 이론 융합 혹은 통섭 모델들에 대한 비판적 고찰의 결과로부터 융합이나 통섭 모델이 만족시켜야 할 일련의 기준들이 설정된다. 그것을 정리하면 다음과 같다.

- 이론 간 소통의 목표와 과제가 명료해야 한다. 이른바 리좀이나 횡단 모형과 같은 공동탐구 모형은 이론 융합의 목표와 과제가 구체적이지 않아 피상적인 담론 접합에 그칠 위험이 있다.
- 이론 간 환원은 학문이론적 위계와 타당성 계열을 고려한 상태에서 이루어져야 한다. 미국의 NBIC 융합에 대한 유럽연합의 비판이나 통섭에 대한 생물학적 환원주의라는 비판이 그렇듯이 어느 한쪽으로의 일방적인 환원은 이론의 융합을 작위적으로 만들 가능성이 높다. 환원이 가능하다면, 그 가능한 정도에 따라 환원이 이루어져야 한다.
- 이론 간 소통을 위한 방법론적 절차가 명료해야 한다. 기존의 융

합·통섭 모델들은 미래 결과에 주목할 뿐, 구체적으로 어떤 절차로 소통이 이루어져야 하는지에 대한 치밀한 성찰이 부족하다. 이는 소통을 피상적으로 만들 뿐이다. 인지과학 연구의 초창기에 시도된 많은 학제적 연구가 실패하였던 것도 이러한 방법론적 고려가 부족했던 탓이다.

• 이론 간 소통이 성공적이기 위해서는 무엇보다 학문성에 대한 근본적인 반성이 전제가 되어야 한다. 인문학이나 자연과학이 성공적인 융합 연구를 이루어내기 위해서는 무엇이 참된 학문인지, 학문적 방법론의 가장 중요한 부분이 무엇인지 등을 포괄하는 '학문성' 혹은 '과학성'에 가장 근본적인 질문들을 던짐으로써 합의를 도출해내야 한다. 이러한 기초적인 단계에서 의사소통이 이루어지지 않는 한, 해당 이론 간 융합은 가장 결정적인 차이나 모순을 품고 단순한 접합에 머무르고 말 것이다.

앞서 논의된 이론 융합을 위한 고려사항들을 다각도로 검토해보면, 융합의 모델은 '심층횡단in depth transverse 모델'로 제안될 것이다. 그것은 이론 간의 우연적이고 피상적 접합을 지양하고, 융합에 참여하는 이론들의 고유한 정체성을 고려한다.

아울러 각 이론이 전제하고 있는 형이상학적 전제들과 그 전제들로부터 유도되는 이론적 개념들의 심도, 특히 이론 전체의 타당성 계열과 관련한 심도들을 점검함으로써, 단순히 개념적 유사성에 기초한 학문 간의 접속이 아닌, 해당 이론들의 심층으로부터의 소통 가능성을 검토한다. 다음은 이론 간 소통을 위한 심층횡단의 절차들을 구체화한 것이다.

1) 우선 각 학문에서 말단적 결과들이 도출되거나 그 결과들의 타당

성을 확보해주는 근본 가정에 대해, 그 학문의 타당성 정초 계열을 면밀하게 파헤쳐 들어가 재구성함으로써 발굴해낸다.

2) 이제 근본 가정이 밝혀지면 다시 그 근본 가정이 위치하는 심도를 식별해낸다.

3) 이 근본 가정이 갖는 심도의 차원에서 논의를 전개하고 다른 학문을 발견해내야 한다.

4) 상기의 차원에서 이제 두 학문, 예컨대 A 학문과 B 학문이 함께 논의할 수 있는 문제를 주제화하면, 이렇게 두 학문이 같은 차원에서 공동으로 논의할 수 있는 문제가 바로 두 학문의 횡단을 가능하게 하는 노드가 된다. 횡단노드가 발견되면 한 학문에서, 예컨대 A 학문에서 근본 가정으로 무비판적으로 전제되어 있는 것이 노드에 의해 연결된 다른 학문인 B에서는 그 가정을 성립시키는 근원을 향해 성찰되고 있는지를 판정한다. 이러한 판정 결과 다른 B 학문에서 그러한 성찰이 이루어지고 있다면, B 학문은 논의 심도가 A에 비해 깊은 것이며, B는 A에 대해 메타학문적 역할을 한다. 따라서 A 학문은 B 학문으로 횡단하여 그 논의의 심도를 따라가는 심층횡단을 시도한다.

5) 이렇게 심층횡단을 시도하면, A 학문에서는 전혀 논의될 수 없는 주제 영역이 개시되며, 그것이 새로이 발견되는 탐구의 영역으로 개척되는 것이다.

6) 이러한 탐구 영역에는 다른 영역으로 횡단을 가능하게 하는 또 다른 노드들을 내재하고 있으며, 따라서 탐구의 진행 상황에 따라 다른 영역으로 횡단이 현실화될 수 있다.

3

심층횡단의 감행 :
건축과 철학의
심층횡단로 개척

그러면 이제 앞서 논의된 결과를 실질적으로 적용해 보기로 하자. 선택된 영역은 철학과 건축이다. 그 이유는 철학이 인간 실존에 대한 심층을 탐구하는 학문이라면, 건축은 인간 실존의 조건을 문자 그대로 물질적으로 건축하며 실현시키는 영역이기 때문이다.

프랭크 게리, 댄싱하우스(프라하)

현대 건축의
근본 가정
발굴

프랭크 게리, 자하 하디드 그리고 질량분포의 법칙

현대 건축을 이끌어가는 경향은 매우 다양하다. 그럼에도 대체적 경향은 건축의 핵심을 이루는 공간의 문제가 과거와는 전혀 다른 방식으로 다루어지고 있다는 점이다. 즉 과거 건축물, 특히 근대 이후 20세기 전반부까지의 건축을 보면, 주로 완벽한 직선, 완전한 원 등 정형화된 도형을 구현하고 있다. 이에 반해 현대 건축에서는 이러한 공간 형태가 파격적으로 해체되고 있다. 오히려 구부러진 공간의 자유로운 변주가 소위 이 시대의 스타 건축가로 칭송되는 건축가들에게서 목격된다. 요컨대 구부러진 공간의 자유로운 변주에서 건축물은 접힘과 펼침의 굴곡이라는 드라마로 탄생하고 있는 것이다.

그 중 가장 대표적인 인물들로는 프랭크 게리Frank Owen Gehry(1929~)나 우리나라 동대문 운동장 공원을 설계한 자하 하디드Zaha Hadid(1950~) 등이 있다. 이미 1970년대부터 파격적인 스타일의 건축물로 세간의 주목을 끌던 프랭크 게리는 특히 스페인의 빌바오에 지어진 구겐하임 미술관의 혁신적 디자인으로 대중적 명성까지 누리는 스타 건축가로서 등극하였다.

그 후 세계 도처에는 빌바오의 공간적 형태와 유사한 혹은 그 보다 더 파격적인 여러 건축물들이 게리 자신에 의해, 아니면 그를 추종하는 건축가들에 의해 지어지고 있다. 최근 스페인 엘시에고에 지어진

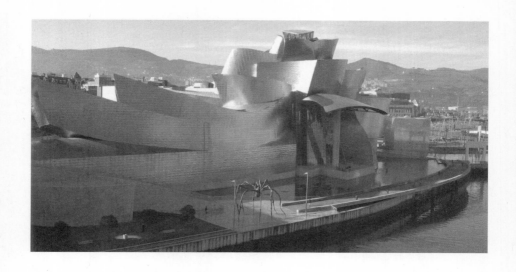

위 **구겐하임 미술관(빌바오)** 아래 **호텔 마르케스 데 리스칼의 측면과 정면**

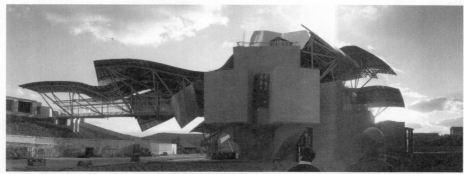

위 프랭크 게리, 월트디즈니 콘서트홀   아래 프랭크 게리, 온타리오 아트갤러리

호텔 마르케스 데 리스칼Hotel Marques de Riscal
을 위시하여 앞으로 우리나라 통영에도 그의
작품이 자리 잡을 것이다.

건축물에 접힘과 펼침, 굴곡의 드라마라
는 파격적인 공간적 형태를 부여하는 또 다
른 건축가는 이라크 출신의 여성 건축가 자
하 하디드이다. 그녀 역시 과거 오랫동안 서
양건축의 조형언어라 할 수 있는 정형화된
기하학적 공간의 형태를 벗어나 자유자재로
산일散逸하는 구부러진 공간을 이용해 건축
물을 짓는다.

게리의 작품은 일견 마치 공상과학 영화
의 세트와 같이 우리의 상식적 공간 경험을
전복시키는 형태를 보여준다. 그러나 게리의
건축미학이 공상에 불과한 것이 아니라면, 그
리하여 단순한 세트가 아니라 실재 공간에서
사는 우리의 삶을 담는 건축물이라면, 그 공간적 구조는 실재 공간의
법칙에 의해 타당성을 보장받아야 할 것이다.

과연 게리나 하디드의 작품이 구현하고 있는 건축적 공간은 물리
적 실재성을 주장할 수 있을까? 여기서 최근 건축계의 새로운 이론가
로 주목받고 있는 건축가이자 가구 디자이너인 베르나르 카쉬Bernard
Cache를 경청해보자. 그의 다음과 같은 진술은 게리의 건축적 공간이
어떤 근본 가정에 근거하고 있는지 밝혀준다. "세계가 빈 공간의 선형
적 형태가 아니라 휘어져 있다면, 실체의 표면과 질감은 서로 휘감아
돌며 펼쳐지는 전개 양상을 보일 것이다."19

세계가 근본적으로 휘어진 공간이라는 것은 허황된 상상이나 철학

적 사변에 불과한가? 아니면 과학적으로 입증될 수 있는 사실인가?

현대 과학에 대해 일말의 상식이 있는 사람이라면, 우주공간이 실제로 휘어져있다는 것은 과학적으로 입증된 사실임을 알고 있을 것이다. 이때 과학은 아인슈타인의 상대성이론으로 새롭게 출현하는 바로 그 과학이다. 따라서 게리의 작품이 구현하고 있는 펼침 · 겹침 · 굴곡의 공간 드라마가 단순한 허구적 상상력의 유희가 아니라 물리적 실재성을 주장할 수 있으려면, 그 근거는 아인슈타인의 상대성이론에서 발견되어야 할 것이다. 아인슈타인은 공간의 상대성, 시간과 공간의 융합, 공간의 구면성이라는 새로운 키워드로 공간의 절대성과 동질성을 무력화시키기 때문이다. 특히 일반상대성이론에서 중력에 관한 새로운 해석은 공간 문제와 관련하여 획기적인 내용을 담고 있다. 여기서 아인슈타인은 중력을 힘이 아니라 공간의 속성으로 정의한다. 그리고 이를 통해 공간은 물질과 분리될 수 없는 것으로 파악된다.

이렇게 공간이 물질과 분리될 수 없고 중력이 공간의 속성으로 정의되면, 기존의 공간 개념에 어떤 파격이 일어나게 될까? 우선 모든 물질에 선행하는 무한히 빈 공간이란 존재는 당연히 거부된다. 또한 이는 중력 문제와 연관되어 물질의 질량에 따라 공간의 굴곡이 결정된다는 주장을 함축한다. 즉 원래부터 빈 공간은 없으며, 우리가 실제로 사는 공간은 물질의 질량에 따라 다양하고 불규칙한 굴곡의 드라마로 전개되는 것이다. 이른바 일반상대성이론에서 질량분포의 법칙이라는 새로운 공간론은 이렇게 실재 공간에 대한 우리의 관념을 혁명적으로 변화시켰다.

특히 공간과 떨어질 수 없는 관계를 가지고 있는 건축은 아인슈타인의 상대성이론에서 밝혀진 새로운 공간 개념을 실재의 공간으로 수용하고, 건축도 그러한 공간 안에서 일어나는 작업으로 이해하려고 시도하였다. 아인슈타인의 이러한 상대성이론은 건축 공간을 이질적 공간으로 분할하고 또한 시간의 흐름에 따라 굴곡으로 변이하는 공간을 건축의 장에 도입하는 상상력을 자극하는 것이다. 상대성이론의 출현 이후 나타난 새로운 건축의 경향은 그 이후 많은 건축가들의 작품 속에서 암묵적으로 혹은 명시적으로 시사된다.

자하 하디드는 건축 공간을 조형하는 데 게리보다 더 명시적으로 아인슈타인의 공간론에 기댄다. 그녀가 아일랜드 수상의 관저와 피크 Peak의 설계안에서 구상한 작품들은 그 대표적 사례이다. 이 작품은 공간형태, 힘, 운동의 관계를 오직 아인슈타인의 질량분포의 법칙에서 도출되는 힘과 형태의 양상으로만 파악할 수 있는 방식으로 드러내고 있다.

예컨대 그 설계안은 충돌에 바탕을 두고 기술되고 있다. 관저 부지 내의 정원 울타리는 마치 관저에 진입하는 도로가 그 관저와 날카롭게 충돌할 때 전달되는 충격과 부딪히는 듯 설계되어 있다. 이러한 가상적 충격에 의해 닫힌 형태의 정방형 관저는 부분들로 파편화되어 동적으로 열리면서 질서를 되찾는 형태를 발생시킨다. 이는 중력이 공간과 무관한 현상이 아니라 바로 공간의 속성이라는 질량분포의 법칙을 건축 형태적으로 조형하는 것이다.

우선 이 작품에서 공간은 더 이상 정적이고 고정된 형태로 머무르지 않는다. 하디드에게 공간은 그 자체로는 빈 상태가 아니다. 또 힘도 그 공간의 형태에 영향을 미치지 않고, 그 안에 작용하는 것이 아니다. 이렇게 하여 이 설계안에는 공간, 에너지 그리고 물질의 직접적인 관계가 상정되고 있다. 다시 말해서 이 작품에서 중력은 빈 관성계에서 일어나는 사건이 아니라 방향을 갖고 있는 역학의 영역으로 형태를 뒤틀면서 동적으로 배열한다.

자하 하디드는 대만 타이중 구겐하임 미술관의 설계안에서 자신의 작품이 아인슈타인의 상대성이론에 근거하고 있음을 더욱 분명하게

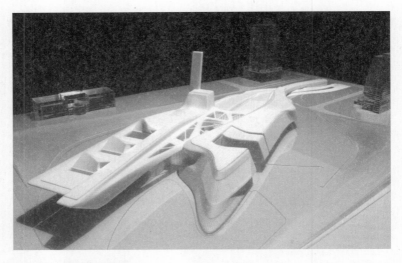

자하 하디스, 타이페이 구겐하임 미술관 설계안

보여준다. 그 제안서에서 미술관은 늘 변화하는 이벤트 공간임이 고려되어 건물에 가변무대 같은 장치가 설치되었다. 또한 갤러리 내부의 공간을 탈바꿈시키는 기능이 강조되고, 나아가 이러한 공간의 드라마틱한 변화를 외부에도 가시화하여, 그 자체를 하나의 스펙터클로 연출해내려 한다. 특히 미술관의 천장과 바닥까지도 지속적인 움직임 속에 놓여 있다. 이로 인해 방문객들은 각기 다른 속도로 추진되는 기차를 타고 미술관 안으로 이동하면서 정지와 운동을 구분할 수 없는 모호한 상태에 빠진다. 이렇게 미술관이란 공간 전체가 상대적 속도와 그에 따른 공간의 변형을 실현한다.

이와 관련해, 함성호는 현대 건축의 중심에 서 있는 건축물들이 일반상대성이론에서 촉발된 상상력의 작품임을 다음과 같이 명쾌하게 해명해내고 있다.

> "중력이 별개의 힘이 아니라 공간의 모양 자체가 만들어낸 부산물일 뿐이라는 사실은 건축가들에게 충격적으로 다가왔다. 더구나 물질의 존재가 공간을 휘게 한다는 것은 공간을 일종의 캔버스처럼 생각해왔던 건축가들에게는 거의 파천황적 전환이었다. [중략] 그래서 자하 하디드나 다니엘 리베츠킨트 같은 건축가들은 공간의 정형성을 버리고, 꺾이고 휜 건축을 구현하고자 하였다. 그러나 무엇보다도 20세기 건축의 충격은 프랭크 게리에 의해 구현되었다. 프랭크 게리는 빌바오에 지은 구겐하임 미술관에서 지금까지 정태적 공간에서 확고부동하게 자리 잡고 있던 건축물을 살아 움직이는 것으로 표현했다. 자유롭게 휘어진 은색의 벽면은 서로 겹치고 포개져 움직이는 햇빛을 따라 살아 움직이는 것 같이 보인다. 그것은 건축이 점유하고 있는 공간을 의도적으로 휘어지게 만들면서, 시간의 진행에 따라 다른 모습을 보이고 있다."[20]

물론 프랭크 게리가 자신의 건축과 아인슈타인과 관계에 대해 언급한 적은 없다. 그러나 자하 하디드와 같은 현대 건축가의 작품에서 그들의 상상력의 심층에 자리 잡고 있는 공간 개념의 타당성이 질량 분포의 법칙에 근거하고 있음이 명시적으로 누설된다.

최근 건축계에서는 한 젊은 건축가가 자신의 작품이 구현하려는 공간이 일반상대성이론의 질량분포의 법칙에 근거하고 있다는 사실을 공식적으로 천명하는 단계에까지 이르렀다. 그리고 이 시대의 건축가들을 대표하는 보스턴 건축가협회Boston Society of Architects가 그의 작품에 건축상을 수여함으로써 질량분포의 법칙에 근거하고 있는 현대건축의 공간성을 인정하였다. 이 건축가가 바로 유현준이다.

그는 보스턴 건축가협회가 매년 주최하는 건축상BSA Award에서 미건축Unbuilt Architecture 부문에 출품한 두 개의 작품으로 본상과 선외 가작상을 수상하였다. 특히 그가 출품한 공기-어망 플라자Air-Fishnet Plaza는 질량이 공간을 휘게 한다는 아인슈타인의 상대성이론에 바탕을 두고 있다. 그 작품은 휴양지의 얕은 수면 위에 막 구조물로 된 플라자를 설치하여, 사람의 움직임과 파도의 물결에 따라 형상이 변하는 휴양 공간이다.

처음에 플라자는 파도에 의해서 윤곽을 가지게 된다. 하지만 그 다음에 사람들이 들어가서 자신들의 위치를 정하면, 그 사람의 질량에 의해 플라자의 모양은 변화한다. 그러면 변화하는 플라자 모양에 따라 다시금 사람들은 각기 다르게 반응하고, 자신의 위치를 옮기게 된다. 이때 사람들은 자신의 몸무게, 키, 성격에 따라 각기 다르게 반응한다. 즉 무거운 사람은 물속에 더 깊이 잠기게 되고, 사람들이 모이면 그 부분은 무거워져서 가라앉게 되며, 옆으로 사람이 지나가게 되면 그쪽으로 플라자는 경사지게 된다. 이렇게 유현진의 경우, 현대건축과 아인슈타인의 관계는 직접적으로 노골화한다.

그레그 린Greg Lynn이나 베르나르 카쉬, 나아가 렘 쿨하스Remment Koolhaas(1944~) 등의 작품도 같은 계보에 속한다. 이들은 소위 '접힘 건축'이라는 트렌드를 선도하고 있다. 그런데 이들의 공간적 상상력의 심층에 놓여 있는 전제들을 추적해보면, 아인슈타인의 상대성이론에 근거하고 있음이 밝혀진다. 물론 베르나르 카쉬와 그레그 린이 직접적으로 고백하듯이, 그들은 건축적 상상력을 들뢰즈의 주름이론으로부터 끌어내고 있다. 들뢰즈의 주름이론은 라이프니츠의 모나드론과 대결함으로써 탄생하는 것이다. 그러나 다른 한편으로 주름이론은 현대과학 특히 아인슈타인의 상대성이론에 기댐으로써 과학적 타당성을 확보한다. 이러한 일련의 관계를 심층적으로 추적하면 그들의 접힘 건축도 들뢰즈의 주름이론에 의해 매개되어 결국 아인슈타인의 상대성이론에 뿌리를 내리고 있음이 드러난다. 다음 설명을 보자.

아인슈타인의 상대성이론에서 시간과 공간의 융합이 밝혀짐으로써 공간의 동질성과 절대성이 부정되고, 근본적으로 사물을 정의하는 방식에 급격한 변화가 일어난다. 아인슈타인 이전에는 사물의 위치와 운동을 정확하게 규정할 수 있었다. 그러나 아인슈타인의 상대성이론에 따르면, 물체가 위치하고 있는 관성계의 운동상태에 따라 시간적·공간적 거리가 달라진다. 따라서 관성계의 운동상태가 동일하지 않은 경우, 공간은 하나의 동질적 공간을 형성할 수 없으며, 또한 공간 안에서 사물의 공간적 형태 역시 항상 동일한 지속성과 실체성을 가질 수 없다.

이러한 공간 개념의 변화는 정인하가 잘 표현했듯이, 건축 영역에서 다음과 같은 사고의 전환을 불러일으킨다. "그리드나 정형화된 기하학적 패턴으로 된 공간은 모두 시간과 공간을 고정된 것으로 가정하고 만들어 낸 개념들이다. 그러나 물리적 공간은 고정된 바탕이나 이미 그 자체로 무한히 펼쳐진 동질적인 캔버스가 아니다. 그것은 물

질의 질량에 따라 곡률이 변화하면, 그 안에서 일어나는 사건의 운동
상태가 달라지고, 결국 시간과 공간도 그 운동 상태에 따라 수축·팽
창하는 것이다. 이러한 공간 개념을 전제하면, 건축에서 공간 구성은
다음과 같은 두 가지 방식으로 일어난다."[21] 한 가지는 비선형적 공간
을 연속적으로 조직하는 것이고, 다른 하나는 시간에 의해 달라지는
사건을 따라 변형되는 불확정적인 공간을 만드는 것이다. 전자의 경
우의 대표적 예가 렘 쿨하스가 설계한 프랑스 국립도서관 계획안이
며, 후자의 경우 역시 렘 쿨하스의 일리노이 공대 학생관이다.[22]

이상에서 살펴본 바와 같이, 현대 건축의 대세를 이루고 있는 공간
상상력은 직·간접적 혹은 명시적이거나 다른 철학의 매개를 거쳐, 상
대성이론 중에서도 특히 질량분포의 법칙에 근거하고 있다. 따라서
현대 건축의 상상력의 심층에 있는 질량분포법칙의 타당성 근거를 되
물어가는 작업 없이, 그리고 이것이 인간의 삶과 어떤 관계를 가지고
있는가에 대한 반성 없이, 이러한 건축들은 아인슈타인이라는 절대적
명성을 추종하는 것에 불과하다. 즉 그것은 마치 상대성이론이라는 SF
를 건축이라는 스크린에 상영하는 쇼케이스showcase에 불과할 것이다.
따라서 그것은 생생하게 진행되는 우리의 삶이 거주하는 집이라 할 수
없는 것이다. 아인슈타인 공간론의 타당성 근거를 추적하는 작업이 요
구되는 까닭은 여기에 있다.

질량분포법칙의 타당성 근거 :
공간의 속성으로서 중력과 구면 공간

이미 언급한대로 질량분포법칙은 특수상대성이론이 일반상대성이론
으로 완성되는 과정에서 중력을 공간의 속성으로 정의함으로써 이론

화된다. 따라서 질량분포법칙의 타당성을 심층 추적하는 작업은 특수
상대성이론이 탄생하여 일반상대성이론으로 발전하는 과정에서 중
력이 문제로 출현하는 이유를 밝혀내는 작업을 전제로 한다. 이제 특
수상대성이 등장하여 일반상대성으로 완성되는 과정을 추적함으로
써 질량분포법칙의 타당성 근거를 밝혀내보자.

● 특수상대성이론의 출현

아인슈타인의 특수상대성이론이 발아하는 계기는 근대역학의 완성
기인 19세 말 물리학계에서 등장한 두 법칙 간의 모순에서 비롯된다.
이 두 법칙은 갈릴레이의 상대성원리와 광속불변의 법칙이다. 이 두
법칙이 어떻게 모순관계에 빠져드는지를 이해하기 위해서는 먼저 각
각에 대한 논의가 필요하다.

1) 광속불변의 법칙

광속불변의 법칙은 당시 물리학에서 두 가지 실험 결과인 피저와 마
이클슨 몰리의 실험 결과에서 유래한다. 두 실험 모두 운동매체에서
빛의 속도와 정지하고 있는 매질에서 빛의 속도가 어떤 관계에 있는
지에 관한 답을 구하는 과정에서 등장한다.

ⓐ 피저의 실험

이 실험은 광속이 정지해 있는 매질에서보다 운동하고 있는 매질에서
더 빠르다는 것을 보여주었다. 그러나 문제는 이 광속이 속도합성의
법칙을 따르지 않는다는 것이다. 즉 운동하는 매질에서 빛의 속도(W)
는 속도합성의 법칙에 따라 매질의 속도(v)에 정지하고 있는 매질에서
빛의 속도(w)를 더한 것, $W=w+v$가 되어야 할 것이다. 그럼에도 불구
하고 정지 상태의 광속에 매질의 속도의 미량, 즉 $v(1-1/n^2)$만이 더해

져 $W=w+v(1-1/n^2)$가 된다. 이때 더해지는 미량의 속도는 굴절의 영향일 뿐, 매질의 운동과는 관련이 없다.

ⓑ 마이클슨 몰리 실험

뉴턴 이후 많은 학자들은 광선의 속도에 대해서 관심을 가졌고, 19세기 이르러 맥스웰과 마이클 패러데이의 주도 아래 전자기학이 발전하였다.

이 전자기학에 따르면, 전자를 가지고 있는 물체나 자석이 다른 물체에 작용할 때, 그 작용은 먼 거리에 걸쳐서 순간적으로 이루어지는 것이 아니라 2억 9,979만 2,458m/s의 속력으로 전파되는 전자기파에 의해 전달된다. 여기서 중요한 것은 이 속력이 진공상태에서의 빛의 속력과 일치한다는 점이다. 맥스웰은 바로 이러한 사실에 근거하여 빛이 일종의 전자기파라는 가설을 제안했으며, 그의 가설은 헤르츠에 의해 실험적으로 증명되었다.

그런데 당시까지 알려진 모든 파동현상은 음파나 지진파 같은 탄성파들이었으며, 이들은 매질에 의해 전달된다. 따라서 빛이 전자기파와 같은 일종의 파동이라면, 매질의 존재가 필수적이다. 그리하여 소위 '에테르'라 불리는 부동의 매질이 우주의 모든 공간을 채우고 있고, 전자기파로서의 빛은 이 매질을 통해 전파된다고 추정되었다.

마이클슨과 몰리는 에테르의 존재를 증명하기 위한 실험을 고안했다. 이 실험은 실제로 부동의 에테르가 존재한다면, 지구의 공전운동과 에테르, 그리고 광속 간에는 다음과 같은 관계가 성립할 것이란 예측에 착안한다. 즉 부동의 에테르가 우주를 채우고 있다면, 지구의 공전운동은 그 에테르에 역진함으로써 에테르 바람의 저항 효과를 일으킬 것이다. 따라서 지구에서 에테르의 저항을 받을 것으로 추정되는 방향으로 쏘아진 빛 전파의 속도는 에테르 바람을 가로지를 것으로 추정되는 방향으로 쏘아진 빛의 전파속도보다 느려야 한다.

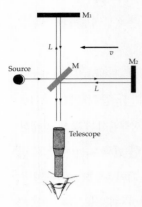

Michelson 간섭계의 그림
하나의 빛줄기는 반도금된 거울 M에
의해서 두 개의 빛줄기로 갈라진다.
에터 바람의 개념에 의해 빛의 속도
는 빛의 M_2 방향으로 가고 있을 때에
는 $c-v$가 되어야 하고 멀어질 때에
는 $c+v$가 되어야 한다.

(c) 바람에 수직방향
지구에 대한 에터 바람의 속도가 v라
면, 그리고 지구에 대한 빛의 속도가
c 라면, 지구에 관한 빛의 속도는 (a)
바람방향으로 $c+v$ (b) 바람에 역방
향으로 $c-v$ (c) 바람에 수직방향으
로 $(c^2-v^2)^{1/2}$ 이 된다.

이를 좀 더 이해하기 쉽게 설명하면 다
음과 같다. 예컨대 100m 폭의 강이 있는
데, 이 강물을 가로질러 왕복할 때의 경과
시간과 강물의 흐름 방향으로 100m를 내
려갔다가 다시 100m를 거슬러서 제자리
로 되돌아오는 데 경과되는 시간을 비교
하면, 후자의 경우가 이론적으로 시간이
더 걸린다.

이는 광선의 경우에도 마찬가지로 적
용될 것이다. 지구가 태양을 공전하는 속
도는 초당 약 30km이다. 즉 지구는 에테
르라는 강물 속을 그와 같은 속도로 진행
하는 것이다. 그러므로 지구 공전의 방향
에서 왕복한 광속을 측정한다는 것은 강
물을 내려갔다가 다시 거슬러 올라가는
것과 같다. 따라서 지구의 공전 방향과 직
각인 방향에서 전파되는 광속을 측정한
것과는 속도의 차이가 있을 것이다.

두 과학자 마이클슨과 몰리는 빛의 간
섭을 이용한 정교한 장치를 고안하여 두
방향에서 광속을 비교·측정하면, 양자의
속도 차이를 충분히 발견할 수 있을 것으
로 예상했다.

그러나 여러 차례의 실험 결과, 각각
양방향으로 갈라진 빛의 전파속도는 완전
히 동일하게 측정되었다. 결국 이 실험은

예상과는 달리 각기 다른 방향으로 전파되는 빛의 속도가 동일한 것으로 측정되는 결과를 보여줌으로써 에테르의 존재를 입증하는 데 실패했다.

이 두 실험 결과를 종합하면, 우주에 에테르는 존재하지 않으며 따라서 우주에서 빛의 속도는 진공상태에서는 항상 동일하고, 그것을 운반하고 있는 운반체, 즉 관성계의 운동과는 전혀 상관없이 일정한 값을 갖는다는 결론으로 수렴한다. 그 후 상이한 맥락에서 수행된 전자기학의 실험은 빛이 어디서나 광원의 운동상태와 관계없이 항상 동일하다는 결과를 지속적으로 보여주었다. 그리하여 광속은 어떤 관성계에서 측정하여도 동일하다는 광속불변의 법칙이 정립된다.

2) 갈릴레이의 뉴턴운동 상대성원리

갈릴레이는 1638년 출간된 자신의 저서 『새로운 두 과학에 관한 수학적 증명 Discorsi e Dimostrazioni Matematiche, intorno a due nuove scienze』에서 배 안에 있는 사람은 배 안에 있는 물체의 움직임만을 보고, 그 배가 일정한 속도로 움직이고 있는지 정지해 있는지 알 수 없다고 주장한다. 즉 등속직선운동을 하고 있는 관성계의 경우, 그 관성계 안에서는 어떤 실험을 거친다 할지라도 그 관성계가 정지해 있는지 등속직선운동을 하고 있는지 알 수 없다는 것이다. 왜냐하면 그 관성계가 등속으로 운동하든 정지하든 관성계 안에서 일어나는 물리현상은 차이가 없기 때문이다. 예컨대 등속으로 움직이는 배에서 수직으로 낙하하는 물체는 낙하하는 데 걸리는 시간만큼 배가 앞쪽으로 이동할 것이기 때문에 그 이동거리만큼 뒤쪽으로 떨어져야 할 것으로 추정된다. 하지만 그 물체는 사실상 정지해 있는 배에서 수직으로 낙하하는 물체와 마찬가지로 수직으로 떨어진다. 결국 물체가 위치하고 있는 관성계가 움직이든 정지해 있든 낙하의 법칙에는 아무런 영향이 없다. 이로부터 역학의 법칙은 관성계system of reference의 운동 정지와 상관없이 어떤 관성계에도 동일하게 적용된다는 갈릴레이 상대성원리가 유도된다.

이 갈릴레이의 상대성원리는 정지계의 관찰자의 입장에서 등속으로 운동하는 관성계 내의 낙하운동을 기술하면, 다음과 같이 현상이 발생할 것임을 시사한다. 즉 등속으로 운동하는 관성계에서 수직으로 낙하하는 물체는 정지계 내의 관찰자에게 그 물체가 수직운동을 하는 데 걸리는 시간만큼 등속운동의 관성계가 이동한 바로 위치에 떨어질 것이다. 따라서 정지계의 관찰자에게 그 물체는 포물선을 그리며 낙하하는 것으로 나타날 것이다.

그렇다면 갈릴레이의 상대성원리와 광속불변의 법칙은 어떤 모순을 일으키는가? 갈릴레이의 상대성원리에 따르면, 각기 다른 관성계에서 상대 관성계의 운동을 측정할 때, 측정이 수행되는 관성계의 운동 상태에 따라 다른 측정 결과가 얻어져야 한다. 예컨대 시속 30km로 달리는 기차에서 같은 방향으로 시속 50km로 달리는 자동차의 운동속도를 측정하면, 갈릴레이 상대성원리에 의해 시속 20km로 측정되어야 한다. 이를 빛의 경우에 적용하면, 가령 시속 3000km로 움직이는 관성계에서 그 운동방향과 같은 방향으로 전파되는 빛은 시속10km로 움직이는 관성계에서 전파되는 빛의 속도에 비해 2990km 빠르게 측정되어야 한다. 그러나 광속불변의 법칙에 따르면 빛의 전파속도는 어떤 관성계에서 측정하여도 30만km/s로 항상 동일하다.

아인슈타인은 바로 이 모순을 해결하기 위해 새로운 가정을 수립했다. 속도는 거리를 경과시간으로 나눌 때 얻어지는 값이다. 수식으로 표현하면 $v=s/t$이다. 그런데 빛의 경우 속도 v가 늘 불변의 상수 c라면 거리(s), 즉 공간과 시간 t가 가변적이어야 한다. 지금까지는 시간을 관성계와 상관없이 동일한 절대기준으로 설정하고 속도가 측정되었지만, 빛의 경우 속도를 상수로 설정하면 갈릴레이의 상대성원리와 광속불변의 법칙 간의 모순이 해결된다. 아울러 길이와 시간이 관성계의 운동 상태에 따라 다르게 측정된다는 결론이 도출된다.

이것이 바로 아인슈타인의 특수상대성이론의 핵심을 이루는 내용이다. 정리하여 말하면, 관성계의 운동상태에 따라 시간과 공간의 수축과 확장이 일어난다. 즉 관성계의 운동속도가 빠르면 빠를수록 속도합성의 법칙에 따라 관성계 내에서 빛의 속도가 정지계에서보다 그 관성계의 속도만큼 빨라져야 함에도 불구하고 속도가 동일하다는 것은 운동하는 관성계 내에서 오히려 그 운동속도에 따라 시간이 지체되기 때문이다.

이제 시간은 언제 어디서나 동일하게 측정되는 절대값으로서 이 절대적 기준계에 근거하여 다른 변화가 측정되는 것이 아니다. 오히려 시간은 그것이 속하고 있는 공간, 즉 관성계의 운동상태에 따라 상대적인 측정값을 갖는다. 따라서 시간은 그것이 흐르고 있는 공간(관성계)과 분리되어 측정될 수 있는 그 자체로 독립적인 절대적 물리량이 아니라, 공간과 서로 영향을 주고받는 융합현상으로 파악되어야 한다. 그리하여 아인슈타인에서는 시간과 공간이란 독립된 두 개념 대신 시공간이란 새로운 개념이 출현하게 된다. 공간 역시 어디서나 동질적인 절대성을 갖고 있는 것이 아니라 관성계의 운동 상태로 이질화되어 있으며, 각각의 관성계는 운동상태에 따라 서로 다른 시간의 흐름을 가지고 있다. 이로써 시간과 공간의 절대성이란 근대 역학의 기본원리는 포기되기에 이른다.

이제 아인슈타인에게 중요한 것은 시공간과 관성계의 운동상태 간의 상대적 관계를 보편적으로 포착하여 그 값을 구할 수 있는 수학적 등식을 발견하는 일이다. 즉 광속불변의 법칙을 거스르지 않고 동시에 갈릴레이의 상대성원리의 보편적 적용 가능성을 유지하면서, 시공간과 속도의 관계를 규정하는 수학적 등식이 요구된다. 그리고 이것은 소위 로렌츠변환을 통하여 가능해졌다.

서술된 내용을 수학적 연역을 통하여 유도하면, 다음과 같은 과정을 통해 로렌츠변환으로 귀결된다.

- 모든 관성계에 동등한 물리적 법칙이 성립한다는 갈릴레이의 상대성원리를 아래 그림처럼 서로 등속운동을 하는 두 개의 좌표계 S, S′로 표현하여 고찰해보자.

두 관성계 S와 S′에서 S′는 S계에서 대해서 xx′축을 따라 속도 v로 등속운동을 한다. 이때 점 P에서 한 사건이 발생한다면, S계의 관측자에게 P 사건은 공간-시간 좌표 (x, y, z, t)가 될 것이며, 반면 S′계의 관측자에게는 (x′, y′, z′, t′)가 될 것이다. 여기서 S′계 P의 위치와 S계에서 위치의 대응관계를 수식으로 표현하면 다음과 같다.

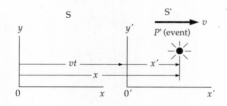

점 P에서 한 사건이 발생했다. 사건은 관성계 S와 S′의 두 관측자에 의해서 관측된다. S는 S′에 대하여 v의 속도로 움직인다.

갈릴레이 좌표 변환

- **갈릴레이 좌표변환식**

  x′ = 1(x-vt)   여기서 1은 S계와 S′계 사이의 길이 척도자가 같다는 의미

  t′ = 1t   여기서 1은 S계와 S′계 사이의 시간진행이 같다는 의미

  x = 1(x′+vt′)   위와 같음

  t = 1t′

- 새로운 좌표변환식

  갈릴레이 좌표변환식을 참고하여,

  x′= k(x-vt)　　1 대신에 k를 대입

  x = k(x′+vt′)　　위와 같음

- 광속불변의 법칙

  광속불변의 법칙을 같은 좌표계를 이용하여, 표현하면 다음과 같다. S계에서 빛이 c의 속도로 x축 방향으로 운동하면, S계의 관찰자에게 t시간이 경과한 후 빛의 위치는 x = ct이다. S′계에서는 빛이 x′축 방향으로 운동하고 빛의 속도는 x계가 비록 속도 v로 움직이지만, 광속불변이기 때문에 x′계의 관찰자에게도 c이다. 따라서 x′= ct′이다.

  이제 갈릴레이 변환식과 광속불변의 법칙을 나타내는 수식을 모아보면,

  $$x′ = k(x\text{-}vt) = ct′$$
  $$x = k(x′+vt′) = ct$$

  이 두 식을 곱한

  $$xx′= k(x\text{-}vt)(x′+vt′) = ctt′\text{로부터}$$

  $$k = \cfrac{1}{\sqrt{1 - \dfrac{v^2}{c^2}}}$$

  가 나온다.

  x′= k(x-vt)와 x′= ct, x = ct 임을 이용하여 t′에 대해 풀면

  $$t′ = k(t - \frac{v^2}{c^2}x)$$

  여기서

$$k = \frac{1}{\sqrt{1 - \dfrac{v^2}{c^2}}}$$

임을 고려하여 S′와 S의 좌표계의 관계를 다시 정리하면,

$$x' = \frac{x - vt}{\sqrt{1 - (v/c)^2}} \quad y' = y \quad z' = z$$

$$t' = \frac{t - (v/c^2)x}{\sqrt{1 - (v/c)^2}} \quad (c는 \ 광속도)$$

이것이 바로 갈릴레이 상대성원리를 나타내는 소위 갈릴레이 변환에 광속불변의 법칙을 도입할 때, 시간·광속·관성계의 속도의 관계를 보편적으로 포착해내는 로렌츠변환이다. 이 식을 통해 아인슈타인은 시간은 그것이 속해 있는 공간의 운동상태에 따라 그 값이 정해지며, 결국 시간과 공간은 본질적으로 분리될 수 없다는 점을 명료화하였다.

● 특수상대성이론에서 일반상대성이론으로

일반상대성이론은 1916년 아인슈타인이 특수상대성이론(1905년 발표)의 불완전성을 극복하고 가속도를 가진 임의의 좌표계에서도 상대성이 성립하도록 체계화한 이론으로 알려져 있다. 특수상대성이론이 일반상대성이론으로 발전하는 과정에서 결정적인 역할을 한 것은 근대물리학에 역학으로서 보편성을 부여하는 중력이론이다. 아인슈타인은 자신의 특수상대성이론이 중력원리를 다루지 못하는 불완전한 이론임을 인식하였다. 특히 시공의 상대성이 특수상대성이론의 핵심에 따를 때, 뉴턴이 주장하는 중력은 커다란 문제에 봉착한다. 따라서 아인슈타인의 특수상대성이론이 진정한 이론으로서 학문적 정당성을 확보하기 위해서는 중력의 문제를 해결하는 것이 필수적이다.

그렇다면 도대체 광속불변의 법칙에 기초하고 있는 시공의 상대성을 따를 때, 뉴턴의 중력이론은 어떤 문제를 가지고 있는가?

잘 알려진 바와 같이 뉴턴의 중력이론은 다음과 같다. 어떤 주어진 순간에 떨어져 있는 두 질점 m, n 사이의 중력은 각각의 질량에 비례하고, 그 순간 떨어진 거리의 제곱에 반비례한다.

$$F = G \times mn/r$$

그런데 여기서 문제가 생긴다. 어떻게 중력은 한 질점에서 그것과 일정한 거리에 있는 다른 질점으로 순식간에, 즉 거리에 따른 시차 없이 전달될 수 있는가? 실로 중력이 한 질점에서 일정 거리를 갖는 다른 질점으로 동시에 전달된다는 것은 뉴턴 자신에게도 불만족스러운 것이었다. 그리고 그것은 아인슈타인에게는 분명한 오류였다. 왜냐하면 그것이 광속불변의 법칙을 위배하기 때문이었다.

앞서 언급된 1887년의 마이클슨과 몰리의 실험에서 광속은 어떤 관측자에 대해서도 불변이며, 빛의 속도보다 빠른 것은 있을 수 없다는 것이 확인되었다. 그런데 뉴턴의 중력은 원격작용이라 일컬어지는 상호작용으로, 아무리 먼 거리라도 순간적으로 전달된다. 왜냐하면 뉴턴의 만유인력법칙은 오로지 거리의 역제곱에만 비례하기 때문이다. 결국 중력이 빛보다 빨리 전달된다는 뜻인데, 이는 광속불변의 원리에 어긋난다. 나아가 아인슈타인에게는 어떤 순간이라는 뉴턴의 가정 자체도 문제이다. 만일 두 질량이 서로에 대해 움직이고 있다면, 시공의 융합을 밝혀낸 특수상대성이론이 보여주듯, 두 질량 사이의 동시성은 성립할 수 없기 때문이다. 실로 오래전부터 아인슈타인은 뉴턴 물리학에서의 중력 개념을 비과학적인 개념으로 보고, 그로부터 벗어나려 하였다.

일반성이론은 바로 이 중력의 문제를 다루기 위해 특수상대성이론의 두 개의 기본 원리인 상대성원리와 광속불변의 원리에 등가원리를 추가함으로써 완성된다. 따라서 일반상대성이론의 핵심을 이해하기 위해 등가원리에 대한 논의가 필요하다.

1) 등가원리

가속되는 계에서 관성력의 크기는 물체의 질량(m)과 가속도(a)에 비례하고 방향은 가속도와 반대 방향이다. 예컨대 엘리베이터가 아래쪽으로 가속되는 경우, 가속도와 속도의 방향은 모두 아래쪽이므로 엘리베이터에 타고 있는 사람은 위쪽 방향으로 ma만큼 관성력을 받는다. 따라서 사람의 무게에 관성력을 뺀 만큼 힘이 엘리베이터 바닥에 작용한다.

$$F = mg - ma = m(g-a)$$

만일 엘리베이터 줄이 끊어지는 경우, 이는 아래로 자유 낙하하는 경우와 같기 때문에 떨어질 때의 가속도가 중력가속도와 같아진다(a=g). 따라서 위 식은 $F = m(g-g) = 0$ 이 된다.

이와 같이 엘리베이터의 줄이 끊어져 자유 낙하하는 경우, 엘리베이터 안에서는 바닥을 누르는 힘을 느끼지 못할 것이다. 그 이유는 바로 위의 식에서 보듯 중력이 0이 되는 무중력 상태가 되기 때문이다. 반대로 무중력 상태인 우주공간에서 위쪽을 향해 우주선을 지구 중력의 가속도로 가속시키면, 우주선에 있는 공은 가속 전에는 정지상태로 떠있지만 가속 후에는 지구 중력과 똑같은 힘을 아래 방향으로 받을 것이기 때문에, 아래로 떨어지게 된다.

이와 같은 예는 비관성계, 즉 움직이는 좌표계에서는 중력의 효과와 가속도의 효과, 다시 말해서 중력질량과 관성질량은 동일하다는 것으로 귀결될 수 있다. 아인슈타인은 이를 등가원리principle of equivalence

라고 한다.[23] 그리고 아인슈타인은 이 등가원리에 근거하여 중력은 뉴턴의 관성계에 집착할 때 생기는 겉보기 힘이라 하였다. 결국 일반 상대성이론에 따르면, 등속운동을 하든지 가속운동을 하든지 중력은 관성력에 불과한 것이다. 이제 중력이란 개념은 제거될 수 있고, 이는 그의 등가원리를 통해 중력이 관성력으로 대치됨으로써 가능해졌다. 중력을 관성력으로 파악한다는 것은 중력을 힘으로 파악하던 고전물리학의 입장이 포기된다는 것을 의미한다.

질량분포법칙의 타당성 근거 :
비유클리드 기하학

그러나 여기서 또 다른 문제가 다시 발생한다. 만일 중력이 없다면 물체는 어떻게 운동을 하는가? 이 문제를 해결하기 위한 돌파구는 바로 공간에 대한 지금까지의 생각에 파격을 가함으로써 열린다. 바로 중력을 힘이 아닌 공간의 속성으로 파악하는 것이다.

공간을 평면이 아니라 휘어진 것으로 상정하면 중력이 부재한 상태에서 운동이 설명될 수 있다. 요컨대 질량이 큰 어떤 물체가 있을 경우 그 주변의 물체가 중력운동을 하는 것은 사실상 그 큰 물체의 질량이 그것이 위치하는 주변의 공간을 함몰시켜 휘게 만들기 때문이다. 마치 평평한 고무판에 쇠공을 얹으면 그 고무판이 함몰되어 휘어지고, 그 휘어진 공간에 나무공을 놓으면 그 나무공은 그 휘어진 공간의 곡면을 따라 운동하는 것과 같다. 지구가 태양 주위를 타원으로 도는 것도 등속으로 직선관성운동을 하는 지구를 끌어당기는 중력이 태양으로부터 작용하기 때문이 아니라, 태양의 질량에 의해 휘어진 공간의 궤도가 형성되고 지구는 그 궤도를 회전하는 것이다.[24]

이렇게 공간을 휘어진 것으로 상정함으로써 아인슈타인은 뉴턴 물리학의 중추 개념인 중력을 제거할 수 있다. 중력은 더 이상 힘이 아니라 물질의 질량 분포에 의해 형성되는 공간의 속성으로 파악되었으며, 동시에 이제 중력장은 4차원 시공간에서 공간이 휘어진 비율, 즉 곡률로 변환되었다.

이와 같은 아인슈타인의 일반상대성이론은 또 다른 획기적인 현상의 발견을 예고하는 것이었다. 만일 태양 주위의 공간이 태양의 질량으로 인해 휘어져 있다면, 태양 주위의 공간을 통과하는 빛도 통과하는 위치의 곡률에 따라 휘어질 것이다. 아인슈타인은 실로 이러한 현상을 예측하고, 빛이 휘는 현상을 개기일식 때 관측할 수 있는 것이라고 주장했다. 그리고 실제로 1919년 에딩턴이 이끄는 천문학 탐사대는 아인슈타인의 주장을 경험적으로 입증하는 결과를 내놓았다. 개기일식 때 태양의 일직선상 뒤에 위치하여 보이지 않아야 할 별이 관측된 것이다. 이는 실제 별의 위치가 다른 곳에서 관측되는 것을 의미한다. 대체 이러한 현상은 어떻게 일어나는가?

이는 빛이 굴절하였기 때문이다. 그러나 빛은 전자기파로 질량이 없기 때문에 우주공간에서 직진하여야 한다. 그럼에도 불구하고 별에서 나온 빛은 그 별로부터 직선으로 뻗어나가 태양에 가로막히는 것이 아니라, 오히려 태양을 우회하듯, 즉 곡선의 위치에서 관측된다. 이는 별에서 나온 빛이 태양 주변의 공간을 지날 때 태양 주위의 공간 곡률에 따라 굴절하기 때문이라고밖에 볼 수 없다. 이와 같이 아인슈타인의 예측이 실제로 관찰됨과 동시에 공간의 휘어짐도 사실로 인정될 수 있는 것이었다. 좀 더 엄밀히 말하면, 태양과 같이 질량이 큰 물체에서는 공간의 곡률이 커지게 되고, 이와 같이 휘어진 공간을 빛이 진행할 때, 빛의 경로는 전자기파로서 본래 속성상 직선이 되어야 하지만, 휜 경로 즉 측지선이 되는 것이다.

여기서 특히 주목해야 하는 점은 곡률을 갖는 공간이라는 공간에 대한 파격적 정의가 아인슈타인의 천재적 발상이 아니라는 점이다. 공간이 평면이 아니라 구면이라는 사실은 이미 아인슈타인의 상대성이론 이전에 리만기하학에서 주장되었다. 아인슈타인은 리만기하학에서 등장하는 구면 공간을 물리학에 도입함으로써 중력 개념 없이도 운동을 설명함과 동시에, 운동에 대한 전혀 새로운 이해에 도달할 수 있었다. 그리고 이렇게 운동이 전혀 다른 방식으로 이해됨으로써 많은 현상들이 새롭게 설명되고, 또 새로운 현상들이 발견된 것이다.

따라서 다음과 같은 주장이 가능하다. 만일 아인슈타인 이전 리만기하학에서 등장하는 구면 공간을 아인슈타인이 운동을 설명하는 물리적 서술 공간으로 전제하지 않았다면, 중력 개념을 소거한 관성운동은 설명될 수 없었을 것이다. 그리고 이는 특수상대성이론의 불완전성을 극복한 아인슈타인의 일반상대성이론이 성립될 수 없음을 뜻한다. 아인슈타인의 일반상대성이론이 성립될 수 없으면, 그것에 의해 발견된 새로운 현상도 사실상 가상에 불과한 것으로 전락할 것이다. 결국 곡률을 갖는 휘어진 공간은 아인슈타인의 일반상대성이론의 타당성을 정초하는 전제조건인 것이다.

이와 같이 아인슈타인의 일반상대성이론과 리만기하학과의 관계를 세심하게 주시한다면, 다음과 같은 사실이 선명해진다. 특수상대성이론에 이론적 완전성을 부여하려는 일반상대성이론이 발상되는 과정에서 발생적으로는 휘어진 공간이라는 개념이 나중에 등장한다. 하지만 일반상대성이론의 타당성을 정초하는 전제들의 관계를 추적하면, 곡률을 갖는 리만의 공간 개념이 일반상대성이론의 타당성을 담보하는 근본적인 전제이다. 동시에 예측의 정확도도 리만기하학을 통해 가능해졌음을 알 수 있다. 따라서 아인슈타인의 상대성이론이 특수상대성이론의 한계를 넘어 일반상대성이론으로 완성되는 과정에서 그 이론의 타당성 근거와 그 예측 정확도의 가능 근거를 투명화하기 위해서는 비유클리드 기하학이 어떻게 휘어진 공간이란 개념에 이르게 되었는가에 대한 논의가 필요하다.

비유클리드 기하학의
근본 가정과 타당성 근거 :
심층횡단 노드의 발견

후설의 현상학을 통한 비유클리드 기하학의 타당성 근거 해명

따라서 이제 다시 리만기하학의 타당성 계열을 추적하는 논의의 심도를 갖고 있는 학문을 발견하는 작업이 필요하다. 그렇다면 과연 이러한 심도를 포함하고 논의를 전개하는 철학은 어디 있는가?

여러 학문을 살펴본 결과 바로 후설의 현상학이 유력한 후보로 발견된다. 왜냐하면 후설은 바로 물리학의 기본 전제가 공간 개념에 있고, 그때 공간은 기하학에서 탐구된다는 근거에 따라, 물리학의 학문적 근거와 의미를 기하학으로부터 도출하고 있기 때문이다. 실제로 후설은 자신의 저서 『위기』에서 갈릴레이 이후 발전한 근대 물리학의 타당성 근거를 좇아 역으로 고대 유클리드 기하학을 향해 되물어간다.[25] 이러한 방식은 아인슈타인의 상대성이론의 타당성을 검토할 때도 유효하다. 그리고 놀라운 것은 후설이 물리학의 학문적 타당성 근거를 성찰하는 바로 이 연구에서 아인슈타인의 상대성이론의 학문적 타당성 근거 역시 밝혀진다는 사실이다. 그러면 우선 후설이 근대 물리학의 타당성을 기하학으로 되물어가 다시 그로부터 물리학의 전개과정을 재구성하는 과정을 추적해보자.

『위기』에서 후설은 자연과학의 발전과정을 세 단계로 구분하고 있다. 그 세 단계는 사물의 형태적 측면의 기하학적 이념화, 운동 속성과 색깔·소리·냄새 등의 감성적 내용의 간접적 이념화 그리고 형식화

formalisierung라는 이름을 지닌다. 이 세 단계 중에서 첫 번째 단계인 기하학적 이념화는 근대 자연과학의 기초를 형성하여 자연과학의 연구 대상 영역들을 열어 놓음으로써 근대 과학의 모태가 되었다는 점에서 돋보인다. 이러한 이유에서 후설은 기하학이 학문의 기반으로서 정립된 이 첫 번째 단계에 관심을 집중시킨다.

기하학의 이론적 구조를 들여다볼 때 가장 먼저 눈에 띄는 특징은 그것이 공리와 정리로 구성되어 있다는 것이다. 그리고 후설은 단지 이러한 표면적 특징에서 기하학의 근본 전제가 해명될 수 있는 단초를 본다. 후설은 『이념 I』에서 그 특징을 다음과 같이 좀 더 선명하게 파악하려 했다.

> "기하학은 몇몇 종류의 기본 도형을 확정fixieren한다. 공리의 도움으로 (…) 기하학은 공간에 존재하는 모든 공간 도형과 그들에 속하는 본질적 관계를 순전히 연역적으로 도출할 수 있다."[26]

위의 인용문은 기하학에 관한 두 가지 중요한 통찰을 담고 있다. 첫째, 기하학은 공리 연역적 체계를 갖고 있다. 좀 더 정확히 표현하면 기하학에서 정리의 타당성은 공리로부터 논리적 연역에 의해 남김없이 정초된다. 둘째, 기하학은 공리의 결정적 내용을 이루는 기본 도형을 확정하고 있다. 그러나 문제는 이 확정이 어떻게 이루어지는가이다. 즉 『위기』에 서술되어 있는 것처럼, 마치 여러 가지 도형 중 몇몇 도형이 필요에 따라 임의적으로 측정·측량에 가장 적합한 것으로 선택되듯이 정확한 측량술을 필요로 하는 실천적 요구에 따라 기본 도형이 확정되는가? 아니면 자연적 세계 공간은 이미 그 안에 다른 도형에 대해 '특권'을 갖는 기본 도형들이 존재하는 방식으로 구성되어 있는가?

결국 기본 도형의 확정 문제는 기하학의 대상 영역, 즉 공간의 형성 양태에 관한 문제로 귀착된다. 주목할 만한 것은 이 문제 역시 후설에 있어서 첫 번째로 언급되었던 기하학의 고유성인 공리 연역적 체계와 밀접하게 접목되어 있다는 점이다. 그리고 이러한 접목은 이론 형식과 대상 영역 형식에 동시에 관계하는 개념이 도입됨으로써 이루어진다. 이 개념이 바로 '한정다수체definite Mannigfaltigkeit' 이다.

한정다수체란 개념은 후설의 수학 이해를 지배하며, 단편적이기는 하지만 그의 거의 모든 저작 속에서 언급되어 있는 개념이다. 이 개념은 주로 이론의 한 독특한 형식을 나타내는 것으로서, 공리 연역적 이론의 논리-구문적 완결성logisch-syntaktische Vollständigkeit을 표현하는 데 사용되었다. 후설은 이 한정다수체에 대해 『이념 I』에서 다음과 같이 쓰고 있다.

"공리 개념으로부터 형성된 명제는 어떤 논리 형식에 의거하든지 공리로부터 순전히 형식-논리적으로 도출된 것이거나, 아니면 그의 모순적 결과이다."[27]

예컨대 피타고라스의 정리는 궁극적으로 유클리드 기하학의 다섯 개의 기본 공리로부터 형식-논리적으로 도출된 것이며, 유클리드 기하학의 모든 이론은 이러한 방식으로 이루어져 있는 한정다수체이다. 다시 말해서 한정다수체로 특징지어진 이론은 이론적 명제들의 체계로서, 그 체계 내에서는 그 체계에 속할 모든 가능한 명제들이 이미 형식-논리적으로 결정되어 있다.

하지만 여기서 중요한 것은 후설이 한정다수체에 대해 이렇게 한독특한 이론 형식을 지칭하는 것 이외에, 다른 한편으로 어떤 특별한 종류의 대상 영역을 특징짓기 위해 사용하고 있다는 점이다. 이러한 맥락에서 후설은 한정다수체를 법칙적 학nomologische Wissenschaft이 가능한 "어떤 무한한 대상 영역에 대한 형식 이념"으로 정의하고 있다.[28] 이 경우 한정다수체는 법칙적 학문에 상관적인 대상 영역을 뜻한다. 하지만 구체적으로 어떠한 대상 영역이 지칭되고 있는지는 여전히 불분명한데, 그것은 수학에서 사용된 '다수체Mannigfaltigkeit'란 용어의 근원적 의미를 돌이켜 봄으로써 명료화될 수 있다.

수학적 의미에서 다수체란 개념은 집합론의 창시자 게오르그 칸토르Georg Cantor(1845~1918)에 의해 사용되었다. 칸토르는 1882년에 발표한 논문에서 집합을 다음과 같이 정의하고 있다. "어떠한 개념 영역에 속하는 요소들의 다수체(Mannigfaltigkeit, Menge, Inbegiff)를 그의 정의에 의거해, 그리고 배중율에 의거해, 그러한 개념 영역에 속하는 두 대상의 형식적 차이에도 불구하고 그 주어져 있는 양태에 있어서 서로 동일한지의 여부가 내적으로 규정되어 있는 것으로 보아야 할 때, 나는 그 다수체(집합)를 잘 정의되어 있다고 부르겠다."[29]

이러한 복잡한 집합의 정의를 칸토르는 3년 후에 발표된 논문에서 다음과 같이 다듬었다. "다수체 혹은 집합Menge은 하나로 생각될 수 있는 모든 다수들, 즉 어떤 법칙에 의해 하나의 전체로 묶일 수 있는 원소들의 총체를 지칭한다."[30]

이상의 인용문들로부터 다음 세 가지 사실이 드러난다. 첫째, 다수체는 그 개념이 수학적으로 사용될 때 애당초 집합의 동의어였다는 사실이 문헌학적으로 확인된다. 둘째, 집합은 단순히 다수의 모임을 의미하는 것이 아니다. 어떠한 다수체 혹은 집합은 유한집합이든 무한집합이든 어떤 법칙에 의해 하나의 전체로 한정지어지는 것이다. 무한집합의 경우에도 원소의 수는 무한하지만, 그 집합의 원소가 될 수 있는 모든 가능한 것이 그 법칙에 의해 이미 완전하게 결정되어 있다. 이러한 의미에서 수학에서 말하는 집합은 엄밀히 말해 결정 내지

한정definit되어 있는 다수체이다. 즉 집합의 정확한 표현은 '한정다수체definite Mannigfaltigkeit' 이다. 셋째, 집합 구성의 근본적 조건은 원소들이라기보다는 법칙이다. 실로 칸토르에 있어서 법칙은 집합의 존재를 보장하는 것이었으며, 그리하여 하나의 집합이 존재한다는 것은 역으로 그 집합의 존재를 보장하는 법칙을 제시할 수 있다는 것을 의미하였다. 주지하는 바와 같이 칸토르는 집합의 객관적 존재를 믿는 플라톤주의자였다. 그러나 여기서 여러 논란을 불러일으킬 집합에 관한 존재론적 논의를 유보한다면, 집합 형성의 근본 조건은 개체성을 갖는 원소들이 아니라 원소들의 개체성에 관계하는 외적인 법칙이라고 해석될 수 있을 것이다.

이러한 의미를 갖는 한정다수체 혹은 집합은 후설에 있어서 좀 더 명확한 뜻을 획득한다. 보다 정확히 말하면 후설은 칸토르의 집합 개념이 불충분하다고 판단하고, 정확한 정의를 시도한다.

그는 『논리연구 I』에서 한정다수체를 "어떤 특정한 형태의 법칙의 지배를 받고 있는, 묶음이 가능한 대상들의 영역"으로 정의하고 있다.[31] 그리고 『전집 12권』에 수록되어 있는 1901의 원고에서는 다음과 같은 구절이 발견된다. '다수체는 그 모든 대상이 분명한 객관적 정의에 의해 남김없이 규정되어 있는 특정수의 대상 안에 포함되어 있는 것으로 정의된다."[32]

이상의 두 인용문에서 보면 집합은 영역의 모든 가능한 구성Gestaltung의 총체가 유한수의 구성 요소로부터 유한수의 구성 원리에 의해 "분석-필연적" 방식으로 구축되고, 남김없이 규정될 수 있는 특징을 갖는다.[33] 달리 표현하면, 한정다수체의 원소들은 완전히 한정되고 폐쇄된 영역을 형성하는데, 이때 집합의 원소가 될 수 있는 모든 가능한 원소들은 집합의 구성을 가능하게 하는 법칙에 의해 남김없이 규정되거나 그로부터 연역적으로 도출되어야 한다. 집합의 이러한 특성은 수학자들의 다음과 같은 단순한 표현에서도 이미 어느 정도 시사되어 있다. 즉 "집합에서 그 원소를 이루는 대상들을 낱낱이 따로 생각하면 집합의 의미가 없다."[34] "일상적으로 말할 때, 먼저 원소가 될 대상이 있고 이것들을 담는 그릇(집합)을 생각하게 되지만, 수학적 입장에서는 먼저 그릇이 있고 그 다음에 이것에 들어갈 원소를 따지게 된다."[35]

이제 위에서 언급된 내용을 좀 더 분명하게 이해하기 위해 다수체에 대한 후설의 논의를 항목으로 정리하면 다음과 같다.

1. 다수체는 원소로 구성된 전체이다. 그리고 임의의 원소를 전체로 결합시키는 여러 방식이 있는 것만큼 다양한 다수체가 있다.
2. 원소는 관계에 의해 결합된다. 중요한 것은 이렇게 원소를 전체로 결합시키는 관계가 원소에 대해 절대적 우선권을 갖는다. 즉 원소는 오직 이 관계에 의해서 규정된다.[36]
3. 대상 혹은 원소의 질은 다수체를 정의할 때 추상된다. "원소가 성질을 갖고 있다면, 우리는 이를 고려하지 않는다."[37] 또한 관계도 오직 형식적 관계로만 파악된다. "관계의 내용materie이 문제가 아니라, 오직 그것들이 서로 결합되는 형태(식)가 문제이다."[38]
4. 다수체를 한정하는 것은 오직 특징적 관계를 선택하는 것을 포함할 뿐이다. 한정다수체는 원소나 대상 사이에 존재하는 관계의 다수성에서 일부만을 추출한다.[39] 그리고 이 관계들은 일련의 공리계가 된다. 공리들은 서로 모순이 없어야 하며, 유한해야 하고, 독립적이어야 한다.
5. 공리로 표현되는 이 형식적 속성과 관계들로부터 연역적으로 나머지 속성과 관계가 도출된다.

이렇게 정리해보면, 한정다수체는 공리 연역적으로 지배될 수 있는 대상 영역을 가리킨다는 사실이 분명해진다. 즉 유한수의 집합의 구성 원리가 공리로 표현되고, 이들 공리로부터 연역적으로 모든 가능한 대상, 혹은 집합론적으로 표현하면 그 대상 영역(집합)의 모든 가능한 관계와 구성 원소가 도출되는 것이다. 따라서 집합의 원소들은 단순하게 전체를 이루는 것이 아니며, 원소들은 상호 공리 연역적으로 도출되는 관계에 의해 비로소 존재하게 된다.[40]

이제 한정다수체에 대한 이러한 이해를 바탕으로 우리의 과제인 기하학의 근원적 전제를 밝혀낼 수 있게 되었다. 물론 이때 후설이 기하학을 "내용적인 수학materiale mathematische Wissenschaft"이란 표현을 사용하여 강조하고 있는 것과 같이, 기하학은 그 대상 영역이 임의의 X로 공동화되어 있는 것이 아니라, 어떤 특정 대상 영역, 즉 공간에 대한 이론이라는 사실이 고려되어야 한다.[41] 그러면 기하학의 공리 연역적 학문으로의 가능성과 타당성도 궁극적으로는 기하학의 대상 영역의 본질적 구조에 준거해야만 한다는 사실이 간과될 수 없을 것이다. 이러한 사실을 일반적으로 표현하면, 어떤 대상 영역이 한정다수체의 형태를 보여줄 때, 그 대상 영역에 대한 공리 연역적 학문이 가능한 것이다. 결국 기하학은 그의 공리 연역적 전개에 있어서 기하학의 대상 영역, 즉 공간이 집합체의 구조를 갖고 있다는 가정을 근원적인 전제로 하고 있다.

후설은 이 기하학의 기본 가정이 형성된 근거를 해명하기 위해 우리의 실제 경험 세계가 한정다수체의 구조를 갖고 있는지를 검토한다. 먼저 후설은 이 문제에 대한 답변을 위해 다음과 같은 사실을 부각시킨다. 자연적인 공간 안에서 경험되는 대상들은 정확한 기하학적 도형의 형태를 갖고 있는 것이 아니다. 우리에게 자연스럽게 경험되는 자연적 대상, 예컨대 돌, 꽃 등은 그 모양이 정확하게 기하학적 형태를 띠고 있지는 않다. 그것은 단지 둥글다든지, 계란형이라든지 하는 유형typik만을 보여줄 뿐이다.

이렇게 표현되는 개념들은 그 안에 내포될 대상들이 정확히 한정되어 있지 않다. 기하학적 의미의 삼각형이라는 개념과 계란형이란 개념을 비교해 볼 때, 기하학적인 의미의 삼각형은 내각의 합이 180° 라는 적확한 규정이 있다. 그리고 이 규정을 만족시키는가에 따라 그 삼각형이란 개념의 집합 아래 원소로서 포함될 수 있는 것과 포함되지 않는 것이 정확히 한정되어 있다. 반면 계란형이란 개념의 경우 그 안에 원소로서 포함할 수 있는 것과 그렇지 않은 것과의 경계는 불분명하다. 그러므로 우리에게 자연스럽게 경험되는 자연 공간을 이러한 유형적 개념들로 기술되는 자연적 대상들의 총체로 보았을 때 분명 수학적 의미의 집합, 즉 한정다수체의 구조를 갖고 있다고 할 수 없다. 바로 여기서 기하학의 근본 전제를 형성시키는 근거가 큰 어려움 없이 해명될 수 있다.

즉, 공간에 관한 공리 연역적 기하학이 가능하기 위해서는 공간은 미리 한정다수체로 변형·조작되어야 한다. 부연하면 공간 내에 존재하는 대상들은 수학적 집합과 같은 형태로 변형되어야 한다는 것이다. 이러한 변형 작업을 후설은 이미 그의 초기 작품에서부터 이념화 idealisierung라고 부르고 있다. 이때 이념화란 실제로 현실화될 수 없는 극한치limes로의 이행을 뜻하는 것이다. 후설은 그의 초기 저작에서 기하학적 공간 집합의 기본 구성원소인 점, 직선, 평면 등에 대한 이념화를 서술하고 있다. 예컨대 기하학의 점은 무한히 반복되는 축소 과정에서 더 이상 분할될 수 없는 것으로 상정된 극한치를 실체화시킨 것이라고 주장하고 있다. 그리고 이제 이 이렇게 이념적 극한치로 정의된 점으로부터 모든 기하학적 대상이 구성 원리에 따라 논리적으로 연역이 될 수 있다. 예컨대 1차원인 직선은 0차원인 점 2개로부터 구성되며, 1차원의 직선 3개로 2차원인 평면이 구성된다. 이를 형식화하면, n차원의 기하학적 대상은 n-1차원의 구성요소를 n+1개의 원소로 갖는 다수체 혹은 집합을 형성하는 원리에 따라 구성되는 것이다. 이렇게 집합으로 구성된 기하학적 대상들의 총체, 즉 각 기하학적 집합이 다시 집합을 형성하는 것이 기하학의 전 대상 영역이며, 이것이 바로 기하학적 공간인 것이다. 기하학적 공간은 단순히 무한히 연장된 공간이 아니라 한정된 구성 요소로부터 구성의 원리에 따라 논리적으로 연역된 한정다수체인 것이다.

리만기하학의 성립 과정과 한정다수체

지금까지의 논의를 통해 공간에 대한 공리 연역적 기하학이 존재하기 위해서는 어떠한 선행 작업이 전제되어야 하는지가 밝혀졌다. 그것은 동시에 기하학을 응용하는 어떤 학문이 형성되기 위해 어떠한 조작operation이 관철되어야 하는지를 명료화하는 것이기도 하다. 실로 기하학이 자연과학에 응용되기 위해서는, 기하학을 성립시키는 이념화란 선행 작업이 그것을 응용할 학문에 전이될 때에만 가능할 것이다. 따라서 후설의 다음과 같은 주장은 과학이 우리의 실제 경험 세계, 즉 삶의 세계와 갖는 관계를 과소평가하거나 왜곡한 데서 비롯된 것이 아니라, 오히려 사태를 정확하게 표현한 측면이 강하다. "… 정확한 이론과 공식을 고안하는 자연과학적 방법은 물론 이를 실제 경험 세계에 실천적으로 사용하는 것은 이념화라는 사유 방법을 바탕으로 가능하다."[42]

이렇게 하여 이후의 과학 발전이 나아갈 경로가 확정되었으며, 동시에 실제 경험 세계에 대한 탐구가 아니라 그것을 총체적인 수학적 집합으로 변형시키는 과정이 추진되기 시작하였다. 이로써 후설은 "자연이 수학적 집합mathematische Mannigfaltigkeit이 되었다."라고 선언하기에 이른다.[43]

이제 이 자연이 수학적인 집합으로 변형되어 가는 역사적 과정을 추적해 보자.

첫 번째 단계로 자연을 수학적 다수체로 변형시키는 과정은 사물의 형태적 측면을 이념화하는 단계로서 역사에 기록된다. 사물의 형태적 측면에 기하학적 이념화가 침투하는 것은 사물의 형태적 측면이 기하학의 대상 영역과 같은 공간적 현상인 한 별다른 장애 없이 진행된다. 그러나 사물이 형태적 측면만을 갖고 있는 것은 아니다. 사물은 운동을 하며, 또 형태를 채우고 있는 색, 즉 후설이 감성적 내용sinnliche Fülle이라 부르는 것을 가지고 있다.

그리하여 두 번째 단계로 운동과 감성적 내용을 한정다수체로 수학화시키는 과제가 등장한다. 그러나 이것은 형태와 같이 공간적이지 않기 때문에 직접적으로 이념화될 수 없고, 오직 간접적으로만 가능할 뿐이다. 갈릴레이는 구체적 상황을 이념화함으로써 우선 운동을 간접적으로 이념화시키는 작업에 착수하였다. 그는 운동을 공간적 크기spatial magnitude로 고찰하기 위해, 운동을 구성하는 요소들 중에서 공간적으로 표상이 불가능한 요소들을 운동과 상관이 없거나 운동에 주변적인 요소marginal factor로서 사상해 버리고, 선으로 표현될 수 있는 운동 요소들을 검출해냈다. 결국 비공간적 요소인 무게·저항·마찰 등을 고려사항에서 제외시킨 반면, 시간·거리·속도 등에 초점을 맞추어 이들 간의 관계를 엄격히 기하학적으로 규정함으로써, 운동의 영역에 기하학에 내재하고 있는 집합화 과정을 침투시켰다.

감성적 내용의 간접적 이념화는 운동의 경우보다 더 어려운 문제를 포함한다. 색이나 빛의 밝기 정도는 어떠한 면에서도 공간적 연장과 직접적으로 상관관계를 맺고 있는 것이 아니기 때문이다. 이러한 문제가 해결될 수 있는 실마리는 빛을 대상으로부터 방사되어 나오는 입자로 해석하는 것이었다. 이러한 해석에서 빛이 물체의 운동 궤적을 따라 파악될 수 있게 하는 것이기 때문에, 운동 속성과 감성적 내용을 동일하게 취급할 수 있는 가능성이 제시되기에 이른다. 실제로 데카르트에 이르러 반사법칙이 설명될 때 빛이 천을 통과하면서 속도를 잃는 공에 비유되는 예가 발견되는데, 이는 빛을 입자로 구성된 것으로 가정하고, 그것에 대해 운동 속성과 같은 방식으로 접근하려는 시도였다.

이러한 입자설은 뉴턴에 이르러 보다 구체적인 모습으로 등장하였다. 뉴턴은 빛이 빠른 속도로 직선 운동하는 미립자이며, 광원에서 알갱이처럼 쏟아져 나와 직진·굴절·반사하는 것이라 파악한다. 이렇게 빛을 운동하는 입자로 파악하는 것은 기하학에서 출발한 이념화가 뉴턴의 역학 원리를 거쳐 이제 빛에도 적용될 수 있도록 만들었다.

근대 자연과학 전개의 세 번째 단계는 기하학의 대수화, 즉 공간적 관계를 수의 함수관계로 대치시키는 데카르트의 해석기하학이 출현함으로써 시작된다. 예컨대 이제 직선이나 원은 공간적으로 표상되지 않고, 각각 $y=ax+b$, $x^2+y^2=r^2$ 등으로 대수화되었다. 이러한 기하학의 대수화는 사실상 기하학 고유의 대상 영역, 즉 공간을 임의의 대상 영역으로 공동화空洞化시키는 과정이다.[44] 이것은 기하학의 타당성이 궁극적으로 근거해야 하는 기하학의 대상 영역, 즉 공간의 상실을 의미하는 것이다. 이제 학문의 타당성을 결정하는 것으로 이론체계의 '무모순성widerspruchlosigkeit' 만이 남게 되었고, 결과적으로 수학의 형식화가 급속도로 진행되었다.

다른 한편으로 이 형식화된 수학은 어떤 구체적 대상 영역과 관련된 것이 아니기 때문에, 대상 영역에 대한 무차별성을 갖고 있다. 따라서 형식화된 수학은 오히려 모든 대상 영역을 포괄하는 보편성을 주장할 수 있게 된다. 이 형식화의 과정은 경험되는 모든 현상에 무차별적으로 숫자나 기호의 함수관계를 대입시킨다. 그럼으로써 최종적으로는 사물의 형태적 측면 이외의 것들에 대한 이념화 작업이 형식화의 단계에 도달한다. 이제 형식적 수학은 마침내 대상의 차이에 관계없이 모든 대상에 무차별적으로 적용됨으로써 보편성을 주장하는 절정의 단계에 이른다.

바로 이 지점에서 아인슈타인의 물리학과 관련하여 결코 간과되어서는 안 될 후설의 통찰이 출현한다. 그것은 바로 비유클리드 기하학의 성립 배경에 관한 것이다.[45] 그러나 유감스럽게도 후설은 이에 대해 스쳐지나가듯 언급하고 있을 뿐이다. 따라서 비유클리드 기하학의 등장 과정에 대해 좀 더 보완적인 논의가 필요하다.

아이러니컬하게도 비유클리드 기하학은 유클리드 기하학을 무모순적인 체계로 완성시키려는 과정에서 등장한다. 이미 언급된 바와 같이 유클리드 기하학은 직관적으로 자명한 다섯 개의 공리와 그로부터 논리적으로 연역되는 정리들로 구성되어 있다. 그러나 자명하다고 인정되는 다섯 개의 공리 중 마지막 공리인 평행선 공리는 기하학의 완전성을 위협하는 요소였다.

평행선 공리에 따르면, "한 직선 1과 1위에 있지 않은 한 점 P가 주어질 때, P를 지나 1과 만나지 않는 직선은 오직 하나이다." 그러나 문제는 이 제5공리가 다른 공리와는 달리 단순 명료하지 않다는 것이다. 더욱이 두 직선이 정녕 만나지 않는가는 현실적으로 한없이 연장되는 직선을 그릴 수 없기 때문에, 결코 직관적으로 자명하지 않다. 따라서 수학자들은 이 제5공리를 다른 공리로부터 논리적으로 증명하여 정리의 수준으로 격하시키려 하였다.

그러나 거의 2000년 간 계속된 이 시도는 19세기에 이르기까지 성공하지 못했다. 이러한 상황은 다른 공리로부터 평행선 공리를 증명하려는 시도 대신, 귀류법을 통해 유클리드 공리계의 정당성을 증명하려는 시도로 전환되었다. 즉 유클리드 공리계에 평행선 공리를 그와 모순되는 가정으로 대치했을 때, 모순이 일어나면 역으로 유클리드 공리계의 정당성이 증명되는 것이다. 하지만 이러한 귀류법적 시도 역시 성공하지 못하고, 오히려 극적인 반전을 불러일으킨다. 그 중심에서 있는 수학자는 가우스Karl Friedrich Gauss(1777~1855)와 로바체프스키Nicolai I. Lobatchevskii(1793~1856), 보여이János Bolyai(1802~1860), 리만 같은 사람들이다. 그들은 다음과 같은 방식으로 평행선 공리의 문제에 접근해 들어갔다.

1. 평행선 공리가 다른 공리들로부터 증명되지 않는다는 사실은 이 공리가 독립성을 가진다는 것이다.
2. 그렇다면 평행선 공리를 다른 형태로 바꾸어도 다른 공리들과 독립될 수 있을 것이다.
3. 이 새로운 형태의 공리는 유클리드 기하학의 기본 전제인 평면을 떠날 때 얻어질 수 있을 것이다.

그리고 실로 평행선 공리와 모순되는 가설을 세우고, 그로부터 논리적 연역에 의해 다른 정리들을 이끌어내도 모순이 없는 이론체계가 성립하였다. 특히 리만의 경우, 유클리드의 평행선 공리와는 달리 직선 밖의 한 점을 지나 그 직선과 평행인 직선은 하나도 없다는 가설로부터 전혀 모순이 없는 또 다른 기하학의 이론체계가 성립함이 증명된다. 이렇게 애당초 유클리드 기하학의 정당성을 귀류법에 의해 논리적으로 확보하려는 시도는 도리어 반전되어, 유클리드 기하학이 아닌 기하학이 존재할 수 있음이 논리적으로 정당화되었다.

이렇게 유클리드 기하학에서 2000년 동안 문제시되었던 평행선 공리가 그와 모순되는 다른 공리로 대치되고, 또 그 공리로부터 형식적 연역에 의해 모순 없는 이론체계가 성립함으로써, 유클리드 기하학이 아닌 다른 기하학의 존재가 인정되기 시작했다. 유클리드의 평행선 공리와 모순되는 이 공리가 성립하는 공간을 직관적으로 시각화하면, 바로 공간이 평면이 아니라 구형을 이룰 때이다. 예컨대 수박과 같이 구형을 이루는 공간에서는 평행선이 존재하지 않는다. 곡률을 갖는 공간은 이렇게 리만의 기하학을 시각화할 때 얻어지는 공간인데, 이제 이러한 공간은 리만의 기하학이 공리 연역적으로 무모순적임을 증명함으로써 그 존재의 정당성을 승인받게 된다.

그러나 이와 같은 반전의 결과로 탄생한 리만기하학에서 후설이 주목하는 것은 다음과 같은 사실이다. 리만기하학은 유클리드 기하학의 이론적 형식을 이루던 공리 연역적 방법이 학문의 대상 영역과는 관계없이 학문의 타당성을 결정하는 유일한 것으로 독립된 결과이며, 따라서 구면 공간의 존재는 이 공리 연역적 방법의 산물인 것이다. 후설은 이를 다음과 같이 표현하고 있다. "유클리드의 기하학은 구체적 이론이지만, 이것을 형식화하면 그 결과로 이론의 형식을 얻는다. 이를 우리는 유클리드의 3차원 다수체라 부른다. 그런데 이것은 다시 다양한 곡률을 갖고, 서로 체계적으로 연결된 다수체들의 집합의 한 예에 불과하다."[46] 이 인용문에서 다시 다수체 개념이 등장한다. 따라서 이를 앞서 논의된 다수체 혹은 집합과 관련시키면 다음과 같이 좀 더 정교하게 서술된다.

해석기하학의 출현과 함께 공간은 어떤 관계식을 만족시키는 점들의 집합으로 파악된다. 예컨대 원은 한 점으로부터 같은 거리에 있는 점들의 집합이다. 이와 같이 유클리드 공간을 포함한 모든 공간은 어떤 관계로부터 공리 연역적으로 도출되는 점의 집합으로 정의된다.

n차원의 공간은 이제 n개의 실수 짝을 하나의 원소로 하여 이것들로 구성되는 집합 혹은 다수체로서, 이때 n=3이고 곡률 K가 0이면 유클리드적 공간이고, 0보다 작거나 크면 비유클리드적 공간이다.

공간은 결국 실수 짝의 집합이며, 따라서 유클리드적 공간이나 비유클리드적 공간이란 말 대신, 유클리드적 혹은 비유클리드적 집합 또는 다수체가 더 적절한 표현이다. 이는 역으로 어떤 관계식으로부터 집합 혹은 다수체가 형성되면, 그것은 곧 공간의 존재를 의미하는 것이다. 그것이 경험적 혹은 직관적으로 도저히 표상될 수 없는 것일지라도 관계식이 성립하고, 그를 만족시키는 집합이 구성되면, 그 집합은 곧 공간의 존재를 보장하는 것이다.[47]

그런데 이제 점의 집합인 공간은 이미 데카르트의 해석기하학이 성취한 것처럼 점이 좌표상의 실수 짝으로 대치된다. 하워드 이브스 Howard Eves(1911~2004)가 명쾌하게 보여준 것처럼, 기하학의 대수화는 기하학의 기본 용어인 점·선 위에 사이·합동이란 대수적 의미를 부여하고, 기하학의 각 공리를 대수학의 정리로 바꾸는 것이다.

1. 점은 실수의 임의의 순서쌍을 의미한다. 이 순서쌍은 그 점의 좌표라 부른다.
2. 선은 두 개의 변수 x와 y에 관한 $ax+by+c=0$ 꼴의 임의의 방정식을 의미한다.
3. 점이 선 위에 있기 위한 필요충분조건은 이 점의 좌표가 이 선의 방정식을 만족시키는 경우라 정의한다.
4. 점 (x, y)가 점 (x_1, y_1)과 (x_2, y_2) 사이에 있기 위한 필요충분조건은 0보다 크고 1보다 작은 실수 t가 존재해서, $x=(1-t)x_1+tx_2$ $y=(1-t)y_1+ty_2$를 만족시키는 경우라 정의한다.
5. $(x_1, y_1)(x_2, y_2)$로 표현되는 선분이 $(x_3, y_3)(x_4, y_4)$로 표현되는 선

분과 합동이기 위한 필요충분조건은 방정식 $(x2-x1)^2+(y2-y1)^2$ $=(x4-x3)^2+(y4-y3)^2$이 성립하는 경우라 정의한다. 이 방정식은 좌변을 점 $(x1, y1)$과 $(x2, y2)$ 사이의 거리의 제곱이라 부른다.

그리하여 공간의 학문인 기하학의 공리는 대수적 개념으로 변환되고, 정리·증명도 좌표들의 대수적 연산으로 변환되는 것이다. 이로써 공간의 학문은 기하학에서 공간적 경험과 공간과 관련이 있는 개념을 결여할 수 있게 되었다. 나아가 이러한 공간 경험과 개념으로부터 유래하는 여러 가지 문제점—예컨대 평행선 공리가 갖고 있는 직관적 문제점—들로부터 자유로울 수 있게 되었다. 그리하여 결국 공간은 공간적 경험에 구속되지 않는 대수적 연산이라는 연역의 형식을 통해 구성되는 집합일 뿐이다.[48]

여기서 리만기하학, 대수학, 집합체, 공리 연역적 방법이 어떤 관계 속에 있는지가 노출된다. 리만기하학은 대수학을 기반으로 하고 있으며, 대수학은 다시 그 기초를 집합에 두고 있는데, 이 집합은 공리 연역적 방법으로 구성된다. 결국 리만기하학, 대수학, 집합, 그리고 공리 연역적 방법의 정초관계를 통찰하면, 우리는 지금까지 현상학에서 별로 주목받지 못했던 후설의 다음과 같은 발언의 진정한 의미를 이해할 수 있다. "방법이 곧 존재가 되었다."

방법이 존재가 된 이유는 구면 공간의 존재가 사실상 형식화라는 방법의 산물이기 때문이다. 구면 공간은 유클리드 기하학이 대수화됨으로써 상실되기 시작한 대상 영역을 대신하여 무모순성Widerspruchlosigkeit이 학문의 유일한 진리의 기준으로 남게 되면서 출발한, 바로 그 형식화 과정의 산물이다. "방법이 존재가 되었다."는 후설의 발언은 그의 마지막 저서 『위기』에서 비로소 등장하지만, 수학에서는 공리 연역적 방법이 곧 존재임이 오직 논리적으로만 의미를 갖는 허수의 존재를 주장할 때 이미 노골화되었다. 19세기가 저물기 3일 전 수학자 힐버트는 논리철학자 프레게에게 보낸 서신에서 다음과 같이 말한다. "임의적으로 가정된 공리들이 서로 모순되지 않고, 또 전체의 그 귀결과 모순되지 않으면 그 공리는 참이고, 또 공리에 의해 정의된 사물은 존재한다. 그것이 나에게는 참과 존재의 기준이다. 허수가 존재하는 것은 이 때문이다." [49]

이렇게 비유클리드 기하학의 탄생이 갖는 엄청난 중요성은 그것이 곧 새로운 물리학의 출현 가능성을 잉태하고 있었다는 데 있다. 갈릴레이가 유클리드 기하학을 모태로 새로운 물리학을 탄생시켰던 것과 같은 가능성이 또다시 비유클리드 기하학의 등장에 의해 열렸기 때문이다. 이 가능성은 실제로 그 얼마 뒤 포착·실현되었다. 이것이 바로 아인슈타인의 상대성이론이다. 이미 살펴본 바와 같이 고전물리학의 기본원리인 중력의 법칙이 리만기하학에 의해 제시된 새로운 공간론에 의해 공간의 속성으로 파악되면서 중력은 힘이 아니라 질량과 에너지 분포에 따라 형성되는 곡면 공간의 효과로 설명되기 시작한 것이다.

나아가 리만기하학을 통해 시공간이 얼마나 변형되었는가도 계산할 수 있다. 곡률은 리만기하학에 따라 1/곡률반지름, 즉 $K=1/R$로 계산되며, 곡면, 즉 이차원의 휘어진 면의 곡률 K는 가장 심하게 구부러진 곡률 m과 가장 적게 구부러진 면의 곡률 n의 곱, 즉 $K=m \times n$으로 계산된다. 그리고 리만기하학의 곡률을 4차원 시공간에 적용시킬 때, 우리는 이것을 시공간 곡률spacetime curvature이라고 부르며, 이것은 물체의 질량에 의해서 생긴 것이므로, 그 둘을 연관시킬 수 있다. 따라서 아인슈타인은 자신의 논문에서 시공간 곡률과 물체의 존재를 아래와 같은 식으로 표현하였다.

시공간 곡률 = 물체의 질량 분포

이것이 바로 아인슈타인 방정식이라고 불리는 중력장 방정식이다. 그리고 이 방정식을 통해 수성의 근일점 이동, 별빛이 태양 부근을 지날 때, 그 경로가 구부러진다는 것(아인슈타인 효과), 중력장에 의한 항성의 빛의 스펙트럼 적색 이동에 대한 예측이 가능해졌다.

그러나 이러한 혁명적 예측과 그것을 입증하는 새로운 현상들의 발견에도 불구하고, 아인슈타인 상대성이론을 그것의 타당성 근거인 리만기하학과의 관계에서 포착할 때, 상대성이론은 혁명이 아니라는 사실이 밝혀진다. 그것은 오히려 고전물리학의 토대인 유클리드 기하학에 잠재되어 있던 공리 연역적 방법이 기하학의 대수화를 통한 '보편적 형식화universale Fomalisierung'[50]로 현실화된 결과이다. 요컨대 상대성이론은 공리 연역적 방법이 집합론으로 완성되어 리만기하학을 출현시키며, 결국 물리학으로 침투해 들어가는 세계의 집합화 과정을 보다 격화된 형태로 견인하고 있는 것이다.[51]

4

하이데거의
공간론을 향한
심층횡단

지금까지 추적된 근대 과학의 전개 과정은 공간의 수학적 집합화의 과정이 여러 가지 과학사적 사건을 일으키며 어떻게 아인슈타인의 상대적인 시공간 이론으로 완성되는지를 밝혀주었다. 이제 남는 문제는 이 과정의 성격을 규명하는 것이다.

　이를 위하여 우선 후설이 탄식하듯 상기시켰던 사실을 떠올려 보아야 한다. 그것은 기하학을 기초로 물리학이 형성될 때, 기하학의 성립 근거에 대한 철저한 성찰 없이 그 작업이 수행되었다는 점이다. 기하학은 단순히 전승되었으며, 자연과학의 기반으로서 그 역할이 당연한 듯 부여되었다. 기하학의 근원에 대한 탐구는 늘 실종되어 있었으며, 기하학적 공간은 우리 경험세계로부터 출발한 이념화 과정의 산물이란 사실이 은폐되어 있었다. 이것을 후설은 치명적인 것Verhängnisvoll으로 평가하고 있다. 왜냐하면 그러한 사실들이 은폐됨으로써 이념화된 공간이 어떠한 선행작업도 어떠한 근거도 전제할 필요가 없는 그 자체의 세계로 실체화되었기 때문이다.

　그리하여 이념체들의 영역과 애당초 그 이념화의 토대인 자연적 경험 공간 사이의 정초관계가 전도되기에 이르렀다.[52] 이 정초관계의 전도는 자연과학의 이론적 타당성을 판정하기 위한 실험에 있어서도 이론이 우리의 경험세계에 의해 검증되는 것이 아니라, 역으로 그 자연적 경험세계가 수학적 집합화의 과정 속으로 종속되는 결과를 가져온다. 이러한 정초관계의 전도는 기하학적 공간의 출현이 우리가 자연스럽게 살아가며 경험하는 삶의 세계의 특정한 동기에서 발생하는 것임을 밝혀낼 때에만 바로 잡을 수 있다. 따라서 보다 근원적인 공간 문제는 삶의 세계에서 수행되는 경험으로부터 접근되어야 한다. 이러한 이유에서 후설은 공간을 자연적으로 경험되는 그 직접성에서 해명하기 위하여 어떠한 기존의 이론에 의거하지 않는 현상학적 경험 연구를 시도한다.

후설의 경험 연구에서 특별한 위치를 차지하는 것은 바로 지각이다. 그리고 현상학의 많은 이론들은 지각에 대한 현상학적 분석에서 드러난 지각작용을 기초로 하고 있다. 후설은 지각에 대해 근본적 경험의 양태라는 의미를 부여한다. 그리고 그 이유에 대해 말년의 저서 『위기』에서 다음과 같이 쓰고 있다. "지각은 직관의 근원적 양태이다. 지각은 근본적인 원본성에서, 즉 그 스스로 현재라는 양상으로 (현상을) 제시한다. 그 이외에 다른 직관의 양상이 있는데, 이는 '그 자체 여기'라는 양상의 변양태 성격을 갖는다. 그 다른 양상들은 재현화 Vergegenwärtigung, 즉 현전Gegenwär- tigung의 변양태이다."53

후설의 공간론도 그의 지각작용에 대한 현상적 성찰과 궤를 같이 하며 전개된다. 그의 유작 『사물과 공간』에서 여실히 드러나듯 후설은 공간을 지각작용에 집중하여, 지각작용의 지향적 진행과정을 현상학적으로 기술함으로써 논구한다. 어떤 기존의 이론을 전제하지 않고, 현상 그 자체에 대해 현미경을 들이대듯 세밀하게 기술하며 이루어지는 후설의 현상학적 논의는 공간론에서도 예외가 아니다.

하지만 후설의 공간론은 이 장의 하이데거 논의를 통해 밝혀지듯 여전히 근대 인식론의 품안을 떠나지 못한 채 공간의 문제를 인간 실존의 파생적 차원인 인지적 관점에서 다루고 있다. 그리고 바로 이 때문에 후설의 공간론은 거주와 건축의 문제로 횡단할 수 있는 통로를 제시하기에는 역부족이다. 따라서 여기서는 후설의 공간론의 특징과 결론을 정리하는 것으로 만족하겠다.

1) 후설은 사물을 연장체로 규정하는 데카르트적 물체 개념을 그대로 계승한다. 그리고 연장체로서 사물을 지각하는 방식은 항상 일면적이며, 이 사물의 불완전한 지각방식은 우리 지각능력의 불완전성에서 기인하는 것이 아니라, 사물이 사물로서 나타날 수 있는 유일한 본질적 방식임을 강조한다.

2) 후설은 이 본질적인 사물의 불완전한 지각방식으로부터 우리의 사물지각을 간접적으로 나타나는 것과 직접적으로 나타나는 것이 동적으로 지시연관관계를 이루며 진행되는 과정으로 밝혀낸다. 후설은 다음과 같이 쓰고 있다. "여러 가지 방식으로 나타나는 지각대상은 그 자체가 지각되는 매순간 나타나는 핵심을 갖는 지시체계로서 존재한다. (…) 이러한 지시 속에서 지각대상은 마치 우리를 부르는 것 같다: 여기 더 볼 것이 있다. 나를 모든 면으로 돌려보고, 나를 둘러보고, 나를 열어보고 나누어 보라."[54]

3) 그러나 지각은 몸이 없는 유령이 하는 것이 아니다. 후설은 특히 지각을 수행하는 과정에서 몸의 역할에 주목하며, 그의 공간론은 따라서 몸의 움직임과 운동감각에 대한 논의를 중심으로 전개된다.

4) 여기서 후설은 몸이 다른 사물과 같이 단순한 연장체로서 공간에 위치하는 사물이 아님을 부각시킨다. 지각을 수행하는 나의 몸은 다른 무엇으로 대체될 수 없는 방향체계의 절대적 중심이며, 나의 몸 이외의 사물들은 나의 몸을 중심으로 배열되고 위치를 잡는다. 따라서 나의 몸의 움직임도 내 몸 이외의 다른 사물들처럼 공간 안에서 위치를 이동하는 것이 아니다. 오히려 내 몸의 움직임에 따라 그 몸을 중심으로 한 방향체계도 변화하여 내 몸과의 관계에서 다른 사물들의 방향과 거리가 재배열된다.[55] 나의 몸은 이렇게 거리

와 방향체계의 대체될 수 없는 중심으로 언제나 늘 나에게 경험된다. 또 몸의 움직임으로 실행되는 지각은 이렇게 몸을 중심으로 몸의 움직임을 따라 전개되는 동적 지시연관관계로 진행된다.

5) 이렇게 지각활동에 집중하여 공간을 기술해보면, 공간은 지각이 실현되는 역능성의 영역이다. 공간은 그 자체 절대적이고 객관적인 연장성이 아니라, 몸을 중심으로 몸의 운동감각이 지각으로 실현되고 또 실현될 수 있는 잠재성의 지시연관체계이다. 공간은 이렇게 지각을 수행하는 몸의 잠재적 활동 영역Spielraum der kinästhetischen Vermöglichkeit으로 구성된다.

6) 이러한 역능성의 잠재적 활동 영역으로서의 공간은 우선은 나의 몸의 움직임으로 통해 구성된다는 점에서 그리고 내 몸의 활동의 반경으로서 "가까이 있는 영역nähe Sphäre"이라는 성격을 갖는다. 그러나 이 가까움의 영역으로서 공간은 몸의 움직임을 따라 확장될 수 있다.

7) 공간은 가까운 활동 영역에서 계속적으로 확장될 수 있는 동질적 공간으로 구성될 수 있는데, 이때 몸의 움직임, 특히 걷기라는 몸의 움직임이 결정적 계기를 마련한다. 이러한 이유에서 후설은 그의 유고에서 걷기에 대한 현상학적 분석을 시도한다.[56]

8) 특히 후설은 공간의 3차원으로 구성되는 현상학적 과정을 해명하는 작업에 몰두하는데, 이때 시각장과 몸의 움직임의 관계가 3차원적 공간 구성에 결정적이다. 후설의 연구에 따르면 시각장은 그 자체로는 2차원 평면성에 그치지만, 이 시각적 지각과 함께 수행되는 몸의 다양한 움직임, 특히 전환운동을 통해 공간의 깊이감이 구성된다.[57]

9) 이제 후설의 공간연구는 이러한 공간성이 상호주관성을 획득하고 나아가 객관적·과학적 공간으로 구성되는 과정을 해명한다. 이

미 앞에서 논구된 바와 같이 넓이와 깊이를 갖는 지각 활동의 역능적 영역으로서 공간은 기하학적 이념화를 통해 그 자체로 존재하는 3차원적 공간으로 정립되어 객관성을 확보한다. 그러나 이는 다른 한편으로는 공간과 지향적 몸의 활동의 관계가 단절되고 급기야 몸도 다른 사물처럼 절대공간 안의 연장체로 취급되는 과정이다. 그리하여 공간과 몸의 관계가 전도된다.

10) 3차원적 연장성으로서 객관성을 확보한 유클리드적 공간은 갈릴레이와 뉴턴이 그 공간을 전제로 자연현상을 설명함으로써 근대자연과학의 공간으로 발전한다. 이러한 유클리드적 공간은 다시 기하학의 대수화를 거치며 비유클리드적 공간으로 출현한다. 그리고 이 비유클리드 공간은 이미 앞에서 살펴본 바와 같이 아인슈타인에서 상대적 공간성이론의 존재론적 기반이 된다.

근대 공간의 해체 :
『존재와 시간』에서
하이데거의 공간론

후설은 근대 과학 및 현대 과학의 발전과정을 추적한 끝에 그것이 자연스러운 경험 세계로부터 출발한, 이념화라는 의식작용의 결과라는 것을 밝혀냈다. 따라서 진정한 세계와 공간은 자연스러운 경험에 대한 현상학적 해명을 통하여 밝혀져야 하는 것이다. 그런데 이러한 자연스러운 경험의 가장 근본적 양상은 지각이며, 따라서 모든 인지작용은 지각에 근거하고 있다. 그리하여 후설 현상학의 본격적인 단계는 지각에 대한 엄청난 밀도의 현상학적 성찰로 집중되고 있으며, 바로 이를 통해 후설은 공간의 문제를 논의하고 있다.

그러나 바로 여기에 후설이 표방한 현상학의 이념으로서의 무전제성과 그를 이루기 위한 현상학적 판단중지에도 불구하고, 스스로 떨쳐버리지 못한 편견이 경험 분석의 심층에 잔존하고 있다. 이러한 편견은 아이러니컬하게도 후설이 가장 신뢰하였던 현상학의 계승자인 하이데거에 의해 포착된다.

하이데거는 지각이 인식론적 관점에서 가장 근본적인 양상일 수는 있지만, 그것 자체가 다른 모든 것에 우선하는 더 이상 되물을 수 없는 인간 실존의 차원은 아니라는 것을 밝혀낸다. 후설이 보다 근원적인 공간 문제에 접근하기 위해 현상학적으로 탐구하는 지각작용은 여전히 인식론적 지향주체에서 수행되는 의식작용이라는 것이다. 자신의 스승에 대한 치명적인 비판일 수 있는 하이데거의 이러한 입장은 스승에게 헌사된 『존재와 시간』에서는 직접적으로 노출되지 않는다. 그러나 그것은 도구의 존재 방식을 분석하는 가운데 인식론 전반에 대한 비판을 거쳐 우회적으로 주장된다. 그리고 그러한 과정에서 공간의 문제가 지각작용의 전제가 되는, 인간 실존의 보다 심층적인 차원, 즉 실천적 행위에서 탐구되기 시작한다.

지각공간에 선행하는 하이데거의 공간론

● 지각, 실천적 행위 그리고 공간 :
  근대 인식론적 태도의 비판을 통한 실존적 행위공간의 발견

하이데거의 철학적 출세작인 『존재와 시간』은 철학에서 이미 오래 전에 퇴출당한 존재론이 존재론적 차이ontologische Differenz에 대한 감수성을 호소하며 새로운 모습으로 등장하는 무대이다. 그런데 철학의 가장 근본적인 문제이며 동시에 가장 긴박한 존재를 문제 삼는 이곳에서 이미 근대 공간과의 대결이 소리 없이 시작되고 있다. 그렇다면 그 대결의 출발점은 과연 『존재와 시간』의 어느 곳에서 확보되는가? 그곳은 바로 대상적 존재자와 도구적 존재자의 관계에 관한 근대 인식론적 관점이 전복되고 있는 지점이다. 그리고 바로 여기서 지각은 인간 실존의 파생 양상임이 우회적으로 드러난다. 이제 그 이유에 대해 알아보자.

전통적 견해에 따르면, 우선 사물은 이미 우리 앞에 서 있는 것으로, 즉 대상으로 나타나며 이것을 토대로 다른 가치가 첨가됨으로써 도구가 된다. 달리 표현하면 사물은 우선 객관적으로 인식 가능한 이러저러한 형태와 속성을 갖는 대상으로 우리 앞에 있다는 것이 가장 기본적인 사실이다. 그리고 이 대상이 어떤 목적을 위해 사용되거나 가공된다는 것은 이차적인 사실이다. 그러나 하이데거는 바로 『존재

와 시간』의 한 모퉁이에서 이러한 질서를 전복시킨다. 그리고 출발점은 우리와 같은 현존재는 그냥 존재하고 있는 물체와 같은 것이 아니라, 존재하면서 그의 존재가 문제되는 존재자라는 독특한 존재방식이다. 때문에 현존재는 늘 존재론적 심려Sorge로 존재한다. 따라서 현존재의 존재 사실성, 즉 현실적으로 여기 있음을 구성하는, 보다 근원적인 것은 현존재는 존재하기 위해 이미 항상 행위pragma를 하면서 어떤 일상의 일에 개입되어 있거나 빠져 있다verfallen는 상황이다.

그런데 이렇게 현존재의 실제로 존재하고 있음, 즉 현존재의 현사실성Faktizität에 필수적인 현존재의 행위는 아무것도 없이 이루어지지 않는다. 그것은 항상 도구를 필요로 하며 도구와 함께 이루어진다. 물론 현존재가 도구가 없는 상황에 처할 수도 있으나 그때에는 일상적으로 도구가 아닌 것을 도구로서 발견하여 행위를 진행시킨다.

예컨대 현존재가 못을 박는 일에 개입하고 있는 경우, 망치가 없으면 돌을 사용하여 못을 박는다. 심지어 어떤 것도 도구로 사용할 수 없는 맨몸의 상황이라는 극단적 경우, 현존재는 자신의 몸을 도구로 사용한다. 가령, 현존재가 존재하기 위해 나무를 두 토막내야할 상황에서 아무런 도구나 도구화할 사물이 없을 때, 현존재는 그의 손을 도구로 사용하여 나무를 부러뜨린다. 보다 정확히 말하면 현존재는 늘 존재가 문제가 되어 어떤 일에 개입되어 행위할 수밖에 없는데, 그때 현존재는 그의 몸을 우선 무엇을 느끼는 감각의 주체 혹은 세포나 단백질 합성체인 생리학적 존재자나 생물학적 대상으로 만나는 것이 아니라 도구로서 만난다. 우리는 문자 그대로 이미 항상 몸을 쓰면서 실존하고 있는 것이다. 손은 우선 무엇을 가리키거나 집는 도구이며, 발은 그를 어디로 이동시키는 도구이다. 이런 의미에서 현존재에게 그의 몸이 애초 수단을 뜻하는 기관organ으로 불린다는 것은 우연이 아니다.

이러한 예에서 보듯 현존재의 구체적인 실존상황에서 현존재가 우선 행위하면서 존재할 수밖에 없는 한, 현존재에게 그의 몸을 포함한 모든 다른 존재자들은 우선 대체로 도구적 존재자Zuhandenes로 드러나며 다가온다.

그런데 하나의 도구란 존재하지 않는다. 도구는 그 하나하나가 이미 특정 도구로서의 본질적 자기동일성을 갖고 있지 않다. 그것은 항상 다른 도구와 연관 안에서 도구로서 존재한다. 예컨대, 망치는 그것이 그 자체로만 이미 망치라는 자기동일성을 갖고 있는 것이 아니다. 즉 망치의 자기동일성은 그 자체 안에 있는 것이 아니다. 그것은 그것이 아닌 다른 것, 즉 못과의 연관 안에서 못을 박는 데 기여할 때 망치라는 자기동일성을 확보하며 존재하게 된다. 이와 같은 예에서 보듯 하나의 독립된 도구는 존재하지 않는다. 도구는 항상 도구 전체의 맥락 안에서 존재한다. 도구가 도구로서 존재하는 것은 그것이 어떤 것을 위해 사용될 수 있을 때이다. 그리하여 도구들은 서로 전체적인 사용의 맥락Bewandniszusammenhang에 포괄되어 있다.

한편 한 도구의 자기동일성이 다른 것과 본질적으로 지시연관관계를 이루는 데 있다면, 그렇지 않은 경우 도구는 더 이상 도구라는 존재방식으로 존재하지 않을 것이다. 실제로 도구가 이러한 지시연관관계로부터 절연되어 버리면, 그것의 도구로서의 존재방식은 박탈되고 대상적 존재자로 전환되어 버린다. 예컨대 우리 행위에 도구의 결함이나 장애와 같은 상황이 발생하여 망치가 망치로서 존재하는 기능적 연관관계가 절연되면, 망치는 우리의 행위가 의탁하여 행위를 수행하는 도구가 아니라, 우리의 행위를 가로막고 우리 눈앞에 서 있는 존재자로서 그 존재방식이 탈바꿈한다. 즉 우리의 손 안에서 우리의 행위와 밀착되어 쓰이고 있는 존재자Zuhandenheit로부터 우리 앞에 서 있어서 우리에게 지각되어 앞에 놓고 관찰할 수 있는 대상적 존재자Vorhandenhheit가 출현하는 것이다.58

이러한 논의를 조금만 더 상세히 살펴보면, 후설처럼 지각을 근본 양상으로 전제하는 다음과 같은 입장의 문제점이 드러난다.

일상적으로 도구를 사용하는 상황에서 도구는 도구에 의탁해 펼쳐지는 인간의 실존적 행위와 거리 없이 밀착되어 있기 때문에, 우리에게 눈에 띄지 않는unauffällig 방식으로 우리의 행위와 관계 맺고 있다. 예컨대 내가 볼펜으로 글을 쓰고 있는 경우, 볼펜 그 자체는 나의 필기행위와 하나가 되어 나의 필기행위를 진행시킨다. 이렇게 우리가 순조롭게 도구를 사용하며 행위하고 있을 때, 도구는 우리의 행위와 분리되지 않으며 따라서 대상으로 지각되지 않는다. 그러나 반대로 그것이 눈에 띄는 방식으로 지각되기 시작하면, 오히려 그것은 도구이기를 멈춘다. 왜냐하면 우리의 행위가 순조롭게 녹아 들어가며 펼쳐지는 도구 사용의 맥락에 장애가 생기면, 우리가 사용하는 도구는 우리를 가로막고 서 있는 장애물로서 눈에 띄며 지각되어 대상화되기 때문이다.

다시 볼펜의 예로 돌아가면, 내가 볼펜으로 글을 쓰고 있는 경우 나의 행위는 볼펜에 지향하지 않고 진행되지만, 볼펜이 써지지 않을 경우 비로소 나의 행위는 정지됨과 동시에 볼펜에 나의 의식이 지향되면서 그것을 볼펜으로 지각하는 것이다. 이렇게 우리의 행위에서 사용되는 도구로서 존재하는 존재자는, 지각의 대상이 될 때 눈앞에 띄며 지각의 대상이 되어 눈앞에 놓여진다. 도구로서 존재하던 존재자가 쓰임의 행위 상황에서 이탈되어 보임의 상황 속에 위치하게 되면서 지각되는 것이다. 이제 도구로서 존재하던 존재자는 존재양식의 변화를 겪으며 '보임새Aussehen'의 관점에서 대상으로 지각되며 그 형태를 보일 뿐이다.

즉, 도구는 형태학적 규정의 대상으로 변양될 뿐, 그에 의탁해 우리의 실존이 펼쳐지는 도구로서는 더 이상 존재하지 않는다. 이렇게 도구로서 존재하던 존재자가 지각의 대상으로 존재방식의 변양을 겪으며 형태적 존재자로 출현하는 것을 하이데거는 결핍Defizienz으로 파악한다. 요컨대 대상적 존재자는 도구적 존재자의 결핍적 존재자이다. 그것은 도구로부터 모든 실천적인 맥락이 사상되었을 때 등장한다는 의미에서 도구로부터 파생되는 도구의 위축 현상이다. 그리하여 대상적 존재자는 본래적으로는 단지 더 이상 도구적이 아닌 것, 즉 모든 실천적 기능연관관계가 해체되었을 때 남는 추상적 잉여일 뿐이다.

하이데거가 이 대담한 전복을 통해 보여 주려한 것은 다음과 같다. 보다 근원적인 현존재의 존재방식은 행위를 통한 사물과의 실천적 만남이며, 따라서 세계는 대상이 우리 앞에 우리의 시선을 끌며 지각과 인식의 대상으로 서 있는 것이 아니라, 사물의 지시연관관계 혹은 기능연관관계로 열려진다. 그리고 사물이 형태적으로 지각되어 객관적으로 규정될 수 있는 속성을 지니고 나타나는 것은 현존재가 이러한 사물과의 근원적 관계로부터 떨어져 나와 거리를 취할 때이다. 하이데거는 다음과 같이 술회한다. "이론적 태도의 결정에 결정적인 것은 실천praxis의 실종이다."[59] 그리하여 하이데거는 행위에서 사용되는 도구적 존재자가 존재의 질서에서 지각에서 대상화되는 존재자에 우선한다는 것을 보여주려 하였다. 그리고 다시 어원학적으로 이에 대한 전거를 제시하려 한다. 하이데거는 『존재와 시간』에서 이제는 아득해진 기억을 상기시킨다. 희랍인들은 원래 사물을 '프라그마타Pragmata' 즉 '행위에 다가오는 것'이라 불렀다고.[60]

방역으로서의 공간과 현존재의 공간성

이상의 논의를 통해 하이데거는 대상이라는 존재방식은 도구라는 존재방식으로부터 파생되는 것임을 보여주었다. 그런데 대상은 현존재의 행위가 멈추고 도구가 지각의 상황에 들어올 때 출현하는 존재자의 존재방식이다. 이는 대상을 출현시키는, 혹은 후설 식으로 표현하면 대상을 구성하는 지각은 보다 근원적인 현존재의 존재상황이 아니라는 것을 뜻한다. 또 의식의 지향성이 활동하여 대상을 구성하는 것은 이미 도구와 행위가 하나가 되어 이루어가던 현존재의 구체적 존재상황(실존)에서 도구가 도구성을 잃고 행위와 분리되는 상황이 전제되어 있는 것이다.

따라서 후설이 대상의 지각작용으로 수행되는 의식의 지향성을 생활 세계적 경험의 근본양상으로 전제하는 것은 원하는 목적을 달성할 수 없다는 문제점을 노출시킨다. 그러나 이는 동시에 공간의 문제에 접근하는 경로가 지각이 아니라, 행위에서 발견되어야 함을 시사한다. 왜냐하면 실존하는 존재로서 현존재를 우선 실천하는 존재자라할 때, 근대 과학적 공간의 추상화 작업이 뿌리를 두고 우리 눈앞에서 지각되는 공간 역시 더 이상 근원적이며 경험적으로 입증된 공간으로 승인될 수 없기 때문이다.

때문에 눈앞에 펼쳐진 지각공간보다 더 근원적인 공간의 공간성을 해명하기 위해서 우리는 우리 이외의 존재자들이 우리에게 도구로 다가오는 그 공간을 현상학적으로 기술해야 한다. 하이데거가 『존재와 시간』에서 부각시키고 있는 눈앞에 펼쳐진 공간보다 더 근원적 공간은 바로 현존재가 행위할 때 존재자들이 도구로서 다가오는 그 공간이다. 앞의 도구의 존재방식 분석에서 이 도구들이 도구로서 존재하는 공간의 공간성은 이미 시사되었다. 각각의 도구들은 서로 전체적인 사용의 맥락Bewandniszusammenhang에 포괄되어 있는 것이다. 그리고 이 총체적인 도구연관관계는 개별적인 도구에 앞서 노정되어 있다. 존재자들이 도구로서 존재하며 쓰이면서 우리에게 다가오는 공간은 대상들이 위치하고 있는 공간이 아니라, 쓰임새의 맥락에 따라 도구들의 자리를 배열하는 지시연관계이다.[61] 이로부터 하이데거가 『존재와 시간』에서 주제화하는 보다 근본적인 공간의 공간성이 다음과 같이 밝혀진다.

우선 우리와 도구가 만나는 공간은 깊이·넓이·높이와 같은 차원성을 갖지 않으며, 우리가 이미 처해 행위하고 있는 공간이다. 따라서 그 공간은 우리와 너무 친숙하고 거리가 없어ent-fernt, 우리 눈에 띄지 않는unauffälling 공간이다. 그리고 도구적 존재자는 3차원적 공간 안에서 그것들이 차지하는 위치와 관계없이 항상 실천적 행위와 관계를 맺고 있기 때문에 가까움이란 성격을 갖는다. 이때 도구들은 무엇인가를 조달besorgen하기 위해 행위할 때 펼쳐지는 도구연관계로부터 자신들의 자리를 지정받고 있다.

예를 들면, 우리는 망치나 톱과 같은 것을 넣어두기 위한 도구로서 도구함을 작업대와 가장 가까운 벽에 설치한다. 또 밥을 담기 위한 도구로서 밥그릇과 같은 것은 부엌의 찬장 안에 둔다. 우리는 도구들을 그 사용에 편리한 곳에 설치하거나, 불필요한 도구들을 창고에 보관해두거나, 여기저기 어지럽혀진 도구를 정리정돈 해둔다. 도구는 그것이 있을 자리에 있어야 편리하게 사용될 수 있다. 이처럼 무엇을 하기 위한 도구는 자신의 자리를 가진다.[62]

그런데 도구가 언제나 다른 도구들과 연관을 맺고 있는 한, 어떤 하나의 도구는 도구 전체가 귀속될 수 있는 '자리전체성'에서부터 자신의 자리를 가지게 된다. 예컨대 밥그릇과 밥솥 그리고 찬장과 싱크대 등과 같은 도구들은 부엌이라는 자리전체성에 입각해서 자신들의 자리를 가지는 것이다. 하이데거는 이러한 쓰임새연관계의 쓰임새에 따라 배정되는 도구들의 자리를 망라하는 공간을 지각대상들이 위치하고 있는 공간과 구별하여 '방역Gegend'이라 칭한다.

이러한 방역은 물리적 공간과는 달리 그 안에서 이루어지는 행위가 도달하고자 하는 목적이 없으면 열리지 않는다. 따라서 방역은 무한히 연장되어 있는 뉴턴 식 절대공간과는 달리 어떤 범위를 갖고 한정되어 있다. 또 방역은 그 안에서 도구의 자리가 지시연관관계를 따라 배열되어 있다. 때문에 방역은 그 자체로는 어떤 방향성도 갖지 않고, 방향이 필요에 따라 차후적으로 그어지는 절대적 물리공간과 달리 그 자체로 이미 방향성의 체계이다. 즉 방역 안에 존재하는 존재자, 즉 도구는 이미 어디로 정향되어 있는 것이며, 도구를 사용하는 행위 역시 이 정향을 따라 이루어진다.

여기서 주목을 끄는 것은 하이데거가 방역을 천체 현상의 영역까지 확대시켜 거시적 차원에서 우리 실존의 이루어지는 공간성을 우선 방역으로 이해하려고 한 것이다. 이에 따르면 천체의 방역은 일차적으로 태양의 일출과 일몰로부터 발견된다. 태양은 천문학에서 주장되는 바와 같이, 거시 물리적 사물이 아니라 현존재의 실존상황에서 우선 도구적 존재방식으로 드러나는 것이다. 태양 역시 낮과 밤의 변화에 따라 빛과 열을 발하는 도구적 존재방식으로 일상적 행위에서 지속적으로 사용되고 있다.

물론 태양의 사용 가능성은 태양의 자리에 따라 변한다. 그러나 태양은 현존재의 실존적 실천행위와 관련하여 현존재의 거주지와 도구적 연관관계로 펼쳐진 방역에서 그것이 발하는 빛과 따듯함으로 발견된다. 그리고 현존재가 거주하는 지역은 바로 이 태양이 발하는 빛과 따듯함에 정향되어 배치된다. 즉 거주지가 자리 잡는 장소, 가옥들의 모양 그리고 그 구성요소인 지붕, 출입구, 창문 등은 태양과의 관계에서 배열되고 형태가 정해진다. 집은 나름대로 해가 드는 측면과 비가 들이치는 측면을 갖고 있으며, 집의 내부공간의 분할 또한 이 방향에 따라 결정된다. 그리고 방 내부의 배치는 그렇게 방향 지어진 방을 다시 방 내부를 채우고 있는 도구들의 방역으로서 구체화한다.

나아가 교회와 묘지는 태양의 일출과 일몰에 맞추어 방향지어 지는 것으로 삶과 죽음의 방역들이며, 이 방역으로부터 현존재의 고유한 가능성이 존재하면서, 존재가 문제가 되는 존재자로서의 현존재의 삶과 죽음이 구체적인 공간적 방향을 얻게 된다. 현존재가 이렇게 온기와 추위, 어둠과 빛, 일몰과 일출을 배려하며 자신의 거주하는 지역세계의 구도를 구체화할 때, 현존재가 거주하는 지상의 세계는 천체현상과 도구적 지시연관 속에서 배열되고 있는 것이다.

천체와 지상은 이렇게 현존재의 실천적 행위 차원에서 우선 방역으로 열리며, 이 방역은 자리들로 채워지는 하위 방역들의 모든 특수한 형태에 대해 선행적인 곳(귀속할 장소)을 이미 제공하고 있다.[63] 따라서 특정 도구들의 자리를 드러내기 위해서는 선행적으로 그것에 적합한 자리(적소)를 배치하는 방역을 발견해야 한다. 방역의 선행적인 발견은 그것을 기반으로 도구적 존재자가 드러나는 적소전체성을 통하여 함께 규정되어 있다.

물론 이러한 방역과 도구와의 관계는 현대 첨단기기에서도 그대로 적용된다. 예컨대 현대 디지털문화의 아이콘 역할을 하고 있는 아이팟I-pod의 출현은 그 기구 하나만 발명된 것이 아니라, 이미 그것의 출현과 함께 어떤 방역의 발견이 이루어진 것이다. 실제로 스티븐 잡스가 아이팟을 출시한 이후 그것을 지원하거나 그것으로부터 지원을 받는 많은 주변기기들이 출시되고 있다. 주변기기라는 용어에서 이미 노출되듯, 첨단기기 역시 항상 그 주변um을 갖는 존재방식으로 존재하며, 따라서 이러한 기기 역시 기능적 방향성의 체계로서 방역 내에서 그 자리를 지정받고 있다.

결국 도구들 전체가 귀속될 수 있는 '자리전체성'으로서의 방역이 도구의 공간성이다. 그리고 방역이 적소전체성에 의해서 규정되어 있는바, 도구의 공간성 역시 적소전체성에 의해 규정되어 있는 셈이다.

현존재의 행위 차원에서 존재의 문제를 접근하는 하이데거의 논의는 도구의 공간성을 방역으로 드러냄과 동시에 현존재의 공간성을 해명해준다. 앞서 행위와 그 행위와 함께 존재한 도구의 공간성을 방역으로 밝혀내는 과정에서 분명한 것은 현존재의 공간성이 실존의 현장에서 지각되는 공간 안에서 자신을 몸을 발견하는 데 있는 것이 아니라는 점이다. 중요한 것은 현존재의 공간성은 존재자들이 도구적 연관관계로 배열되어 있는 방역에 현존재가 행위를 통해 이미 개입되어 있다는 데 있다. 그리고 그렇게 행위를 통한 개입에 의해 현존재가 아닌 존재자들이 도구로 드러나 그 자리가 배열되는 공간, 즉 방역이 열리는 것이다. 따라서 방역을 여는 현존재의 공간성은 대상들이 존재하는 공간에 위치를 점하고 '어디에 들어 있음'에 있는 것이 아니다. 그것은 현존재가 방역에서 도구와 하나가 되어 행위하면서 어떤 일에 개입되어 항상 어디로 향하고 있다는 데 있다. 그리하여 현존재의 실존적 공간성은 거리없앰Ent-fernung과 방향잡기Ausrichtung라는 특성을 보인다.

현존재의 행위는 항상 어떤 도구와 함께 이루어지며, 이 도구는 현존재의 행위와 분리되어서는 안 된다. 도구는 행위자가 그가 사용하는 도구와 거리를 갖고 행위자와 떨어져 지각될 때 도구로서 기능하지 못한다. 따라서 행위자는 도구를 항상 그의 행위와 가장 거리가 없는 상황에서 행위와 하나가 되어 존재하도록 배려한다. 하이데거는 이렇게 말한다.

거리없앰은 우선 대개 둘러봄Umsicht으로 '가까이 함', 즉 손 가까이 두는 것으로서 '가까이 가져옴'이다. 그러나 존재자를 순수하게 인식하면서 발견하는 특정한 양식들 역시 가까이 함이라는 성격을 갖는

다. 현존재 속에는 가까움을 지향하는 본질적 경향이 있다.[64]

물론 이러한 거리없앰은 원초적으로 내 몸과의 물리적 거리에 따라 결정되는 것이 아니라, 도구가 사용될 때 도구들의 지시연관 상의 자리에 따라 결정된다. 그러한 공간, 즉 방역에서 도구들의 멀고 가까움은 눈앞에 펼쳐진 공간에서 원근과는 근본적으로 다르다.

예컨대 현존재가 집을 짓는 행위에 개입되어 있을 경우, 지금 그 현존재와 가까운 것은 물리적으로 그의 몸 옆에 놓여 있는 찻잔이 아니라 망치이다. 또 그 망치와 가까운 것은 망치 바로 옆에 있는, 예컨대 주전자가 아니라 바로 못이다. 설령 못이 눈앞에 펼쳐진 공간에서는 아주 먼 거리에 위치하고 있다고 할지라도, 방역에서 서로 가장 가까운 거리를 가지고 있는 것은 망치와 못이다. 바로 이 때문에 우리는 망치와 못이 눈앞에 펼쳐진 공간에서 먼 거리에 위치하고 있을 때, 그 거리를 없애고 가까이 두려고 한다.

따라서 가장 가까운 것은 나의 몸과 물리적으로 거의 틈이 없을 정도로 밀착되어 있는 것이 아니라, 행위가 진행될 때 그 행위가 의탁하는 도구들의 지시관계에서 우선 사용되어야 하는 것으로 자리 잡고 있다. 하이데거는 이를 안경을 예로 들어 설명한다. 행위가 중지된 상황에서 대상들이 지각될 때는 나의 몸이라는 대상과 가장 가까운 대상은 내 눈앞에 있는 안경이다. 하지만 사실 그 이전 우리가 이미 항상 행위하고 있을 때, 우리에게 가장 가까이 다가왔어야 했던 것은 그 행위가 진행되는 상황에서 그때마다 요구되는 도구였다. 예컨대 강의를 듣기 위해 교실로 들어갈 때, 나에게 가까이 다가오는 것은 교실 문을 열기 위한 문손잡이지 나의 코에 걸쳐 있는 안경이 아니다.

나아가 현존재가 현재 하고 있는 행위는 어떤 도구와 함께 이루어지며, 이때 행위는 도구들의 지시연관관계에 따라 행위가 진행되면서 사용해야 할 도구에 미리 방향을 잡고 거기로 향하고 있다. 따라서 현존재는 이미 자신의 자리가 아닌 도구가 있는 자리, 즉 저기로 향하여 거기에서 비로소 자신의 자리인 여기로 돌아오는 것이다.

또한 행위는 이렇게 미리 방향지어져 있기 때문에 그 방향을 가리키는 것이 가능하다. 현존재는 이와 같이 행위하는 동안 도구가 있는 '저기'를 향해 '거리를 제거하고 방향을 열면서' 존재한다. 이러한 의미에서 '여기' 있는 현존재의 '여기'는 언제나 도구적으로 존재하고 있는 '거기'에서부터 밝혀진다.[65] 좀 더 자세히 말하자면, 현존재의 여기는 현존재가 취하고 있는 거리없앰과 방향잡기를 통해, 방역 내에서 배열되어 있는 도구들의 지시연관관계를 따라 사용되고 있는 도구에 배정된 자리로부터 결정되는 것이다. 그리하여 현존재가 있는 곳은 그의 행위에 필요한 도구 곁에 있는 것이지, 기하학적 공간 안에 좌표로 표시되는 위치에 있는 것이 아니다.

예컨대 이 글을 쓰는 나의 여기는 바로 글을 쓰는 행위를 하고 있기 때문에, 그리고 그 행위는 연구실 안 책상 앞이란 도구적 연관관계를 따라 가장 잘 진행될 수 있기 때문에, 지금 여기 연구실로 와서 책상 앞에 앉아 있는 것으로 정해지는 것이다. 따라서 현존재가 우선 행위의 과정에서 처해 있는 여기라는 자리는 그의 몸이 위치하고 있는 물리적 위치가 아니다. 때문에 현존재의 여기는 지각공간 안에 위치화되는 몸을 통해서는 근본적으로 이해될 수 없다. "현존재의 공간성은 그 물리적 몸의 위치를 제시하는 것으로 규정되는 것은 아니다."[66]

이는 한편으로 하이데거가 『존재와 시간』에서 몸을 현상학적으로 다루지 않은 이유를 해명해준다. 간혹 하이데거는 특히 메를로퐁티와 비교되며 『존재와 시간』에서 현존재의 공간성을 논의하면서 몸의 문제를 누락시키는 중대한 실수를 저질렀다는 비판을 받는다. 그러나 그가 몸의 문제를 스쳐지나간 것은 몸에 대한 문제의식 결여 때문이라기보다는 공간의 문제가 현존재의 실존적 행위 차원에 접근되어야 하며, 행위는 결국 몸보다는 '존재하면서 자신의 존재가 늘 문제가 되는 상황', 즉 심려Sorge라는 현존재의 실존방식에 근거하고 있기 때문이다. 따라서 현존재의 공간성을 밝혀할 때 그에게 긴박한 문제는 몸보다는 심려의 실존론적 구조를 밝혀내는 것이었다.

현존재의 공간성과 몸의 문제는 하이데거의 실존적 공간성의 방향 문제를 다음과 같은 예를 통하여 선명하게 할 때 다시 한 번 등장한다.[67] 가령 내가 부재하는 사이에 누군가가 내 방의 가구의 위치를 좌우가 바뀌도록 배치해 놓았을 경우, 내가 외출에서 돌아와 내방에 들어설 때 나는 혼란에 빠질 것이다. 이때 내가 좌와 우의 방향감각을 통해 방 가구들이 그 이전과는 반대로 배치되어 있다는 것을 알아차린다 해도, 이 방에서 행위하는 것은 그 이전과는 다른 방식으로 진행된다. 즉 나의 행위는 가구 하나하나의 위치를 좌우 방향감각을 통해 일일이 따져가며 방향을 잡은 후에 이루어진다.

그런데 이러한 방향잡기는 사실 머릿속으로 아무것도 없는 추상적 공간에 객관적으로 정해진 방향체계에 따라 사물들이 위치하는 지도를 그리고, 좌우의 방향을 따져가며 이루어지는 것이 아니다. 그것은 과거에 그 방에서 나의 행위가 진행될 때 그 행위의 방향을 이끌어가던 도구들의 자리를 기억하며, 그 자리가 현재의 자리와 어긋남을 파악하고 이 어긋난 위치를 이제 상하좌우의 객관적 방향틀에서 다시 결정하는 방식으로 이루어진다. 이는 방향이 뒤바뀐 상황에서 방향을 찾는 것이 이미 순조롭게 진행되던 행위상황을 전제하고 있음을 뜻한다.

그런데 가구가 이렇게 배치되기 이전에 나의 행위는 의식적인 방향잡기를 따로 전제하지 않고, 이미 항상 방역 속에서 내가 친숙하게 사용하던 도구에 정향하면서 이루어졌다. 이는 다음과 같은 사실을 다시 한 번 확인시킨다. 현존재의 방향성은 아무것도 없는 공간 안에서 상하좌우라는 객관적 방향성으로 정해지는 것이 아니라, 이미 도구들의 지시연관관계라는 방향체계로 존재하는 방역 내에서 도구들의 자리로부터 결정된다. 그리고 현존재의 행위에 이미 이러한 방향성이 전제되지 않는 한, 현존재는 추상적인 방향체계로 나아갈 수 없다.

실제로 오른쪽과 왼쪽 그리고 위와 아래는 구체적인 실천적 행위에서 그렇게 추상적으로 정해지는 것이 아니라, 우선 도구와 함께 정해진다. 예컨대 위·아래는 실제로 구체적 행위공간에서 그 자체로 성립하는 것이 아니다. 그것은 천장에, 바닥에와 같은 방식으로 또 오른쪽·왼쪽도 문 옆에, 책상 옆에 등으로 결정된다. 상하좌우는 이러한 구체적인 실천행위의 공간으로서 방역 내에 문제가 발생하여 현존재가 행위를 멈추고 지각의 상황으로 진입할 때, 비로소 구성된다. 즉 행위에 문제가 생겼을 때 방역으로서의 행위공간이 3차원적 지각공간으로 변양되고, 이때 문, 천장, 바닥 등은 도구적 존재자로서의 의미를 상실함과 동시에 도구적 존재자로 그것에 배정된 자리를 상실하고 3차원적 공간에 위치를 점유하고 있는 임의의 대상으로 변양된다. 이 지각공간에서 나는 나에게 지각되는 대상으로서 나의 물리적 몸을 발견하는데, 이제 이 물리적 몸이 점유하고 있는 위치를 중심으로 상하좌우를 지각하는 것이다.

공간의 방향성에 관한 하이데거의 논의는 현존재의 공간성에 대해 보다 구체적인 내용을 밝혀낼 뿐만 아니라 다른 현상학자와 흥미진진한 대결을 펼칠 수 있는 지점을 확보한다. 그 다른 현상학자는 바로 메를로퐁티이다. 불행하게도 몸에 대한 엄청난 현상학적 탐구에 몸을 바친 메를로퐁티와 존재를 현존재의 실존으로부터 사유하고 있는 하이데거는 직접적인 대결을 통해, 특히 공간의 문제와 관련하여, 그 현상학적 문제의식의 심도를 판가름할 기회를 갖지 못했다.

물론 간접적인 대결이 없었던 것은 아니다. 가끔 메를로퐁티의 편에서 선 후학들에 의해 하이데거의 전기 현상학은 몸에 대한 현상학적 문제의식을 결여하고 있다는 원성이 제기되곤 했다. 그러나 이는 하이데거의 문제 맥락에 대한 고려 없이, 메를로퐁티가 중요시하는 문제를 선취하여 하이데거가 그 문제를 중요시하지 않고 있다고 일방적으로 매도하는 것에 불과하다. 그리고 그 내용도 단순히 문제의식의 결여를 고발하는 수준에 머물러 있다. 이러한 오류를 범하지 않기 위해서는 양 철학자가 대등한 입장에서 대결할 수 있는 지점을 발견해야 한다. 다행스럽게도 앞서 논의한 현존재의 방향성 문제는 하이데거와 메를로퐁티가 그 철학적 출발점과 논의 전개 행로의 현격한 차이점에도 불구하고, 두 철학자가 같이 설 수 있는 대결의 장을 마련해준다.

그 이유는 메를로퐁티도 공간의 방향성의 문제를 그의 지각의 현상학에서 다루고 있을 뿐만 아니라, 방향성 문제를 논의하는 데 있어서 하이데거처럼 방향이 전도된 예를 통하여 공간 문제에 접근하고 있기 때문이다. 차이는 하이데거가 가구의 배치가 뒤바뀐 방에 들어갔을 경우 발생하는 상황을 설정하여 방향성의 문제를 논의하고 있는 반면, 메를로퐁티는 세상을 거꾸로 보이게 만드는 안경실험을 통하여 공간의 방향성 문제를 논의하고 있다는 것이다. 이러한 메를로퐁티의 논의는 하이데거를 위협하기도 하고, 또 하이데거를 통해 위협받을 수도 있는 예민한 내용을 담고 있다.

메를로퐁티가 인용하는 스트래튼의 실험은 세상이 180°로 거꾸로 보이는 안경을 만들어 착용했을 때, 몸에서 나타나는 현상을 관찰하여 보고하고 있다. 이 안경을 착용하면, 세상은 우리에게 완전히 뒤집혀 보이고, 상하좌우의 공간적 방향은 혼돈에 빠지며, 그리하여 어떤 대상을 향하여 잡으려는 우리의 행위는 어려움에 빠지고 우리 몸은 물구나무서기를 한 느낌을 받는다. 하지만 점차 시간이 지남에 따라 대상들이 바로 보이고, 물구나무서기를 한 것 같았던 우리의 몸도 안경을 계속 낀 채 며칠이 지나면 완전히 정상화된다. 이때 가만히 누워 있는 것보다 몸을 적극적으로 움직이며 그 전도된 세계의 대상으로 나아가면 갈수록, 뒤집힌 세계와 몸이 정상적인 공간방향체계로 안정화되는 시간이 단축된다.[68] 이러한 스트래튼의 안경 실험이 의미하는 바는 무엇인가?

우리의 몸을 다른 물체처럼 공간 안에 존재하는 것으로 보는 제3자의 객관적 입장에서 보면, 우리의 몸이 위치하고 있는 물리적 공간은 안경을 끼기 전이나 끼고 난 후나 아무런 변화가 없다. 하지만 우리 자신의 몸이 살아가는 바로 그 입장에서 보면, 안경이란 어떤 조작이 개입함으로써 우리 몸이 살아가는 공간은 우리 몸과 균열을 일으키며 몸이 살 수 없는 공간으로 변해버린다. 모든 방향은 뒤엉킨다. 그러나 우리의 몸은 살아 나아가면서 그 공간을 다시 자신의 삶의 공간으로 탈바꿈시키고, 그 공간 안에서 문제없이 살아간다. 여기서 우리는 몸이 사는 공간성과 방향잡기는 몸의 행위를 중심으로 이루어진다는 점을 알 수 있다. 우리는 이미 절대적으로 상하좌우가 결정된 절대적이며 객관적인 공간에서 사는 것이 아니다. 그러한 공간이 그러한 위치체계로 형성되는 데에는 이미 몸의 지향적 활동이 개입되어 있었음을 의미한다.

결국, 스트래튼의 안경실험은 몸이 외부세계로 살아 나아가며 스스로 살아내는 공간성이 외부세계에서 사물들의 위치체계인 객관적·기하학적 공간성과는 다르다는 것을 시사한다. 몸의 방향잡기나 공간의 지각작용에서는 몸의 활동이 원점의 역할을 수행한다. 왜냐하면 우리의 몸은 이미 존재하는 3차원적 공간에 갇혀 있는 공간의 포로가 아니기 때문이다. 진정으로 몸이 몸담고 사는 공간은 몸의 적극적 개입을 통하여 비로소 몸의 공간으로 공간화되는 것이다.

여기서 일단 메를로퐁티와 하이데거가 부분적으로 동의하는 지점이 발견된다. 그것은 객관적 공간과 방향성을 절대화하는 기존의 공간론에 대한 비판이다. 그러나 메를로퐁티는 하이데거가 전혀 거론하지 않는 몸과 공간의 방향성 관계를 스트래튼 실험을 통하여 생생하게 밝혀놓고 있다. 이 점에서 메를로퐁티는 분명 하이데거를 능가한다. 그러나 이러한 점에 현혹되지 않고 다시 한 번 메를로퐁티의 논의를 면밀히 성찰해보면, 거기서 하이데거의 공격을 받을 수 있는 취약점이 발견된다.

그것은 다음과 같다. 대체 방향이 거꾸로 된 상태에서 다시 행위를 하는 동기는 어디서 발원하는 것인가? 그리고 그 행위는 어떤 대상을 무엇을 위해 잡으러 가는 것일까? 그리고 그때 행위는 무작위로 무질서하게 진행되는 동작인가? 아니면 실존적 행위의 필수조건인 도구와 함께 진행되는가? 만일 행위가 이미 어떤 도구와 함께 또 다른 도구로 향하는 행위가 아니라, 어떤 목적도 없이, 그리하여 어떤 도구사용에 개입되지 않고, 맹목적으로 무작위로 무질서하게 진행되어도, 행위자는 다시 방향을 잡을 수 있을까? 오히려 메를로퐁티가 대상으로 향하는 행위라고 하는 것은 실제에 있어서는 그냥 대상이 아니라, 어떤 목적을 갖고 어떤 도구와 함께 이루어지고 있으며, 그 행위는 목적을 이루기 위해 요구되는 다른 도구로 향해가는 것이 아닐까? 만일 그렇다면 행위가 적극적으로 진행되면 될수록 방향이 정상화된다는 것은, 실제에 있어서는 지각되는 대상의 방향과 위치에 관계하는 것이 아니라 지각공간의 대상화된 도구들의 위치에 선행하는 도구들의 지시연관관계에 친숙해지고, 그것에 의해 배정된 자리에 정향할 수 있는 방향성을 회복했기 때문이 아닐까?

물론 스트래튼 실험에 대한 메를로퐁티의 보고만으로는 결과를 예단할 수 없다. 그렇기 때문에 이 실험은 다시 시도되어야 한다. 특히 행위가 현존재의 심려로부터 발원하지 않고 단순히 목적 없이, 무작위로, 무질서하게 진행되는 동작의 경우에도 같은 결과가 나오지는 않는가의 여부가 면밀히 관찰되어야 한다. 만일 무목적인 동작의 경우 그러한 결과가 나오지 않는다면, 메를로퐁티가 말하는 행위는 실제로 실존적 상황에서 어떤 식으로든 도구 없이는 일어날 수 없는 행위일 것이다. 따라서 방향이 전도된 경우, 도구와 함께 이루어지는 바로 그 실존의 구체적 행위에서만 방향성의 회복이 다시 이루어지는지 주의 깊게 검토되어야 한다.

그런데 이때 방향성의 회복이 도구적 행위에서 가능해진다면, 그 방향성의 근거는 몸 자체가 아니라, 이해 혹은 둘러봄이라는 방식으로 방역을 이미 열어놓은 현존재의 실존방식에 있는 것이다. 그리고 몸은 바로 이 둘러봄 혹은 이해가 구현되는 데 구체적인 역할을 하는 것이다. 결국 몸으로부터 실존의 행위가 접근되어야 하는 것이 아니라, 실존의 행위로부터 몸의 역할과 기능이 접근되고 해명되어야 하는 것이다. 아쉽게도 하이데거는 이후 어느 곳에서도 몸의 문제를 이러한 관점에서 집중적으로 탐구하고 있지 않다.[69] 아마도 그 이유는 그의 문제의식 결여 혹은 학문적 나태함에 있는 것은 아닐 것이다. 하이데거는 본래 제기했던 존재의 문제가 『존재와 시간』에서 미완성으로 끝났다. 따라서 그는 그 본래 문제에 접근하는 길을 근본적으로 다시 발견해야하는 더 절박한 문제 상황에 처했던 것이다.

이 존재를 향한 길을 다시 찾으려는 하이데거의 철학적 사유가 공간의 문제를 어떻게 탈바꿈시키는지에 대해서는 앞으로 논의될 것이다.

언어에 대한
시적 접근을 통한
공간론

하이데거는 후설을 따라 공간의 공간성으로서 당연시되던 연장성·절대성·동질성이 지각공간을 이념화한 결과라는 것을 폭로하였다. 하지만 동시에 후설을 우회적으로 비판하며 지각공간에 선행하는 공간을 방역으로 밝혀냈다. 그리고 이 방역의 공간성은 현존재의 행위와 관련하여 거리 없앰과 방향잡기에 있다. 방역으로서 공간은 이미 언급된 바와 같이 '눈에 띄지 않음'의 양태로 노정되어, 우리가 이미 그 안에서 행위하며 살고 있는 공간이다. 다시 말해서 현존재는 이미 도구들이 지시연관관계로 배열되어 있는 방역에 친숙하게 거주하며 도구들의 자리를 능숙하게 찾아가면서 사용하고 있는 것이다.[70]

이 방역이 눈에 띄는 공간으로 변양될 때, 비로소 우리 앞에서 대상들이 놓여진 3차원적 지각공간으로 구성된다. 눈에 띄는 공간으로의 변양이 일어나는 계기는 이미 누차 지적된 바와 같이 순조롭게 진행되던 도구사용에 장애가 생길 때 혹은 필요한 도구가 탈루되어 있을 때 등 여러 가지 경우가 있을 수 있다. 하지만 그것이 객관적이며 동질적인 기하학적 공간으로 변양되는 데에 결정적인 전기를 마련해주는 것은 도구를 제작할 때, 예컨대 집을 지을 때라든지, 다리를 놓을 때 측정이 필요해질 경우이다. 이 경우엔 임의의 모든 사람에게 적용될 수 있는 공적öffentlich 척도가 필요해지고, 이것은 방역을 순수한 지각 혹은 응시의 대상으로 전환시키는 계기가 된다.

이때 쓰임새 연관에서 도구로서 자신을 드러내던 존재자는 그 쓰임새 연관에서 단절되어 각각 구별되는 대상으로 보여진다. 존재자는 쓰임새가 아니라 모양 형태와 같은 보임새에서 존재하게 되며, 따라서 존재자는 형태학적morphologisch 고찰의 대상이 된다. 이러한 형태학적 고찰에서 존재자의 기본 형태로 둥긂·네모·세모 등의 기본형이 확정된다. 예컨대 세모꼴은 내각의 합이 180°로 정의되는 경우와 같이, 기본형이 적확하게 이념적으로 정의되고, 또 이 적확한 정의의 기본형들을 다시 점·선 등과 같은 기본요소로부터 연역적으로 구성하는 사유가 작동하기 시작하면서 기하학적 공간이 출현하게 되는 것이다.[71]

이렇게 하이데거는 『존재와 시간』에서 공간에 대한 통념을 깨뜨리고 존재론적으로 선행하는 공간성을 방역으로 해명하는 성과를 이룩한다. 그런데 『존재와 시간』 이후 하이데거의 철학이 존재론적으로 숙성되는 과정에서 이러한 공간론은 다시 그보다 존재론적으로 심층적인 공간론에 의해 추월된다. 하이데거는 그의 철학이 성숙하면 할수록 존재자가 우리에게 도구로 다가올 때 비로소 그 모습을 드러내는 것은 아니라는 것을 밝혀내는 방향으로 나아가기 때문이다. 『존재와 시간』에서 하이데거는 사물을 주시하고 응시하며 파악하려는 이론적 인식에 앞서 일어나는 우리의 행위와 그때 드러나는 존재자의 존재방식을 도구성을 통하여 기술하고 있지만, 그 이후 하이데거에게 점차 존재는 근원적으로 시짓기Dichtung을 통해 열려진다. 도대체 무엇 때문에 하이데거는 『존재와 시간』에서 이룩한 성취를 넘어서는 고단한 철학의 길을 가는 것일까?

존재 · 사유 · 언어

하이데거의 철학이 존재의 심층적 차원을 이러한 방향에서 접근해 들어가는 계기는 언어의 본질을 근본적으로 다시 성찰하는 가운데서 마련된다. 그리고 이러한 언어에 대한 성찰은 공간의 문제와 맞닿으며, 공간의 문제를 시적 언어를 통해 근본적으로 다시 접근하는 경로를 열어 놓는다. 따라서 공간의 문제를 논의하기 위해서는 후기 하이데거에서 언어의 문제가 떠오르는 과정을 추적하는 것이 필수적이다.

우선 하이데거는 『존재와 시간』에서의 논의를 통해 모든 현상은 인식론적 차원이 아니라 존재론적 차원에서 밝혀내야 한다는 점을 분명히 했다. 특히 그는 존재의 문제를 해명하기 위해 현존재의 실존을 분석하는 과정에서 현존재가 도구와 함께 도구를 사용하며 살아가는 실천적 행위공간은 '나'라는 '주관'과 '대상'이라는 '눈앞의 존재자'로 분화되기 이전의 공간임을 밝혀내었다. 이는 보다 근원적인 공간성의 문제뿐만 아니라, 모든 존재현상을 심층적으로 밝혀내기 위해서는 주관-대상이라는 도식의 관점을 벗어나야 할 것을 시사하는 것이다. 이러한 시사점은 특히 하이데거가 『존재와 시간』이후 집중적으로 관심을 갖기 시작하는 언어의 문제와 관련하여 중요한 의미를 지닌다.

그런데 왜 하이데거는 『존재와 시간』이후 언어를 철학적으로 주제화하는 데 몰두하는가? 그것은 우선 하이데거가 『존재와 시간』을 미완성으로 남겨둘 수밖에 없었다는 데 일차적인 동기가 있다. 그렇다면 하이데거는 왜 『존재와 시간』을 미완성으로 남겨둘 수밖에 없었는가? 너무도 당연한 말이지만 그 이유는 『존재와 시간』에서 그가 시도하였던 존재를 향한 사유가 좌절되었다는 것 이외에는 다른 이유가 있을 수 없다.[72]

사유가 좌절된 이유는 당연히 그의 사유방식에 있었을 것이다. 그러나 이러한 좌절은 하이데거에게 대체 사유가 무엇인가를 성찰하는 계기를 제공해준다. 여기서 중요한 것은 이제 사유 역시 인식론이 아니라 존재 사건으로 접근되기 시작한다는 것이다. 사유는 그것이 누구에게 어디서 언제 일어나건, 그리하여 그것이 뇌에서 일어나는 생리적 사건으로 혹은 마음에서 일어나는 심리적 사건으로 취급되든지 의식에서 일어나는 인식론적 사건으로 취급되든지 간에, 본질적으로 없는 것이 아니라 있는 것이다.

따라서 사유가 그 자체로 독자적인 존재론적 지위를 갖는 사건인지 아니면 단지 다른 존재사건에 부수되는 사건인지를 따지기 이전에, 또는 그것이 뇌에서 일어나는 사건인지 아니면 심장에서 일어나는 사건인지 아니면 그 모든 물리적 생리적 조건으로는 환원되지 않는 사건인지를 따지기 전에, 우선은 어떤 방식으로든 존재하는 사건이라는 사실에서 우선 해명되어야 한다. 따라서 사유를 근본적으로 성찰하기 위한 출발점은 다른 어떤 이론에 의해서도 부인될 수 없는 사실, 즉 사유는 본질적인 차원에서 존재의 사건으로 접근되어야 한다는 것이다. 이 어쩌면 너무도 당연한 사실을 이제 하이데거는 다음과 같이 지적한다. "존재는 결코 사유에 의해 만들어진 것이 아니다. 반면 본질적으로 사유는 존재의 사건이다."[73]

한편 사유는 우리의 현실적인 사유과정에서 늘 확인되는 바와 같이 언어를 결여하고는 이루어질 수 없다. 모든 사유는 언어 안에서 언어로 이루어진다. 사유는 언어를 벗어나 언어 초월적으로 이루어질 수 없다. 사유뿐만이 아니다. 인간은 어떠한 경우에도 언어가 부재하는 경우를 감당할 수 없다. 인간은 늘 언어와 함께 언어를 통해 존재하고 있다. 이 너무도 당연하여 더 이상 문제 삼지 않고 그냥 간과해버리는 인간과 언어의 관계를 하이데거는 다음과 같이 환기시킨다.

"인간은 말한다. 우리는 깨어있을 때나 혹은 꿈을 꿀 때도 항상 말한다. 우리는 아무 말도 하지 않고 다만 듣거나 혹은 무엇을 읽고 있을 때에도 우리는 항상 말한다. 심지어는 우리가 듣거나 읽지도 않고 오히려 조용히 작업을 하거나 한가롭게 쉴 때에도 우리는 말한다. 우리는 어떤 방식으로든 끊임없이 말한다."[74]

물론 인간은 언어를 연구대상으로 삼고 언어를 탐구하여 언어의 가장 기본적이고 형식적인 원리를 확정하려 시도할 수 있다. 그러나 이와 같이 언어에 관해서 사유하는 메타언어적 사유 역시 그것이 탐구하고 있는 언어와는 차원이 다른 또 다른 언어를 전제하고, 그 안에서 이루어진다. 이때 분석철학에서 주장되었던 것처럼, 언어는 대상을 기술하는 대상언어object language와 그 대상언어를 기술하고 설명하는 메타언어로 그 층위가 구분될 수도 있다. 그러나 여기서 우리가 착각하지 말아야할 것은 이렇게 언어의 층위를 구분하는 사유 역시 우리의 언어생활을 지배하는 바로 그 언어로 이루어지고 있다는 것이다. 그리고 아무리 우리가 쓰고 있는 언어를 탐구하여 그 형식적 원리를 파악하고 그에 따라 인공적 언어를 창안한다고 해도, 그리하여 그것이 우리가 늘 쓰고 있는 언어의 불완전성과 모호성을 완전히 제거한 순수기호로 이루어진 인공언어라고 해도, 그것이 결국 언어로서 의미를 구현하게 되는 것은 그 기호체계가 우리가 늘 사용하고 있는 그 언어로 번역되어 의미를 보증 받을 때이다. 그렇지 않으면 그것은 마치 부도수표와 같이 공허한 시각적 기호에 불과하다.

결국 우리가 그 속으로 태어나 우리가 이미 쓰고 있는 그 언어는 그 배후에 다른 어떤 존재자를 기초로 전제하지 않는 모든 의미의 발원이며 고향이다. 언어에 대한 탐구는 언어가 존재하지 않는 다른 차원이 아니라, 스스로와 거리를 취할 수 있는 잠재력을 잉태하고 있는 언어의 존재방식 그 자체이며, 그리하여 언어는 단층적으로가 아니라 스스로를 계층적으로 이루어낸다는 사실에 근거하는 것이다. 때문에 언어에 관한 모든 진술이나 주장은 언어 바깥에 위치하는 것이 아니라, 언어적 현상으로서 다시 언어 안에서 언어 속으로 흡수되는 것이다. 이를 소광희는 매우 적확하게 다음과 같이 표현하고 있다.

"우리는 언어를 우리로부터 독립된 대상으로 학문적으로 다룰 수 있다. 그리하여 언어는 대상언어와 메타언어로 계층화되고 언어에 대한 학문적 접근이 가능해지는 것이다. 그러나 사실은 연구자가 사용하고 설명하는 언어, 즉 가장 생생하게 살아서 활동하는 언어는 숨어버리고 만다. 말하자면 이런 접근방식은 학문이란 이름 아래 언어에 참과 거짓의 수의를 입혀놓고 진정한 사용언어를 건너뛰고 있는 것이다. 다시 말하면 한편으로는 대상언어라는 레테르를 붙여서 부검침대 위에 눕혀 놓고, 또 다른 한편으로는 다른 언어에 메타언어, 즉 대상언어에 대해 설명하는 언어의 역할을 맡도록 하고 있다. 그러나 실제로는 이 역할분담과 관계없이 (사실은 언어에 각각의 역할을 분담시키는) 설명언어가 뒤에 숨어서 양자를 조정하고 있는 것이다."[75]

이렇게 모든 존재자에 그리고 어떤 사유에도 우선하는 언어의 선행성은 숨쉬기에 비교될 수 있을 것이다. 마치 우리가 이미 숨을 쉬며 살고 있는 것과 같이 우리는 이미 언어 안에서 살고 있다. 우리는 사유하고 있는 한, 이미 항상 말을 듣고 말을 하며 살고 있는 것이다. 마치 우리가 이미 숨을 쉬고 살아가면서도 거기에 의식을 집중할 때 비로소 숨을 쉬고 있다는 사실을 의식하는 것처럼, 우리는 이미 늘 말하는 가운데, 언어의 목소리로 존재하는 가운데, 그 목소리를 경청함으로써 언어를 의식한다. 숨을 거두면 숨쉬기에 대한 의식도 사라져버리는 것처럼, 언어를 정지시키면 그 언어로 이루어지던 사유도 증발한다.

결국 언어는 어떤 차원의 성찰적 사유도 벗어날 수 없는 사유의 가능조건이다. 따라서 사유의 문제에 대한 관심은 자연히 언어의 문제로 옮아갈 수밖에 없다. 『존재와 시간』 이후 존재를 해명하는 데 언어의 문제가 하이데거의 후기 존재론의 중심적 주제를 형성하는 이유는 바로 이 때문이다. 이와 같이 『존재와 시간』 이후 하이데거의 철학이 언어라는 경로를 선택하여 존재의 문제를 향해가는 과정은 후기 하이데거가 『존재와 시간』의 난점을 회고하는 가운데 하이데거 스스로에 의해 누설된다.

그는 『존재와 시간』에서 존재를 향한 사유가 좌초될 수밖에 없었던 이유를 결국 기존의 언어로는, 즉 종래의 형이상학에 의해 침윤당한 언어로 펼쳐지는 사유를 통해서는, 바로 그 형이상학에 의해 망각된 존재에 접근할 수 없었다는 데서 발견한다. 이는 1969년 르 토르 Le Thor 세미나에서 발언한 하이데거의 진술에 확인된다. 하이데거는 여기서 다음과 같이 고백한다. "『존재와 시간』에서 존재의 문제를 제기했던 것은 언어를 전면적으로 갱신해야 하는 그러한 존재이해의 변화를 몰고 온 것이었지만, 『존재와 시간』의 언어는 여전히 형이상학으로부터 차용된 표현들로 말하고 있었다."76 그러나 이미 하이데거는 1955년 에른스트 융거에 보낸 답장에서 『존재와 시간』의 본질적 문제점이 언어에 있었다는 사실을 숨김없이 토로한 바 있다. "존재의 본질에 관한 질문은 형이상학의 언어를 포기하지 않는 한 시들어버린다. 형이상학적 표상은 우리가 존재의 본질에 관하여 사유하는 것을 차단하기 때문이다."77

마지막 인용문에서 존재에 접근하는 길은 존재와 사유의 관계에서 언어를 매개로 새롭게 개척되어야 함이 분명해졌다. 그런데 이미 『존재와 시간』에서 모든 존재현상을 보다 근본적으로 밝혀내기 위해 적어도 주관-대상이라는 도식의 관점을 벗어나야할 것이 시사된 이상, 언어에 관한 논의 역시 주관-대상의 도식이 성립하기 이전의 차원에서 전개되어야 할 것이다. 실로 『존재와 시간』 이후 하이데거에게 언어는 우리 마음에서 일어나는 주관적 현상으로도, 또 이미 우리 눈앞의 존재자를 지시하는 대상적 현상으로도 취급될 수 없었다. 하이데거는 이를 다음과 같이 천명하고 있다. "언어는 외부와 단절된 주관의 내면에서 일어나 주관들 사이에서 소통수단으로 소요하고 있는 것이 아니다. 언어는 주관적인 것도 대상적인 것도 아니다."[78]

이제 하이데거는 언어를 단순히 인간의 주관에 있는 정보전달의 수단에 불과한 것으로 보는 입장은 물론, 대상을 지시하는 수단으로 보는 입장과도 결별해야 한다. 이미 도구의 분석에서 암시되는 언어에 대한 이러한 접근방식은 이후 하이데거의 다른 저작에서 다음과 같이 명확히 표명된다. "언어의 본질은 언어가 (…) 소통수단으로 강제되어 소위 내면의 표현으로 전락하는 곳에서는 알려지지 않는다."[79] 따라서 하이데거는 언어를 인간주관이 대상에 대한 정보를 전달하는 수단으로서 언어의 사용자에게 소유된 것으로 보지 않는다. 이를 하이데거는 다음과 같이 명확하게 밝힌다. "소통의 언어적 가능성을 처음으로 만들어내는 어떤 의식도 언어에 선행할 수 없다. 어떤 언어를 만들어 내는 것은 이미 유일하고 본래적인 언어를 전제하고 있다. 그러나 그것은 특별한 목적을 위해 획득된 능력이 아니다. (…) 언어의 근원은 어떤 연구도 추적할 수 없다. 존재와 인간을 맺어주는 그 비밀스러운 것은 지구의 역사에 출현하는 생명체가 점차적으로 말하는 것을 배웠다는 발생적 해법을 논파한다."[80]

언어의 기원과 관련하여 우리는 흔히 최초로 말하고 싶었던 인간을 상정하고, 그에 의해서 고안된 기호체계를 가정할지도 모른다. 그러나 이것은 확인 불가능한 추론에 불과하다. 오히려 현실적으로 늘 타당하며 우리가 늘 경험하는 것은 하이데거가 상기시키는 다음과 같은 사태이다. "어떤 인간도 그 스스로 각기 언어를 만들지 않는다. (…) 우리 인간은 이미 항상 말하여지고 있는 언어와 이야기 속으로 던져져 있다."[81]

이러한 사태를 왜곡하지 않는다면, 즉 존재는 대상이 아니며 언어는 대상을 지시하도록 주관적으로 의도된 기호가 아니라면, 언어는 대상들의 세계가 출현하기 이전에, 그리하여 언어의 사용자인 인간주관에 앞서 일어나는 사건으로서 그 존재론적 위상을 인정받아야 할 것이다. 언어는 그것이 의거할 존재자를 결여하고 있다는 사실, 오히려 존재자는 언어를 통해서 호명되고 존재의미를 갖게 된다는 사실은, 언어의 본질이 존재와 언어를 분리하지 않고 오히려 언어를 존재의 생겨남Ereignis에 기여하는 방향에서 접근함으로써 도달될 수 있음을 시사한다. 후기 저작에서 하이데거가 언어에 접근하는 길을 다음과 같이 선언하는 이유는 바로 이 때문이다. "언어는 존재자를 지배하는 도구로서 (인간의) 단순한 욕망과 충동에 내맡겨져 있는 것"이 아니라, 존재는 그것에 말이 붙여짐으로써 간직되고 보존된다.[82] 이는 하이데거가 언어를 본격적으로 논의하는 「언어에 다가가며Unterwegs Zur Sprache」에서 다음과 같이 언어의 본질을 상기시키는 방향으로 심화된다. "말을 통해서 이미 존재하고 있던 것과 존재하고 있다고 여겨지는 것들이 분명하게 드러날 수 있게 짙어지며dicht, 그때야 비로소 이미 존재하고 있던 것과 존재하고 있다고 여겨지는 것들은 빛나고 꽃피어나게 된다."[83]

하이데거는 특히 말과 존재의 관계를 말과 사물의 관계를 통해서 보여준다. 말은 사물을 부르는 데에서 있게 되지만, 바로 그렇기 때문에 사물이 아니며 사물 가운데 있지 않다. 만일 '있다'라는 용어가 사물의 존재를 나타나는 것이라면, 말의 존재에는 '있다'라는 용어가 적합하지 않다. 따라서 하이데거는 말의 존재는 독일어 'es gibt'로 불려야 하며, 여기서 말은 근본적으로 존재가 주는 것으로서 인간에 선사Gabe된 것이라고 해석한다. 이러한 언어와 존재의 밀월관계는 어디서 짙게 드러날까? 인간의 의사소통 수단으로 인간의지에 종속되어 사용되는 언어가 바로 이러한 미디어화에 저항하는 곳, 정녕 그곳에서 언어는 도구성을 벗어나 존재와 밀월로 귀환하며 살아난다. 이러한 저항의 생기가 짙게dicht 넘쳐흐르는 장소가 바로 시짓기Dichtung이다.

시를 읽을 때마다 늘 확인하는 바와 같이 시를 어떤 대상을 지시하고, 그에 관한 정보를 전달하는mitteilen 진술로 읽으려 하면, 우리는 시 안에서 소통되지 않는 정보에 늘 당혹하며 '끝 모를 길aporia'로 들어서게 된다. 그 이유는 시가 어떤 대상을 오직 명확하게 지시만 하도록 고안되어 고안자의 의도에 따라 기능하는 술어적 언어체계가 아니기 때문이다.

좀 더 상론하면, 술어적 언어의 기본 형식은 주어와 술어, 즉 S-P이다. 하지만 시는 S-P 형식의 언어의 체계가 아니다. "망치는 무겁다." 와 같은 S-P 형식의 술어적 언어는 세계를 독립된 대상(S)들의 세계로 구분하고, 그 대상들의 속성을 파악한 후, 그에 관한 정보(P)를 전달Mitteilung하는 산문적 진술체계Aussagesystem이다. 그러나 이미 하이데거가 『존재와 시간』에서 밝혀놓은 바와 같이, 세계가 하나하나의 독립된 대상으로 구분Aussonderung되는 차원은, 그리하여 대상이 우리 앞에 서고 우리가 주관이 되는 차원은, 대상에 대한 인식보다 더 근원적 행위인 실천이 선행적으로 펼쳐지고, 그 기반 위에서 성립한다. 즉, 망치를 사용하는 행위가 장애로 정지되어 도구들의 맥락 연관에서 단절Verweisungsbruch이 일어나 망치 자체가 하나의 대상으로 부각되고 구분되어 우리 앞에 놓일 때,[84] 다른 한편으로 우리는 대상을 응시하는hinsehen 주관으로서 구성되고 그리하여 망치는 그 주관에 의해 비로소 '이것은 망치이다' '망치는 무겁다' 등의 S-P 형식으로 표현되는 것이다.

하지만 시적 표현을 이와 같은 S-P 형식에 맞추려면, 시적 언어는 실종된다. 오히려 시는 이 S-P 형식을 끊임없이 변주하고 벗어나는 가운데 시적 표현과 운율로 탄생한다. 여기서 최소한 시적 언어는 대상을 진술하는 산문적 언어가 아니며, 따라서 시적 언어는 주관에 의해 대상세계를 진술하기 위해 고안된 도구가 아니라 그 반대임이 시사된다. 즉 시에서는 말이 말로서 말해지는 것이지 그 이외의 목적에 종속된 수단이 아니다. 때문에 하이데거는 이렇게 말한다. "시는 순수하게 말함 그 자체"라고.[85]

그리하여 시는 그 자체로 우리를 그의 내부 안에 몰입시키며 사유가 모이도록 텍스트를 열어놓는 것이지, 시의 외부에서 꾸며진 주관적 의도나 주관이 대상에서 파악한 정보를 지시하며 전달하도록 도구화된 매체가 아니다. 오히려 시의 밖에서 꾸며진 우리의 의도나 정보를 시적 표현을 통해 운반하려 하면, 그 의도나 정보는 매끄럽게 전달되지 않고 끊임없이 모호성으로 빠져들며 저지된다. 이렇게 시의 의미는 대상이나 사실을 지시하고 반영하는 데서 고갈되는 것이 아니라, 존재자를 구분하고 확정하는 대상화를 벗어나 존재자를 넘어서는 영역에 머무른다. 때문에 시에서 말하는 주체도 존재를 대상화하여 파악함으로써 그에 대한 정보를 전달하려는 의지로 팽만한 인간주체가 아니다. 시적 언어는 그 주체를 넘어서 존재에 가까이 들어선다.

결국 시적 언어에서는 바로 그렇게 존재의 품안으로 밀착되며 존재에 스스로를 내맡기는 언어가 존재의 품안에서 건네져오는ansprechen 목소리Stimme des Seins에 조응하며 말하는entsprechen 것이다. 시에서 언어는 인간의 도구를 능가한다. 시는 정보전달이라는 도구적 관심사가 지배하는 언어사용이 아니라, 오히려 그러한 관심사가 뒤로 물러나는 언어의 생김이며, 바로 이러한 생김에서 언어는 존재론적 잠재력 ontologische Potenz을 갖는 자신으로 귀환하는 것이다. 따라서 우리는 이제 다음과 같이 말할 수 있다. 언어의 도구화가 사라지고 언어가 시적으로 살아질 때, 존재는 언어 안에 머물며 "언어는 존재의 집"으로 지어진다.[86]

시를 존재가 밝아오는 언어의 집으로, 그리하여 새로운 존재론적 전환을 기다리는 장소로 보는 하이데거는 바로 그러한 시에 대한 사색을 시작한다. 만일 언어와 시 그리고 존재의 관계에 대한 하이데거적 해석이 옳다면, 말의 존재론적 잠재력(본질)을 시적으로 일깨우는 시가 존재로부터 주어져야 할 것이다. 달리 표현하면, 말과 존재 그리고 시의 관계에 대한 존재의 울림을 듣는, 적어도 한 사람의 시인과 그의 시짓기가 있어야 할 것이다. 그리고 만일 그러한 시와 시인들이 실제로 존재한다면, 그것들은 하이데거가 이야기하는 존재가 말로 지어지는 장소로서의 시에 대한 증거물이 된다고 할 수 있다.

바로 그 중 한 사람이 시인 게오르게이다. 게오르게의 시에서는 말과 존재의 원초적 밀착관계가 시적인 메시지로 떠오른다. 게오르게의 시는 시와 언어 그리고 존재의 시원적 밀착관계가 성찰되며, 고요히 울려 퍼지는 일종의 메타시이다. 우리는 그의 시에서 언어, 시, 존재의 본질을 사유하는 언어를 발견하게 된다.

아련한 꿈같은 기적을
나는 내 나라의 언저리로 가져 왔다네
그리고 애타게 기다렸다네
이제는 늙어버린 운명의 여신이 그녀의 샘물에서
그 이름을 찾을 때까지
그러자 나는 그것을 짙고 선명하게 잡을 수 있었고
이제 그것은 이 땅의 모든 곳에서 피어오르며 빛난다네

언젠가 아늑한 여행을 끝낸 뒤
그 여신을 찾아 갔다네
깨질듯 찬란히 빛나는 보석을 지닌 채...

여신은 오래 찾아 헤맨 후 나에게 알려주었지

"여기 깊은 샘에서는 그런 것이 잠자고 있지 않아."

그러자 보석은 내 손을 빠져나갔고

두 번 다시 나의 나라에 그 보물은 돌아오지 않았다네

그래서 나는 슬프게도 체념을 배운다네

말이 부서진 곳에서는 어떤 사물도 존재하지 않는다는 것을...

가끔씩 삶에서 언뜻 비치는 놀라움과 경이. 그것은 그야말로 우리가 일상적으로 쓰는 말로 표현할 수 없다. 일상에서 서로의 생각을 전달하기 위해 쓰는, 그 진부하게 도구화된 언어로는 어디서 오는지 모르는 그 경이가 잡히지 않는다. 그것은 우리의 일상을 넘어서는 사유(즉 운명의 여신)에서, 그 경이가 오는 곳(샘물, 존재)으로부터, 그 말을 갖게 된다. 그래서 비로소 그것은 간직되고 보존된다. 시에서 이러한 말과 존재의 관계는 더욱 두드러진다. 그렇게 명징하게 빛나는 보석마저 존재로부터 이름이 주어지지 않는다면, 그것은 내 손을 빠져나가듯, 어둠 속으로 묻히며 존재하지 않을 것이다. 그래서 나는 슬프게 체념하는 것이다. "말이 부서진 곳에서는 어떤 사물도 존재하지 않는다는 것을."

결국 말이 지어지는 곳에서 존재도 머문다. 이제 하이데거는 다음과 같이 언어와 존재관계를 표현함으로써 의사전달 수단에 집착하는 우리의 언어사용에 충격을 가한다. "존재는 스스로 밝히면서 언어로 나타난다. 존재는 항상 말로 가는 길에 머문다. (…) 말은 이렇게 스스로 존재의 밝힘 안으로 승화된다. 이렇게 하여 언어는 비로소 자신의 비밀스럽고도, 그럼에도 항상 우리를 지배하는 방식 안에서 존재한다."[87] "하늘에 떠 있는 구름이 그 하늘의 구름이듯", 존재를 말하는 "언어는 존재의 언어이다"[88]

때문에 하이데거는 횔덜린의 시를 읽으면서 시짓기를 "존재를 말로 지음worthafte Stiftung"이라고 풀어내고, 이는 존재의 자유로운 선사일 뿐만 아니라 인간적 현존재의 확고한 근거지음이기도 하다고 우리를 설득하려 한다. 즉 시인은 시짓기를 통해 새롭게 드러나며 다가오는 존재에로 다가선다. 그리고 이렇게 다가오는 새로운 존재의 진리에 의해 존재의 터가 열림으로써 역사적 인간의 거주근거가 마련되는 것이다. 하이데거에서 드러나는 시짓기의 본질은 "천재와 같은 창조적 주체에 의한 상상력의 산물", "영혼과 체험을 표현하여 나타내는 것"이라는 주관주의적 미학을 넘어서 있다.[89] 이러한 시와 언어 그리고 시인의 존재론적 관계는 단지 독일의 시인에게서만 발견되는 것이 아니라, 놀랍게도 대륙을 달리하는 위대한 시인들에게서 한결 같이 출현한다. 유럽의 건너편 대륙, 라틴아메리카의 위대한 시인 네루다는 바로 「시」라는 시에서 다음과 같이 고백한다.

그 나이였다.
시가 나를 찾아왔다.
모른다.
그게 어디서 왔는지 모른다.
아니다.
그건 목소리가 아니었다.
말도 아니었으며
침묵도 아니었다.
어떤 길거리에서 나를 부르는
소리였다.

네루다와 전혀 다른 대륙에 사는 또 다른 시인 역시 네루다의 시와 거의 같은 고백을 하고 있다. 그는 바로 동아시아에 위치한 이 땅의 시인 고은이다. 그는 최근 인터뷰에서 자신의 시에 대해 진솔하게 다음과 같이 털어놓고 있다. "그동안을 돌이켜볼 때 나는 시를 쓴 것이 아니라, 시가 씌어진 것을 깨닫게 됩니다. (…) 시의 언어는 고도의 추상 언어이기도 하고, 산과 물과 바람 속의 언어이기도 합니다. (…) 비둘기 같이, 빛의 광선처럼 시가 와요. 신명처럼 시가 오고 꿈에도 시가 나옵니다."[90]

이렇게 일생을 시에 바쳐온 시인들의 증언에서 확인되는 시짓기의 본질을 하이데거는 존재와 말이 처음으로 밀착된 순간을 거슬러 올라가 시짓기란 말이 본래 의미하는 것을 회상Andenken함으로써 뒷받침하려 한다. 이러한 하이데거 특유의 어원학에 따르면 시짓기Dichtung는 그 시원을 말함이라는 뜻의 옛독일어 'thiton'에 두고 있다. 그리고 또 시짓기는 무엇인가를 반복하여 말함, 미리 말함이라는 뜻의 라틴어 'dictare'와도 관련되어 있다. 이 라틴어 dictare의 어원은 다시 희랍어 'deiknumi'에서 찾아지는데, deiknumi는 '나타내다', '열리다'의 뜻을 간직하고 있다. 이렇게 시짓기라는 말의 원천을 거슬러 찾아가면 시짓기의 원래 의미는 "가리키면서 열어주는 방식으로 말함Sagen in der Art des weisenden Offenmachen"이라는 의미로 젖어든다.[91] 결국 시는 단순히 몽상적 환상이나 감성적 언어의 유희로만 느끼기에는 너무나 탁월하게 존재가 드러나는 진리 현상이다.

언어와 공간 : 시적 언어를 통한 터의 발견

존재와 언어의 필연적인 밀월관계를 사색하며 언어를 인간의 소유도구로 전락시키기를 거부하는 하이데거에게 언어의 의사소통 수단화를 거스르는 시짓기는 감성적 언어의 유희에 불과한 것이 아니다. 언어는 시짓기에서 인간의 소유를 벗어나 존재와 시원적 밀착관계로 귀환하며, 존재는 그러한 시짓기에서 근원적으로 일어난다. 때문에 하이데거는 시짓기를 "존재자의 존재"가 개개의 존재자에 "앞서 형성되는im voraus vorgebildet" 과정으로 표현하기도 한다.[92] 존재를 이러한 차원에서 이해하면 존재자는 눈앞의 존재라는 방식 이전에, 나아가 도구적 존재방식 이전에 이미 시적으로 드러나 있다. 예컨대 태양, 불, 바람은 우선 자연 현상이고, 그 다음에 다른 것을 상징하는 것으로 그 의미가 은유적으로 전이되는 것이 아니라, 그 바람, 태양, 불 등은 애초에 시짓기를 통해서 비로소 그 어떤 의미 속으로 드러난다. 이제 우리는 하이데거의 전집에서 발견되는 다음과 같은 문구를 용납할 수 있을 것이다.

> "우리는 바람과 마찬가지로 불과 태양을 상투적으로 우선 자연물로 간주한다. 우리가 그렇게 말할 때, 우리는 이미 태양과 바람 그 자체를 당연히 알고 있다고 생각한다. 우리는 또 옛사람들은 우선 태양과 달 그리고 바람을 접하고, 그 후 그것을 어떤 뒤에 숨겨진 세계의 이미지로 사용했다고 생각한다. 그러나 그 반대로 태양과 바람이 이미 어떤 세계로부터 나타나는 것이 아닐까. 그리하여 그러한 것들은 이러한 세계로부터 시가 지어짐으로써 바로 그것으로 존재하는 것이 아닌가."[93]

이 인용문에 담긴 뜻을 이해하면, 우리의 주제인 공간의 문제와 관련하여 다음과 같이 보다 심층적인 사유의 방향이 열린다. 존재자들이 눈앞에 서 있는 것 이전에, 도구적 존재자로서의 방식 이전에 시적으로 드러난다면, 이러한 존재자들이 드러나는 보다 근원적인 의미의 공간은 3차원적으로 거리를 갖고 눈앞에 펼쳐진 공간도 아니며, 또 그렇다고 서로 쓰임새의 지시연관 관계를 이루는 방역도 아니다.

　이러한 근원적인 공간을 밝혀내기 위해서는 인식의 차원도 실천의 차원도 아닌 시적 언어를 통한 철학적 사유의 길로 들어서야 하는 것이다. 하이데거는 언어의 본질을 시적인 것에서 발견한 이후 이제 이러한 사유의 길을 따라가는 것이며, 후기의 하이데거 철학은 바로 공간의 문제를 향한 이러한 여정으로 이루어져 있다. 그리고 그 여정에서 하이데거는 공간의 문제, 시적 언어가 서로 밀접하게 어우러지며 시적 언어 통해 공간의 공간성이 드러나는 시를 발견한다. 그것은 트라클의 「겨울 저녁」이란 시이다.

　창가에 눈은 떨어지고
　은은하게 저녁 종이 울려 퍼질 어름
　돌아올 사람들을 위해 저녁이 마련되면
　집안은 풍성해진다.

　떠나갔던 길손들은
　어둠이 내린 오솔길을 따라
　문간에 다다른다.
　대지의 차가운 물기를 머금은
　은총의 나무는 금빛으로 빛난다.

　길손이 소리 없이 안으로 들어서면
　고단한 삶의 아픔은 돌로 굳어 문턱이 되고
　거기 함초롬한 불빛이 어른거릴 때
　빵과 포도주가 기다리고 있다.

이 시를 음미해보면 하이데거가 트라클의 시에서 발견하는 시적 언어와 공간의 밀착성이 선명해진다. 우선 이 시에서 여러 시적 이미지들이 떠오르며 내부와 외부가 구별되어 있다. 외부는 첫 연 두 구절에서 나타나고 있는데, 여기에는 자연적 요소뿐만 아니라 인위적 요소들도 포함되어 있다. 자연적 터는 떨어지는 눈과 밤을 통해 나타나고 있는데 이러한 것을 통해서 시에 나타난 겨울이란 시점은 단순한 달력상의 시간이 아니라, 매우 구체적이고 독특한 분위기 혹은 성격을 드러내고 있다. 나아가서 떨어지는 눈에서는 대지와 하늘이 서로를 비추는 어떤 사이, 즉 공간의 열림이 보인다. 그리고 그 외부에는 신성함이 스민다. 은은히 울려 퍼지는 종소리는 그러한 신성함을 불러 모은다.

　　내부는 그 다음 두 구절에서 집 안을 묘사하는 동안 드러난다. 이 내부는 단순히 외부와 구별되는 위치로서의 안이 아니라 인간에게 안락함과 평안함을 제공하는 것으로, 그 터의 분위기와 성격이 묘사되고 있다. 특히 아무 말이 없이 길손이 집안으로 들어설 때 고통이 돌로 굳어 문턱이 된다는 시구에서 문턱의 본래적 의미가 시사된다. 문턱은 내부와 외부를 구분하는 단순한 물리적 경계가 아니라, 죽을 운명을 지닌 인간의 실존적 장을 질적으로 가름하는 사물로서 자리 잡고 있다. 나아가 집안으로 표현되는 내부가 춥고 어두운 외부와 대비되며, 밝고 따뜻한 그리고 잠재된 소리로 충만해 있음을 암시하는 이미지로 채워질 때, 내부와 외부의 질적인 구별은 더욱 선명해진다. 내부와 외부는 단지 선분으로 분할된 두 개의 균질한 중성적 공간이 아니라 이와 같이 다른 이미지로 채워지는 이질적 영역이다.

　　하지만 다시 밖의 땅과 하늘이 어우러져 찬란한 은총의 나무를 피우고 이러한 성스러운 결합에 의해 내부가 비로소 결실을 모으며 풍성한 식탁으로 채워진다는 시구는 어떻게 내부와 외부의 그 선명한 질적 구별이 다시 모아지며, 그 차이성과 함께 존재의 품안으로 감아 안기는가를 드러낸다. 그리하여 북유럽 어떤 지방의 한 겨울 저녁식사 장면을 그리고 있는 트라클의 시에서 인간이 터하고 있는 공간의 본질적 구조가 드러난다. 인간이 터하고 있는 공간은 하늘과 땅이란 극단적 긴장의 수직·수평적 방향성과 또 안락함과 그렇지 않음으로 가름되며, 외부와 내부를 형성하는 차이성이 교차하는 곳이다. 따라서 하나의 터로서 지어지는 건축물은 땅에 의해 지탱되고 하늘을 향해 떠오름과 동시에 외부와 내부를 가름unterschied함으로써 비로소 하늘과 땅, 내부와 외부를 관계interschied지어 주는 방식으로 이 모든 것을 모으며 그 의미를 밀집시키는 사물이라는 것이다.

하이데거는 이 시를 통해 우리가 늘 마주치면 우리와 그렇게 가까이 있던 사물들, 그래서 우리가 그것을 늘 사용하면서 무심코 스쳐지나갔던 그 사물들이 무엇인가를 일깨워준다. 이 시에서 떨어지는 눈송이는 어둠이 깔리는 저녁 하늘 아래로 인간을 데려가고, 저녁 어름 울려 퍼지는 종소리는 인간을 죽을 운명의 존재자로 그의 운명을 넘겨주어야할 신 앞에 머물게 한다. 그리고 땅위에 지어진 집과 저녁식사가 차려진 식탁은 거처와 먹을 것을 가져다 준 땅으로 인간을 귀환시킨다. 그리하여 이 시를 통해 눈, 종소리, 식탁, 집과 같은 사물들에 스며있는 하늘과 땅과 죽을 운명의 인간과 신의 관계가 불려내어진다. 그럼으로써 사물들이 이러한 관계 속에서 이 관계를 잉태하고 관계를 이어가며 존재한다는 것이 드러나는 것이다. 즉 사물들은 물리적 연장 공간 안에 존재하는 것이 아니라, 하늘과 땅, 죽을 운명의 인간과 신성함 사이에서 그 관계를 모으며 존재하는 것이다. 결국 이 시는 사물이 존재하는 곳이 근원적으로 어디인지, 또 어떻게 존재하는지를 언어의 가장 심층적 차원인 언어의 본질과 맞닿아 있는 시적 언어에 귀의함으로써 드러내고 있다.[94]

이렇게 트라클의 시에서 시사되는 시적 언어와 공간의 존재론적 밀착성은 하이데거에게 공간의 문제를 본격적으로 시적 언어를 통해 해명하는 길로 들어서는 기회를 제공한다. 그리고 그 결과를 하이데거는 그의 강연 「지음, 거주함, 그리고 사유」에서 매우 압축적으로 발표한다.

　이 강연에서 하이데거는 존재하는 것과 그것들이 자리 잡고 있는 공간의 공간성을 밝혀내기 위해 시적인 태도로부터 사물Ding에 대해 묻고 들어간다. 여기서 사물은 대상 혹은 물체와 혼돈되어서는 안 된다. 보다 정확히 말하면, 하이데거에게 사물을 대상Gegenstand이나 물체Körper로 이해하는 것은 특정 형이상학에 근거할 때 사물이 드러나는 방식이다. 대상의 경우는 근대 주관주의 인식론에 입각하여 인간이 인식주관이 되어 사물과 만날 때 드러나는 사물의 존재방식이다. 또 물체는 근대과학에 입각하여 공간을 3차원적 공간으로 표상하고 사물을 만날 때 드러나는 사물의 존재방식이다. 그러면 사물을 이러한 형이상학으로부터 벗어나 만날 때 사물은 어떻게 드러나는가?

　이를 위해 사물이란 말이 시원적으로 주어졌을 때, 그 의미에 귀 기울이면, 사물은 3차원적 절대의 공간 안에 연장되어 있는 물질적 덩어리 혹은 무엇으로 가공될 재료에 불과한 것이 아니었음이 드러난다. 사물이란 뜻의 독일어 Ding의 시원을 따라가면 Ding은 원래 thing이며 이 말에는 원래 '모은다versammeln' 라는 의미가 스며있다. 그런데 과연 무엇이 모이는가? 하이데거는 우리가 늘 사용하는 어떤 일상적 사물을 바라보며 그것의 사물성을 그 원래 뜻에 귀환시켜 시적 언어로 기술하면서 다음과 같이 사물의 사물성을 명징하게 밝혀낸다. 그 일상적 사물은 바로 포도주를 담는 단지이다.

"샘에는 바위가 거주한다. 그리고 바위에는 땅이 잠들어 있어 하늘에서 내리는 빗물과 이슬을 받아낸다. 샘물에서 하늘과 땅이 결혼을 하고 있는 것이다. 샘물은 와인에 머물고 있는데, 이 와인은 포도가 선사한다. 포도는 땅의 자양분과 하늘의 햇빛이 서로에게 스며들 때, 영근다. 그리고 술단지는 부음을 선사할 때 단지로 존재한다. 단지가 단지로 존재할 때, 따라서 단지 안에는 하늘과 땅이 거주한다. 포도주 단지에서 포도주가 부어지는 것은 죽을 운명의 인간에게 마심을 선사하는 것이다. 그것은 인간의 여유와 생동감 있는 여흥을 선사한다. 그러나 포도주는 성사에도 바쳐지는데, 이때 포도주는 갈증을 적시는 것이 아니다. 그것은 축제를 승화시킨다. (…) 이때 포도주는 인간에게 마실 것을 제공하는 것이 아니라 영원한 신에게 헌사되는 것이다. (…) 결국 술잔에 술이 부어져 선사될 때, 하늘과 땅, 신성함과 죽을 운명의 인간이 함께 거주하는 것이다."[95]

포도주를 담는 그 술단지는 단순한 도구가 아니다. 그리고 그저 공간에 위치를 차지하고 있는 물체도 아니다. 하늘에서 내린 빗물이 땅에 스며들어 포도나무가 자라면, 포도가 영근다. 그 포도로 포도주를 담근 인간이 단지 안에 포도주를 담아, 언젠가는 죽을 자신의 운명을 넘겨주어야 할 신에게 헌사한다. 그때 그 단지라는 사물은 그 안으로 하늘과 땅, 죽을 운명의 인간과 신이 서로에게 스며들며 머무는 장소이다. 이렇게 사물은 그 안으로 하늘과 땅, 죽을 운명의 인간과 신성함이라는 사방이 응결되고 잉태gebären됨으로써 비로소 자기 자신 속으로 실현되며 자기 자신으로 있게 된다. 사물은 하늘과 땅, 신성함과 죽을 운명의 인간이 바로 거기에 어우러지는 사방의 모여듦이다. 그런데 하이데거가 사방에서 거론하는 땅, 하늘, 신성함, 죽을 운명의 인간은 또 무엇인가?

땅은 단지 지질학적 존재자로서 화학식으로 존재하는 것이 아니라 그 안에 이미 만물이 잉태되어 있으며, 만물은 땅으로부터 태어난다.

모든 사물은 이 땅이 베푸는 자양분으로 태어나고 자라나는 것이다. 그리하여 땅은 모든 사물에 스며있다. 아주 작은 미물에서 거대한 산하에 이르기까지, 미천하고 볼품없는 것으로부터 아름다운 꽃, 그리고 산야를 누비는 동물들에 이르기까지. 비록 그것이 무엇인지 어둠에 묻혀 있지만, 모든 것을 잉태하고 모든 것이 그로부터 태어나는 이러한 근원적인 의미의 땅은 오히려 우리의 시인에서 적절한 언어로 드러난다. 김수영은 1967년 발표된 「우포 숲에 갔다」에서 더 이상 해설이 필요 없는 명징한 시적 언어로 씨앗과 꽃 피어남을 통해 땅을 노래한다.

내가 밟고 서 있는 이 진흙 속에는

가시연꽃, 그 씨앗들도 있으리라

썩지 않은 채, 그러나

화석이 되지도 않은 채

죽음 같은 기다림으로 일천 년도 더

숨을 죽이고 있는 씨앗들

뿌리의 어둠을 밀어내기 위해

꽃은 핀다

한없이 고요한 저 꽃봉오리들

꽃잎이 열리는 순간,

그 찰나에 이루어지는 것은?

하늘 역시 천문학적 대상이 아니라 푸른 반구의 모양으로 땅을 감싸며 태양이 뜨고 지는 길을 내어주고, 달이 그 모습을 달리 보여주는 궤도를 열어주며, 밤하늘에 빛나는 별을 허락한다. 또한 흘러가는 구름과 비, 계절의 변화, 이슬비와 폭우, 싱그러운 바람과 폭풍이 바로 이 하늘에서 발생한다. 그것은 푸른 에테르로 채워져 한없이 드높으며, 따라서 하늘은 결코 도달할 수 없어 하늘이 내리는 모든 것들은 그저 받아들일 수밖에 없는 그런 영역이다. 그리고 바로 이 하늘과 땅 사이에 죽을 운명의 존재자가 있다. 그것은 인간이다. 오직 인간만이 죽음을 죽음으로서 받아들이며, 이렇게 죽음이 오면 언젠가 그는 그의 운명을 넘겨주어야 할 신성의 여지가 어디엔가 있음을 감지한다. 신적인 것들은 이렇게 어디엔가 있을지 모르는 신성을 암시하는 눈짓이다. 그것들은 때로는 신성의 사자로 나타나며, 때로는 숨으면서 죽을 운명의 인간에게 물러서듯 다가오며, 다가오듯 물러선다.

하늘은 영원히 도달할 수 없는 한없는 광활함과 더없는 드높음이지만 하늘에서 내리는 모든 것은 그 자체로만 존재할 수 없다. 그것은 땅으로 스며들어 잉태되면서, 땅이 베푸는 자양분으로 태어나고 자라는 사물이 된다. 그러나 이렇게 태어나고 자라는 사물은 죽을 운명의 인간이 없으면, 그 위대한 하늘과 땅이 어우러져 그것을 탄생시킨 신성함으로 귀환하지 못한다. 오직 죽음을 죽음으로 받아들이는 인간만이 자신의 운명을 넘겨주어야 할 신성함을 발견하고 사물을 그 신성함에 헌사하기 때문이다. 한편 죽을 운명의 인간은 사물에 의탁하지 않고는 존재할 수 없다. 뿐만 아니라 죽을 운명의 인간은 그의 존재가 의탁하고 있는 사물들을 신성함으로 귀환시켜야 한다. 그렇지 않으면 인간은 자신의 운명을 신성함으로 넘겨주지 못한 채 그가 소모하는 사물들과 함께 다만 소모되며 내팽겨쳐질 수밖에 없을 것이다. 마치 질주하는 인생처럼….

이렇게 하늘과 땅, 죽을 운명의 인간과 신성함은 서로에게 접혀 들어가며Einfalt, 서로를 결여할 수 없이 모여 있다. 즉 사방은 서로 독립적으로 존재하는 것이 아니라, 서로를 비추며 모임으로써 비로소 각기 그 고유한 자신으로 일어나는 존재의 근원적 방향성이다. 따라서 사물이란 말을 원래 의미에 귀 기울이면, 사물은 3차원적 절대 공간 안에 연장되어 있는 물질적 덩어리 혹은 무엇으로 가공될 재료에 불과한 것이 아니다. 사물은 하늘과 땅, 신성함과 죽을 운명의 인간이 바로 거기에 어우러지는 사방의 모여듦이다.

이처럼 사물을 근대 인식론으로부터, 나아가 근대 과학으로부터 풀어내어 그 원래의 뜻에 귀환시켜 만나면, 사물은 우리 의식의 지향 대상도 아니고 그렇다고 연장된 공간에 위치를 차지하고 있는 물체도 아닌, 하늘, 땅, 죽을 운명의 인간, 그리고 신성함의 모임으로 밝혀진다. 때문에 우리 시대의 상투적 사물개념에 따르면 한낱 연장체나 기성품에 불과한 술단지Krug 같은 사물마저 하이데거에게는 사방의 모임으로 다가오는 것이다. 하늘과 땅, 죽을 운명의 인간과 신성함이라는 사방Geviert의 모임으로서 사물을 발견하는 하이데거에게 단지는 "액체가 퍼져나가는 빈 공간"이나 어떤 목적에 소모되어야 할 도구에 불과한 것이 아니다. 그것은 이미 그러한 사방이 어우러지며 밀집되는 함축성Verdichtung이다.[96]

이제 하이데거는 그의 강연 「지음, 거주함, 그리고 사유」에서 시적 사물개념을 기초로 공간의 공간성을 새롭게 밝혀낸다. 특히 이 강연에서 횔덜린의 작품 중 하이델베르그 다리를 읊은 시는 하이데거에게 다리와 같은 사물의 공간성을 근본적으로 다른 방식으로 열어준다. 그리하여 그는 강 위에 놓인 다리와 같은 사물을 횔덜린처럼 시적으로 사유하며,[97] 그 다리로부터 다음과 같은 사태를 드러내고 있다.

우선 하이데거는 다리가 단지 강의 양안을 연결하는 데 그치지 않고, 다리를 통해서 비로소 양안은 서로 대조를 이루게 된다는 사실을 부각시킨다. 양안 또한 단순히 강변 넘어 땅의 경계로서 강물을 따라 그어져 있는 것이 아니라, 그 뒤에 풍경이 다른 것과 구별되며 시작되는 지평으로서의 역할을 하고 있다. 따라서 다리는 양안과 함께 양안 뒤로 펼쳐져 있는 풍경을 강물과 연결시킴으로써 대지를 풍경으로서 강물 주위로 모으는 것이다. 그러나 다리가 거기 있음은 이에 머물지 않는다. 강물이 고요히 흐르거나 하늘에서 폭우가 쏟아지거나 눈이 녹아내려 홍수의 범람으로 물결이 격렬하게 출렁이며 교각에 부딪쳐 흘러도, 다리는 변화하는 하늘의 날씨를 맞이할 준비가 되어 있다. 강물을 덮고 있는 곳에서도 다리는 강물의 흐름을 잠시 받아들였다가 방출함으로써 강물을 하늘로 되돌려 준다. 뿐만 아니라 다리는 강물에 흘러가는 길을 마련해 주고 죽을 운명의 인간에게 이편에서 저편을 건너갈 수 있는 길을 마련해 준다. 그리고 다리를 장식하고 있는 성자들의 상에 신성함이 내려 앉는다.[98]

다리는 이와 같이 그의 방식으로 땅과 하늘과 신성함과 인간을 모으고 있는 것이다. 언급된 바와 같이 땅, 하늘, 신성함 그리고 죽을 운명의 인간은 하이데거가 사방Geviert이라고 부르는 것이다. 다리는 석재나 콘크리트 혹은 철 구조물과 같이 생명 없는 존재자이기 때문에 사물이 아니라 거기에 사방이 모이기 때문에 사물이다. 이렇게 보면 다리는 우선 대체로 아무 의미도 없는 연장된 물체에 불과하고, 추후적으로 그 물체에 의미를 부여하는 상징화 작업에 의해 여러 가지를 상징하게 된다는 우리의 상투적 생각은 하이데거에게서 허용될 수 없다. 다리를 다리로서 바라보면 다리는 어떤 것을 표현하는 기호로 드러나지 않는다. 그것은 사물이며 사물일 뿐이다. 하늘에서 내린 빗물이 강물이 되어 흐르며, 땅을 가로지른 곳에서 다리는 갈라진 땅이 서로 다시 이어질 수 있는 장소를 드러내며, 사람들의 만남을 배려한다.

위 **하이델베르그의 다리**   아래 **프라하의 찰스브리지**

죽을 운명의 인간은 다리가 내어주는 길을 따라 오가고, 다리가 놓인 곳은 죽을 운명의 인간에게 그들의 삶이 거주할 수 있는 자리를 배정하는 데 기여한다. 나아가 죽을 운명의 인간은 자신의 삶에 자리를 마련해주는 다리에서도 자신의 운명을 넘겨주어야 할 신성함을 본다. 때문에 하이델베르그의 다리나 프라하의 찰스브리지에는 성자들의 상이 세워지고, 그곳에 신성함이 내려 앉는다.

　다리는 이렇게 오직 이러한 사물로서 사방을 모은다. 하이데거는 사물에 의해 사방이 모이는 사건을 다시 사물이 사방에 자리Stätte를 마련해준다verstatten고 표현한다. 터Ort란 말이 의미를 발하는 곳은 바로 여기이다.[99] 장소는 텅 빈 유클리드적 3차원 공간 안에 사물이 점유하고 있는 위치를 지칭하는 것이 아니다. 오히려 하이데거는 대상들이 위치를 점하는 자리로서의 공간표상과 구별되는 근원적 공간성에 접근하기 위해 장소란 말을 불러온다. 이러한 의미의 장소는 '사물'이 드러남으로써 그것을 통해 비로소 사방에 자리가 마련되는 존재론적 지대이다. 따라서 모든 사물에 앞서 아무 것도 존재하지 않는 선사물적 절대 공간은 존재할 수 없다.[100] 오히려 사방이 모여드는 장소로서 사물이 존재함으로써 그리하여 사방에 자리를 마련하는 존재론적 지대가 열림으로써 비로소 공간이 공간화된다.

　다시 말해서 공간은 사물에 앞서는 것으로, 사물 존재의 초월적 조건 혹은 주관적으로 말해서 사물 경험의 선험적 조건이 아니라,[101] 장소로서의 사물로부터 공간화된다. 앞서 다리의 예로 돌아가 보면, 다리가 놓여 있는 공간은 다리라는 사물이 지어짐으로써 비로소 사방이 모이는 장소성을 획득하고, 그 장소성을 중심으로 비로소 공간으로서 형태화된다. 예컨대 그 나름의 방식으로 사방을 모으는 다리에 의해, 그리고 그 다리를 중심으로 그 지역이 감추고 있던 여러 자리들, 인간이 거처할 지점 그리고 그 인간들의 왕래를 배려하는·길이 드러나고 정해질 수 있는 자리들이 드러나는 것이다. 이렇게 다리가 놓여 있는 공간은 그 다리를 중심으로 펼쳐지며 여러 자리를 드러냄으로써 비로소 공간으로서의 의미를 지닌다.

물론 그러한 공간은 다리에 의해서만 공간화되는 것은 아니다. 그것은 또 각기 나름의 다른 방식으로 사방에 자리를 내주는 주위의 다른 건축물과 사물에 의해 공간화된다. 따라서 다리가 놓여 있는 공간은 균질적인 공간이 아니라, 다리와 그 외의 다른 사물들을 중심으로 그 사물들이 각각 나름대로 사방을 모으는 방식에 의해 펼쳐지고 경계지어져, 그 다양한 장소성들이 조율될 때 피어오르는 분위기 Stimmung이다. 공간은 이미 사물에 앞서 존재하며 사물에 무차별적으로 선행하는 균질적 공간이 아니다.

공간, 터 그리고 사물

후기의 하이데거가 공간에 대한 시적 접근을 따라 이르게 되는 통찰은 다음과 같다. 근원적 공간은 사물들에 의해 비로소 열리며 각 사물이 나름대로 사방을 모으는 방식에 상관적임과 동시에, 그러한 상호 이질적 방식들이 서로 엇갈리며 스며드는 혼성적 어울림Stimmung이다. 이러한 공간 개념은 근대적 공간관에 길들여진 우리에게는 당혹스러울지 모른다. 하지만 공간이란 말이 탄생한 시원을 추적해보면, 오히려 하이데거적 공간이 그 본래의 뜻에 가까이 다가가고 있음이 밝혀진다.

독일어에서 공간이란 말이 주어진 시초적 상황에서 공간이란 말의 의미를 경청해보면, 공간은 사물에 대해 오히려 후차적이다. 공간을 뜻하는 독일어 'Raum'은 고어인 'Rum'에서 유래한다. 그런데 이때 Rum은 모든 사물에 앞서 이미 존재하는 텅 빈 영역으로, 그 안에 비로소 사물이 위치하는 것이 아니라, 인간의 거주를 위해, 예컨대 정착이나 저장을 위해 비워진 터를 뜻한다. "공간이란 본질적으로 비워진 것Eingeräumte, 즉 어떤 경계가 설정됨으로써 그 안으로 펼쳐지는 것이다. 그리고 경계는 어떤 것의 끝이 아니라 구획이 지어짐으로써 비로소 어떤 것이 시작되는 영역을 확보하는 것이다. 경계는 곧 어떤 것이 그 안으로 시작되는 것이다. 공간화된 것은 그때마다 장소를 통해서, 이를테면 다리와 같은 사물을 통해서 그 자리가 허용되고 안배된 것, 즉 모여진 것이다."102

사물이 갖는 나름의 방식을 고려하고, 사물이 죽을 운명의 인간과 갖는 관계를 무시하지 않는 포괄적인 시야에서 사물에 놓여 있는 공간을 바라보고, 아울러 공간의 원래 의미를 되살려 보면, 원래부터 텅 빈 공간, 모든 사물이 무차별적으로 위치하는 사물에 앞서는 뉴턴적 절대공간은 존재하지 않는 것으로 드러난다. 사실 존재가 드러나는 영역에는 그 자체가 이미 무無인 공간은 없을 것이다. 오히려 아무 것도 없는 텅 빈 공간은 거주를 위해 사물이 자리하도록 그렇게 추후적으로 비워진 공간일 뿐이다. 텅 빈 공간은 이미 무Nichts로 존재하는 것이 아니라 어떤 것을 받아들이도록 비워진 것Eingeräumte이다.

그러면 대체 근대 과학에서 승인되는 절대공간은 무엇인가? 장소와 과학적 공간은 어떤 관계에 있는가? 하이데거는 이 문제를 다시 구체적인 건축물인 다리를 예로 들어 다음과 같이 해명한다.

이미 밝혀진 바와 같이 다리는 사물인 한 그 자체인 장소이다. 다리는 땅과 하늘, 신성한 것과 죽을 운명의 인간이 들여보내진 공간을 허용한다. 그런데 다리와 같은 사물에 의해 허용된 공간은 그 다리와의 원근관계에 따라 결정되는 여러 지점을 담고 있다. 이러한 지점들은 그것들 사이의 거리가 측정될 수 있는 단순한 위치로 규정될 수 있다. 그리고 이 경우 이 위치들 사이에 의해 한계지어지는 새로운 공간이 구성된다. 이러한 공간은 위치들 사이의 거리에서 비롯되는 두 지점 간의 빈자리이기 때문에 하이데거는 이를 '비어 있는 사이', 즉 공-간 Zwischenraum이라 부른다.[103]

그런데 여기서 특히 주목되어야 할 점은 다음과 같은 것이다. 공-간은 장소로서 공간을 허용한 다리라는 사물을 하나의 지점으로 추상할 때 구성되는 것이며, 또 이때 사이공간으로서의 공-간만을 응시하면, 사방을 모이게 함으로써 근원적으로 공간을 마련해준 다리는 다리라는 사물로서의 구체성을 상실하고, 오히려 그 사이 공간 안에 임의의 위치에 있는 어떤 것으로 전락한다. 따라서 그 다리의 위치는 언제든지 다른 것에 의해서 점유되거나 혹은 단지 표시로 대치될 수 있는 것이 된다. 나아가 사이의 공간으로서의 공간으로부터 높이, 넓이, 깊이만을 갖는 '용적Ausspannung'이 추출되고 이렇게 추출된 추상체는 3차원의 순수다양체로 무한히 확장될 수 있는 것으로 취급될 수 있다.[104] 이렇게 되면, 이제 이 3차원의 순수다양체를 한계짓는 것은, 즉 공간화하는 것은 더 이상 거리가 아니라 3차원으로 무한히 뻗어 있는 거리, 즉 연장이 된다. 아무것도 존재하지 않는 텅 빈 공간, 무한하고 균질적인 3차원적 연장 공간이란 표상은 이렇게 형성되는 것이다.

하지만 연장으로서의 공간은 데카르트의 해석기하학의 등장으로 다시 대수학적 관계로, 즉 해석기하학적 관계로 추상된다. 대수학적 관계로 추상된 공간을 다시 공간화하는 것은 임의의 차원을 갖는 다수체를 수학적으로 구성하는 것이며, 이 수학적으로 공간화된 것만이 이제 유일한 공간으로 불리게 된다. 이렇게 하이데거에 의해 추적된 근대 과학적 공간의 구성과정을 보다 단계화시켜보면 다음과 같다.

1. 장소로서의 사물에 의해 사방이 모여드는 존재론적 지대로서 공간이 열림.

2. 이렇게 열려진 공간에서 사물을 중심으로 한 원근관계에 따라 여러 위치들이 결정됨.

3. 여기서 사물들이 추상될 경우, 이 위치들 사이의 거리를 기반으로 하는 사물들 사이의 빈자리, 즉 공-간Zwischenraum이 성립됨. 이 사이의 빈자리인 공-간의 입장에서 보면, 애초 공-간의 근원이 되는 장소로서의 사물은 공-간 안의 한 위치로 전락함.

4. 이제 여러 사물들 사이의 다양한 공-간으로부터 깊이, 넓이, 용적만이 추출되고, 이것이 3차원적으로 무한히 확대되는 3차원의 다수체로 취급되기 시작함. 이것이 추상적인 유클리드적 공간임.

5. 이 유클리드적 공간이 이제 대수적 함수관계로 대치됨. 공간이 함수관계로 환원됨으로써 이제 공간은 자유로운 함수조작에 따라 다양하게 구성될 수 있게 됨. 즉 수학적 연역의 법칙만을 위배하지 않는다면, 공간에 대한 어떠한 함수적 표현도 허용될 수 있음. 그리고 이렇게 표현된 것을 다시 공간적으로 이미지화하는 작업을 통해 자연스런 지각에 의해서는 경험될 수 없는 여러 가지 공간이 구성될 수 있음. 비유클리드 공간의 등장과 그것을 기반으로 한 아인슈타인의 새로운 물리학은 이렇게 수적 함수의 연역적 조작을 통해 이론적으로 구성된 공간을 실재의 공간으로 현실화시키는 결과를 가져옴. 이러한 과정에서 근본적인 공간체험, 즉 우리의 거주를 위해 비워진 공간이란 공간의 원래 의미는 상실됨. 뿐만 아니라 이러한 구체적 공간을 3차원적으로 추상화해낸 유클리드 기하학과 또 이 기하학이 대수화되면서 구성되는 상대적 공간이 그 구체적 공간을 역으로 근거 지우며 실재공간으로 실체화되는, 전도된 공간 역사가 전개됨.

시적 건축

우리는 지금까지 근대 과학적 공간의 형성 역사를 추적하여 근대적 공간의 존재론적 파괴를 시도하며, 사방을 모으는 사물에 의해 비로소 열려지는 장소로 귀환하려는 하이데거의 시도를 살펴보았다. 그 결과 과학적이라는 이유로 그 절대적 타당성을 인정받은 절대공간, 즉 그 안에 어떤 사물이 위치하든지 사물에 무차별적으로 균질적이며 절대적인 공간, 그리하여 선사물적이며 또 주관적으로는 사물의 경험의 선험적 조건으로서의 위상을 차지하던 그 공간은 여러 단계의 추상화과정을 통해 형성된 구성물임이 밝혀졌다. 나아가 근대적인 절대공간을 혁신한 아인슈타인의 상대성 공간도 결과적으로 공간의 존재를 수학적 다수체로 환원시켜 논리적으로 구성한 산물이다.

물론 이 부분에 대한 하이데거의 논의는 빈약하기 짝이 없다. 그러나 앞서 우리가 논의한 아인슈타인의 질량분포법칙의 타당성 근거를 후설 현상학으로 심층횡단하는 과정에서 해명된 결과들을 상기하면, 절대공간에서 상대공간으로 이행하는 과정은 물론, 과학적 공간에 대한 후설의 비판이 하이데거에게 어떻게 계승되고 있는지도 명료해질 것이다. 나아가 하이데거가 후설에 머물지 않고 공간의 문제를 더 심층적으로 천착하여 밝혀내는 결과를 승인할 수 있을 것이다.

즉 근원적인 차원에서 공간은 장소로부터 이해되어야 하며, 그 장소는 다시 사방을 모으는 사물로부터 이해되어야 한다. 사물은 각기 나름의 고유한 방식을 사방이 모여드는 자리를 허용하는 것으로 터를 열며, 이러한 터들을 망라하는 공간은 결코 동질적일 수 없다. 기하학적 공간 이전의, 나아가 대수학적 공간 이전의 근원적 공간은 이질적인 터들이 서로 어우러지는 어울림, 즉 분위기Attunement, Stimmung 그 자체이다.

그런데 사물로서의 터에서 일어나는 사방의 모임은 사물의 속성들이 정태적으로 결합되어 있는 것처럼 이해되어서는 안 된다. 이미 앞에서 시사한 바와 같이 사방의 모임에서 사방의 한 요소가 사물의 원천이나 근거가 되는 방식이 아니다. 특히 오해를 피하기 위해서 강조되어야 할 것은 다음과 같은 사실이다. 사방으로 이해된 하늘과 땅은 그 자체로 존재하는 자연으로서 자연적 사물의 존재근거가 되는 것이 아니다. 이미 하이데거가 사방의 관계를 거울놀이, 혹은 윤무를 통해 그려냄으로써 명시한 바와 같이, 사방의 모임으로서의 터는 하늘이나 땅으로부터 발생하는 것이 아니라 하늘과 땅이 다른 사방의 두 요소와 거울놀이의 관계를 맺으며 터를 이룸으로써 비로소 그 하늘과 땅 자신으로서 출현한다. 죽을 운명의 인간과 신성함 역시 하늘과 땅과 터를 이룸으로써 죽을 운명의 인간과 신성함 그 자신으로 출현한다. 이러한 의미에서 하이데거에게 그 자체로 이미 존재하는 하늘, 땅, 신성함, 죽을 운명의 인간은 성립하지 않는다.

　　좀 더 구체적으로 말해서, 땅을 이루고 있는 시냇물, 나무, 바위 등과 하늘의 존재자인 별과 구름성운 등 일반적인 자연적 사물들은 죽을 운명의 인간과 터를 이루는 관계에 들어서지 못하면, 사물로서 존재하지 않는다. 따라서 이러한 자연 사물들을 죽을 운명의 인간과 완전히 독립된 순수한 자연으로 이해하는 것은 하이데거에게 그것들을 사물이 아닌 것으로, 그리하여 드러나지 않는 것으로 이해하려는 것과 같다.

　　결국 하이데거가 밝혀내는 터의 구조에서 인간과 자연의 대립구도는 와해되고 있다. 인간과 독립된 자연은 존재할 수 없으며, 또 자연을 초월하는 인간도 존재할 수 없다. 이 모든 것은 사물에서 터를 이루며 비로소 그 자신으로 생기하며 존재하게 된다. 자연과 인간 혹은 인위적인 것은 단지 추상적으로 구분될 뿐, 존재가 실질적으로 터에 자리를 잡고 생기하는 과정에서 자연과 인위는 상호창조적sympoietic 관계에서 그 자신으로서 비로소 생기하며 함께 지어지는 것이다. 이 사물로서의 터에서 일어나는 사방의 상호창조가 바로 하이데거가 '자신으로' 혹은 '고유의eigen' 라는 의미와 '일어남' 이란 의미를 동시에 함축하여 우리말의 '생기' 로 번역되고 독일어 'Ereignis' 란 말로 드러내려고 한 '사태' 이다.

이렇게 하이데거가 근대적 공간에 대한 존재론적 파괴를 시도하는 한, 그리고 사물로부터 공간을 이해하려는 한, 그리고 사방으로서의 터에서 인간과 자연은 비로소 상호창조적으로 그 자신으로 생기하며 지어지는 한, 그는 공간과 깊은 관계를 갖고 이루어지는 예술, 즉 건축에 남다른 관심을 가질 수밖에 없을 것이다. 이러한 추측에 어긋나지 않게 이미 그의 『예술의 근원에 관한 물음』에서 희랍신전과 같은 건축물은 예술의 본질이 진리의 작품화로 밝혀지는 데 결정적인 기여를 한다. 이것은 역으로 하이데거의 예술철학에서 예술에 부여되는 존재론적 의미가 건축에서 탁월하게 구체화되는 존재론적 사건ontologisches Geschehen임을 암시하기에 충분하다.

하이데거는 희랍신전에 대한 해석을 통해, 건축물과 같은 작품은 세계를 터 보여주고, 그 세계에서 대지가 숨겨지는 것으로 드러나게 함으로써 진리의 긴장된 놀이를 성사시키는 일어남으로 밝혀낸다. 이렇게 예술작품의 기원에서 하이데거의 관심은 건축물과 같은 예술작품과 진리와의 관계로 귀결되지만, 희랍신전에 대한 그의 해석을 스컬리의 그리스 신전에 대한 해석으로 보완하면, 신전과 같은 건축물의 존재론적 의미가 좀 더 구체적으로 드러난다.

"고대 그리스의 산과 계곡은 밝은 흰색으로 터치된 견고한 형태들에 의해 강조되고 있는데 이러한 형태는 땅의 생김새와 기하학적인 대조를 이루고 있다. 이러한 산과 계곡에 신전이 건립되었다. (…) 이 신전들은 일반적으로 인간에게 보호벽을 제공하려고 의도된 것이 아니다. 대신 그 신전은 영생하는 신의 이미지를 거주시켜 인간과 분리하고 있다. 그리하여 신전은 풍경 속에서 그 자체로 신의 성격의 이미지이다. (…) 신전과 그 부속 건물들은 풍경과의 관계에서, 그리하여 서로와의 관계에서 땅에서 느껴지는 의미를 서로 고양하고 발전시키며 보완하고, 때에 따라서는 대립되도록 형태화되어 자리를 잡는다."[105]

그리스의 신전은 어떤 종교적 활동에 용지를 제공하려는 실용적 목적에 의해 건축된 것이 아니다. 대신 신전은 신을 인간과 분리시키되 인간과 가까운 거리에 자리를 마련하는 방식으로 그 고유의 장소로 신을 데려간다. 아울러 신전은 땅, 바다, 하늘과 같은 풍경을 신과의 관계에서 그리하여 인간들 자신과의 관계에서 드러낸다. 즉 신전은 그 자체에 의미가 담겨있는 신성한 풍경을 드러내는 것이다. 또한 신전은 그것이 자리하고 있는 풍경과의 관계에서 그것이 역할을 하는 방식으로 풍경을 드러낸다. 역으로 말하면 풍경은 바로 그 풍경과 그 안에 자리 잡고 있는 건축물의 대비를 통하여 비로소 펼쳐지고 있는 것이다. 풍경은 이렇게 신전과 긴장관계에서 펼쳐진다.

『예술의 근원에 관한 물음』에서 시작되는 건축에 대한 하이데거의 존재론적 다가감은 그 사색이 무르익는 후기에 들어 보다 본격화된다. 그리고 그것은 1951년 건축에 대한 시적 사색으로 가득 찬 강연으로 결실을 맺는다. 이 강연 「지음, 거주함, 그리고 사유」에서 하이데거는 이미 예술작품의 근원에서 신전을 논의할 때 시사되었던 것같이 건축과 거주를 수단과 목적의 관계로 파악하기를 노골적으로 거부한다. 그는 자신이 살던 시대가 받아들인 건축의 개념을 정면으로 거스른다.

실로 하이데거와 동시대의 건축은 르 코르뷔지에와 발터 그로피우스의 바우하우스에서 절정을 이루는 모더니즘에서 순전히 실용적인 도구적 작업으로 선언된다. 르 코르뷔지에는 집은 거주를 위한 기계라고 설파하였다. 하지만 하이데거는 모더니즘 건축에 스민 도구주의적 편견을 거슬러 건축의 근원을 탐색한다. 과연 건축, 즉 지음이라는 말은 무엇을 뜻하는가?

이미 다른 곳에서 논의된 바와 같이 하이데거에 있어서 말은 우리의 말이 아니라 존재의 말이며 존재로부터 말하여지는 것이다. 따라서 지음이라는 말의 진의는 존재와 말이 처음으로 밀착된 순간을 거슬러 올라가 지음이란 말이 본래 의미하는 것을 회상Andenken하는 데서 해명의 실마리가 제공된다. 바로 이러한 이유에서 하이데거는 이제는 거의 희미해진 지음의 시원적 의미를 회상한다. 존재론적 어원학의 형태를 띠게 되는 이 회상에 따르면, 건축한다는 뜻의 독일어 'bauen'은 고지독일어로 'buan'인데, 이것은 머무르다bleiben, 체류하다sich aufhalten라는 의미를 지니고 있다. 하이데거는 나아가서 buan, bhu, beo가 '내가 있다ich bin', '네가 있다Du bist'와 같은 '있음'과 동일한 어근에 속한다는 것을 지적한다. 그럼으로써 인간은 존재하고 그 다음에 거주하는 것이 아니라, 인간 존재는 그 자체가 이미 거주임을 밝혀낸다. 즉 거주는 단순히 정착하고 있는 것이 아니라 존재론적 맥락에서 사색되어왔음을 암시한다.

하이데거는 다음과 같이 말한다. "내가 있고 네가 있는 방식, 즉 우리 인간이 대지 위에 존재하는 그 방식이 바로 건축이며 또한 거주이다."106 그러나 존재의 지평에서 이해되던 거주의 의미는 점차 망각되어 bauen이 갖고 있던 또 다른 의미 '양육하다pflegen', '짓다errichten'라는 의미가 전면에 등장하게 되었다. 그리하여 거주는 더 이상 인간이 이 땅위에 존재하는 방식, 즉 인간존재의 근본 특징과의 관계에서 사색되지 않게 되었다. 하이데거는 이상의 내용을 다음과 같이 압축한다.

1) 건축은 본래적으로 거주이다. 2) 거주는 죽을 운명의 인간이 대지 위에 존재하는 방식이다. 3) 거주로서의 건축은 생장물을 양육하는 건축과 건축물을 건조하는 건축으로 전개된다.

이제 하이데거는 다시 어원학적 탐색을 거쳐 대지에서 존재방식으로 거주가 보살핌의 의미가 배어있음을 밝힌다. 하이데거는 bauen에 상응하는 고트어 'wunian'은 평화롭다, 평화롭게 하다라는 뜻을 담고 있다는 사실을 확인한다. 이때 평화란 해나 위협으로부터 보호됨bewahrt vor을 의미하기 때문에, bauen, wunian은 보살핀다schonen라는 의미가 스미게 된다. 그런데 보살핌의 의미가 스며드는 거주는 무엇을 보살핀다는 것인가?

이에 대한 답변은 하이데거의 다음과 같은 말에서 주어진다. 죽을 운명을 갖고 있는 인간의 거주는 바로 땅 위에 거처하며 이루어진다. 그러나 땅 위에라는 것은 하늘 아래를 뜻하며 땅 위와 하늘 아래서 죽을 운명의 인간은 그의 운명을 넘겨주어야 할 신적인 것 앞에 머물러 있음을 의미한다. 땅, 하늘, 신성함과 죽을 운명의 인간은 하이데거가 사방이라 부른 것으로 그 인간의 거주함 속에서 서로 서로를 비추며 근본적으로 어우러져 있다.

이렇게 하이데거에 따르면, 거주는 단지 어떤 장소에 살고 있음이나 생존함이 아니라 서로를 비추는 거울놀이로 일어나는 하늘, 땅, 죽을 운명의 인간, 그리고 신성함을 보살피는 것이다. 그러나 거주를 통하여 사방을 보살피는 것은 직접적으로 이루어질 수 없다. 그것은 사방 안에 존재하는 사물에 대한 보살핌을 거쳐서 이루어진다. 이때 사물을 짓는 행위, 즉 건축은 사방을 사물 안으로 가져와 사물을 보살핌으로써 사방을 보살피는 존재론적 탁월성으로 확연히 돋보인다. 그리고 이렇게 사물을 지음으로써 사방을 보살피는 건축을 통해 사방이 모여드는 장소로서의 공간이 열린다.

　　그런데 근대 과학을 모태로 한 근대 건축은 어떠한가. 근대과학은, 앞에서 살펴본 바와 같이, 절대공간을 주장하는 뉴턴이나 공간을 연장 extension으로 규정하는 데카르트에서 보듯 동질화된 공간을 근본개념으로 하고 있다. 공간은 사물과 존재자가 자신의 존재를 누리는 터가 아니라 어떠한 사물도 무차별적으로 위치할 수 있는 이미 주어진 3차원적 기하학적 공간이다. 그리고 이러한 입장에 따르면 그 공간은 그 안에 무엇이 위치를 점유하든지 상관없이 늘 동일한 것으로 머물러 있다. 모든 역학적 현상들은 공간에서 일어나지만 공간 그 자체는 이미 항상 있는 것으로 결코 일어나지 않는다.

　　이러한 공간 개념에 따르면 건축은 공간 안에 사물을 지을 뿐, 그 사물이 놓일 공간에 대해서는 사색할 필요도, 또 책임질 수도 없는 무기력한 행위일 수밖에 없을 것이다. 실로 모더니즘 건축의 절정으로 찬양되는 소위 국제주의 건축은 어느 곳에나 동일한 건축의 가능성과 필요성을 주장하며 공간에 대한 사색의 빈곤과 무책임의 결정을 보여주고 있다. 20세기 후반부를 휩쓴 국제주의 건축은 이제 모든 터를 동질적으로 획일화하였다. 맨하튼, 싱가포르, 홍콩, 여의도는 거의 동일한 모습을 취하고 있으며, 그 속에서 터의 차이성은 폐허화되었다.

페이I.Pei의 국제주의 건축

하지만 건축에 대한 하이데거의 사색은 공간과 사물과의 관계가 근대과학에서처럼 공간이 사물에 앞서는 것으로, 사물은 그러한 공간에서 단지 위치를 점유하는 것이 아님을 보여준다. 근본적으로 공간은 일어나거나 생기하는 사건이며, 이러한 공간의 생기에 결정적인 것은 사물의 출현이다. 그리고 이때 사물은 근대 과학이 주장하는 사물처럼 이미 존재하는 절대공간 안에서 위치를 점하고 그 안에서 이동하는 그러한 사물, 즉 물질이 아니다. 근대공간에 대한 극복과 함께 물질로서의 사물개념도 역시 극복되고 있는 것이다.

사물은 하늘과 땅 그리고 죽을 운명의 인간과 신성한 것이 모여 자리 잡으며, 이러한 사물의 출현에 따라 공간이 공간으로서 일어난다. 예컨대 다리라는 사물이 지어질 때, 그 다리가 존재하게 된 공간은 터로서 다리가 들어서기 위해 비로소 비워진 곳이다. 그리고 바로 이 터에 사방이 모여듦으로써 어떤 공간으로 형성되어 다리에 의해 형태화되고 의미화되며, 인간의 삶을 형성시킨다. 즉 사물을 짓는 건축이라는 행위는 여타의 행위와 같이 세계 안에서 일어나는 행위에 불과한 것이 아니라, 그를 통해 공간이 비로소 공간화된다. 그리하여 건축은 그것을 통해 사물들 간의 관계도 이전과는 다르게 배치되고, 그 안에서 인간의 삶도 그에 상관적으로 펼쳐지는 존재론적 사건이다.

건축은 그저 사람들이 들어가 있는 구조물이나 비바람을 피하기 위한 도피처를 건립하는 것이 아니다. 건축은 사방이 모이는 터를 열어놓으며 그 안에서 인간의 삶이 펼쳐지는 공간을 짓는 작업이다. 따라서 건축은 삶의 과정에 형태를 부여하고 촉진시킬 수도 있고, 또 그 반대로 삶의 과정을 왜곡시킬 수도 있다. 더구나 인간의 삶은 그 자체로 이루어지는 것이 아니라, 자연과 관계를 맺고 사회를 형성하는 가운데 실현된다. 따라서 건축이 포기할 수 없는 과제는 어떻게 하면 자연과 사회가 인간에게 자신의 존재공간을 발견하는 의미 있는 질서가 될 수 있는가 하는 관점에서 세계를 해석해내는 일이다.

달리 표현하면, 건축의 가장 근본적인 구성요소는 흔히 회자되듯 구조, 재료, 미학이 아니라 존재의 문제이며, 건축은 인간의 존재가 펼쳐질 세계의 차원들을 구분하고, 그것들이 어우러질 수 있는 터를 여는 것이다. 그리고 이러한 세계의 차원이 반드시 수학적으로 기호화될 필요는 없다. 세계의 차원은 인간이 그의 존재를 가늠하는 근원적 방향성이라 한다면, 그리하여 단순히 위치를 표시하는 좌표계가 아니라고 한다면, 얼마든지 다른 방식으로 구현될 수도 있다. 하이데거는 이 차원을 하늘과 땅, 신성한 것과 죽을 운명의 자라고 하였다. 하이데거는 친구 헤벨에게 보내는 서한에서 지금까지 우리가 논의한 공간, 거주, 터, 건축의 존재론적 관계를 다음과 같이 명료하게 함축한다.

"만일 우리가 거주한다는 말을 폭넓고 근원적인 방식으로 이해한다면, 거주한다는 것은 인간이 땅 위 하늘 아래에서 태어나서 죽음에 이르기까지 떠도는 삶을 어떻게 채우는가를 의미한다. 탄생과 죽음 사이에, 기쁨과 슬픔 사이에, 어느 곳에서나 떠돈다는 것은 머무른다는 것과 함께 거주의 본질이다. 우리가 이것을 다양하게 펼쳐지는 세계 사이의 다양성이라 부른다면, 세계는 바로 인간이 거주하는 집이다. 그리하여 집, 마을, 도시는 그들 자체에, 그 주위에 다양한 세계를 모으는 건축작품이다. 건축은 거주가 일어나는 풍경으로 땅을 인간에게 가깝게 가져다준다. 그리고 동시에 드넓은 하늘 아래 이웃하는 거주의 가까움을 놓는다." [107]

| 2부 |

현상학에서 건축으로

5

현상학으로부터
건축현상학으로의
심층횡단

사물로 중심화되는 터

"언어는 존재의 집이다." 앞에서도 이미 인용된 이 하이데거의 언명
은 너무나 잘 알려져 있다. 그리고 이 말을 통해 언어는 존재론적 위상
을 회복하였다. 언어는 무엇을 재현하는 것이 아니라, 그것을 통해 비
로소 존재가 이름을 얻고 존재자로 분절된다. 존재는 이렇게 언어를
거쳐 비로소 존재자로 현실화되어, 세계에 거주하게 된다.

그런데 하이데거의 이 언명에 등장하는 중요한 단어들에 초점을
맞추어 다시 읽어보면, 언어, 존재, 집은 서로 떨어질 수 없이 결연되
어 있다. 또한 언어가 존재의 집이라면, 집이 존재의 언어가 되는 게
부당할 리 없다. 오히려 집은 존재의 언어여야 함이 마땅하다. 그러므
로 집을 짓는 작업은 단순한 노동이 아니라, 존재의 언어를 말하는 과
정이다. 존재는 집을 짓는 행위를 통해 인간에게 말을 걸고 자리를 잡
으며 구체화된다. 언어가 존재의 집이라는 언명에서 단어들의 위치를
바꾸어볼 때, 건축의 존재론적 의미는 이렇게 시사된다.

이는 결코 하이데거의 언명을 말장난으로 훼손시키는 것이 아니
다. 건축이 함축하고 있는 존재론적 의미는 이미 하이데거의 저서 『예
술작품의 기원』에서 희랍신전을 기술할 때 여실히 드러난다. 여기서
하이데거는 언어가 근본적으로 무엇을 재현하는 기호가 아닌 것과 마
찬가지로, 희랍신전은 무엇을 재현하는 것이 아니라 그를 통해 존재

하는 것들이 비로소 그것으로 현전한다는 점을 분명히 한다.

하늘과 땅, 바람과 대리석이 바로 신전을 통해 바로 그것으로 현전하기 시작하고, 또 신전을 통해 신이 그곳에 임재함과 동시에, 신에게 죽음을 넘겨주어야 할 인간의 운명 또한 그 방향이 결정된다. 이렇게 존재하는 것들은 신전이 지어짐으로써 현전하게 되며, 이때 이러한 존재자의 현전은 신전이 다른 곳이 아닌 바로 그곳에 지어짐으로써 가능해진 것이다.

이런 내용을 이제 후기 하이데거에서 전면에 등장하는 하늘과 땅, 신성함과 죽을 운명의 인간의 모이는 터로서의 공간 그리고 사물에 대입하여 기술해보자. 우선 하늘과 땅은 어떤 장소에서 이루어지는 죽을 운명의 인간이 거주와 건축을 통해 그 만남을 현실화하는 곳으로 밝혀진다. 동시에 그러한 거주와 건축은 신성함과 어떤 관계를 형성하고 있는지 논의된다. 이렇게 하이데거의 철학 곳곳에서 건축이라는 문제는 철학적 주제로 부각될 날을 기다리며 존재론적 의미와 함께 매재되어 있다.

실제로 후기의 하이데거는 이미 앞에서 집중적으로 논의했듯이 시적 언어를 경유하며 본격적으로 공간에 관한 존재론적·시학적 성찰의 길로 들어선다. 여기서 건축의 문제는 전면에 등장하며 공간과 거주를 서로 떨어질 수 없는 관계로 복귀시킨다. 이러한 사유의 여정에서 하이데거는 다음과 같은 결론에 도달한다.

하이데거는 과학적이라는 이유로 절대적 타당성을 인정받은 절대 공간, 즉 그 안에 어떤 사물이 위치하든지 사물에 무차별적으로 균질적이며 절대적인 공간의 허구성을 폭로한다. 그에 따르면, 과학적 공간은 실재의 기반이 되는 공간이 아니라 여러 단계의 추상화 과정을 통해 형성된 이론적 구성물이다. 따라서 근원적인 차원에서 공간space은 오히려 터place로부터 이해되어야 하며, 그 터는 다시 하늘과 땅, 사람과 신성함을 모으는 사물thing로부터 밝혀져야 한다. 공간은 이미 절대적으로 펼쳐져 있는 연장성이며, 사물은 그 안에서 위치를 차지하는 물체라고 생각되어 온 근대적 공간과 사물의 관계에 대해, 하이데거는 공간과 사물의 근원을 거슬러 올라가 전복시킨다. 사물은 각기 나름의 방식에 따라 사방이 모여드는 터를 열며, 이러한 터들을 망라하는 공간은 결코 동질적이고 보편적인 연장 공간일 수 없다. 기하학적 공간 이전의, 나아가 대수학적 공간 이전의 근원적 공간은 각각의 사물들에 의해 비로소 열려지는 이질적인 터들의 어울림, 즉 분위기 그 자체이다.

이렇게 하이데거가 밝혀놓은 터와 공간의 관계 그리고 그를 통해 다시 회복되는 거주의 본질적 의미는 하이데거의 철학을 철학의 고유 영역인 존재론의 영역에만 머물게 하지 않는다. 그것은 인간이 실질적으로 실존하고 있는 영역, 즉 건축의 영역으로 횡단할 수 있는 잠재력을 간직하고 있다. 그리고 이 잠재력은 노르웨이 출신의 건축가이며 건축학자인 크리스티안 노르베르크 슐츠에 의해 포착되어 현실화되기 시작한다.

이렇게 현상학으로부터 건축의 영역으로 횡단해가는 사유는 슐츠에서 문자 그대로 건축현상학Phenomenology of Architecture이란 이름으로 탄생한다. 슐츠는 시작poiesis과 긴밀한 관계를 갖고 있는 하이데거의 예술철학과 그의 공간론에 의해 회복된 터의 개념을 계승하여 건축현상학의 영역을 개척하고 있다.[1] 그는 "거주는 모든 것에 대해 시적·현상학적 태도를 전제한다."[2]고 설파하며, 다음과 같이 건축의 과제를 호소한다. "건축이란 작업의 도움으로 (…) 인간은 시적으로 거주한다. 인간은 사물이 말하는 것을 들을 수 있을 때, 그리하여 그가 이해한 것을 건축의 언어로 작품화할 수 있을 때 거주한다."[3]

이제 슐츠가 하이데거가 밝혀놓은 터와 거주의 본질을 어떻게 건축의 영역으로 횡단시키는지 알아보자.

우선 슐츠는 하이데거에 의해 공간에 대한 기하학적 이해 자체가 여러 단계의 이념화 과정의 결과라는 것이 밝혀졌기 때문에, 공간을 공간화하는 사물로서의 터의 개념을 연결노드로 삼고 건축의 영역으로 횡단한다. 그러나 슐츠는 이러한 터의 개념을 다음과 같이 좀 더 상세하게 해명한다. 터는 어떤 사물로 밀집되어, 그것을 초점foci으로 펼쳐진다. 동시에 터는 중심으로부터 펼쳐지는 양태에 따라 다양한 방향과 리듬을 갖는 이질적인 분위기이다. 그런데 터의 중심을 이루는 사물은 하이데거에서 드러나듯 물질덩어리가 아니다. 그것은 사방, 즉 하늘, 땅, 죽을 운명의 인간, 신성함이 서로를 비추며 일어나는 생기ereignis현상이다.[4] 따라서 슐츠는 터를 이미 완성된 정태적 존재방식을 갖는 것이 아니라, 항상 어떤 방식으로 일어나는 고유의 동적 사건으로 파악한다. 아울러 사물을 중심으로 펼쳐지는 터의 방향성은 임의적이 아니라 궁극적으로 하늘과 땅이라는 시원적 방향성에 착근되어 있음을 강조한다. 나아가 슐츠는 이러한 터의 열림이 인류가 오래전 그들의 삶의 터를 마련할 때부터 이미 일어나는 현상임을 예증함으로써 터의 구조에 대한 자신의 논의를 실질적으로 구체화한다.

이때 결정적인 단서가 고대 신화나 전설이다. 하이데거의 언어철학과 예술철학으로부터 새로운 시야를 얻는 슐츠는 이로써 신화나 전설을 이성 이전 시대의 몽매한 세계관의 산물로 격하시키는 근대의 시각을 벗어난다. 이미 논의된 바와 같이 하이데거에게서 예술은 감정적 쾌감을 위한 것이나 이미 주어진 세계를 재현하는 것이 아니라, 존재가 드러나는 진리현상이다. 예술은 존재가 근원적으로 드러나는 존재론적 차원이며, 그러한 예술은 존재의 진정한 현상학인 것이다.[5] 특히 하이데거는 예술 중에서 시에 특별한 지위를 부여한다. 그것은 이미 살펴본 바와 같이 시와 언어, 그리고 존재가 갖는 근원적인 밀착관계에 근거한다.

시는 언어를 단순한 정보전달의 매체로 전락시키길 거부하며, 그럼으로써 시는 도구화된 언어가 아닌 순수한 언어활동으로 펼쳐진다. 따라서 시는 원래 존재의 말함인 말의 본질로 귀환할 수 있는 탁월한 가능성이며, "존재의 집을 짓는 것"이다.[6] 후기의 하이데거가 존재의 문제에 접근해 들어갈 때 자주 시를 해석함으로써 시로부터 존재의 목소리를 들으려 하는 이유가 바로 여기에 있다. 하이데거를 따르는 슐츠에게도 시적 언어는 존재의 집을 짓는, 즉 터의 비밀을 밝혀내는 통로로서 중요성을 인정받는다.[7] 신화 또한 이러한 입장에서 보면 이성 이전 시대의 몽매한 세계관이나 비의를 전달해주는 종교적 현상으로서가 아니라 자연적 터가 열렸던 시적 현상으로 슐츠에게 존중된다. 하이데거에 있어서도 신화는 시와 직접적인 관계를 가지고 있다. 하이데거에게 시는 존재가 드러나는 근원적 언어현상이며, 이러한 의미에서 시적인 것은 본래적 의미의 미토스mythos와 상통한다.[8]

신화를 이렇게 신화-시학적mytho-poetic으로 접근하면, 거의 모든 신화에서 삶의 터가 말해질 때, 언제나 어떤 사물을 중심으로 구체화되고, 그 사물에서는 대개 하늘과 땅의 모임이 선명하게 드러난다는 사실이 목격된다. 그리고 이렇게 하늘과 땅의 모임이 선명한 사물은 죽을 운명의 인간이 자신의 운명의 발원으로서, 그리하여 그의 운명을 넘겨주어야 할 신성한 것으로 경배되었다.

이러한 사물의 대표적인 경우가 바로 산이다. 산은 땅에 속하면서 하늘을 향해 일으켜 세워졌다는 점에서 하늘과 땅이라는 양 요소의 모임이 탁월하게 구현된 사물이다. 즉, 산은 존재의 구조가 현시되는 탁월한 장소, 혹은 풍경이다.[9] 나무 또한 인간에게 터가 열릴 때 중심으로 구체화되는 사물이다. 나무도 산과 마찬가지로 중심적 터로서의 역할을 하는데, 나무 역시 하늘과 땅이 결합하는 것으로 밝혀지기 때문이다. 더구나 나무는 매년 생성의 과정을 되풀이한다. 따라서 원시 종교에서 나무는 그 자체로 존재 생성의 우주로 다가왔으며, 일반적으로 식물의 생장은 존재의 생성을 현시하는 것이었다. 실로 그리스와 로마 또한 이슬람 신화나 설화에서 세계는 어떤 중심을 가지고 있는 것으로 드러나고 있다. 그리고 그 중심은 하늘과 땅의 두 방향의 수직적 세계축vertical axis mundi을 상징하는 나무나 산으로 구체화되어 있다.

이렇게 신화-시학적 접근을 통한 터의 구조 해명과 함께 슐츠는 하늘과 땅의 모임이라는 하이데거의 사방 개념으로부터 터를 형성하는 중심의 조건을 도출해내기도 한다. 이에 따르면 높은 곳 혹은 산, 수목과 더불어 분지 혹은 계곡 그리고 호수 혹은 만bay도 터가 생기하는 중심사물로 드러난다. 터가 땅이 하늘을 받아들임으로써 생기한다면, 땅은 용기의 형태를 취하는 분지나 계곡에서 하늘의 받아들임이 가장 탁월하게 일어날 것이다. 또 이러한 분지나 계곡에서는 지평선이 지표면보다 높게 형성되기 때문에 하늘이 반구형 돔으로 땅을 감싸는 모습으로 나타난다. 나아가 이러한 분지는 대체로 비옥하며 따라서 땅의 비옥함은 하늘의 은덕으로 받아들여진다. 다른 한편 하늘과 땅의 모임이 하이데거가 누차 은유하듯 거울놀이로 일어난다면, 호수나 만과 같이 원형으로 경계 지어진 물의 표면을 포함하는 땅이 하늘과 땅의 모임을 가장 탁월하게 현시하는 사물로 드러날 것이다. 특히 호수는 특정 터가 그것을 중심으로 생기하는 사물일 뿐만 아니라, 터의 분위기를 보다 일반적으로 드러낸다.[10] 호수에서 거울놀이를 하는 하늘과 땅은 호수 표면에서 반사되는 밋밋한 이미지가 아니라 더없이 드높은 하늘과 한없이 깊은 땅으로 드러나기 때문이다. 따라서 호수나 만에서 감춤과 드러냄이 동시에 생기하고 있는 것이다.[11]

이러한 터의 생기구조는 여러 지역에서 특히 그곳이 인간의 삶의 터로 형성되기 시작할 때 발견되는 다음과 같은 사례들에서 그 인류사적 증거를 제시할 수 있을 것이다. 우선 산의 경우 고대 그리스 신화에서 그 예를 찾아볼 수 있다.

고대 그리스 신화는 세계의 배꼽omphalos을 해발 2,457m의 파르나소스Parnassos 산기슭에 자리 잡은 델포이에 위치시키고 신성시하였다. 또 이슬람 문화권에서 여전히 카아바Ka'aba가 세계의 중심으로 경외되었다. 이슬람 문화와 기독교 문화가 교차하는 지역도 예외가 아니다. 스페인 카탈로니아 지역에서는 몬세라트 산이 바로 그곳 터를 열어주는 중심 사물의 역할을 하며, 바로 이런 연유로 수도원이 그곳에 자리하고 있다. 또한 조선의 수도 서울은 백(북)악산을 주산으로 형성되며, 그곳에 천명을 받는 왕궁을 위치시켰다. 호수의 경우는 로마의 예를 원용할 수 있을 것이다. 로마인들은 로마에서 남서방향으로 40킬로미터 정도 떨어진 알반 호수와 네미 호수가 위치한 언덕에 주피터 신전을 짓고, 그곳을 세계의 머리로 경배하였다. 이렇게 상이한 문화권에서 발견되는 공통적 사례들은 사방으로서의 터가 사물을 중심으로 일어나는 터의 본질적 구조를 보여주는 증거로 이해되어야 한다.[12] 그리고 이렇게 하늘과 땅의 모임이 선명한 사물들은 죽을 운명의 인간에게 그들의 운명을 넘겨주어야 할 신성함으로 돋보인다.[13]

따라서 터를 열어주는 중심사물은 신성한 장소로서 죽을 운명의 인간의 삶이 출발하는 원점이면서, 동시에 귀환해야 할 목적이 된다. 이렇게 터를 열며 중심으로 기여하는 사물은 출발과 원점으로서 그것을 향해 주위의 모든 것이 집중되는 양태를 지닌다. 그리고 모든 것이 집중되는 양태는 고립을 통해 더욱 두드러지게 나타날 수도 있다. 슐츠는 이의 적절한 예로 아테네의 아크로폴리스를 들고 있다. 실제로 아테네에 들어서면 아크로폴리스는 주변 풍경을 모으며 고립된 듯 돋보인다. 아테네는 아크로폴리스를 통해서 터로서 성립하며, 그러한 한 그것은 신성성을 지닌다. 때문에 아테네인들이 그곳에 정착

아크로폴리스

하여 삶이 안정되었을 때, 아크로폴리스에 신전을 세운 것은 결코 우연히 아니다.[14]

중심화와 함께 건축의 영역으로 횡단할 때, 하이데거로부터 슐츠에게 계승되는 터의 또 다른 중요한 요소는 경계boundary이다. 이미 앞에서 언급된 바와 같이 하이데거에 따르면 경계는 어떤 것이 멈추는 것이 아니라, 그로부터 비로소 무엇이 나타나기 시작하는 곳이다. 경계는 이미 주어진 무한한 공간에 임의로 필요에 따라 그어지는 것이 아니다. 터의 열림과 분위기는 경계가 있음으로 해서 비로소 가능해진다. 따라서 경계는 터가 일어나기 위한 선행적 조건이다. 자연적으로 일어나는 터, 즉 풍경은 그 경계로서 땅, 지평선, 하늘 등을 갖는다. 반면, 인간의 건축을 통해 일어나는 인위적 터의 경계는 바닥, 벽, 천장이다. 인위적 터에서 보여지는 닫힌 터의 특성은 창문, 문, 문턱과 같은 개구부에 의해 결정된다. 여기서 경계, 특히 벽은 공간적 구조를 연속적이거나 불연속적인 연장, 방향 그리고 리듬으로 가시화한다.

터의 중심성으로부터 유래하는 터의 구성요소

● 방향과 길

터는 인간에게 신성한 의미의 세계를 열어주는 사물을 중심으로 열리며, 이 사물에서 하늘과 땅이 가장 탁월하게 모이기 때문에 터는 땅과 하늘을 잇는 방향성을 갖는다. 또한 터는 그러한 사물로 중심화되어 펼쳐지기 때문에 수평적 방향성을 갖는다. 따라서 터는 구조적으로 하늘과 땅을 잇는 방향에 의한 수직성과 그것을 중심으로 펼쳐지는 수평성이란 방향성을 갖는다. 여기서 수직성은 평면과 직각을 이루는 기하학적 방향성이 아니다. 그것은 하늘과 땅으로부터 일어나는 것이기 때문에, 아무런 의미도 갖지 못하는 기하학적 수직성과는 다르며, 신성한 의미를 구유한다. 반면, 수평성은 인간의 활동과 관련된다. 터를 중심화하며 이렇게 신성한 의미를 전해주는 사물은 터를 신성한 수직성과 인간 활동의 수평성이라는 방향성으로 구조화함과 아울러, 터에서 드러나는 모든 다른 사물에 이르는 길을 열어준다. 모든 것은 이 신성한 중심으로부터 출발하고 결국은 그것으로 되돌아와야 하기 때문이다.

　중심화된 터에서 인간은 길을 발견하거나 아니면 길이 발견되지 않을 경우에는 스스로 만든다. 그리고 이러한 길은 터를 이루는 중심으로 향해 가거나 혹은 중심으로부터 뻗어 나와 미지의 외부로 점차 사라지고 낯선 곳으로부터 인간 실존의 터전인 중심으로 돌아온다. 늘 상기되어야 할 사실은 터의 중심이 단순히 기하학적 중심이 아니라 하늘과 땅의 모음이 인간에게 가장 선명하게 드러나 신성한 장소로 경배되는 곳이라는 점이다. 따라서 터의 중심으로부터 출발하여 귀환을 주축으로 하는 길은 단순히 목적지에 도달하는 가장 짧은 기하학적 동선이 아니다. 그 길은 신성한 사물로 존중되는 터의 중심으로부터 인간에게 거주의 의미를 전달하는 경로이다.[15] 터의 주축을 이루는 길은 물론 세로축longitude의 형태를 보이지만, 그렇다고 해서 직선일 필요는 없다. 길은 물리적인 의미의 이동을 위한 것이 아니라 터의 중심으로부터 발원하는 터의 의미가 배열되는 방향을 드러내는 것이기 때문이다. 터에 존재하는 모든 것들은 이러한 방향에 따라 배열되고, 또한 보다 더 넓은 맥락과 관계시키는 것이다.[16] 결국 길은 거주하는 인간에게는 필연적인 실존의 경로이며, 터는 길을 통해 실존하는 인간에게 구체화된다.

● 길로부터 형성되는 구역

그런데 실존의 경로인 길을 통해 중심으로부터 거주의 의미만 퍼져 나가는 것이 아니다. 터에서 길이 발견되거나 길이 내어질 경우 터는 분할된다. 슐츠는 이렇게 세분된 터의 부분들을 구역district이라고 부른다. 길이 터의 중심으로부터 출발하여 경계를 넘어 있는 미지의 영역으로 사라져간다고 할 때, 이 길을 따라 구분되는 구역은 친숙성의 정도에 따라 그 성격이 결정된다. 그리고 이렇게 질적으로 구체화된 구역에서 친숙한 구역은 상대적으로 덜 친숙한 구역으로 둘러싸여 있다. 구역은 중심과 길을 통해 구조화되며, 그 경계가 명확할 때 더욱 뚜렷하게 형성된다.

슐츠는 구역을 자연적 구역과 인위적 구역으로 구분한다. 자연적 구역은, 예컨대 해안선, 강줄기, 언덕 등과 같은 자연적 요소를 포함하는 지세topography와 식생vegitation에 의해 결정된다. 그리고 인위적 구역은 인간의 특정한 활동에, 예컨대 경작이나 거주에 의해 결정된다. 이 두 경우 모두 경계와 질감은 구역의 성격을 결정하는 기본적인 속성이다. 경계는 배경과의 관계에서 구역을 정의하며, 질감은 구역이 갖고 있는 일반적 성격을 알려준다. 한 구역으로부터 다른 구역으로 넘어가는 과정은 터의 체계를 구체화하는 데 매우 중요한 의미를 갖는다. 따라서 구역과 구역을 연결시키는 관문은 건축사에서 항상 그 중요성을 인정 받아왔다. 자연의 층위에서 관문은 'straight' 나 'pass' 로 발견되며 도시의 층위에서는 자연으로부터 문명으로의 이행을 상징한다.[17]

터의 요소들의 상호작용

슐츠는 이렇게 사물로부터 열려지는 터라는 하이데거의 터 개념으로부터 인간이 거주하는 실존적 터의 구성요소들을 중심, 경계, 길, 그리고 구역으로 밝혀낸다. 그리고 이 요소들이 서로 결합하게 되면 거주하는 인간의 실존적 터와 거주지는 마치 양탄자가 짜이듯 구체적으로 직조된다. 이러한 요소들은 물론 다양한 방식으로 결합된다. 예컨대, 터의 중심성이 미약하고, 길이 상당한 범위에서 자유롭게 전개되는 터에서는 유목적 거주가 일어난다. 반면 터의 중심성과 경계가 돋보이며, 따라서 길도 미지의 외부세계로 나아가기보다는 순환적이거나 격자에 가까운 움직임을 보일 때 정주민의 거주가 일어난다.

한편 길은 터의 중심에서 여러 방향으로 나아간다. 그리하여 길은 중심에서 '별star'의 형세를 이룬다. 이렇게 각기 뻗어나가는 길은 다시 인간의 거주행위의 요구에 따라 그것들끼리 연결된다. 때문에 길은 중심화된 연결망의 형태를 가지며, 이 형태는 인간 거주행위의 양상과 지형적 조건에 따라 결정된다. 어떤 길은 순수하게 중심으로부터의 의미가 이전되는 경로가 되는 반면, 어떤 길은 그러한 중심으로부터 의미가 약화된 상태에서 순전히 길과 길을 연결하며, 지형적 조건만을 반영하는 경우가 있다.

한편 길과 길이 만나는 방식도 다양하다. 두 갈래가 하나로 합쳐지거나 하나가 두 갈래로 갈라지는 갈림길과 같은 방식이 있을 수 있는가 하면, 교차하는 십자로 형태를 취할 수도 있다. 어떠한 형태가 선택되는가는 결국 목표에 도달하기 위한 방향의 선택이다. 여기서 슐츠는 하이데거를 따라 길이 갖는 의미를 탁월하게 보여주는 예로 다리를 든다. 이미 살펴본 바와 같이 하이데거는 다리의 의미가 단순한 수송의 난점을 극복하는 도구라는 데 있는 것이 아니라, "땅이 다리를 중심으로 풍경으로서 모인다."라고 상기시켰다. 즉 그것은 다른 방향을 갖고 있는 두 구역에 연속성을 부여함으로써 터를 새롭게 생기시키는 것이다.[18]

슐츠는 하이데거에서 발견되는 다리의 의미를 다음과 같이 좀 더 구체적으로 밝혀낸다. "강은 나누면서 동시에 이어낸다. 강은 땅을 분할하지만, 그러면서 강변의 양쪽에 공통적인 공간을 정의한다. 이렇게 통합하는 효과는 강물을 향해 비탈져 내리는 땅과 교통의 수단으로 기여하는 강물에 의해 더 강화된다. 다리는 강물이란 공간에서 위치를 잡도록 한다. 여기서 인간은 다르지만 전체를 이루는 두 구역을 넘나들면서 내부와 외부를 동시에 느끼며, 또 자유로우면서 보호된 자신을 발견한다."[19]

중심화된 연결망의 형태를 갖는 길은 터의 지형적 조건과 함께 밀집의 정도에 따라 구분되는 구역을 출현시킨다. 길로 나누어진 구역이 높은 밀집도를 보일 때 어떤 형태가 형성되며, 반면 그 구역이 낮은 밀집도를 보일 때 평지로 나타난다.

이렇게 하이데거로부터 밝혀지는 터의 본질적 구조를 건축의 영역에 횡단시켜본 결과 우선 다음과 같은 사실이 확인된다. 인간이 인간으로 실존하기 시작한 이래로 여러 전통에서 세계를 하늘과 땅의 모임이 선명한 사물에 중심화되어 탄생한 것으로 밝혀내고, 그 주위에 거주하기 시작한 것은 결코 우연이 아니다. 따라서 도시의 성벽조차 군사적 목적으로만 지어진 것이 아니다. 성벽은 군사적 이유보다 더 깊은 실존적 근원을 갖는다. 도시의 경계를 이루는 그것은 군사적 목적 이전에 이미 그 터의 실존적 구성요소로서 필연적으로 출현할 수밖에 없는 도시의 마술적 상징물인 것이다. 그것은 악마와 정령들이 출몰하는 혼돈의 영역과 구분되어 중심으로부터 질서지어진 거주지를 표시해내는 울타리이다.[20]

스톤헨지

오래전부터 중심은 인간에게 친숙한 것들을 나타내며 이러한 점에서 두려움과 놀라움으로 가득찬 주위의 바깥세계와 대조된다. 중심은 그것으로부터 인간 실존에 의미를 갖는 모든 것이 의미를 부여받고, 따라서 결국은 회귀되어야 하는 목적이다. 그것은 인간이 실존의 방향과 위치를 잡는 출발점이다. 따라서 중심화된 터는 내부로 경험된다. 중심화된 터가 내부로 경험된다는 것은 다른 한편으로 외부가 존재한다는 것이다. 따라서 어떤 사물을 중심으로 펼쳐지는 터는 보다 넓은 맥락 안에 존재하며, 이러한 맥락에 따라 고립되어 이해될 수는 없다.

결국 하이데거로부터 슐츠에 의해 건축의 영역으로 횡단되는 터는 무한한 절대적 공간이 아니라 사물을 중심으로 비로소 상이한 정도의 연속성과 상이한 리듬을 가지고 다양한 방향으로 펼쳐진다.[21] 그리고 이렇게 터가 사물을 중심으로 비로소 전개될 때 가장 기본적인 방향인 수평-수직적 방향은 궁극적으로 땅과 하늘의 방향에 뿌리를 두고 있다. 이때 방향이 임의적인 것이 아니라 궁극적으로 땅과 하늘이라는 시원적 정향점에 착근되어 있는 한, 수평적 방향은 대지와의 밀착성 속에서 인간의 구체적인 움직임이 일어나는 행위세계를 표상하는 것이며, 수직적 방향성은 일상적 삶보다 더 높거나 더 깊은 실재로 나아가는 길을 시사한다. 따라서 슐츠는 다음과 같이 말한다. "인간의 실존적 공간의 가장 단순한 모델은 수직축에 의해 관통된 수평적 평면이다."[22] 이렇게 중심과 경계 그리고 하늘과 땅의 방향성으로 이루어진 터의 근본구조를 가장 잘 보여주는 것이 바로 스톤헨지이다.

이제 슐츠는 공간이란 개념을 다시 도입한다. 물론 이때 공간은 어디에서나 질적으로 무차별적인 수학적 보편공간이 아니라 터로서의 사물에 의해 비로소 열리는 현상학적 의미의 구체적 공간을 의미한다. 따라서 이러한 공간은 어떤 기하학적 공간처럼 텅 빈 공간이 아니라 어떤 분위기 혹은 성질을 지니고 있는 공간이다. 공간을 이렇게 이해하면 아무런 분위기도 없는 중성적 공간이란 없다. 즉 텅 빈 공간조차 도 아무런 분위기나 성격을 찾을 수 없는 기하학적 공간이 아니라 황량한 분위기로 꽉 찬 공간이 된다. 슐츠는 이 터로서 이해된 공간의 성질을 성격character이라 칭하며, 이때 공간의 성격은 그 자체로 있는 것이 아니라 하이데거가 강조한 바와 같이 터로서의 사물로부터 퍼져나가는 공간이다. 그런데 이 사물에는 하늘과 땅이 일어나는 것이므로, 터의 성격은 사물에 모여드는 하늘과 땅이 어떻게 어우러지는가에 따라 어떠한 분위기로 결정되게 된다.

터의 일반적 구조가 이렇게 논의되었다면, 이제 인간이 살고 있는 실재의 터를 살펴보자. 우선 눈에 띄는 사실은 모든 터가 풍경landscape 과 거주지settlement로 구별된다는 점이다. 그리고 이 풍경과 거주지는 고립된 두 영역이 아니라 어떤 관계 속에 있다. 풍경은 다양하지만 기본적으로 연속적으로 펼쳐지는 특성을 갖는 데 비해 거주지는 경계를 통해 닫힌 모습을 하고 있다. 즉 풍경과 거주지는 꼴figure과 배경ground 처럼 구분되면서 이어지는 관계를 가진다.

앞서 논의된 터의 구조에 따라 이를 이해하면, 거주지는 공간을 공간화하는 하이데거의 사물처럼 그 배경이 되는 풍경 안에서 중심으로서 역할을 하며, 그 주위 풍경을 모으는 초점 역할을 한다. 이러한 관계 속에서 거주지는 풍경을 구체화하는 사건으로 출현할 수밖에 없다. 풍경은 하늘과 땅이 어우러지는 어떤 분위기로 드러나고, 그러나 분위기는 만져질 수 없는 어떤 것인 한, 그것은 물질화되어 간직되어야 한다. 바로 이 보존과 간직이 거주를 위해 지어진 사물들에 의해 이루어진다.[23] 따라서 풍경과 거주지는 다음과 같은 관계 속에서 서로를 이루어내는 사건으로서 일어난다. 즉 인간의 실존이 자리 잡고 진행되는 곳에서는 자연적 풍경과 인위적으로 지어진 거주지가 구분됨과 동시에 풍경은 거주지의 건축물에 머금어지며 이렇게 풍경을 머금는 거주지는 다시 풍경으로 통합됨으로써 풍경은 거주지를 통해 드러난다. 때문에 풍경과 거주지의 이 관계가 훼손되면, 풍경과 거주지는 각기 그 정체성을 상실하고 만다.[24]

이제 슐츠는 터의 구조를 고려하면서 터를 자연적 풍경과 거주지로 구분하여 기술하고, 풍경과 거주지의 성격으로 보다 구체적으로 분석하여 본격적으로 건축을 향한 횡단을 시도한다. 이는 풍경과 거주지의 성격 유형학으로 완성된다.[25]

풍경의 성격을 규정하는 두 차원과 구성요소

풍경은 대륙으로부터 나라를 거쳐 한 개의 나무 밑 그늘까지 이르는 여러 단계의 수준으로 구분된다. 그리고 풍경이 사물을 중심으로 펼쳐지는 한, 그리고 그 사물에서 땅과 하늘의 모임이 일어나는 한, 풍경의 성격은 땅과 하늘과의 관계에서 결정된다. 땅은 계절에 따라 변화하긴 하지만 비교적 안정적인 요소이며, 하늘은 보다 변화가 많고 덜 구체적이지만 풍경의 성격을 결정하는 데 역시 중요한 역할을 한다. 슐츠는 땅과 하늘이 어떻게 풍경의 성격을 결정하는지 보다 상세한 예를 통하여 구체적으로 기술하고 있다. 우선 땅에 대해서 살펴보자.

● 대지
풍경의 뚜렷한 특성은 펼쳐져 있다는 것이다. 따라서 풍경의 성격과 공간적 특성은 그것이 펼쳐져 있는 방식에 따라 결정된다. 슐츠는 풍경이 어떻게 펼쳐져 있는가에 있어서는 하늘과 땅의 두 차원 중에서 땅의 본성에 의존하는 것으로 파악한다. 이때 땅은 다양한 정도의 동질성과 이질성, 연속성과 불연속성을 동시에 갖는 어떤 지세topography를 드러낸다. 이 지세는 땅의 물리적 형태physical configuration가 아니라 지표면의 기복이 어떻게 이루어져 있는가에 따라 달라진다. 예컨대 평원지대의 연장은 광활하고 무한하지만 지표면의 기복이 어떤 변화를 보이는가에 따라 방향과 풍경의 경계가 결정된다.

여기서 슐츠는 구조와 지표면의 기복을 구분한다. 구조는 중심점nod, 길, 구역 등과 같은 개념에 의해 기술된다. 앞서 밝힌 바와 같이 노드는 고립된 언덕, 산 또는 분지와 같이 공간을 중심화하는 요소이며, 길은 이러한 노드와의 관계 속에서 계곡, 강, 내와 같이 공간에 방향을 제시하는 요소들이다. 또 구역은 길을 통해 구분되어 비교적 균일한 평야나 언덕의 모임 같이 연장된 공간패턴을 정의하는 요소들이다.[26] 물론 이러한 요소들이 어우러져 이루어내는 효과는 매우 다양한 차원으로 나타날 것이다.

그러나 슐츠는 대체로 미시적·거시적·중간적인 세 수준을 구별한다. 이 세 수준에 대한 예로 슐츠는 노르웨이 숲, 북프랑스의 샹파뉴, 덴마크의 전원을 들고 있다. 노르웨이 숲은 작은 언덕과 숲으로 덮여 있다. 또한 땅은 광활하게 트여 있지는 않지만, 작은 언덕들과 그 사이가 만들어내는 계곡들로 오밀조밀한 미시적 풍경을 형성한다. 따라서 이 풍경은 슐츠가 은유적으로 표현하듯 마치 땅의 요정이나 백설공주의 난장이를 위해 만들어진 것 같이 보인다. 반면 프랑스 북부의 평원인 샹파뉴 지방은 지표면의 기복이 트여 있음과 동시에, 완만하지만 굴곡이 있는 언덕으로 이루어져 있다. 이 광경은 초인간적 규모로 나타나기 때문에 무한한 우주적 연장감을 불러 일으킨다. 덴마크의 풍경은 북프랑스와 비슷하지만, 그 규모가 약간 작고 따라서 결과적으로 인간적 규모로 형성된다.

슐츠는 또 다른 예로 이탈리아의 토스카나나 몬페라토도 들고 있다. 이곳에서는 땅이 일정 깊이로 꺼진 곳에서 언덕이 분리되듯 솟아올라 땅의 연속성이 상실되어 있다. 따라서 이러한 풍경은 접근하기 어렵고 거칠게 나타난다.[27]

슐츠는 이러한 예를 통해 지표면의 기복이 풍경의 특성을 어떻게 결정짓는지 보여주고 있다. 특히 거칠거나 혹은 우호적인 성격의 풍경은 땅의 표면적 기능이 이루어내는 효과이다. 그런데 이러한 것은 다시 질감, 색깔, 식생에 의해 강화될 수도 또 약화될 수도 있다. 질감과 색깔은 모래, 흙, 바위, 풀, 물과 같은 땅의 질료성과 관련이 있으며, 식생은 지표면의 기복을 결정하는 데 추가적으로 영향을 미치는 요소이다. 예컨대 식물이 자라고 있는지의 여부에 따라 유사한 지표 기복이 비옥한 평원의 삭막한 황야로 나타나기도 하기 때문이다.

● 하늘

풍경의 특성을 결정하는 데 지표면의 기복으로 이루어진 땅이 결정적이긴 하지만, 하늘 역시 땅에 상응하는 역할을 한다. 하늘은 마치 땅의 기복을 실루엣으로 드러내는 스크린처럼 땅과 관계한다. 다시 말해서 비록 하늘은 아득하고 만져질 수 없지만, 하늘이 없으면 땅은 그 성격을 드러낼 수 없으며, 따라서 풍경도 열리지 않는다. 하이데거가 이미 자신의 저서 『예술작품의 기원』에서 상기시켰듯이, 땅은 이렇게 하늘과 함께 땅으로 드러난다. 물론 하늘이 풍경의 성격을 결정할 때 발휘되는 역할은 일상적으로 간과되기 쉽다. 하지만 낯선 지역에 들어설 때, 하늘에 의해 밝혀지는 분위기는 색다른 경험을 선사한다.

슐츠는 하늘이 발하는 효과가 두 요소에 기인하는 것으로 본다. 첫째는 빛과 색 그리고 구름이며, 둘째는 땅과의 관계, 즉 그것이 지상에서 어떻게 보이는가이다. 광활하게 열린 평원에서 하늘은 온전한 반구로 드러나며, 특히 날씨가 쾌청할 때 그것은 모든 것을 끌어안는 장엄한 광경으로 나타난다. 그러나 현저한 기복이 있거나 식물이 풍성하게 자라는 곳에서는 시간에 따라 일부만 보일 뿐이다. 여기서 공간은 다양한 형태로 구분되어 서로 접촉하며, 풍경은 인간적 스케일을 크게 넘지 않는 친밀한 광경으로 다가오거나 응축된다. 이러한 하늘은 이미 언급된 바와 같이 지표면의 기복이 그 윤곽선을 획득하게 되는 배경이 된다. 따라서 풍경의 성격은 하늘에 대비되는 실루엣으로 결정되어 때로는 부드럽게 물결치듯 때로는 들쭉날쭉 거칠게 선명해진다.

슐츠는 이를 다시 실례를 들어 구체화한다. 북아프리카나 근동지역과 같이 구름 한 점 없는 파란색의 하늘 아래서는 땅의 무한한 연장이 두드러진다. 따라서 이러한 곳에서 풍경은 영원한 질서를 구현하는 것으로 드러난다. 반면 북유럽에서 하늘은 낮고 평평하며 구름 없는 날조차 비교적 창백한 색을 띤다. 때문에 여기서 하늘은 인간을 감싸 안는 돔이라는 분위기가 희박해진다.[28]

그러나 땅과의 관계에 따라 하늘이 발하는 이러한 효과도 빛의 질과 지역의 지표면의 성격에 따라 다양하게 변주된다. 해안과 가까운 지역에서는 대기의 조건이 지속적인 변화 속에 있다. 가령 대서양과 접해 있으면서 풍경이 광활하게 트여 있는 북프랑스 노르망디 지방의 하늘은 끊임없이 변화하는 빛의 성질이 나타나는 무대가 된다. 그야말로 빛의 세계가 드러나는 셈인데 이러한 곳에서 빛은 마치 사물을 운율이 있는 언어로 읊조리듯 때로는 찬란하게 때로는 모호하게 드러낸다. 이곳에서 빛은 그야말로 살아있는 강력한 시적 요소가 된다. 때문에 슐츠는 여기서 스테인드글라스로 장식된 영롱한 교회 벽과 모네의 인상파 그림이 탄생하는 영감의 원천을 찾는다.[29]

반면 남유럽에서는 이러한 빛의 시적 성질이 결여되어 있다. 그곳에서는 강하고 균질적이며 따사로운 햇빛이 공간을 채우고 있어서 자연 형태와 사물들의 조형적 성질을 들추어낸다.[30] 실로 태양이 가득한 남유럽의 지중해 연안 지역에서 햇빛은 마치 수정을 투과하여 더욱 정제된 듯 투명하며, 그 빛을 머금은 사물들은 은둔이나 은폐 없이 자신의 모습을 실제 이상으로 찬란하게 빛낸다. 이러한 상황은 이탈리아의 풍경화에서 잘 드러난다. 이탈리아 풍경화는 사물을 조각처럼 주시하여 풍경을 균등한 조명 아래에서 서로 선명히 구별되는 대상들로 구성하듯 묘사하고 있다.

풍경의 성격 분류

풍경은 하늘과 땅 그리고 그 각각이 내포하고 있는 부가적 요소들, 즉 하늘의 경우에 빛과 구름과 색, 그리고 땅의 경우에 지표면의 기복과 식생과 질감 등이 일으키는 상호작용의 여러 가지 양상에 따라 그 성격이 결정된다. 슐츠는 이제 하늘과 땅이 상호작용하는 양상에 따라 터의 성격을 크게 네 가지로 분류한다. 낭만적 풍경, 우주적 풍경, 고전적 풍경 그리고 복합적 풍경이 바로 그것이다.

● 낭만적 풍경

이곳에서는 보편적으로 통제하는 우주적 질서가 부재하는 것으로 경험되며 시원적인 힘이 느껴지고 섞이는 것으로 다가온다. 낭만적 풍경의 대표적인 예로 슐츠는 노르웨이 숲을 든다. 노르웨이의 땅은 숲을 이루고 있는 터가 여기 저기 흩어져 있으며, 이러한 숲은 알 수 없는 신비의 거주지로 나타난다.

우선 땅을 보면 지표면이 연속성을 결여하고 있으며, 다채로운 기복을 가지고 있다. 그와 함께 바위들, 침식된 땅, 수목들의 군락, 오솔길, 덤불과 나무들이 자리 잡고 있으며, 이를 통해 다채로운 기복의 땅은 오밀조밀한 미시적 구조를 산출한다. 이렇게 노르웨이의 땅은 다양한 분위기로 구별되어 있다.

하늘은 어떠한가. 슐츠의 기술에 따르면 하늘 또한 광활하게 펼쳐지기보다는 나무와 바위에 의해 가려져 제한적으로 노출되고 구름에 의해 끊임없이 그 분위기가 변한다. 태양은 비교적 낮게 떠 있으며 빛과 그림자의 다채로운 유희를 연출한다. 또 구름과 식물은 풍경을 과장하는 필터 역할을 한다. 물은 곳곳에 자리 잡고 있는 호수와 시내에서 보듯 동적인 요소로서 효과를 발휘한다. 대기는 습한 안개에서부터 신선한 바다공기에 이르기까지 끊임없이 변화하고 있다. 즉 노르웨이에서는 보편적으로 통제하는 우주적 질서의 부재가 경험되며, 땅으로부터 발산되는 시원적인 힘이 느껴지고 서로 섞인다.

슐츠는 노르웨이의 음악, 시, 신화, 문학에서 자연에 대한 인상과 분위기가 중심적인 역할을 하는 이유를 여기서 찾는다.[31] 노르웨이의 전설과 동화에서 땅의 요정, 난장이, 거인들과 같이 이 세계에 거주하는 다양한 신비로운 거주자들이 등장한다. 결국 노르웨이에서 거주한다는 것은 개별적이며 변화하는 자연에 인간이 순응함을 뜻한다.

● 우주적 풍경

우주적 풍경은 무한한 광야로 펼쳐지며 이러한 단조로움은 절대적인 영원한 질서를 현시한다. 우주적 풍경에서는 어떠한 풍경도 형성되지 않고 오히려 철저히 중성적인 땅이 현존할 뿐이다. 대표적인 예는 슐츠가 지적한 바와 같이 사막일 것이다. 단조롭고 메마른 지면의 무한한 연장, 광대하고 구름 한 점 없는 파란 하늘, 그늘 없이 내려 쬐는 빛, 그리고 뜨거운 공기… 이러한 사막의 풍경은 절대적이고 영원한 질서를 명백하게 드러낸다. 그러나 사막의 대지는 모든 것을 탈진시킬 뿐, 충분한 실존적 토대를 제공하지 않는다. 이것은 중성화된 지대이다.

한편 사막 위의 하늘은 태양, 별 등과 같은 천체적 현상에 의해 구조화되고, 이러한 현상들은 결코 위반되지 않는 질서를 따른다. 이러한 명료한 질서는 대지의 변화에 대비되며 오히려 분명해진다. 따라서 사막에서는 다양한 힘들이 아니라 자연의 가장 완전한 우주적 성질이 드러난다. 거주는 여기서 우주적 질서와 관계를 맺는다. 슐츠는 이러한 실존적 상황을 아랍의 속담을 통해 증언한다. "사막으로 깊숙이 들어갈수록 신에 가까이 다가간다."[32]라고. 그리고 유일신 신앙이 근동에서 발생하는 이유에 대해서도 슐츠는 이러한 사막의 장소적 구조에서 찾는다. 아랍인들은 하루에도 다섯 번씩 알라만이 유일한 신이라고 외치는데 이러한 아랍인들의 맹세는 사막의 풍격이 갖고 있는 성격에서 유래한다는 것이다. 요컨대 사막의 하늘과 땅은 죽을 운명의 인간에게 추상적 절대성을 현시한다. 이렇게 절대적인 추상적 질서 안에서는 어떤 조형적 대상화도 불가능하며, 빛과 그림자의 연출은 사라지고 모든 사물은 선의 표현으로 환원된다. 우리는 이를 아랍의 추상적 문양에서 발견할 수 있다.

● 고전적 풍경

고전적 풍경은 서로 다른 요소들이 잘 배열되어 있고, 선명하게 경계 지어진 자연적인 공간들을 가지고 있다. 고전적 풍경은 각각의 독립된 터들이 서로 균형을 이루고 있으며, 나름대로 질서를 형성한다. 따라서 고전적 풍경에서 거주함이란 인간이 자연에 대등한 동반자로서 마주 서 있으며, 자연은 인간을 우호적으로 포용하고 있음을 뜻한다. 슐츠는 이러한 고전적 풍경의 전형적인 예를 남과 북의 중간 지역인 그리스나 로마에서 발견한다.

이러한 고전적 풍경은 단조롭지도 그렇다고 다채롭지도 않다. 즉 풍경의 요소들이 적당한 수준에서 뚜렷하게 구별되며, 또 이러한 요소들이 이루고 있는 상호관계는 어렵지 않게 이해될 수 있는 모습을 드러내고 있다. 실제로 이 지역을 여행해보면 우리에게 다가오는 광경은 다음과 같다. 우선 언덕과 산은 북구처럼 무성한 숲으로 덮여 있는 경우가 드물고, 비교적 선명하게 윤곽을 드러내고 있다. 또 계곡과 분지는 잘 경계 지어져 있고, 각각 그 나름의 세계로 상상되도록 나타난다. 게다가 강하고 고르게 퍼지는 빛과 투명한 대기는 사물을 최대한 조형적으로 드러낸다. 따라서 이곳의 풍경은 빛 속에서 도드라지는 뚜렷한 사물들이 서로 잘 조율되는 분위기 그 자체이다. 고전적 풍경은 빛의 구체적 현시를 상실하지 않고, 그 자체로 받아들인다. 때문에 슐츠는 쿠르티우스를 인용하여 그리스인들의 뛰어난 조형 감각이 이러한 터의 성질에서 유래하는 것으로 본다.[33]

그리스의 풍경에서 땅은 연속적이며 동시에 변화하는 모습을 보이고, 하늘은 높고 광활하게 열려 있지만 사막에서 만나게 되는 절대성이 부재한다. 그렇다고 이곳이 진정한 미시적 구조를 갖고 있는 것은 아니다. 그리스와 같은 고전적 풍경에서 모든 차원은 인간적 규모이며, 전체적으로 조화로운 균형을 이루고 있다. 따라서 슐츠는 다음과 같이 말한다. "그리스인들은 자연적 풍경에서 사막의 절대적 신을 만나지도, 또 북구 숲의 난장이나 거인들을 만나지도 않는다. 거기서 그들은 바로 그 자신을 만난다."[34]

이는 그리스 신화 속의 신들이 '인간적인' 신의 모습으로 등장하는 이유가 된다. 슐츠는 그리스 신화가 자연과 인간의 속성을 상호 연결시키는, 의인화된 신을 등장시키는 이유에 대해 바로 그리스의 풍경이 갖는 성격에서 연유하는 것으로 본다. 이러한 고전 풍경에서 인간은 우주적 풍경에서처럼 추상화된 절대적 체계 속으로 용해되지도 않으며, 그렇다고 낭만적 풍경에서처럼 어떤 미시적 구조 속에서 개인적인 은신처를 찾아 숨어버리지도 않는다. 때문에 슐츠는 고전적 풍경에서는 자연적 풍경과 인간 사이의 진정한 모음이 가능하다고 주장한다. 이러한 모음은 하이데거가 밝혔듯이 바로 거주의 가장 근원적인 측면이다. 이렇게 거주의 본질에 가까이 다가가 있는 곳에서 풍경과 인간은 서로의 동반자로서 화해가 가능할 것이다.

흥미로운 것은 슐츠가 그 지역에 거주하는 사람들의 기질 또한 이러한 풍경의 성격에서 비롯되는 것으로 본다는 점이다. 북구의 경우 변화무쌍한 자연풍경은 인간을 내면 지향적인 무거움 속에서 안전을 찾도록 하는 반면, 남유럽처럼 자연과 인간의 화해가 가능한 곳에서 풍경은 인간에게 그 생동력을 발산할 수 있는 무대를 열어준다. 그리고 남유럽에서 인간과 자연적 풍경의 동반적 관계는 땅을 실용적으로 이용하는 행위가 가꿈이라는 방식으로 실천되도록 한다. 이렇게 땅을 가꾸는 것에서 대지에 대한 애정 어린 배려가 선명해진다. 따라서 슐츠는 남유럽의 고전적 풍경을 바라보면서 시적인 어구에 자신의 생각을 심는다. "하늘과 땅과 인간이 서로 조화롭고 화해적인 고전적 풍경에서, 땅은 비교적 잔잔하게 떠올라 제 나름대로 조형적 가치를 갖고 있는 나무에서 꽃피운다. 그리고 하늘은 이에 부드럽게 화답하며 인간에게 '빵과 포도주'를 선사한다."[35]

● 복합적 풍경

대개 풍경은 소개된 세 전형이 복합되어 나타난다. 이러한 형태를 슐츠는 복합적 풍경이라 칭한다. 예컨대 이미 언급된 북프랑스의 평원인 샹파뉴 지방은 비옥한 사막으로서의 우주적, 낭만적, 고전적 성격들이 어우러져 통일된 전체를 이루고 있다. 또한 이것은 고딕 건축의 등장을 가능하게 하는 배경 역할을 한다. 또한 나폴리의 경우에도 고전적인 풍경이 바다의 낭만적 풍경과 화산이라는 지하의 힘과 만나고 있다. 덧붙여 베네치아의 경우엔 우주적 연장이 끊임없이 변화하며 반짝이는 얕은 바다lagoon 표면과 함께 하고 있다. 또한 알프스는 거친 낭만적 풍경을 드러내는데, 이는 요철이 심한 산의 윤곽과 건널 수 없는 협곡이 이루는 대조의 결과이다.

풍경과 거주지의 관계

거주지는 거주를 위해 지어진 사물이다. 그런데 거주란 무엇인가? 슐
츠는 여기서 다시 하이데거의 거주 개념을 건축에 횡단시킨다. 하이
데거가 밝혀낸 것처럼, 인간의 거주는 땅과 하늘 아래 정착하는 것이
며, 이러한 정착은 경제 활동에 불과한 것이 아니라 존재의 피어오름
physis을 보살펴 드러내는 것poiesis이다. 이렇게 건축을 사물로서의 터
를 짓는 행위로 해석하면, 건축물은 한낱 실용적 수단으로서 그저 자
연 안에 지어지는 것이 아니다. 건축물은 그것을 통해 비로소 자연의
피어오름이 선명하고 더욱 충만해진다.

　달리 말하면, 죽을 운명의 인간은 자연적 풍경이 이루어내는 성격
을 받아들이고, 건축물과 같은 사물에 밀집versammlung시킨다. 그리
하여 사물은 풍경을 해석하고 그것의 성격을 드러내며, 그럼으로써
사물 자체가 의미를 지니게 된다. 요컨대 거주함은 하늘과 땅의 어울
림으로부터 일어나는 의미가 인간에게 다가와 드러나는 사물로 지어
지는 사건이다. 이것은 역으로 인간에 의해 만들어진 거주지가 존재
론적으로 의미가 있을 때, 인간은 비로소 거주할 수 있음at home을 의
미한다.

　이렇게 인간이 지은 인위적 거주지나 마을은 우연한 정착의 결과
가 아니라 그가 터하고 있는 풍경에 대한 이해와 그로부터 열리는 실
존적 상황을 드러내는 것이다. 따라서 거주지의 현상학은 인위적으로

지어진 것에 자연적 풍경이 어떻게 드러나고 있는가를 출발점으로 삼아야 한다. 하이데거 식으로 표현하면, 거주지를 짓는다는 것은 인간에게 말을 걸어오는 존재의 의미를 모아 어떤 형태로 응결시키는 것이다.

이러한 하이데거의 거주와 건축의 존재론은 슐츠에서 다음과 같이 보다 정교하게 파악된다. "인간은 풍경을 받아들이고, 그 풍경은 구체적인 건물로 초점화된다. 그것이 바로 우리들 주변의 디테일들이다. 디테일들은 풍경의 성격을 설명하고, 따라서 의미를 드러낸다. 장소의 혼genuis loci 역시 인간의 구체화를 필요로 하며, 사실상 그러한 뚜렷한 영향manifest influence을 통해 알려진다. (…) 인간은 풍경에게 어떤 것으로 말을 걸며, 풍경은 그 응답으로 그의 사물을 보다 큰 의미 맥락으로 통합시킨다."36

거주를 위한 건축을 통하여 풍경을 드러내는 것은 세 가지 방식으로 이루어질 수 있다. 그것은 가시화visualization, 상징화symbolization 그리고 보완complementation이다. 가시화의 방식은 건축을 통해 풍경의 성격이 보다 선명하게 드러나는 것이며, 상징화는 풍경의 성격이 건축자재와 같은 매체를 통해 번역되는 방식이다. 보완은 어떤 유형으로서의 풍경의 성격이 충분하게 드러나지 않을 때, 그 풍경의 성격이 결하고 있는 부분을 건축을 통해 보충함으로써 그 풍경의 성격을 완성시키는 방식이다.37

이러한 관점에서 인간이 살아온 흔적을 살펴보면, 거주를 통한 건축은 시초에 자연의 힘을 구체화하는 사물로서 지어졌다. 초기의 서구 예술과 건축사를 돌이켜 보면서 슐츠는 여기에 두 가지 방식이 있음을 확인한다. 즉 자연의 힘이 선이나 장식을 통해 직접적으로 표현되거나, 아니면 인간에 의해 만들어진 사물에서 표출되고 있다. 전자의 방식은 북유럽에서 후자의 방식은 지중해 지역에서 발견된다.

슐츠는 여기서 지중해 지역의 건축양식에 주목한다. 지중해의 고대 건축은 거석건축이란 점이 눈에 띤다. 이때 돌이란 재료는 벽돌처럼 건물을 지탱하는 도구적 요소로서, 그저 소모되는 것이 아니라 바로 그것을 통해 비로소 견고성과 항구성이란 의미가 실현되는 것으로서 드러난다. 그런데 항구성은 죽을 운명의 인간에게 가장 시원적인 실존적 요구이며, 따라서 인간의 번식과 관계된다. 이러한 이유 때문에 돌의 존재는 다시 인간의 실존과 연관된다. 이에 대한 구체적 예가 바로 선돌이다. 선돌은 그저 자연 상태에 방치된 돌이 아니라 인간에 의해 일으켜 세워져 삶의 항구적 지속을 가능하게 하는, 남근을 상징하는 사물이 되었다.

이후 원초적인 힘은 추상화의 과정을 거쳐 수직과 수평(능동과 수동)의 체계로 변형된다. 슐츠에 따르면 이러한 발전은 이집트의 직교 구조에서 절정을 이룬다. 그리고 이 체계에 다른 자연적 의미도 연관된다. 예컨대 이집트의 피라미드는 단순히 시신을 매장하기 위한 것이 아니다. 그것은 시신을 매장하기에 너무도 거대하다. 그것은 무덤에 불과한 것이 아니라 인위적인 산으로 지어졌다. 피라미드는 이렇게 산으로 지어짐으로써 하늘과 땅을 결연하고, 동시에 태양을 받아들이는 수직축의 역할을 담당하며, 실제로 산이란 터의 성격을 드러낸다.

슐츠에 따르면, 자연풍경이 드러나는 또 다른 시원적 형태는 인위적 동굴로 지어진 돌멘이다. 돌멘은 자연풍경에 인간이 자리 잡을 때, 인간을 감싼 대지의 내부적 공간성과 여성성을 드러낸다. 이러한 돌멘은 남성성을 상징하는 요소, 예컨대 기둥 혹은 수직·수평 부재들의 직교체계가 도입됨으로써 완전해진다. 이를 통해 모든 존재의 근원으로서 하늘과 대지의 결혼을 중심으로 한 고대의 우주론이 건물로 지어져 실질적인 존재공간으로 제공된다. 슐츠는 이의 대표적인 예로

말타의 거석사원

말타의 거석사원을 들고 있는데, 여기서는 선돌을 포함하는 후진과 경계가 직교 형태로 구분되어 있다.[38]

숄츠는 고대 건축물에 대한 이러한 현상학적 해석을 통해 거주지가 어떻게 인간에게 열려진 자연풍경을 그 안에 모아 함축적으로 가시화하고 보완하며 상징화하는지 명확히 하고 있다. 하이데거 식으로 표현하면, 거주지를 짓는다는 것은 인간에게 말을 걸어오는 풍경의 의미를 모아 어떤 형태로 응결시키는 것이다. 진정한 거주는 이러한 모음에 기초하여 이루어진다.

거주지와 건축의 구성요소

거주지는 마을과 도시에서부터 가옥과 그 가옥의 내부에 이르는 여러 수준으로 구분된다. 그리고 이 모든 상이한 수준의 거주지는 경계로부터 나타난다. 거주지의 뚜렷한 특성은 닫힌 영역이라는 것이며, 그의 성격과 공간적 특성은 그것이 어떻게 닫혀 있는가에 의해 결정된다. 닫힘은 다소 완전할 수도 있고, 불완전할 수도 있다. 닫힘의 상태는 경계의 특성에 좌우되며, 경계는 닫힘의 정도와 공간적 방향을 결정한다. 역으로 말하면 거주지의 성격은 그 개방의 정도에 따라 결정된다. 경계의 경직성 혹은 유연성은 공간을 고립되거나 보다 포괄적인 전체의 일부로 나타나게 한다. 그러나 거주지는 이렇게 닫힘과 열림 이상이다. 그것은 건축물로서 땅위에서 하늘로 솟아오른다. 따라서 거주지와 건축물의 성격은 서 있음과 솟아오름이 어떻게 구체화되며 하늘로부터 퍼져 나오는 빛을 어떻게 받아들이는가에 따라 결정된다.

우선 땅에 서 있음은 기초와 벽을 처리하는 방식에 따라 구체화된다. 육중하고 움푹한 기초와 강조된 수평은 대지와 건물을 결합시키는 반면, 수직적 방향에 대한 강조는 건물을 자유롭게 한다. 수직적 선과 형태는 하늘과의 적극적 관계와 빛을 받아들이려는 갈망을 나타낸다. 수직성과 종교적 열망은 실로 항상 같이 따라다닌다. 슐츠는 이러한 관점에서 건물을 구성하는 주요 부분의 의미를 다음과 같이 드러낸다.

● 벽

건물을 구성하는 대표적 요소는 벽이다. 그런데 땅에 근거하여 하늘로 솟아오르는 벽은 단순히 외부의 영향을 차단하는 설치물에 불과한 것이 아니며, 바로 거기서 하늘과 땅이 만난다. 그리고 죽을 운명의 인간이 대지 위에 존재하는 방식은 이러한 하늘과 땅의 만남이 어떻게 해결되느냐에 달려 있다. 이에 따라 어떤 건물은 땅에 안겨 있고, 어떤 건물은 자유롭게 솟아오르며, 또 어떤 건물에서는 이 둘이 균형을 이루고 있는 경우가 있다.

이에 대한 예로서 슐츠는 그리스의 신전을 들고 있다. 우선 균형의 예는 도리아식 신전이다. 도리아 신전에서 기둥의 디테일과 비례는 땅에 서 있음과 하늘로 솟아오름을 표현하고 있다. 다른 신전에서는 이러한 균형이 조금씩 변형되면서 뉘앙스가 달라진다. 패스톰에 있는

위 아폴로신전   아래 로비하우스

제1헤라신전에서 기둥의 강력한 배흘림entasis과 디테일들은 우리를 땅과 밀접하게 연관시키는데, 이것은 출산과 풍요를 상징하는 여신의 성격과 일치한다.

　반면 코린스에 있는 아폴로신전에서는 지혜의 신인 아폴론의 추상적이고 지성적인 측면을 강조하기 위해 배흘림이 완전히 소거되었다.[39]

● 지붕

건물의 중요 구성요소로서 수직과 수평의 관계가 의미화되는 부분으로 슐츠는 지붕을 들고 있다. 평평하거나 경사진 지붕, 박공, 돔, 뾰족한 첨탑 등은 각기 다른 방식으로 땅과 하늘과의 관계를 드러내며 건물의 일반적 성격을 결정한다. 슐츠는 프랭크 로이드 라이트Frank Lloyd Wright(1867~1959)의 작품 로비하우스Robie House에서 지붕을 통해 드러나는 땅과 하늘의 관계를 보여주고 있다.[40] 그는 자신의 작품 안에 땅에 속하는 동시에 하늘로 자유로이 솟아오르는 의미를 표현하려 했다. 로비하우스를 땅과 평행하게 한없이 확장되는 평면으로 구성하고 동시에 건물에 정박점을 마련해주기 위해 낮게 깔린 지붕과 수직 코어를 도입했다. 공간상의 자유는 여러 개의 유리창을 설치하여 벽에 개구부를 마련함으로써 구체화된다. 벽은 더 이상 공간을 닫기 위해 있지 않고, 내부와 외부의 통합을 성취하기 위해 있다.

● 개구부

이제 슐츠는 건물에서 개구부가 맡는 의미작용에 주목한다. 개구부는 내부와 외부의 여러 관계를 구체화하는 것이다. 육중한 벽에 나 있는 구멍은 닫힘과 내부성을 강조하는 반면, 골조 벽에 커다란 유리창을 설치하는 것은 건물을 비물질화하고 내부와 외부의 상호작용을 발생시킨다. 개구부는 또 빛을 받아들이고 전달함으로써 건축의 성격을 결정하는 중요한 요인이 된다. 풍경은 창문과 문의 형태에 그 성격을 드러내게 되는데, 결국 창문과 문은 건물이 들어서는 지역의 특성을 함축하고 드러내는 중요한 주제가 된다.

● 자재

마지막으로 슐츠는 자재와 색채도 건물의 성격을 결정하는 중요 요소임을 지적한다. 돌, 벽돌, 나무는 각기 다른 방식으로 땅위에 지탱함을 드러내는 방식이다. 예컨대 피렌체에서 잘 다듬질된 석재는 실체성과 질서를 갖고 있는 합리적이고 인위적 환경을 드러내고 있으며, 반면 시에나에서 표면의 물질성이 약화된 벽돌이 사용된 것은 중세적인 정신적 분위기를 창출하기 위함이다.[41]

건축의 성격 분류

인간에 의해 만들어진 터는 자연적 힘의 다양성과 미스터리가 강하게 느껴지는 곳에 있는가 하면, 추상적이고 보편적인 질서를 드러나는 곳이 있고, 자연적 힘과 질서가 순조로운 평형을 찾는 곳이 있다. 슐츠는 자연적 터를 응축적으로 드러내는 인위적 터를 자연적 터와 마찬가지로 낭만적 · 우주적 · 고전적 · 복합적 건축으로 분류한다.

● 낭만적 건축

낭만적 건축은 다양함과 풍부함이 실현되는 건축이다. 이러한 건축은 비합리적이고 주관적이며 환상적이고 비밀스럽다. 낭만적 도시는 살아있는 동적인 힘이 느껴지며 생장하는 자연을 닮았다. 중세의 건축에서 보듯 이러한 낭만적 건축은 기하학적이라기보다는 그것이 위치하고 있는 장소의 성격을 드러낸다는 점에서 지형학적이다.

낭만적 건축의 가장 탁월한 예는 앞서 시사한 바와 같이 중부 유럽의 중세도시이다. 중세도시는 첨탑을 통해 가시화되고, 그 공간은 강조된 박공과 비합리적인 디테일에 의해 그 성격을 갖게 된다. 중세적 도시는 그것이 자리 잡고 있는 자연적 풍경의 성격에 따라 거친 낭만성의 알프스 거주지로부터 북부 독일과 덴마크에서처럼 건축물과 주위 풍경이 이루어내는 전원적 상호작용에 이르기까지 그 성격이 다채롭게 변주된다.

예컨대 인스부르크의 가옥들은 낮고 신비스런 아케이드를 갖고 대지에 육중하고 두껍게 깔려있지만, 층이 지고 완만한 기복의 박공을 얹어 하늘을 향하고 있다. 켈레 같은 독일 북부 도시에서 박공 주택들은 골격을 갖고 색이 펼쳐지는 분위기 있는 유희의 무대로 변형된다. 또한 노르웨이에서 북구적 성격은 통널판 교회, 다락 그리고 북구의 여름 햇빛을 구체화한, 하얗게 채색된 집에서 뚜렷하게 드러나는 낭만적 구조로 절정을 이룬다. 슐츠는 낭만적 건축의 비교적 최근 예로 아르누보, 더 가까이는 알바 아알토Alvar Aalto나 휴고 해링Hugo Haering을 들고 있다. 낭만적 건축은 대체적으로 다양한 변화를 보여주지만, 건축이 터하는 자연적 풍경의 분위기와 잘 호흡하고 있다는 점이 공통적이다. 따라서 낭만적 건축은 지역적이다.

● 우주적 건축
우주적 건축은 동일한 형태를 유지하며 절대적으로 질서지어져 있다. 분위기가 결여되어 있고, 그 성격도 몇 가지 기본적 성격으로 한정되어 있다. 그것은 환상적이지도 전원적이지도 않으며, 동적이라기보다는 정적이고, 구체적인 합성의 결과라기보다는 숨겨진 질서의 표출로서, 표현보다는 필연성을 목적으로 하고 있다. 그리하여 기하학적이며 규칙적인 격자나 직교축의 교차로 구축된다. 이렇게 우주적 건축은 통합된 논리적 체계를 간직하고 있지만, 그것이 역전될 경우 고도의 복잡한 계산을 요구하는 미로 공간으로 구축될 수도 있다.

우주적 건축은 추상에 의해 두드러진다. 때문에 우주적 건축은 조형성을 기피하고 난해한 기하학적 문양을 도입하거나 카펫 같은 장식(모자이크나 유약을 바른 타일)을 통하여 볼륨과 표면을 비물질화하는 경향이 있다. 수평과 수직도 살아있는 힘을 재현하기보다는 보편적 질서의 현시로서 단순히 병치되었다.

슐츠는 우주적 건축의 전형적인 예를 아랍건축에서 본다. 실로 아랍도시는 기하학적이며 동시에 미로와 같은 공간의 합성으로 구성되어 있다. 주요 공공건물(사원 등)은 직교형 격자에 근거하여 건축되었으며, 일반 거주지는 미로구조를 가지고 있다. 회교사원의 첨탑에서 보이는 수평과 수직은 보편적 질서를 현시하며, 그 내부는 이상적 세계, 즉 사막여행의 목적지인 흰색, 초록색, 파랑색의 낙원을 현시하고 있다. 이 색들은 각기 순수한 빛, 식생 그리고 물을 상징한다. 그러나 근대에 이르러 우주적 질서는 슐츠가 지적하듯 정치·사회적 혹은 경제적 구조를 구체화하는 공간체계로 퇴행하였다.

● 고전적 건축

고전적 건축은 상상력이 잘 형태화된 질서를 가지고 있다. 고전적 건축의 구조는 논리적 용어로 이해될 수 있으면서도 그것을 축조하고 있는 자재들은 감정의 이입을 요하며, 각 요소들은 고유의 개성을 가지고 있다. 그 요소들은 정적인 것도 동적인 것도 아니며, 오히려 유기적인 조화를 이루고 있다. 여기에는 독점적이며 지배적인 보편적 체계가 없다. 고전적 건축은 조형적으로 세분화되어 있는데, 건물의 각 부분들은 개별적 정체성을 갖고 있음과 동시에 전체의 일반적 성격을 개별적으로 구현하고 있다. 이러한 각 부분의 성격은 다시 인간의 기질들과 관련을 맺고 있으며, 이 인간의 기질들은 결국 대지의 시원적 힘들이 인간화된 형태를 띤다. 이러한 이유에서 슐츠는 고전적 건축을 지형적 특징과 기하학적 특징이 통합된 건축으로 해석한다. 특히 개별 건축물의 차원에서는 기하학적 오더가 엄격하게 구현되고 몇 개의 건축물이 군을 이룰 때는 지형적 특성이 반영된다는 점에서 그렇다.[42]

고전적 건축의 구성논리는 구성자들의 능동적·수동적 상호작용이다. 따라서 고전적 건축물들은 우주적 건축처럼 추상적이지 않고 직접적으로 이해될 수 있는 방식으로 지어진 것 같이 나타난다. 또한 고전적 건축에서는 빛이 빛과 그림자의 유희를 통하여 부분과 전체의 조형적 현시를 강조하기 위해 사용되고 있다. 이러한 고전 건축의 전형적인 예가 고대 그리스의 건축이다. 건축물과 풍경의 조화는 고대 그리스 건축의 서구 건축사를 관류하는 이상이었으며, 따라서 끊임없이 새로운 맥락에서 재생되었다. 로마시대의 건축은 그 대표적인 예이다. 로마 건축은 오랫동안 건축사에서 그리스 건축의 답습으로 이해될 정도로 그리스 주범들을 계승하고 있다. 그러나 로마는 그것을 건축물의 구성요소가 아니라 표면적 장식으로 사용하고 있다.[43] 물론 중세에 다가가는 로마시대 말기에는 이러한 고전적 주범들조차 건축물의 뚜렷한 조형성이 물질성의 약화를 통해 빛을 더 상징적으로 담아내는 건축으로 대치되면서 퇴조한다. 그러나 고전적 건축은 중세가 저물어 가는 르네상스의 도시 피렌체에서 부활을 맞이한다. 피렌체 건축물은 개별성과 조형성으로 두드러지며 건축물에 인간중심적 성격을 부여하려는 노력이 목격된다.[44]

● 복합적 건축

자연적 터와 마찬가지로 앞서 분류한 세 가지 전형이 건축물에서 순수한 형태로 발견되는 경우는 흔치 않다. 오히려 대개의 건축물은 이세 가지 전형이 종합되어 나타난다. 이러한 형태를 슐츠는 복합적 건축이라 칭한다. 슐츠는 그 대표적인 예로 중세의 고딕 성당과 바로크정원의 궁전을 든다.

고딕 성당은 낭만적 중세도시에 속하고 있지만 자연적 터를 초월하고 있다. 고딕 성당의 내부는 경건함과 황홀감을 고조시키는 분위기로 가득 찬다. 이러한 성당 내부에서 빛은 성스러움의 현시로 번역되고, 체계적으로 분할된 하부구조는 스콜라 철학에 의해 묘사된 바대로 질서 있는 우주를 현시한다. 성당은 이렇게 낭만적 성격과 고전적 성격을 통합하고 있으며, 성당의 투명한 벽을 통해 지역적으로 해석된 기독교의 실존적 의미가 마을로 유입되어 마을의 일상은 우주적차원을 얻게 되는 것이다.

바로크 정원의 궁전은 통로들의 기하학적 연결망이 수평적으로 확산되는 것이 특징이다. 그럼으로써 중심부에 위치한 제왕의 절대성이과시된다. 나아가 중심부는 세계를 인위적이며 도시적인 풍경과 무한히 연장된 자연적인 풍경으로 분할하는 데 사용되며, 중심부에 가까울수록 자연은 문화적 풍경으로 나타나고 중심부에서 멀어질수록 자연적으로 나타나 결국 무성함으로 끝난다. 따라서 바로크 정원에서인위적 장소와 자연적 장소의 통일이 이루어져 포괄적인 전체를 형성하며, 이로써 낭만적임과 동시에 고전적인 분위기가 함축된다.

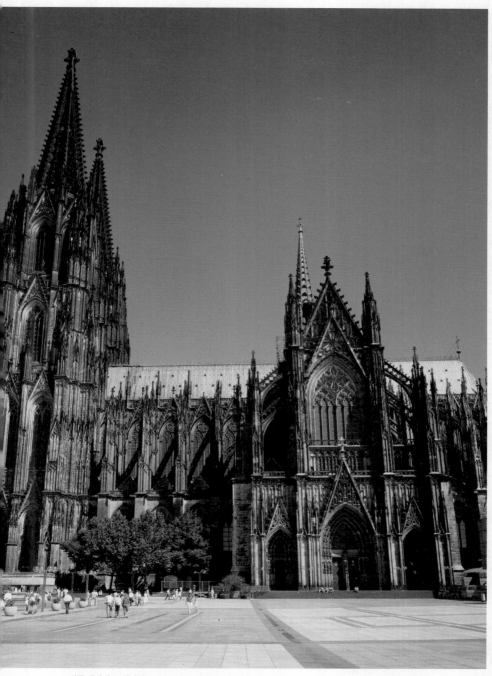

쾰른 대성당, 고딕양식

6

풍경과 거주지의 역사
　— 고대에서 바로크까지
　그 본질적 특성

풍경의 시학적 구조와 풍경의 성격을 밝혀낸 슐츠의 건축현상학에서 건축의 역사를 바라보면, 건축의 역사는 풍경과 거주지의 관점에서 새롭게 기술된다. 풍경은 거주지의 물질적 조건이 아니며, 거주지도 인간의 생존을 보호하는 구조물이 아니다. 풍경으로부터 거주의 의미가 밝아오고, 거주지는 그 밝아오는 의미를 응결시켜 짓는 행위이다.

이러한 관점에서 고대에서 바로크에 이르는 서양건축 역사의 본질적 특성을 밝혀보자.[45]

고대

이집트

이집트는 나일강과 사막의 땅이다. 이러한 이집트의 풍경은 그 단순성과 규칙성에 의해 성격을 드러낸다. 나일강은 길고 좁게 이집트의 대지를 관통하고, 나일강 계곡의 양측에는 인간의 공간을 선명하게 제한하는 사막이 펼쳐져 있다. 기후는 늘 모든 것을 뜨겁게 달구는 태양빛으로 건조하기 이를 데 없으며, 날씨의 변화도 그다지 크지 않다. 또한 나일강은 비교적 규칙적으로 범람한다. 이러한 조건들은 이집트 풍경을 영원한 질서의 공간으로 드러낸다.[46]

따라서 이집트의 풍경은 우주적 성격의 전형이다. 이러한 풍경을 배경으로 출현하는 건축물들도 같은 성격을 구현하고 있다. 특히 이집트인들의 삶의 근거인 나일강은 북에서 남으로 흐른다. 또 언제나 변함없이 작열하는 이집트의 태양은 동쪽에서 뜨고 서쪽으로 진다. 이렇게 이집트의 우주적 풍경에는 이미 남북축과 동서축이 교차하는 직교체계가 함축되어 있다.[47] 따라서 거주지는 축적의 직교체계로 구체화되며, 이러한 거주지의 건축물들은 나일계곡의 거대한 세로 방향의 공간과 조화를 이루며 배치되었다.

이집트 풍경으로부터 드러나는 영원한 질서는, 그 풍경에 인간이 정착할 때 죽음은 종말이 아니라 삶의 또 다른 연장이라는 이해의 길을 열어준다. 따라서 이집트에서는 거주의 핵심이 '영원한 집'을 짓

기자의 피라미드

는 작업이 될 수밖에 없다. 때문에 분묘와 장제신전들은 영원한 질서를 구현하는 사물로 지어짐과 동시에, 이러한 건축 작업이 이집트 문화의 중추를 형성하게 된다. 그 형태적 사례는 신전의 공간적 구조가 마치 프랙탈fractal과 같이 작은 크기로 일정하게 반복되는 규칙으로 나타나는 경우이다.

특히 이집트의 분묘는 죽은 자의 무덤이라기보다는 이집트의 풍경에서 실존하는 인간에게 풍경의 의미가 삶의 의미로 응결되어 지어진 가장 진정한 의미의 집이다. 그리고 풍경의 영원성은 풍경 속에 존재하는 거대하고 육중한 돌에서 절대적 의미를 발견한다. 돌은 모든 변화를 버텨내며 영원히 존재하는 것으로 밝혀지며, 그 자체가 이미 위대한 기념비적 존재자로 지어져야 한다. 또한 질서는 수직과 수평의 직교구조의 엄격한 만남이 절대적 균형을 이루는 삼각형으로 나타난다. 그리고 이 영원한 질서는 비교될 수 없는 규모로 초월화된다.

이집트의 풍경이 담고 있는 영원성과 질서는 거석과 수직·수평의 절대적 균형인 삼각형이 만나는 거대한 불가사의에서 절정을 이룬다. 이것이 바로 피라미드이다. 카이로에서 차로 20분 거리에 있는 기자의 피라미드는 인간에 의해 지어진 가장 거대하고 영원한 돌덩어리이다.

그것은 가로와 세로의 길이가 230m이고, 높이는 146.6m에 이른다.

　이 피라미드는 풍경의 중심을 형성하는 탁월한 신성한 사물이 부재하는 사막에서 바로 그 부재를 극복하는 건축물로 풍경을 모은다. 즉 바로 산으로 지어진 것이다. 피라미드는 이렇게 산으로 지어짐으로써 하늘과 땅을 결연하고, 동시에 태양을 받아들이는 수직축으로서 역할을 담당하며, 실재 산이란 터의 성격을 드러내고 있다. 피라미드가 이집트 신화에 나오는 최초의 산과 찬란한 태양신 '라Ra'를 통일시키면서 왕을 그의 아들로 표현하고 있는 것은 이 때문이다. 동시에 피라미드는 오아시스와 사막에 위치함으로써 삶과 죽음을 상징하며, 이집트의 공간적 구조를 가시화한다. 즉 광활한 불모지 사이에 길게 뻗어 비옥한 협곡의 형태를 이루고 있는 이집트를 가시화하고 있는 것이다. 또한 이집트인들은 파란 바탕에 별을 그려 무덤, 신전 그리고 집 천장을 장식함으로써 하늘을 지었다. 이는 자신들에게 열려진 세계를 가시화하고 상징화하는 구체적 방법이었다.

　피라미드가 영원한 집이며 동시에 사막에 부재하는 신성한 사물인 산으로 지어졌다는 것은 역설적으로 산이 실재하는 풍경에 영원한 집인 장제사원을 지을 때 피라미드가 사라진다는 사실에서 확인된다. 가령 실제로 산이 이미 풍경의 중심으로 풍경을 형성하고 있을 때, 이집트인들은 인위적으로 산을 지을 필요가 없었다. 이러한 풍경에서는 영원한 집, 즉 사원을 지을 때, 이미 그렇게 존재하는 산의 신성함을 조금도 훼손시키지 않는다. 오히려 지어진 건축물과의 대조를 통하여, 산이 구현하고 있는 존재론적 의미, 즉 하늘과 땅의 모임이 강렬하게 현시되는 수직성과 높이를 더욱 두드러지게 가시화하는 방식이 선택되었다.

　이는 데이르 엘-바하라Deir el-Bahara 소재의 하세슈트Hatshepsut 여왕의 사원에서 목격된다. 여기서 사원은 거대한 산을 배경으로 마치 그 산 자체가 신전의 위대함을 드러내는 원래의 주 건물인 듯, 그리하여 실

하세슈트 여왕의 사원

제로 지어진 신전은 마치 그 산의 부속건물처럼 산에 종속되어 있다. 이곳에서 사원은 피라미드와는 달리 수평의 형태를 취하는 세 개의 테라세로 이루어져 산의 수직성과 초월성을 강렬하게 표출시킨다.[48]

이제 건축물을 중심으로 살펴보자. 이집트 건축의 공간구성이 이집트 사막의 보편성과 제일성을 우주의 원리로 드러내는 이집트 풍경의 의미를 조직화하고 있다면, 세부구조의 측면에서 건축물은 인간과 생명체의 삶에 함축된 의미를 구현한다. 슐츠는 이를 이미 이집트 1왕조부터 육중한 석조건물이 가벼운 목조구조물에서 차용된 형태들이나 식물을 연상시키는 구성물들로 장식되어 있다는 사실에서 발견한다. 그리고 여기서 두 가지 건축현상학적 의미를 통찰한다. 우선 돌과 진흙은 원래 무형태적이기 때문에 이러한 것을 재료로 하여 지어진 건물에 형태를 부여하기 위해서는 목조건물의 골격이 중요한 영감의 원천이 된다. 그리고 식물의 생명성은 영원성을 구현하는 돌과 만남으로써 영원한 생명으로 승화된다.[49] 이는 기둥을 다양하게 변형하는 이집트 건축의 특징으로 나타난다. 이집트 건물에서 기둥의 형태는 대개 식물의 형태에서 따온 것이다. 이를 통해 이집트 건축에서 기둥은 기름진 땅에서 자라나 인간에게 먹을 것과 항구성을 선사하는 식물의 신성함을 담게 된다.

그러나 이집트 건축은 보편적이며 추상적인 의미를 구체화하기 위해 직접적인 모방을 그 해결책으로 찾은 데에서 비롯된다고 할 수 있다. 결정적 단계는 형태가 없는 육중한 덩어리를 수직과 수평이라는 상징적 직교체계로 대체한 것이다. 물론 이는 질서와 확실성에 대한 이집트인들의 소망을 만족시키지만, 다른 한편으로 건축적 상상력을 상투적 공식으로 화석화시킬 위험을 갖고 있다. 실제로 이집트 신왕궁의 거대신전들은 건축이 동일한 전형으로 발전하는 최종 단계의 산물로서 이집트 문화가 멸망할 때까지 이 전형은 반복된다.

그리스

그리스 건축은 항상 고전주범classical order을 중심으로 논의되었다. 도리아식, 이오니아식, 코린트식으로 구별되는 이 고전주범은 서구 건축사를 관류하며 현대에 이르기까지 건축이 따라야 하는 율법처럼 확고한 역할을 수행해왔다. 이 고전주범에 대해 최초로 체계적으로 설명한 이가 고대 건축가인 비트루비우스Vitruvius이다. 이후 그의 설명을 따라 고전주범을 인간의 몸과 관련하여 이해하는 방법이 상식으로 군림해왔다. 도리아식 기둥은 남성적인 강인함과 비례미를 보여주고 있는 반면, 이오니아식 기둥은 여성적인 가냘픔을 지닌다. 코린트식 기둥은 소년의 가냘픈 몸매를 흉내 내지만 보다 장식적이다. 슐츠도 그리스 건축을 논할 때 고전주범이 그리스 건축에서 갖는 의미를 소홀히 여기지 않고, 다음과 같이 설명한다.

> "도리아식 기둥은 주춧돌 없이 바닥에 육중하게 얹혀 있으며, 그 주신은 부피를 과시하듯 부풀어 올라 있으면서 동시에 골이 져 있다. 이렇게 부피감과 요철감을 동시에 과시하는 도리아식 기둥은 남성의 근육을 형상화한다."[50]

이오니아식 주범은 주로 소아시아 지방에서 발견된다. 이오니아식 주범을 도리아식 주범과 비교하면 조형적 힘이 약하게 나타난다. 그러나 이오니아식 주범의 약화된 조형성은 오히려 이오니아식 기둥들이 무리를 이룰 때, 신성한 작은 숲처럼 나타나는 효과를 낳는다. 바로 이러한 이유에서 이오니아식 신전은 아르테미스에 헌납된다. 게다가 도리아식 기둥이 주춧돌 없이 바닥에 세워져 있는 반면, 이오니아식 주범의 기둥은 세분화된 주춧돌 위에 얹혀 가늘게 위로 뻗은 형태를

헤파이스토스 신전(도리아식)

에레크레움 신전(이오니아식)

제우스 신전(코린트식)

지니면서 소용돌이 꼴의 주두를 갖고 있다. 따라서 이오니아식 주범을 전반적으로 보면 여성적인 우아함과 아름다움을 형상화하고 있음을 알 수 있다. 이러한 이오니아식 주범의 특징은 건축가 르코르뷔지에Le Corbusier(1887~1965)의 다음과 같은 발언에서 가장 잘 드러난다. "부드러운 바람의 숨결이 있었고, 이오니아식 주범이 탄생했다."51

그러나 슐츠는 자신의 건축현상학을 통해 주범을 중심으로 펼쳐지는 논의의 한계를 극복하고, 그리스 건축의 특성을 풍경과의 관계에서 밝혀낸다.

그리스 풍경을 돌아보면, 이집트와 달리 매우 다양한 모습으로 방문객을 맞이한다는 사실이 체험된다. 비옥하고 평화로운 평원이 있는가 하면, 주로 관목으로 형성된 숲은 숲이란 말이 어색할 정도로 희박하고 메말라 있다. 이 메마른 산에서는 석회암의 석질이 더욱 강조되어 지배적인 위용마저 드러낸다. 그리고 그곳에는 간헐적으로 두려움을 불러일으키는 계곡과 극적인 벼랑도 출현한다. 그리스의 풍경은 이렇게 풍부한 다양성을 특징으로 한다. 더구나 비옥한 평원, 지배적인 산 등은 다양한 자연적 힘들을 체현하고 있는 것 같다. 이집트의 풍경이 광활하지만 단조로운 우주적 풍경의 성격을 갖는다면, 그리스의 풍경은 각각 뚜렷한 개체성을 지니고 비교적 선명하게 구별되는 공간들로 구성되어 있다. 따라서 그리스 풍경은 고전적 풍경의 전형을 이룬다.

슐츠가 그리스 풍경을 해석할 때 자주 참고하는 스컬리V. Scully는 그리스의 풍경에 대해 다음과 같이 기술하고 있다. "다양한 풍경들이 비교적 명료하게 서로 질서를 이루고 있고, 그 규모가 적절하기 때문에 인간은 그리스에서 삼켜지지도 표류하지도 않는다. 그리스에서 인간은 땅에 가깝게 다가가 그로부터 위안과 위협을 경험할 수 있다."52 여기에 강렬한 햇빛과 투명한 공기로 사물의 형태는 더없이 뚜렷하게 현전한다. 이러한 성질들은 그리스인들에게 신들로 의인화되어 다가왔으며, 두드러지는 개별적 성격을 갖고 있는 장소는 어떤 특정한 신의 현시로 경험되었다.

스컬리가 강조하듯 그리스인들은 풍경을 특정한 신성의 표현으로 읽어낼 수 있는 눈을 숙련시켰다. 이는 단순한 형태가 아니라 세계를 지배하는 힘을 실질적으로 체화하고 있는 진정한 힘으로 땅을 받아들이는 종교적 전통 때문이다.[53]

예컨대 자연이 지배적인 풍경은 대지와 농업의 여신인 데메테르와 헤라에게, 반면 전체적으로 통일성을 이루고 있는 풍경은 제우스에게 헌정되었다. 또한 인간들이 서로 모여 공동체, 즉 폴리스를 이룰 수 있는 풍경은 아테나에게, 대지의 힘과는 반대로 인간들이 지성을 발휘해야 하는 풍경은 아폴로에게 헌정되었다. 이러한 신들은 인간적인 어휘로 포착되어 인간의 성격들을 상징화하기도 한다. 따라서 인간과 자연은 그리스 신들을 통해 매개되며, 이에 신들은 인간과 자연이 만나는 터를 연다. 그리스의 신전들은 바로 이러한 사태가 구체화되어 제공되는 건축학적 장소들이다.

즉 신성한 풍경은 어떤 자연의 힘이 신으로 체화된 것이기 때문에 신전과 부속건물이 그 풍경의 의미를 고양시킬 수 있는 장소에 위치하게 된다. 따라서 그리스 신전이 그 형태에서 약간씩 변화를 보이는 것은 그것이 지어지는 특정한 입지의 성격과 거기서 상상되는 신의 성격을 의인화하려는 의도에 따른 것이다. 그리스 신전이 지세 혹은 토질과 같은 풍경의 핵심요소로부터 파악되지 않고는 이해될 수 없는 이유가 여기에 있다. 그리고 그리스의 건축이 이집트처럼 동일한 법칙이나 전형에 의해 지배되지 않고, 풍경의 성격에 따라 다양한 조직 방식을 보이는 것도 이 때문이다.

최근 레틀락Gregory J. Retallack이라는 고고학자는 그리스 신전이 들어선 곳의 지질, 지형, 식물 등과 호머, 헤로도토스, 플라톤 등이 남긴 역사적 기술을 토대로 신전의 입지를 연구하였다. 그 결과 신과 신전이 지어진 장소 사이의 분명한 상관관계를 밝혀냈다. 예를 들어 농업의 여신 데메테르와 술의 신 디오니소스의 신전은 모두 '제롤Xerolls'이라는 지중해성 토양 위에 위치하고 있는데, 이 토양은 곡물 경작에 이상적인 비옥한 땅이다. 또한 태양신 아폴로와 그의 누이이자 달과 사냥의 여신인 아르테미스의 신전은 유목민의 목축만이 가능한 미풍화토양Orthent 지역에 위치하고 있다. 이 밖에도 사랑의 여신 아프로디테나 바다의 신 포세이돈 등과 같이 해양과 관련이 있는 신들의 신전은 해안가 토양인 '캘시드Calcid' 위에 지어졌다.[54]

이 연구를 수행한 레틀락은 고대 그리스인들의 예식이 종교뿐 아니라 생활에도 기반하고 있으며, 고대 그리스인들은 자신들이 섬기는 신이 좋아할 만한 장소를 골라 신전을 지은 것으로 보인다는 결론을 내리고 있다.

물론 이러한 고고학적 연구는 신전이 위치한 장소의 토질과 신의 성격 사이의 상응관계를 실증적으로 입증해준다. 그러나 이때 토질은 단순히 물리적인 성질로만 이해되어서는 안 된다. 그것은 흙, 나아가 대지라는 사방의 요소로 이해되어야 하며, 따라서 그 관계는 오히려 풍경과 거주의 본질적 관계 아래서 조명되어야 한다. 레틀락은 논문의 결론에서 마치 토질과 신전의 상응관계가 그리스인들의 독특한 취향에서 형성된 것처럼 주장하는 일종의 민족 심리학적 오류를 범하고 있다. 그러나 그 상응관계는 사실상 풍경과 거주 그리고 건축의 본질적 관계다. 신전은 그리스인들에게 거주지를 제공한 그리스의 풍경이 그 그리스인들에게 어떤 의미를 체현하는 구조로 다가왔으며, 그들은 그 의미를 어떻게 건축적으로 드러내어 어떤 삶의 세계를 형성해왔는지를 밝혀주는 통로인 것이다.

모든 그리스의 신전들은 그리스의 신들이 사실상 가계를 이루고 있듯이, 가족적인 유사성을 보인다. 그러나 그것이 취하고 있는 형태와 디테일은 그것이 자리하고 있는 풍경으로부터 드러나는 성격을 신성화한 조형적 구조물이다. 때문에 그리스 신전들은 미묘한 차이를 갖고 있다. 이 성격들은 구체적으로 오더order, 즉 배흘림과 엔타블러처entablature에 농축되어 있다. 따라서 그리스의 신전을 떠받치고 있는 기둥들은 단순히 물리적 기능에 기여하는 것이 아니다. 그것들은 근본적으로 각 풍경의 신성한 성격을 인간적으로 체현하고 있는 건축학적 언어이다. 그리고 이러한 언어는 그 비율, 즉 엔타시스, 카피탈 그리고 디테일에 따라서 변주된다. 이렇게 그리스 신전에서 기둥은 단지 중량을 지지하는 물리적 구조물이 아니라, 세계를 모으고 가시화하는 언어이다. 물론 수직으로 세워진 기둥은 신전에서 구조적 역할을 담당하고 있다. 이를 통해 신전의 오더(주범)는 그것이 구체화하는 성격이 건물 전체를 통해 지배적으로 현전하는 데 중추적인 역할을 한다. 그러나 이러한 오더의 역할은 그리스의 다른 건물에서는 후퇴한다. 즉 신전 이외의 건물에서 오더는 구조적 역할을 하기보다는 구조를 의미와 연결시키는 역할을 한다.

이러한 풍경과 거주의 관계가 가장 탁월하게 드러나는 장소는 고대 그리스 종교의 중심지인 델피와 아테네의 아크로폴리스이다. 델피의 풍경은 풍경의 중심을 결정하는 탁월한 사물들이 긴장된 대조를 보이며 숭고한 경험을 불러일으킨다. 여기서 풍경은 하늘을 찌르는 듯 솟은 파르나소스 산으로 중심화되어 펼쳐진다. 이 산은 풍경의 탁월한 중심을 형성하는 또 다른 사물인 계곡과 팽팽한 긴장을 이루고 있다. 그리스인들이 세계의 배꼽을 위치시킨 파르나소스 산과 그 바위들은 녹색의 치장을 물리치고 적나라하게 깎아지른 듯 하늘로 치솟고 있다. 그리고 그 아래로는 평지가 아니라 플에스토스Pleistos 계곡이 추락을 유발하듯 위협적으로 깊게 파여 있다. 그러나 그렇게 긴장을 불러일

델피의 풍경_ 왼쪽 위 아폴론 신전, 오른쪽 위 아폴론 신전에서 내려다 본 플에스토스 계곡, 아래 아테나의 원형신전

으키는 위험스런 풍경 사이로 코린트만을 향해 이티아Itea 평야가 시원하게 펼쳐지며 탁 트인 바다와 연결되어 분위기를 반전시킨다.

이렇게 이곳에서는 산, 바다, 평야, 계곡 등 풍경의 근본 사물들이 서로 대조를 이루며 경쟁하듯 풍경을 서로 중심화하고 있다. 따라서 이곳은 그리스인들에게 인간의 실존적 드라마를 가장 잘 드러내는 신성한 풍경으로서, 그리하여 세계의 중심으로 경배된다. 그리스인들은 이러한 이유에서 세계의 배꼽을 의미하는 옴파로스Ompharos를 조형화하여 설치함으로써 풍경의 의미를 세계의 중심으로 각인시켰다.

동시에 이곳에 시와 지혜의 신인 아폴론의 신전이 세워진다. 이를 통해 풍경의 극적 대조와 긴장은 지혜로운 균형을 성취하고, 그럼으로써 풍경의 신성은 더욱 고조되어 기려진다. 특히 델포이의 배경을 이루는 바위 절벽은 그리스의 찬란한 태양을 받으며 파에드리아데스, 즉 빛나는 바위라는 이름 아래 이곳 풍경을 환히 밝힌다. 반면 플레부스 계곡은 마치 지하 세계 하데스의 음습한 기운을 흘려보내듯 카스탈리안 샘으로 깊숙이 파여 있다. 그러나 파에드리아데스 절벽의 빛나는 분위기가 아폴론 신전에 머금어질 때, 플레부스 계곡의 어둠과 공포는 아폴론의 찬란함으로 평온을 찾는다. 이렇게 플레부스 계곡을 휩싸고 있는 하데스의 두려움과 공포는 모든 것을 품고 있는 땅의 위대함으로 반전된다.

신화에 따르면 원래 이곳은 대지의 여신인 가이아의 성소였으며, 특히 그의 딸인 퓌톤이라는 포악한 뱀이 바로 카스탈리안 샘 부근의 큰 동굴에 살고 있었다고 전한다. 그러나 지혜의 신 아폴론이 한 발의 화살을 명중시켜 퓌톤을 죽이고 이곳을 차지하였다. 이 신화를 건축현상학적으로 바라보면, 그 의미는 다음과 같이 인간 실존의 과정을 기록하는 것으로 해석될 수 있다. 즉 그리스인은 이곳의 자연풍경이 함축하고 있는 공포와 두려움의 성격을 이곳 풍경의 또 다른 성격을 명징하게 드러내는 아폴론 신전을 지음으로써 극복한 것이다.

초기 기독교 건축

초기 기독교 건축은 로마제국의 새로운 수도 콘스탄티노플에서 그 뚜렷한 흔적을 찾을 수 있다. 1450년 이후 현재까지 이스탄불이라고 불리는 이 도시의 원래 이름은 비잔티움이었다. 그러나 기원후 4세기 콘스탄티누스 대제가 로마제국의 수도를 이곳으로 옮기면서 콘스탄티노플이라 불린다. 로마는 이 새로운 수도를 신에게 헌납함으로써 신의 질서 아래 옛 질서를 흡수하면서 신의 나라를 세우려 하였다. 따라서 콘스탄티노플이 새로운 수도로 선택되었을 때, 우선 콘스탄티노플은 로마를 흡수할 수 있는 위치여야 했으며, 또 다른 한편으로는 기독교의 성지, 즉 예루살렘을 대신할 수 있는 곳이어야만 했다.

실제로 콘스탄티노플은 아시아와 유럽이 교차하는 지점에 위치해 있다. 또한 여기서 남북의 흑해와 지중해가 만난다. 이러한 지정학적 위치는 로마제국의 거대한 직교축인 카르도Cardo와 데쿠마누스 Decumanus의 교차점을 형성한다.[55] 그리고 새로운 수도는 새로운 질서, 즉 기독교의 질서에 따라 신의 나라를 세우려는 의도로 선택된 곳이므로, 그 풍경은 신의 나라를 세울 수 있는 신성함으로 돋보여야 했다. 콘스탄티노플은 바로 이러한 풍경의 성격을 부족함 없이 드러낸다. 그곳은 유럽에서는 바다를 거쳐서 도달할 수 있는 곳이다. 즉 마르마라Marmara 해에서 콘스탄티노플에 접근하면 콘스탄티노플은 마치 바다 위의 신기루처럼 혹은 실재하지 않는 하늘의 도시처럼 수면 위에 떠 있는 환상적인 모습을 드러낸다.

그곳은 실재를 넘어서는 초월성을 드러내는 풍경으로 나타나 마치 다가갈 수 없는 신성의 영역인 듯 빛난다. 콘스탄티노플은 물론 땅과 하늘이 만나 풍경을 이루는 곳이지만, 하늘의 이미지가 더 두드러져 지상에서 신의 나라로 다가오는 것이다. 때문에 콘스탄티노플의 건물들은 로마의 건축을 모델로 하고 있음에도, 콘스탄티노플의 배경을 이루는 풍경을 흡수하며 변모하게 된다. 그 대표적 형태가 바로 돔이다. 콘스탄티노플이 위치한 지역처럼 태양이 균일한 곳에서, 또 광활하게 트여진 풍경에서, 하늘은 가장 완전한 자신의 모습으로 드러난다. 그리고 그때 하늘은 땅을 감싸 안는 반구가 되어 돔의 형태로 나타난다. 인간이 돔을 지을 때 인간은 바로 이 도달할 수 없는 하늘을 지상에 지음으로써 신의 나라에서 구원을 받아야 할 자신의 실존을 구체화하는 것이다. 따라서 콘스탄티노플의 스카이라인은 슐츠가 지적하듯 550년경부터 시작된 도시개발 이후 곳곳에 솟아올라 지상의 건물을 감싸고 있는 돔에 의해 매우 독특한 모습을 드러내게 된다. 그리하여 콘스탄티노플은 실루엣의 도시로 새롭게 생기生起한다.[56]

그리고 이 돔의 내면은 더 이상 빛날 수 없는 금빛 광휘로 채색되었다. 성당 중심에서 솟아오른 돔은 곧 태양빛으로 가득찬 하늘이기 때문이다. 반면 돔을 지탱하는 아랫부분은 세속적 영역, 즉 지상이다. 따라서 돔으로 중심화되어 있으며, 그 돔을 지탱하는 역할을 하는 비잔티움 성당의 내부공간은 형태적으로 유심공간centralized space의 형태를 취하게 된다. 성당 건축의 골격에서 돔이 높이 위치하면 할수록 그것은 성스러워지며, 신성한 빛은 천상의 돔에서 발하여 유심공간으로 퍼져나간다.[57]

콘스탄티노플의 풍경 속에서 탄생한 돔이 갖는 이러한 의미를 슐

하기아소피아 성당

츠는 한 궁정시인의 시에서 발견한다. 이 시는 콘스탄티노플의 스카이라인을 가장 뚜렷하게 결정하는 하기아소피아 성당의 헌당식에서 읊어졌다. "최초의 아름다운 빛이 아치와 아치를 넘어들면서 어두운 그림자를 몰아낼 때, 왕자들과 백성 모두는 한 목소리가 되어 찬송가를 불렀다. 그것은 마치 거대한 아치들이 하늘에 놓인 것처럼 보였다. 그리고 모든 사람들 위에서 돔은 한없이 광활하고 일말의 변화도 없는 하늘로 솟아오른다. 그리하여 돔은 빛나는 하늘처럼 굽이치며 교회를 품는다. 금빛 흐름이 되어 쏟아져 내리는 빛이 사람들의 눈을 때릴 때 그들은 쳐다볼 수 없었다⋯. 이제 거대한 교회공간으로 광휘가 스며들어 근심의 구름을 거둬내고 마음을 맹세로 가득 채우며 살아있는 신을 향한 길을 보여준다. 이 신성한 장소에 들어온 사람은 누구나 영원히 그곳에 살게 되며 그들의 눈에는 환희의 눈물이 고일 것이다."[58]

시인의 시적 언어에서 드러나듯 금빛 광휘로 빛나는 돔은 하늘을 향해 떠오르는 구원의 황홀경으로 인간들을 인도한다. 그리하여 콘스탄티노플에서 시작된 초기 기독교 비잔티움 건축은 콘스탄티노플의 풍경을 영적인 공간으로 작품화하는 데 이른다. 그리고 이는 다시 베네치아의 성마르코 성당에서 상부는 빛을 모아들이고 하부는 빛을 약화시킴으로써 시선이 하늘을 향해 올라갈수록 구원의 환희가 절정에 가까워지는 공간의 영적 승화로 완성된다. 슐츠가 말하듯, 결국 초기 기독교에서 돔과 유심공간을 통해 성취되는 공간의 영적 승화는 그리스와 로마의 유산을 부인함으로써 시작되지만, 그것은 배격된다기보다는 변형된다.

예를 들면 기둥과 같은 인간중심적 요소들은 여전히 존재하지만, 그것은 물체덩어리로서 중량과 조형력을 상실한다. 이것은 표면의 처리와 빛의 사용이라는 두 가지 방식으로 이루어진다. 표면이 모자이크로 처리된 성당 내부의 벽들은 그 내면을 결코 투과할 수 없는 어둠

하기아소피아 성당 내부의 모자이크

속에 묻어버린 물체와는 달리, 물체성을 잃어가듯 아른거리며 출현한다. 이는 인간들에게 물질성이 부재하는 환상처럼 지상에는 없는 영적 세계를 열어준다. 특히 상부의 개방적 채광과 하부의 어둠의 대비는 돔으로 구현되는 하늘의 신성성을 더욱 고조시킨다. 빛과 모자이크를 통해 벽체의 물질성을 희박하게 만드는 비물질화는 물체 덩어리가 의미하는 대지의 감금을 무력화하며 영적 세계로 인간을 불러들이는 것이었다.

로마네스크

로마네스크 시대는 기독교가 본격적으로 유럽 전역에 전파되어 유럽대륙에서 신과 죽을 운명의 인간이 기독교적으로 결정되고, 따라서 하늘과 땅의 관계도 그로부터 열리는 시대이다. 이 시대의 풍경은 전체적으로 보았을 때 성인들의 출현이라는 방식으로 체험되는 신비한 성격의 풍경들로 중심화된다. 그리고 이 풍경들을 이어주는 길의 연결망에 의해 구체화된다. 즉 이러한 풍경들은 성지로서 신성시되며, 이 성지를 연결시키는 길은 사실상 지상에서 천국을 향한 순례자였던 당시의 인간들에게 구원의 길을 열어주는 것이다. 잘 알려진 바와 같이 이 순례길이 다다르는 마지막 지점은 성 야곱Jacob의 성물이 보관된 스페인의 산티아고 드 콤포스텔라Santiago de Compostela였다. 중세 로마네스크 시대 유럽의 풍경은 바로 이 순례의 여정에서 신성한 의미를 지니고 다가오는 풍경과 그곳에 세워진 교회들, 그리고 그것들로부터 열려져 서로를 연결시키는 길에 의해 가시화된다.[59]

다른 한편 로마네스크 시대의 거주는 슐츠에서 그 이전 시대와는 달리 풍경과의 관계가 상대적으로 약화된 방식으로 기술된다. 이 시대의 거주는 거의 성당 건축물을 중심으로 논의된다. 이러한 슐츠의 서술방식은 로마네스크 시대를 여는 아우구스티누스의 교부철학이 플라톤의 관념주의적 형이상학을 흡수함에 따라 지상을 죄악시하고 있다는 사실을 고려하면 충분히 이해될 수 있다.

아우구스티누스의 교부철학은 그의 신국론에서 주장되듯 지상을 악과 증오의 영역으로, 신의 나라는 사랑과 구원의 영역으로 엄격히 구분하고 있다. 그리하여 신의 나라에 대한 열망은 오직 지상을 부정함으로써만 성취될 수 있다는 믿음이 확고해진다. 따라서 중세 인간들이 사는 실존적 삶의 중심인 성당은 그것이 자리 잡는 곳이 어디든지 일단은 지상을 부정하는 형태를 취할 수밖에 없다. 이렇게 로마네스크 초기의 형태는 완벽하게 구분되는 내외부의 공간과 뚜렷한 수직성의 조합으로 나타난다. 이는 로마네스크 성당을 지상의 어떤 것도 침입할 수 없는 엄청난 중량감의 벽과 하늘을 향한 강한 의지의 표출인 탑을 기본구조로 하는 건축물로 탄생시킨다. 그리하여 성당건물은 마치 외부의 적을 물리치기 위한 요새처럼 나타나는 전투적 분위기에 휩싸인다. 그러나 이는 성당의 내부공간이 안정성으로 충만되는 효과를 낳는다. 따라서 로마네스크의 건축들은 역설적으로 거주를 안정적 장소로 확립하는 중세문명의 기반이 된다.

몽생미셸Mont Saint Michel 수도원은 로마네스크 시대의 풍경과 거주의 관계를 적나라하게 보여주는 대표적인 사례가 될 것이다. 몽생미셸은 만조에 이르면 지상이 접근할 수 없는 고립된 풍경을 형성한다. 그리하여 내부와 외부는 완전히 격리된 경계성을 드러낸다. 그리고 수도원의 외용은 여하한의 침입도 격퇴할 수 있는 철옹성처럼 압도적인 견고함과 육중함을 과시한다.

그러나 외부로부터 엄중하게 차단된 내부는 그 자체로 신의 완전한 임재라는 의미로 가득 채워질 수 있는 가능성을 배태하고 있다. 로마네스크는 바로 이 가능성을 실현하는 독특한 내부공간의 구성방식으로 돋보인다. 작위적 장식을 멀리한 채 육중한 벽으로 차단된 폐쇄성은 채광의 어려움으로 귀착되지만, 이는 역설적으로 로마네스크의 내부공간을 초월적 위대함이 내려앉은 근엄하고 장엄한 분위기로 충만케 한다. 실제로 로마네스크 성당의 내부공간으로 들어가면 외부 공간에서 만나는 사물의 다양성이 거의 소거된 채, 갑자기 텅 빈 듯하다. 그러나 이는 공간을 갑자기 엄습해오는 무無가 지배하는 공간으로 전환시키고, 여기서 일종의 광활함이 공포감과 함께 압도적으로 밀려온다. 여기에 장식이 배제된 석재가 발산하는 육중함이 더해지면 로마네스크 성당의 내부공간은 칸트가 정의한 역학적 숭고의 엄숙한 감동까지 선사한다.

물론 그렇다고 해서 로마네스크 성당의 내부공간이 그저 텅 빈 공간은 아니다. 로마네스크 성당의 내부공간이 갖는 절묘함은 비워진 공간을 매우 절제된 방식으로 구성함으로써 엄숙하고 근엄한 신성의 임재를 고조시키며, 그 공간을 숭고의 장소로 승화시키는 데 있다.

몽생미셸 수도원

그리고 이러한 로마네스크 성당의 내부공간의 신성성은 그 안에서 외부공간과 단절된 인간의 행위를 내부공간에서 적극화하는 효과를 발생시켜야 했다.

슐츠는 바로 이 점을 주시한다. 그에 따르면 로마네스크 건축의 근본적인 특성은 초기 기독교 성당에 나타나는 원래의 내부성을 인간적 크기와 움직임에 밀접하게 관련시키기 위해 공간을 율동적으로 세분화하는 결과를 낳는다. 탑의 도입 그리고 지나치게 좁고 긴 나이브의 도입은 바로 이러한 효과를 증진시키는 요소들이다. 물론 로마네스크 성당 내부공간에서 보이는 이러한 특성은 로마네스크 성당의 근본적 성격인 육중함과 단절이 유발하는 행위의 정지와 상충되는 듯하다. 하지만 내부공간에서 제공되는 보호와 신성한 영감 등은 악과 결별한 인간의 행위를 승화된 방식으로 적극화하는 동기를 함축한다. 때문에 로마네스크 성당은 그 내부를 바로 이렇게 승화된 행위가 진행될 수 있게 구성함으로써 오히려 육중함과 단절에 내재되어 있는 가능성을 효과적으로 실현시킨다. 이러한 공간구성 방식으로 로마네스크 성당은 요새일 뿐만 아니라 하늘에 이르는 문이라는 의미를 구현하게 된다.

결국 로마네스크 건축을 살펴보면 다음과 같은 뚜렷한 양상이 나타난다. 수직요소의 도입, 공간의 율동적 세분화와 통합, 그리고 내부와 외부의 새로운 관계가 그것이다. 우선 수직성에 대해 슐츠는 탑과 같은 수직요소의 도입에 주목한다. 탑은 요새의 역할을 담당함과 동시에 세계의 축이기 때문에 결국 수직요소의 도입은 보호와 열망이란 이중적 목적을 충족시킨다. 율동적 세분화는 인간의 움직임에 직접적으로 관련된다. 따라서 세로축은 어떤 상징성보다는 통로의 역할에 더 충실하다. 마지막으로 내부와 외부의 관계는 폐쇄적 은신처에서 상징적이나마 개방을 향해 나아간다. 그리하여 로마네스크 건축은 또한 고체성과 비물질성이라는 상충적 성격을 동시에 표현하게 된다.

나아가 로마네스크 시대의 건축물, 특히 로마네스크의 성당들은 같은 양식에 의해 지어졌음에도 기능과 내용의 측면에서 의미가 있는 차이를 잘 구체화하고 있다. 그리고 여기에 지역적 변형들이 덧붙여진다. 기능과 내용의 차이가 구체화된 예를 들면, 순례교회들은 십자형 평면과 회랑의 상징성에 바탕을 두고 있는 반면, 수도원 교회들은 세로 방향들의 통로를 중요시한다.[60]

지역적 변형이 덧붙여진 예로 슐츠는 독일, 프랑스, 이탈리아의 로마네스크를 구별한다. 독일의 로마네스크 건축은 대체로 보다 화려한 환상적 효과를 추구하는 데 반해, 프랑스의 로마네스크는 논리적 조직과 구조적 명료성을 특징으로 한다. 또한 이탈리아의 로마네스크는 질서 잡힌 형태를 보여주지만 두 지역에 비해 상대적으로 외관의 현란함이 두드러진다. 영국의 로마네스크는 강한 남성적 특성을 보이는데 이러한 성격은 엄청나게 두꺼운 벽체와 원통 형태의 거대한 기주pier에 의해 가시화된다.[61]

이러한 지역적 차이에도 불구하고 로마네스크 성당의 근본적인 특성은 외부와 단절된 절대적 내부성과 그곳에 임재하는 신의 초월성이다. 초기의 교부철학에 따르면 인간의 내부성은 자연적 삶이나 세속적 사회생활로는 접근이 불가능한 영적 영역이다. 그리고 아우구스티누스가 『신국론』에서 밝혔듯이, 사랑에 중심을 둔 인간행위의 원리는 오직 계시로서만 알려진다. 로마네스크 성당은 바로 이것을 가시화하고 구체화는 건축물이다.

로마네스크가 지상과의 단절을 추구함으로써 고립된 풍경을 발견하며 몽생미셸에서 절정을 보이던 것과 달리, 고딕건축의 시대에는 풍경과 거주가 그 관계를 회복하는 과정에 들어선다. 특히 슐츠에 따르면, 이는 도시가 발전단계에 진입하는 것과 무관하지 않다. 11세기 이후 급속한 인구의 증가는 유럽의 도시화를 촉진했다. 이제 중세의 거주는 도시를 중심으로 이루어지기 시작하는 것이다.

특히 중세도시는 밀도 높은 집중의 형식으로 특징지어진다. 따라서 도시의 경계를 형성하는 성벽, 도시의 중심을 형성하는 성당 그리고 조밀하게 집중된 친밀감 등의 성격을 보인다. 중세도시의 풍경을 결정하는 건물은 도시의 중심을 차지하고 있는 성당이다. 고딕성당은 하늘에 닿으려는 듯 치솟은 첨탑의 수직성과 함께 도시로 성장한 중세 거주지를 중심화된 공간으로 형성하여, 풍경의 기본구조를 거주지의 차원에서 회복한다. 다른 한편 고딕성당은 초기 기독교부터 시작된 영적 공간을 더욱 구체화한다.[62]

초기 기독교가 콘스탄티노플의 풍경과의 관계 속에서 돔을 통하여 공간의 영적화를 구현했다면, 고딕은 이제 빛을 통하여 공간의 영적화를 시도한다. 특히 고딕성당은 하늘의 빛을 통하여 지상의 물체를 비물질화하면서 성당의 내부공간을 환희의 황홀경으로 승화시키는 탁월한 차원에 도달한다. 빛은 초기 기독교 교회에서처럼 오직 금빛 광휘로 신성을 드러내는 것이 아니라 다양한 빛깔로 흩어지며 영롱하게 빛나면서 사물과 만나고, 그 사물의 다양한 모습을 드러낸다. 지상의 사물은 이제 로마네스크에서처럼 부정되어야 할 것이 아니라 신성한 빛의 은총으로 거룩해질 수 있는 가능성을 잉태하게 된다. 이렇게 빛을 통해 공간을 영적으로 승화시키는 고딕건축은 1140년 수도원장

쉬제르Suger(1081~1151)가 생드니 성당Saint Denis Basilica에서 두부chevet[63]를 지으며 스테인드글라스를 통해 '경이로운 빛lux mirabilis'을 성당 내부로 모아내려할 때 절정에 이른다.

이제 성당의 내부는 스테인드글라스를 통과하며 영롱하고도 경이롭게 일렁이는 빛을 더 많이 받아들이기 위해 보다 넓은 유리 창문을 허용해야 했다. 그리고 이는 벽체의 두께를 얇게 만드는 구조상의 변화로 이어진다. 신비한 색을 발하는 스테인드글라스로 채워진 커다란 유리창이 설치된 성당의 벽체는 로마네스크 성당의 벽체가 갖는 육중한 물체성을 잃고 투명해진다. 그러나 벽체의 투명화는 지붕의 하중을 지탱하는 데 어려움을 야기하기 시작한다. 따라서 하중을 분산시키기 위한 구조가 모색되었고, 그 성공적 결과가 바로 리브볼트rib vault와 첨두형 아치였다.

벽체의 투명화와 리브볼트의 첨두형 아치는 많은 건축사가나 예술사가들에 의해 고딕의 고유한 특성으로 파악되었다. 그리고 그 둘 중 어느 것이 고딕을 탄생시킨 본질적 특성인가에 관한 논란이 있다. 그러나 슐츠는 이 둘은 각기 다른 것이 아니라 동일한 전체골격의 두 양상이라고 주장한다. 그 이유는 앞서 서술된 바와 같이 벽체의 투명화는 리브볼트란 구조의 발견을 촉발하며, 리브볼트 없이는 벽체의 투명화도 불가능하기 때문이다.

그러나 중요한 것은 고딕의 골격이 단순히 기술적·구조적 의미만을 갖는 것이 아니라는 점이다. 슐츠가 강조하듯 고딕 골격의 의미는 신성한 하늘의 빛이 스테인드글라스를 투과하여 성당 내부공간을 채우고 그 내부공간이 황홀경으로 출현할 때, 인간은 천상으로 인도되는 실존적 체험을 하게 된다는 데 있다. 즉 고딕성당 골격의 두 가지 양상은 빛의 실존적 의미로부터 탄생하는 사물의 구조인 것이다.[64] 만일 빛의 존재가 현대 과학에서처럼 파동이나 입자로 이해되었다면,

생드니 성당 _ 옆면 성당 내부, 위 스테인드글라스, 아래 성당 외부

고딕의 골격은 존재할 수 없었을 것이다.

이제 빛으로부터 탄생하는 구조가 발전함에 따라 채광을 목적으로 건물 상단부에 설치되는 창문인 고측창clerestory이 점차적으로 커진다. 이는 동시에 고딕건물에서 회랑gallery이 존재의미를 상실하는 결과를 초래한다. 그리하여 결국 교회 입구의 아치와 지붕과의 사이에 빛으로 충만한 지대를 열기 위해 트리포리움triforium을 아케이드arcade 상부에서 고측창과 결합시키는 스타일이 탄생한다.

이 과정은 파리 근교에 있는 최초의 고딕 성당인 사르트르 성당에서 시작되어 생드니 성당에서 절정을 이루었다. 동시에 부재들의 수직적 연속성이 강조되었다. 파리의 노트르담 성당에 여전히 존재하고 있었던 둥근기둥 형태의 기주는 둔탁한 물질성을 약화시키는 비교적 가늘고 작은 기둥들로 대치되었다.[65]

이렇게 시각적으로 상징화된 비물질화는 단절과 차단의 의미로 그 견고성을 과시하는 로마네스크 성당 벽체를 점진적으로 해체하는 방향으로 전개된다. 결국 고딕성당은 외부와 단절로 폐쇄적이었던 로마네스크 성당과는 달리 외부의 풍경과 상호작용할 수 있는 기회를 갖게 된다.

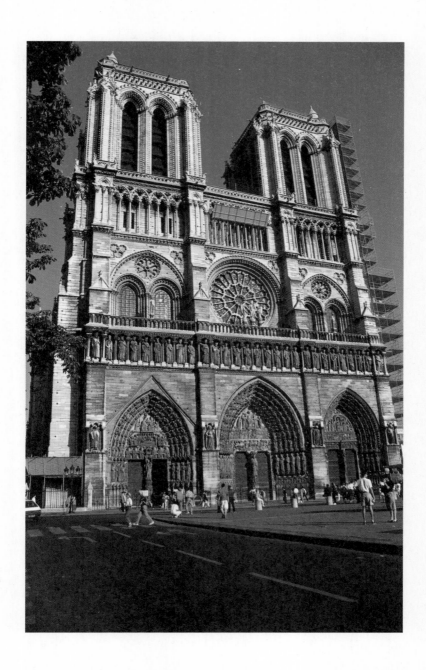

노트르담 성당

르네상스

풍경과 거주의 관점에서 르네상스 시대를 보면 기하학적 공간에 대한 절대적 신봉으로 특징지어진다. 즉 르네상스는 형태를 기반으로 모든 것을 이해하려 했으며, 이때 형태는 기하학적 도형과 동일시되었다. 기하학적 형태는 완벽하게 정의되며 정확한 비례를 확정할 수 있다. 기하학에 대한 절대적 신봉은 인간의 이상적 거주지를 상상하는 데 있어서 중세와는 완전히 다른 공간 이미지를 탄생시킨다. 이러한 공간 이미지의 변화는 우선 지정학의 수준에서 가시화된다. 세계를 그 이전과 다른 방식으로 표상하는 르네상스 지도는 바로 공간 이미지의 변화를 실증하는 가장 대표적인 유물이다. 지도는 공간 속에서 실존적 인간의 정향을 위해 인간이 발명한 탁월한 도구이다. 슐츠는 바로 이 점에 주목하며 르네상스 초기 지도를 중세의 지도와 대비시키고 있다.[66]

이 대비를 통해 다음과 같은 사실이 포착된다. 지도가 실용적 도구임에도 중세의 지도는 신성한 세계의 중심, 그 영원한 성지 예루살렘을 중심으로 세계를 표상하고 있다. 때로는 지구가 예수의 몸으로 상징화되어 동쪽은 예수의 머리, 손은 남과 북 그리고 발은 서쪽을 가리키고 있는 경우도 있다. 반면 르네상스 지도는 메르카토르Mercator의 지도에서도 확연히 나타나듯, 기하학적 투영법에 따라 제작되었다.

이렇게 공간과 인간과의 관계를 보여주는 공간표상의 변화는 도시

르네상스 지도   중세 지도

이미지에서도 반복된다. 르네상스 시대에 시도되었던 이상도시는 이를 대표적으로 예증한다. 이에 대해 슐츠는 다음과 같이 언급하고 있다. "중세의 도시가 생생하게 살아있는 신의 나라civitas dei를 구체화하고 있기 때문에 이상적인 반면, 르네상스의 도시는 이상적인 형태ideal form를 목표로 하고 있다."[67] 따라서 르네상스에서 거주 공간의 처리는 순수한 형태라는 이상을 구현하기 위해 살아 움직이는 신의 도시라는 개념으로부터 벗어난다.

　르네상스 도시의 내부공간은 기하학적으로 구조화되어야 했고, 가로와 광장은 측정이 가능하며 동일한 단위로 구성된 듯 보이는 건물들에 의해 한정되어야 했다. 기하학적 공간은 형태, 크기 등에 의해 구별되는 도형들의 공간으로서 질적으로는 어떤 차이도 내포하지 않는 동질적 공간이다. 그러나 인간이 사는 공간은 질적으로 무차별적이지 않다. 인간이 사는 공간은 질적으로 구분되어 있으며, 따라서 기하학적 공간도 그 동질성에도 불구하고 질적 공간의 구분을 표현할 수 있어야 한다. 예컨대 신성한 공간, 공적 공간, 사적 공간 등은 인간의 삶이 진행되는 한 결코 그 차이를 지워버릴 수 없다.

르네상스 건축의 이론적 기틀을 세운 알베르티Leone Battista Alberti
(1404~1472)는 이러한 문제를 인식하고 있었다. 따라서 그가 취한 해결
책은 형태들에 의미적 위계를 부여함으로써 공간을 질적으로 구분하
는 방식이었다. 예컨대 가장 완벽한 형태는 교회가 구현하는 것이며,
공적 건물은 엄격히 자신의 형식원리에 따라 지어져야 한다. 그러나
개인 주택들은 이러한 규칙에서 벗어날 수 있다.

고대 그리스 이래로 가장 완벽한 형태는 원이었다. 따라서 공간을
기하학적으로 이해하는 르네상스 시대에 신성한 교회의 내부 공간은
유심화된 형태를 통해 완전성을 드러내야 했다. 이는 과거 비잔티움
건축의 돔을 교회의 건축에 다시 도입하는 결과를 가져온다. 그러나
슐츠는 비잔티움의 돔과 르네상스의 돔이 갖는 의미의 차이를 간과하
지 않는다. 비잔티움의 돔은 하늘의 의미를 담아내며 아른거리면서
빛나는 모자이크를 통해 비물질화된 영적 공간을 열어주지만, 르네
상스의 돔은 기하학적 관점에 근거한 형태적 완벽성을 구현한다.[68]
그런데 기하학은 신비적 계시의 영역이 아니라 인간 이성의 산물이
며, 따라서 르네상스의 돔은 하늘과 관계하는 것이 아니라 인간과 관
계한다. "그리하여 비잔티움 돔의 이중껍질 구조는 적확하게 규정된
볼륨에 의해 대치되고, 아른거리며 물질감을 상실한 벽체는 인간중심
적 조형에 의해 대치된다."[69]

부르넬레스키Fillippo Brunelleschi(1377~1446)는 새롭게 출현하는 인간
과 공간의 관계가 건축적으로 포착된 성당을 바로 르네상스의 도시
피렌체에 건축함으로써 르네상스 건축이라는 새로운 거주의 개념을
구체화한다. 그것이 바로 피렌체의 성 스피리토Santo Spirito성당이다.
이 교회는 교차부에 얹힌 돔으로 돋보이는데 전체 평면은 단순한 정
방형을 이루고 있으며, 건물의 단면은 동일한 기준 치수에 바탕을 두
고 있다.

성 스피리토 성당

성 베드로 성당 아래 템피에토

한편 장식적 사유에도 변화가 일어난다. 그리스로부터 유래한 기하학을 통해 공간과 인간과의 관계를 표상하는 르네상스 시대는 이제 건물에 신성한 미를 부여하기 위한 수단으로 고대 그리스의 주범을 도입한다. 그리스의 주범은 그리스 신들을 상징하는 것이다. 그런데 그리스 신들은 인간보다 크게 우월하지 않은 지극히 인간적인 신이다. 따라서 이러한 신을 상징하는 그리스 주범은 모든 것을 초월하는 중세 기독교의 신성에 의해서는 거부되어야 할 것이었다. 하지만 르네상스 시대에 접어들면서 이 주범들은 오히려 기하학적 비례미의 가치를 더욱 강화하는 것으로서 존중된다. 로마의 성 베드로 성당을 설계한 브라만테Donato Bramante(1444~1514)는 이러한 시도의 선구자이다. 성 베드로 성당에는 베드로가 순교한 것으로 전해지는 지점이 있다. 여기에 브라만테는 템피에토Tempietto를 짓고, 이것을 도리아 주범으로 장식하여 장소의 신성성을 비례미로 구현하였다.[70]

이러한 경향은 성전이 아닌 세속적 거주 장소에서는 더욱더 현저하게 드러난다. 피렌체의 피티 궁전Palazzo Pitti와 같이 르네상스 시대의 귀족 궁전과 중세의 궁전인 베키오 궁전Palazzo Vecchio을 비교하면 다음과 같이 사실이 눈에 띈다.

베키오 궁전은 그 벽면이 다양하고 불규칙하게 다듬어져 있으며 이러한 벽면에 더구나 비례를 확인하기 곤란한 다양한 크기의 창문들이 배치되어 있다. 따라서 베키오 궁전은 다소 거칠고 변칙적인 분위기를 발한다. 그러나 피티 궁전은 이제 수학적 규율에 의해 질서를 회복한다. 그림에서 보듯 피티 궁전의 세 층은 완벽하게 규칙적인 커다란 반원형 아치들을 정연하고 연속적으로 배열함으로써 석재벽돌의 투박함을 중화시키며 기하학적 규율을 명백히 드러내고 있다.

인간이 거주하는 공간을 기하학적으로 이해함으로써 부활하는 그리스적 비례미와 장식미는 르네상스의 또 다른 건축가 알베르티에서

위 피티 궁전　아래 베키오 궁전

루첼라이 궁전 아래 궁전 창문

고조된다. 이는 그가 르네상스의 도시 피렌체에 건축한 루첼라이 궁
전Palazzo Rucellai의 벽면에서 표출되고 있다. 궁전의 벽면은 정연하게
배열된 아치형 창문뿐만 아니라, 매끄럽게 다듬어져 그리스 주범이
중첩되는 방식으로 처리되고 있다. 이로써 그는 르네상스 건물의 정
면에 질서와 인간적 신의 의미를 부여하여 도시의 외피를 새롭게 탄
생시켰다.

매너리즘

로마네스크 시대 이래로 인간은 초월적 차원에 정향되어 있었다. 이는 로마네스크 시대에 지상의 부정이란 상황으로 전개되었고, 이때 거주는 풍경과의 단절이란 방식을 취했다. 그리고 때에 따라 접근이 어려운 고립된 풍경을 애호하는 경우로 나타나기도 했다. 이후 고딕 시대는 벽체의 투명화를 시도하고 성당의 내부공간을 지상이 승화되는 영역으로 지어냄으로써 풍경과의 상호작용 측면에서 로마네스크보다 더 개방적이 되었다.

뒤를 잇는 르네상스 시대는 로마네스크나 고딕 시대와 달리 자연의 내재적 질서에 정향하기 시작했지만, 이 질서는 기하학적으로 이해되었다. 그런데 이 기하학적 질서는 인간의 자연스런 실존 차원에서 경험되는 풍경에서는 정확하게 파악되지 않는 것이었다. 즉 인간이 자연스럽게 살아갈 때 풍경 속에서 만나게 되는 어떤 형태도 기하학적 정의를 정확히 만족시키지 못한다. 예컨대 자연풍경 속에 존재하는 둥그런 돌은 원이 아니며, 자연풍경 안에서 우뚝 솟은 산도 기하학적 삼각형은 아니다. 때문에 인간이 살아갈 수 있는 이상적 거주지는 자연적 풍경이 아니라 기하학적 구조를 구현한 이상적 도시라는 관념이 발전한다. 결국 인간은 수세기 동안 그 실존의 기반을 종교에서 기하학으로 전환했음에도 불구하고, 그리하여 중세적 전통과 르네상스적 새로움은 여러 방면에서 충돌하였음에도 불구하고, 인간이 거주하는 도시는 신성이나 이상적 이미지가 표현되는 공간이었으며,

반면 풍경과의 관계는 단절되고 약화되었다.

그러나 16세기에 들어서면서 이렇게 지속되던 풍경과 거주의 관계는 변화를 맞이하게 된다. 요컨대 매너리즘의 특성이라 일컬을 수 있는 이 변화를 슐츠는 로마 몬테마리오Monte Mario에 지어진 빌라 마다마Villa Madama에서 발견한다. 여기에서는 르네상스의 건축과 비교할 때 적어도 세 가지 혁신이 목격된다. 그것은 새로운 건물 유형의 출현, 인공 및 자연환경과의 적극적인 상호작용 그리고 내부공간을 역동적으로 구조화한 점이다. 슐츠는 이렇게 말한다. "여기서 방의 형태와 규모는 내부와 외부의 힘에 조응하도록 변화된다. 그리고 초기 르네상스의 사각형 공간은 주위환경의 성격을 드러내도록 표현적인 형태를 취한다."[71]

하지만 여기에 매너리즘 건축이 거주지를 이상화하며 기하학적 동질적 공간에만 고착되지 않고 풍경과 가까워지는 또 다른 탁월한 예가 있다. 바로 이탈리아 비테르보Viterbo에 위치한 빌라 란테Villa Lante이다. 이 지역은 과거 에트루리아인들의 거주 지역으로 강한 대지성이 돋보이는 풍경지이다. 풍경의 성격 분류에 따르면 낭만적 풍경의 성격을 짙게 드러내는 곳이다. 따라서 매너리즘 건축이 기하학적 공간에만 매몰되지 않으면서 풍경과의 관계를 어느 정도 회복하는 거주이념을 실현해가는 와중에 가장 아름다운 별장을 바로 이곳에 지은 것은 우연이 아니다. 이 별장은 몬테 키미노Monte Cimino 경사지가 비트로보 주변의 경작지와 만나는 곳에 위치하고 있다. 이 별장이 매너리즘을 대표하는 건축물로 찬양되는 이유는 빌라 란테의 축을 이루며 사라졌다 나타났다 하는 물의 흐름 때문이다. 그 흐름은 별장의 꼭대기에 위치한 석굴 내의 샘에서 출발하여, 그 아래 분수에 일단 머물렀다가 돌의 사슬로 형성된 골을 타고 흐른다. 그리고 마지막에는 매우 기하학적으로 설계된 원형분수에 이르게 된다.[72] 즉 빌라 란테의 위쪽에는 대지의 강한 시원성을 상기시키는 원시적 형태의 석굴이 자리

빌라 란테

하고 있으며, 하부에는 기하학적 이상미를 보이는 정원과 분수가 자리하고 있다. 이 두 풍경이 각각의 이질적 성격을 상실하지 않는 긴장 속에서 물의 흐름을 통해 순조롭게 그 갈등을 해소하고 있다. 따라서 슐츠는 빌라 란테에서 "자연과 문화가 더 이상 분리되지 않고 서로 흘러들고 있다."고 묘사한다.[73]

여기서 명백해지듯 매너리즘 건축에서는 풍경의 이질적 성격에 대한 감수성이 되살아나는 것이 목격된다. 즉 인간 거주지의 이상적인 모습은 동질화된 공간 안에 측정 가능한 건물들의 엄격한 비례미에 의해 이룩되는 것이 아니라, 서로 상이한 풍경의 성격이 갈등 속에서 조화를 이루는 것이라는 인식이다. 이는 르네상스 이래로 거주와 풍경을 지배하고 있는 기하학에 대해 부분적인 도전을 감행하고 있는 것이다. 그리고 슐츠의 지적처럼 이러한 부분적 도전이 가장 탁월하게 성공할 수 있는 지역은 당시 인간 실존의 지배적 장소인 도시가 아니라 도시 근교의 별장이었다. 이러한 의미에서 16세기는 풍경의 다양한 성격과 거주의 본질적 통찰에 르네상스보다 오히려 더 가까이 다가가는 시대라 할 수 있다. 비록 16세기는 예술사에서 이전 시대의 나태한 답습이라는 명예롭지 못한 이름, 즉 매너리즘이라 불리지만.

이러한 경향은 건물의 형태에서도 나타난다. 르네상스는 합리적 질서를 기하학에서 발견하는 그리스를 동경하면서 그리스 건축의 균제미와 함께 고전 주범들을 부활시킨다. 그러나 매너리즘은 이 고전 주범에 적절한 변형을 가한다. 그것은 고전 주범과 건목 다듬기 rustification의 병치이다. 고전 주범은 인간의 작품으로, 건목 다듬기는 무정형의 가공되지 않은 어떤 것인 자연의 작품으로 이해되었다. 따라서 하나의 건물에 이를 병치시키는 것은 자연과 문화 사이의, 혹은 풍경의 성격의 관점에서는 고전적 풍경과 낭만적 풍경 사이의 긴장과 소통을 시도하는 것이었다.

바로크

바로크는 르네상스와 매너리즘을 거치며 더욱 노골화되는 세속화의 과정이 이제 절대권력의 출현으로 그 모습을 드러내는 시대이다. 이 시대의 풍경과 거주는 이 절대권력의 출현과 깊은 관련을 가지고 있다. 이제 초월성과 신성은 지상의 세속적 가치들을 압도하는 절대성을 지니는 것이 아니라 지상의 가치들이 점차 의미를 인정받는 세속화의 과정으로 진행된다. 이 세속화의 과정은 인간중심주의로 향해가는 르네상스 이후 역사전개의 필연적 이면이다. 그러나 이 과정은 정치적인 측면에서 권력의 중심 역시 인간에게 이양되는 과정을 동반한다. 그리고 신으로부터 권력을 부여받은 유일한 권력자에게 권력을 집중시키는 절대군주제를 허용하게 된다. 이 과정에서 풍경은 이제 한 인간에게 집중되는 세속화된 절대성을 무한히 드러내야 하는 영역으로 건축과 관계한다. 이는 초점에서 발산되는 힘이 풍경을 "무한히 뻗어 나아가는 체계화된 공간"으로 지어내는 작업으로 발전한다.[74] 바로크의 공간이 절대적이지만 개방적이며 역동적인 체계로 특징지어지고, '집중', '확장', '체계', '운동'으로 기술되는 이유가 여기에 있다.[75] 그리고 세속적 절대성으로 공간화된 풍경은 이제 승화된 영혼의 초월성이 아니라 감각적 웅장함과 과장된 감동의 분위기로 가득차게 된다.

이렇게 세속적으로 인간화된 절대성과 그것을 통해 풍경을 역동적이며 개방적인 체계로 공간화하는 과정은 역설적으로 실추되어가는 교회의 권위를 회복하려는 움직임에도 개입한다. 교회 역시 중세처럼 신성을 향한 승화된 영혼의 환희보다는 세속화된 절대성, 힘, 과장된 감동을 증폭시키는 역동적이며 체계화된 공간으로 신성을 드러내게 된다.

이러한 바로크적 풍경과 거주지의 대표적인 예로 슐츠는 베르사유 Versailles와 성 베드로 성당을 든다. 양자는 물론 절대군주의 거주지와 신의 거주지로서 각기 목적이 전혀 다르다. 하지만 바로크적 풍경의 본질적 특징이란 관점에서 유사한 구조를 보여준다.

베르사유의 도시개발은 1661년 루이 르 버Louis Le vau에 의해 시작되었다. 베르사유의 중심은 궁전이 점하고 있으며, 이 궁전의 기다란 익부들은 베르사유가 위치한 지역을 두 부분으로 분할하고 있다. 한편에는 광활한 정원이, 또 다른 한편에는 도시가 있다. 베르사유에서 탁월하게 나타나는 바로크적 풍경의 특징은 우선 궁전을 중심으로 도시와 정원이 무한한 원경으로 펼쳐진다는 것이다. 궁전의 정면에서 길게 뻗어가는 세로 장축은 정원의 원경을 한없이 증폭시킨다. 또 가로축 방향으로 트인 개방성은 자연지형을 평평한 테라세로 변형시킨다. 그럼으로써 베르사유의 풍경은 인간의 자연적 지각이 펼치는 시야를 순식간에 넘어서 버리며 무한히 확장되는 공간 속에서 숭고의 감정을 불러일으킨다.

이러한 무한감은 세로 장축과 가로축의 교차하는 위치에 있는 상당히 큰 규모의 원형연못과 수로의 물 표면에 그렇게 가로세로로 확장해가는 원경이 반사될 때 더욱 배가된다. 그리고 궁전의 중앙에 위치하고 있는 돔은 '신성한 권리를 부여받은 군주'를 찬양하고 있다. 반대편의 도시는 세 개의 가로수 길, 즉 에버뉴 드 파리Avenue de Paris, 에버뉴 드 스커Avenue de Sceaux, 에버뉴 드 생 클로Avenue de Saint-Cloud 가 중심으로부터 방사되고 있으며, 여기에 직교격자로 계획된 가로들

베르사유

과 광장이 부차적으로 조직되어 있다.

이렇듯 베르사유는 정확한 체계성과 함께 역동적으로 펼쳐지며 무한을 정복해가는 공간의 확장을 통해 절대성을 세속화시킨다. 그리고 이는 17세기가 동경한 도시의 정수를 보여준다. 이후 베르사유에서 실현되었던 바로크적 공간성은 다른 유럽의 도시들에도 도입된다. 그중에서도 특히 프랑스와 이웃하고 있으면서 문화적으로 프랑스에 의존적이었던 독일의 도시들은 베르사유의 바로크적 공간성을 거의 그대로 답습한다. 슐츠는 대표적인 예로서 독일의 만하임, 슈투트가르트, 뷔르츠부르크, 칼스루에 등을 꼽는다. 슐츠는 이렇게 말한다. "여기서 궁전들은 비록 도시의 정중앙에 위치하지 않았지만, 이상적으로 개방된 풍경을 끌어안은 더 큰 전체 풍경의 초점 역할을 한다."[76] 독일의 도시 중에서도 칼스루에는 베르사유를 가장 완벽하게 추종한 도시이다. 칼스루에는 도심 한가운데 위치한 궁정탑을 중심으로 그려지는 원형경계와 32개 방사형 가로체계가 형성되어 있다. 이때 원형경계 내부는 1/4에 해당하는 영역이 규칙적으로 계획된 도시로 이루어져 있고, 나머지 3/4는 자연에 넘겨져 있다.[77]

로마에 있는 성 베드로 성당은 전 세계 가톨릭의 모체이다. 그러나 당시 교회는 르네상스 이후 시작된 세속화와 인본주의에 의해 그 권위를 잃어가고 있었다. 더욱이 종교개혁은 로마 가톨릭의 위기 상황을 더욱 악화시키는 것이었다. 이러한 상황에서 로마 가톨릭의 중심성을 더욱 강화해야 할 필요성이 제기된 것은 당연하다. 이것은 성 베드로 성당의 공간적 의미를 새롭게 조형하는 작업으로 구체화되며, 바로크의 위대한 조각가이며 건축가인 베르니니Giovanni Lorenzo Bernini (1598~1680)가 바로 이 과업을 위해 부름을 받는다. 그는 성 베드로 성당을 가톨릭 세계의 중심으로 공고히 하기 위해 성당 광장을 위대한 공간으로 탄생시키는 작업을 성공리에 완수하였다. 그러나 그의 작업에는 중심성, 개방성, 역동성이라는 바로크적 풍경과 거주의 특성이 궁전의 경우에서처럼 지배와 정복의 방식으로 나타나지 않는다. 그것은 오히려 위대한 모성으로 공간화되어 나타난다. 이를 위해 타원과 열주 그리고 오벨리스크라는 요소들이 동원되고, 이것들이 성공적으로 결합함으로써 바로크적 공간의 모성화를 이룩한다.

슐츠가 정확히 지적하듯이 타원형의 주공간은 폐쇄됨과 동시에 개방적이다. 원의 속성을 갖는 타원형은 닫힘으로 나타나지만 가로 방향을 따라서는 확장으로 나타난다. 따라서 성 베드로 광장은 완결된 폐쇄성이 아니라 자기 외부 세계와의 소통성을 구현한다. 또한 이 소통성은 타원을 둘러싸고 있는 열주랑에 의해 더욱 적극성을 띠게 된다. 그리하여 그 공간은 진정으로 모든 만남의 장소가 됨과 동시에 성당의 메시지는 상징적으로 전 세계를 향해 퍼진다.

광장의 한 가운데를 차지하고 있는 오벨리스크는 세계의 중심인 성 베드로 성당을 확인시킴과 동시에 메시지가 방사되어 나아가는 초점이다. 그리고 "그것은 세로축과 연결되는 노드의 역할을 한다. 이로써 집중과 목표를 향해 뻗어나가는 세로축 방향성의 이상적인 종합이 완성된다."[78] 이러한 이유에서 베르니니는 다음과 같이 술회하고 있다. "성 베드로 성당은 모든 교회의 어머니이기 때문에 열주랑을 지녀야 했다. 열주랑은 가톨릭 교도의 굳건한 믿음을 위해, 또 이단자들을 교회로 되돌아오게 하기 위해, 그리고 믿음이 없는 자들에게 신앙을 일깨우기 위해, 마치 어머니의 품처럼 펼쳐지는 교회의 팔이 그들을 영접하는 것처럼 보여야 한다."[79]

건축물에서 무한히 확장해가는 공간을 구체화하기 위한 방법은 바로크의 또 다른 거장 보로미니Francesco Borromini(1599~1667)에서 넘실거리는 벽체연속, 즉 파형적 벽체로 나타난다.

파형벽체는 연속적인 연장과 국지적 완결성이 통일을 이루어낼 때

성 베드로 성당_ 위 열주와 오벨리스크, 아래 타원형으로 둘러싸인 광장

산 카를로 회랑_ 왼쪽 돔과 파형벽체의내부, 오른쪽 파형벽체의 외부

창조되는 작품이다. 그것은 각 공간적 요소
들을 전체 내에서 역할에 부응하도록 형태
화함과 동시에 역동적으로 통합시키는 새
로운 방법을 도입함으로써 성취되었다.[80]
슐츠에 따르면 파형벽체의 대표적인 예가
산 카를로San Carlo의 회랑이다. 여기서 회랑
은 '율동적으로 배치된 기둥의 연속적인 체
계'에 의해 둘러싸여 있다. 벽체조직에서 오
목하게 들어가야 할 부분은 볼록하게 처리된
만곡부로 이루어지기 때문에 파형벽체에서
는 흐름의 일시적 단절을 유발하는 모퉁이가
부재한다. 그리하여 바로크 공간은 르네상스
의 공간과는 달리 잦은 변형과 이질성을 노
출하면서도 연속적인 리듬의 율동을 유지하
기 때문에 통일성을 상실하지 않는다.[81]

바로크 공간의 또 다른 탁월한 예는 보로
미니에 영향을 받은 건축가 구아리니Guarino
Guarini(1624~1683)의 작품이다. 그는 공간을 분
화시킴과 동시에 그 분화된 공간이 서로 의
존하며 관입하는 공간 결합기술을 활용한
다. 이 기술에 의해 바로크적 공간은 율동적
으로 확장되는 역동적 공간으로 드러난다.
슐츠는 구아리니에 대해 다음과 같은 평가
를 내린다. "구아리니는 상호의존적이며 상
호관입하는 방들로 복잡한 평면을 구성하여
꿈틀거리는 유기체를 닮은 활력적인 형태들

산 로렌조 성당_ 위 돔의 내부, 아래 성당 내부

을 만들어냈다. 이를 통해 확장과 운동에 대한 바로크적 개념은 생동적으로 새롭게 해석된다."[82] 이러한 경향은 특히 투린Turin에 있는 산 로렌조San Lorenzo 성당에서 뚜렷하게 목격된다. "여기서 유심평면은 안쪽으로 볼록하게 굴곡진 팔각형의 공간을 둘러싸고 펼쳐진다. 그리고 주축에는 가로 방향의 타원형 사제석(내진)이 상호의존성 혹은 맥동하는 병치의 원리에 따라 첨가되고 있다"[83]

이러한 예에서 보듯 바로크의 풍경과 거주는 포괄성으로 특징지어진다. 즉 역동성과 체계성 그리고 세속화된 신성이 어쩔 수 없이 수반하게 되는 세속의 신성화 등을 포괄적으로 담아내는 것, 그것이 바로 바로크의 건축물에서 구체화되는 풍경과 거주의 관계이다. 때문에 바로크적 건축물은 무한성이 공간의 분화와 분화된 공간의 상호 관입을 통해 율동을 지닌 역동적 확장의 경험을 제공함으로써 인간에게 감정의 격렬한 움직임을 만들어내는 풍경으로 경험된다. 실로 바로크 건물 앞에 서면 정서적 감흥이 웅장한 스케일로 극대화되며, 때로는 신성이 세속적으로 때로는 세속이 신성하게 체험된다. 이렇게 신성과 세속이 야릇하게 순환하며 웅장한 스케일로 일어나는 감정의 움직임, 즉 감동은 특히 바로크의 건축공간과 바로크적 조각이 만났을 때 최고조에 이른다.

7

풍경과 도시
- 도시의 현상학

지금까지 우리는 풍경과 거주의 관계가 이집트에서 바로크에 이르는 역사 동안 시기와 지역별로 어떤 핵심적 특징을 보이고 있는지 살펴보았다. 이를 통해 하이데거의 터의 존재론이 건축의 영역으로 횡단되면서 탄생시킨 건축현상학은 거주의 역사를 새롭게 밝혀내고, 또한 그를 통해 역사적으로 타당성을 입증 받을 수 있을 것이다. 그럼에도 다음과 같은 의문이 남는다.

과연 슐츠에서 논의된 풍경과 시적 거주를 통한 건축, 그리고 풍경과 거주지의 성격 구분은 정녕 인간이 사는 도시를 형성해 왔을까? 슐츠가 자신의 논의를 펼치는 가운데 여러 가지 사례를 언급하고 있지만, 그것은 자기 주장을 정당화하기 위해 도시 전체가 아니라 필요에 따라 도시의 부분부분만을 파편화시켜 유용한 것은 아닐까?

슐츠는 바로 이러한 의문에 답을 하기 위한 듯 실제로 인간들이 살았던 도시를 현상학적으로 성찰하며, 그 도시에서 풍경이 어떻게 인간의 거주를 통해 드러나고 있는지 보여준다. 실제로 슐츠가 하이데거의 공간론을 건축의 영역으로 횡단시키며 이루어낸 결과는 인간들이 살고 있는 구체적 실존의 현장, 즉 도시의 의미를 현상학적으로 밝혀내는 작업에서 절정을 이룬다. 특히 슐츠는 오랜 역사 속에서도 늘 도시로서의 존재의미를 상실하지 않았던 대표적인 두 도시를 풍경과의 관계에서 현상학적으로 성찰하고 있다. 그 도시가 바로 로마와 프라하이다. 이제 슐츠와 함께 로마와 프라하를 여행하면서 이 두 도시가 머금고 있는 풍경과 거주의 의미를 살펴보자.

로마,
영원한
전원도시

슐츠의 현상학으로 로마를 돌아보면, 로마는 로마에 대해 알려주는 역사적·지리적 보고와는 전혀 다른 차원에서 그 모습을 드러낸다. 그 모습을 더욱 선명히 부각시키기 위해 로마에 대한 건축사적 탐사와 대비시켜 보자.

로마로 떠나며

로마는 일곱 개의 언덕으로 이루어져 있으며, 그 중 하나인 팔레타인 언덕에 기원전 753년 로물루스에 의해 처음 건설되었다고 전해진다. 전설에 따르면 암늑대의 젖을 먹고 자란 로물로스는 트로이의 왕 프리모스의 사위인 에네아스의 자손이다. 이는 로마가 인도유럽계 라틴인과 사비누스인 일부에 의해 티베리스강 하류의 라티움 땅에 건설되었다는 역사적 사실을 시사한다. 로마는 로물루스 이래 7대의 왕에 의해 지배되었고, 마지막 3대의 왕은 에트루리아인이었다.

　　로마의 역사는 대제국을 이룩한 정

늑대의 젖을 먹는 로물로스

복의 역사이다. 로마는 지중해 전역을 석권하며 그리스에서부터 소아시아 그리고 북아프리카에 이르는 광대한 식민지를 건설하였다. 정복의 역사는 당연히 약탈의 역사를 수반한다. 로마인들은 자신들이 정복한 지역으로부터 수많은 조각, 구조물, 대리석 기둥 등을 약탈하여 저택을 호화스럽게 장식하였다. 아울러 그들은 로마에 세계의 중심 caput mundi으로서의 위상을 부여함으로써 제국의 지배력을 강화하려 하였다. 이는 제국의 권력과 위대함을 과시하기 위해 거대한 구조물들의 건축으로 발전한다. 도시 로마는 웅장하고 장엄한 기념비적 건축들로 채워진다. 또한 로마는 유럽에서 소아시아 그리고 북아프리카에 이르는 거대한 식민지 전역에 효과적으로 지배력을 행사하기 위해 대규모의 체계적인 기반시설을 필요로 했다. 때문에 로마제국 전역에 대규모의 토목 건축물들—예컨대 도로, 교량, 댐, 저수지, 항만, 상하수도 시설 등—이 출현하게 된다.

그러나 로마인들은 자신들이 정복한 식민지의 영향을 흡수하는 데 인색하지 않았다. 타문화에 대한 로마인의 개방성은 양식적 측면에서 두드러진다. 그들은 그리스, 에트루리아 혹은 메소포타미아의 건축양식들을 적극적으로 모방하였다. 그러나 언급된 기념비적 건축과 대규모 토목건축의 필요성 때문에 이러한 양식을 구조적인 측면에서 발전시켜야 했다. 따라서 로마건축은 그들이 모방하고 있는 식민지의 건축양식에 비해 비교적 견고한 구조를 갖고 있으며, 규모가 크고, 장식적인 특색이 있다. 로마인들은 에트루리아로부터 배운 원형아치와 기둥에는 그리스의 세 양식을 사용하였다. 그리고 돔, 특히 궁륭을 독특한 교차형으로 발전시켰다.

또한 로마는 새로운 건축재료들을 만들고 개발한 점에서 건축사적으로도 중요성을 갖는다. 그것이 바로 케멘툼caementum과 콘크레툼 concretum이다. 이는 오늘날 시멘트와 콘크리트의 효시가 된다. 로마인

위 **포로 로마노** 아래 왼쪽 **로마제국의 모형** 아래 오른쪽 **팀가드**

들은 콘크리트를 사용하여 로마인들은 원형극장, 공중목욕탕 그리고 판테온에서 보는 돔과 같은 거대한 건축물을 지을 수 있었다. 콘크리트로 지어진 건물들은 상당한 내구성을 갖는다. 오늘날까지도 고대 로마의 다양한 유적들, 건물, 다리, 도로 등이 남아있는 까닭은 모두 콘크리트로 지어진 덕택이다.

거대한 영토를 지배한 로마제국은 식민지를 정복하는 과정에서 여러 도시들을 건설하였으며, 로마인들은 매우 체계화된 도시계획 기법을 가지고 있었다. 이 도시계획 기법은 정방형 혹은 장방형의 도시를 규칙적인 도로들로 분할하는 방식이다. 로마제국에 의해 건설된 도시들은 남북 방향으로 배치된 주도로와 이와 교차하는 동서 방향의 축을 형성하고 있다. 전자는 카르도Cardo라 불리고, 후자는 데쿠마누스Decumanus라고 부른다. 이것이 로마제국의 도시들이 갖고 있는 공간적 구조인 카르도-데쿠마누스 축이다. 이 축은 다음과 같이 결정된다. 우선 정복된 도시에서 일출 시점의 해의 그림자를 따라 데쿠마누스를 설정한 후 이와 직교하는 선을 찾아 카르도를 그린다. 그리고 두 선의 끝에는 도시의 주출입문이 건립된다. 일정하게 분할된 선들은 도시를 네모 형태로 구획했고, 따라서 네 군데의 문도 생기게 된다.

도시의 주축도로와 이에 평행하는 수많은 도로를 구획할 수 있게 되자, 세분된 하위의 데쿠마누스와 카르도도 생기게 된다. 이렇게 생겨난 단지들은 주민들의 계급과 역할에 따라 배분되었다. 북아프리카 알제리에 위치한 팀가드Timgad는 이러한 도시계획 기법에 따라 건설된 대표적인 도시이다. 이 도시는 평평한 유목지로서 마치 백지에 설계도를 그리듯 카르도-데쿠마누스 축을 적용하여 완전히 인공적으로 건설되었다. 물론 로마제국은 이미 거주지로서 형성되었던 도시에도 이 축을 적용시키려 하였다. 그 대표적인 예가 한때 로마제국의 점령지였던 파리와 런던 그리고 쾰른이다.

그러나 정작 로마제국의 수도인 로마는 제국의 식민지들이 갖고 있는 전형적인 도시구조로부터 벗어난 형태를 보여준다. 물론 '모든 길을 로마로 통한다.' 는 말은 정연하게 구조화된 제국의 수도 로마를 연상하게 한다. 하지만 로마는 앞서 식민지 도시들에서 발견되는 카르도-데쿠마누스 축조차 부분적으로만 구현되어 있는 도시이다. 로마가 파리, 런던, 쾰른과 같은 도시와 구별되는 이유가 바로 여기에 있다. 실제로 여행자의 입장에서 로마를 직접 체험해보면, 앞서 약술된 바와 같이 기념비적 건축이나 대규모의 토목건축 그리고 도시계획의 관점에서 고찰하는 방식으로는 전혀 포착될 수 없는 로마의 특성이 방문자를 사로잡는다. 로마 체류 시간이 길어지면 길어질수록 로마의 풍경은 세계의 중심, 영원한 도시인 로마와는 사뭇 다른 분위기 속으로 방문자를 끌어들이는 것이다.

　　그렇다면 도대체 왜 로마의 방문자들이 이러한 분위기에 빠져드는가? 이 이유를 밝혀내기 위해서는 앞서 약술한 로마에 대한 실증적이며 역사적인 도시구조 분석으로는 불충분하다. 로마란 도시는 단순히 역사적 사실의 집합체가 아니며, 또한 물리적인 도시구조로만 존재하는 것은 아니기 때문이다. 로마는 도시이며, 도시는 인간이 거주하기 시작하면서 터로서 생긴다. 따라서 로마를 이해하기 위해서는 인간의 거주지라는 관점에서부터 접근되어야 한다. 오직 이럴 때에만 로마는 단순한 역사적 사실의 수집이나 도시계획에 대한 구조분석으로는 파악될 수 없는 본래의 모습을 드러낼 것이다. 이제 슐츠와 함께 로마를 여행하면서 로마의 여러 장소에 깃든 혼을 밝혀보자.

로마, 풍경과 거주

슐츠는 도시 로마에 대해 하이데거가 근대적 공간 개념을 비판하고 터 개념을 회복하면서 밝혀낸 사실을 길잡이로 삼아 다가선다. 존재는 사방이 윤무하며 자리 잡는 터로서 열리며, 이렇게 열리는 과정에서 터는 자연적 풍경과 그 풍경의 의미를 머금는 거주지로 나타난다. 그리고 이 풍경의 의미는 언어를 순수하게 언어로서 말하는 시와 같은 문학에서 드러난다. 따라서 슐츠에게 로마라는 도시의 비밀에 접근하는 탁월한 통로는 로마의 지도나 로마의 도시구조에 대한 토목공학적 도해가 아니다. 그것은 바로 로마에 대한 시적 기술에서 제공된다. 이를 슐츠는 로렌지H. P. L' Orange의 글에서 발견한다. 로렌지는 로마에 대해 다음과 쓰고 있다. "스스로 흡족한 듯 닫혀 있는 길들, 이것이 옛 로마의 질적인 특징이다. 완전한 세계, 작은 우주, 북쪽 사람들이 추방당한 에덴. 아, 그 전원적인 길들…" 이어서 그는 로마 거리의 특징을 구체적으로 묘사하고 있다. 가령 "인도나 집으로 들어가는 계단이 드물게 연속적으로 이어지는 로마의 거리, 그 색깔, 냄새, 소음과 다채로운 삶들…"[84]

이러한 묘사에서 슐츠는 로마 거리의 특징을 포착한다. "로마의 거리는 건물들을 가르지 않고 모아들이며, 따라서 우리가 밖에 있을 때조차 안에 있는 느낌을 불러일으킨다. 요컨대 로마의 거리는 삶이 자리를 잡는 도시의 내부이다. 특히 건물로 둘러싸이고 중심부에는 분수가 자리하고 있는 피아자Piazzo라는 로마의 광장에서 이러한 경향은 더욱 두드러진다."[85] 실제로 로마를 방문하여 세심하게 체험해보면 로마는 내부성을 향유하여 그 안의 거주자들에게 보호받고 있다는 분위기와 귀속감을 선사한다.

나보나 광장 옆면 스페인 계단 진입로

　로마를 방문하는 이방인들에게 로마는 틀림없이 거대하고 기념비적인 건축물로 형성된 거대도시로 다가온다. 이미 로마는 고대 거대 제국의 영광을 상기시키기에 충분하며 중세 이후에는 유럽을 정신적으로 지배하는 가톨릭의 중심이었음을 부족함없이 과시하고 있다. 여전히 세계 가톨릭교회의 총본산인 성 베드로 성당은 그 장중하고 화려한 모습으로 보는 이를 압도한다. 또 카라칼라Calacalla나 콜로세움Colosseum 같은 건축물은 엄청난 인원이 수용될 수 있는 거대한 공공건물이었다. 카라칼라는 대형 공중목욕탕이다. 가로와 세로의 길이가 214×110m나 되는 규모의 건물로, 내부는 중정과 체육장, 탈의실, 대기실, 열탕, 미온탕, 냉탕, 풀장 등 갖가지 시설이 갖춰져 있다. 영화와 소설 속에 자주 등장하는 콜로세움도 수용인원 4만5천 명에 이르는 규모로, 거대 제국의 위대함과 광기가 곳곳에 배인 듯 창연한 빛을 발하며 당당하게 서 있다.

　콜로세움에서 조금을 더 걸어 내려가면 베네치아 광장에 다다른다. 거기서 우리는 또 다른 웅장한 건축물을 만난다. 로마제국 이후 19세기 초까지 분열되어 있던 이탈리아가 마침내 이룩한 통일을 기념하기 위해 건축된 비토리오 임마누엘 2세 기념관이 그것이다. 통일 이탈리아의 초대 국왕인 비토리오 임마누엘 2세의 위업을 기리는 이 건물은 태양보다 더 위대한 듯 눈부시도록 새하얗게 빛나며 제국의 부활을 선언하는 듯하다. 이렇게 로마는 수천 년의 역사를 관류하며 늘 자신을 따라다니는 '영원한 도시' 혹은 '세계의 중심'이라는 수식어를 배반하지 않으며, 지배적 분위기로 방문자들로부터 자발적인 복종을 유도하는 듯하다.

　하지만 그러한 로마의 거리를 거닐면 거닐수록 방문자는 압도적인

위 콜로세움, 아래 비토리오 임마누엘 2세 기념관

분위기보다는 밖에서도 안에 들어와 있는 듯한 아늑함, 보호받고 있는 듯한 분위기로 끌려들어가는 자신을 발견한다. 예컨대 스페인 계단은 결코 지상과 분리된 초월의 장소로 들어가기 위해 엄숙하게 올라야 하는 종교적 의미를 갖는 장소가 아닌 듯하다. 또한 단지 높이가 다른 두 공간을 연결시키는 실용적 용도만을 갖는 장치도 아닌 듯싶다. 이 장소에 이르면 사람들은 계단을 오르지 않고 오히려 한동안 머문다. 그리고 떠나는 자들도 마치 시간이 허락하면 오랜 동안 그곳에 머물고 싶다는 듯 아쉬움을 남긴다. 이렇게 스페인 계단은 이방인을 초대하며, 초대받은 우리는 들뜬 마음으로 머문다. 스페인 계단은 낮은 곳에서 높은 곳으로 올라야 한다는 의무를 명령하는 곳이 아니라 머무름을 선사하는 장소이다.[86] 그래서 그곳은 추억의 장소가 된다. 영화 《로마의 휴일》이란 추억의 영화가 바로 스페인 계단을 그토록 그리워하는 것은 우연이 아닐 것이다.

이런 아쉬움을 접고 스페인 계단에서 판테온을 향해 거닐다 보면, 방문자는 가끔 방향감을 상실할 정도로 오밀조밀한 미로 속에 처해 있는 자신을 발견하고 당혹해할지 모른다. 그러나 다른 한편으로 마치 도시가 아니라 프로방스의 어느 마을을 거니는 여행객이 된 듯한 착각에 빠질지도 모른다. 이곳의 길들은 마치 두 점 간의 최단거리라는 기하학적 직선 개념에 포로가 된 현대도시의 도로가 되기를 거부하는 것 같다. 로마의 길은 마치 전원의 숲길처럼 때로는 너무도 자연스럽게, 때로는 너무도 자유롭게 구불거리며 방문자를 목적지로 인도한다. 그래서 다다른 도시 곳곳의 광장인 피아자에서 우리는 독특한 경험을 한다. 로마의 광장은 광장이란 단어에서 떠올리는 이미지와는 질적으로 다른 면모를 보여주기 때문이다. 예컨대 천안문 광장이나 모스크바 광장은 그 안에 위치하는 모든 것을 왜소화시키는 광대함으로 특징지어진다. 마치 대평원이나 사막을 도시에 옮겨 놓음으로써

위 스페인 계단 아래 로마의 골목길

경계 없이 펼쳐지는 무한한 외부성을 상기시키려는 듯하다. 그러나 로마의 광장은 나보나 광장에서 대표적으로 드러나듯이 여러 건축물로 둘러싸여 내부성을 누리고 있다. 그 규모 또한 인간적 스케일을 초월하지 않는다. 심지어 비교적 웅대한 규모인 성 베드로 광장조차 베르니니가 설계한 열주로 둘러싸여 내부성을 포기하지 않는다.

즉 로마의 광장들은 무한 공간을 지상에 건설함으로써 무한을 정복하려는 영웅적 인간의 욕망을 보여주려 하기보다는 주변 건축물에 의해 경계가 지어지면서 그 건물들과 적절한 리듬을 이루어가고 있다. 건물들은 광장을 통해 열림을 호흡하고 광장은 건물을 통해 닫힘을 흡수한다. 우리는 이 광장에 다다르기 위해 미로를 거쳐야 한다. 미로와 건물과 광장이란 요소들로 이루어진 로마의 거리는 각 요소들이 다른 요소를 압도하거나 정복하는 것이 아니다. 미로는 건물들 간에 절묘한 사이를 창출하면서 건물들을 다시 밀도 높게 이어서 모아준다. 하지만 미로와 건물이 자아내는 밀도 있는 모임은 적절한 순간에 나타나는 광장에서 열림을 숨 쉰다. 그러나 이 열림은 다른 모든 것을 그 안에 위치시키며 모든 것에 선행하는 절대공간을 도시화한 제국적 광장이 아니다. 오히려 주변사물, 즉 이 경우엔 주변 건축물을 통해 닫힘의 혜택을 누림으로써 비로소 열리는 광장이다. 로마는 세계적 도시임에도, 그러하여 기념비적 건축물로 위대함을 드러냄에도 불구하고, 다른 한편으로는 이렇게 매우 독특한 분위기를 갖고 있는 도시인 것이다.

그런데 로마가 갖는 이러한 독특성은 도대체 어디서 발원하는 것일까? 로마를 건축한 건축가들의 주관적 정서가 투영된 결과인가? 앞서 논의한 하이데거의 현상학적 터 개념에 기반하면 다음과 같은 사실이 간과될 수 없다. 즉 풍경은 단지 무의미한 물질적 자연에 주관적 정서가 부여됨으로써 감성적 풍경으로 착색되는 것이 아니다. 풍경은 이미 성격을 갖는 의미현상으로서 실존하는 인간을 그곳으로 부르거나 축출한다. 실존하는 인간은 그러한 부름에 응함으로써 거기에 거주한다. 따라서 인간의 거주와 그를 위한 건축은 풍경의 성격이 드러나는 사건이다. 이미 앞서 거주지와 자연적 풍경과의 관계에 대해 슐츠는 배경과 꼴의 관계로 논의하였다. 따라서 슐츠는 로마가 갖는 이러한 분위기를 로마가 보존하고 있는 자연적 풍경과 연속성에서 발하는 것으로 밝혀낸다. 이는 결국 로마란 거주지의 성격을 이해하기 위해 로마 시내를 떠나 로마의 배경을 이루는 자연적 풍경, 즉 로마평야를 둘러보아야 함을 의미하는 것이다.

로마를 둘러싸고 있는 지역을 실제로 답사해보면, 로마를 중심으로 각기 다른 세 방향에서 대조적으로 그 의미를 드러내는 풍경들을 발견할 수 있다.

우선 로마에서 피렌체로 향하는 고속도로를 한 시간 가량 달리다 보면 오른편으로 특이한 마을들이 나타난다. 로마로부터 서북 방향

인 이곳에서는 마치 움브리아에서 토스카나로 이어지는 평야의 모습이 지루하기라도 한 듯 가끔씩 악센트를 가하는 이색적 풍경이 돌출한다. 그것은 밋밋하게 펼쳐지던 평야에 불현듯 떠오르는 잿빛 석회암 언덕이다. 더욱이 그 언덕의 정상에는 수직으로 솟아오르는 석회암 절벽과 위태롭게 교차를 이루는 마을들이 자리를 잡고 있다. 그리고 이 마을들은 마치 그 석회암에서 우러나온 대지의 힘이 어느 순간 건축물로 변신한 듯 미술적 분위기마저 불러일으킨다. 과거 이 지역은 로마제국 이전 에트루리아인들이 거주하던 지역이다. 비토르치아노

에트루리아의 마을들

Vitorchiano와 오르비에토Orvieto는 이 지역을 대표하는 마을이다.

특히 오르비에토는 소위 패스트 푸드로 상징되는 현대적 삶에 거리를 두고 고유의 토속성을 간직하고 있는 슬로우 시티slow city 리그의 중심이다. 이러한 에트루리아의 풍경에 대해 슐츠는 다음과 같이 기술한다. 로마의 서쪽 지역과 티베르의 강변 양쪽은 다공질 석회암으로 알려진 오래된 용암과 화산재로 이루어진 두꺼운 지각으로 덮여 있다. 그리고 또 화산암의 지각에는 수천 년을 흘러내린 물로 인해 형성된 깊은 골짜기와 협곡이 있다. 이 협곡은 포레forre라 불리는데, 이는 완만하게 펼쳐지는 평원에서 갑자기 장애물로 나타난다. 이 포레들은 나뭇가지처럼 갈라져 있다. 그러나 이것들이 서로 연결될 때 일종의 도시 연결망을 형성한다. 이 연결망은 일상의 표층과는 근본적으로 다른 일종의 지하세계와 같은 분위기로 출현한다.[87]

따라서 슐츠는 포레에서 자연적 풍경이란 터를 열어주는 하이데거적 의미의 사물을 발견한다. 실제로 에트루리아 지역(현재 움브리아)의 많은 마을들이 이 포레에 의해 형성된, 안락하며 성격이 뚜렷한 지대를 이용하여 터를 잡고 있다. 이 포레에서는 안에 있음, 즉 내부적 분위기가 구현된다. 에트루리아인들이 포레가 위치한 자연 암벽을 연속적인 일련의 건축적 입면으로 변화시켜 죽은 자들의 도시를 창조한 것도 이 때문이다. 결국 우리를 대지 안으로 끌어들이는 포레는 인간을 대지의 힘으로 가까이 데려가 인간을 대지에 뿌리 내리게 한다. 바로 이렇게 대지에 뿌리를 내리고 있다는 점이 요컨대 토속성이 강한 에트루리아 풍경의 의미를 결정하는 성격이다. 따라서 슐츠는 자신의 풍경유형학에 따라 이 지역의 풍경을 낭만적 풍경에 근접하는 것으로 밝혀낸다.

물론 에트루리아의 자연적 풍경은 앞에서 낭만적 풍경의 대표적 경우로 기술된 바 있는 노르웨이의 그것과 완전히 동일한 것은 아니다. 특히 대체로 균질하게 발하는 빛의 혜택을 받고 있는 에트루리아의 자연 풍경은 시시각각으로 변화하는 빛으로 사물을 드러내고 감추는 노르웨이의 그것과 동일시될 수는 없다. 그러나 에트루리아의 풍경은 알 수 없는 대지의 힘과 안락함을 보장하며 내부성을 드러내는 풍경으로 인간을 초대한다. 이 점에서 에트루리아의 풍경은 낭만적 풍경에 근사한 토속성을 드러내고 있다. 실제로 에투루리아인들의 거주지는 대지와 친근함으로 두드러진다. 그 결정적인 증거는 그들이 거주지에 파 놓은 많은 지하 동굴과 그 동굴들을 연결시키는 지하 통로이다. 이것은 포레들을 통해 열려진 자연적 풍경에 정착한 에트루리아인들이 그 풍경의 실존적 의미를 인위적인 동굴을 지어 거주함으로써 가시화한 것이다.

에트루리아 지역과 대조되는 지역은 로마에서 남서쪽으로 50km 지점부터 펼쳐지는 풍경이다. 카스텔리로마니Castelli Romani로 명명되는 이 지역은 고대 로마 때부터 피서지로 각광을 받아온 과거 지배층의 별장 지대였다. 이 지역을 실제로 답사해 보면 우선 화산에 의해 형성된 알바니 구릉Alban Hills과 그 언덕에 위치한 호수가 가장 먼저 눈에 들어온다. 이 언덕은 에트루리아 언덕과 같이 갑자기 출현하지 않는다. 에트루리아에서는 어떤 정형으로 범주화할 수 없는 불규칙한 형태의 언덕과 협곡 그리고 석회암이 뒤섞여 있지만, 알바니 언덕은 전형적인 언덕의 형태를 드러내고 있다. 또 그곳에 위치한 알바노 호수 Lago Albano와 네미 호수Lake Nemi는 그곳에 태양이 비칠 때 청명한 거울처럼 빛난다. 이곳에서 모든 것은 비교적 명료하게 구분되며 적절한 비례로 조화로운 화음을 구현하고 있는 듯하다.

우선 슐츠는 이 지역 풍경의 초점을 이루는 알바니 언덕에 주목한다. 알바니 언덕은 평평한 지표면 아래 위치한 에트루리아의 포레와는 달리 일상세계를 넘어서듯 또렷하게 솟아 있다. 이 언덕은 화산이

위 알바니 구릉 아래 알바노 호수와 네미 호수

었기에 매우 단순한 형태를 지니고 있다. 지형적으로 주변과 명료하게 구분되는 알바니 언덕의 형태는 깊은 분화구 내에 자리 잡고 있는 두 개의 호수에 의해 더더욱 부각된다. 그것은 언급했다시피 원환에 가까운 형태의 알바노 호수와 네미 호수이다. 이 중에서 네미 호수는 다이애나의 거울이라 불릴 만큼 보석처럼 빛나면서 주변의 모든 것을 명료하게 투영한다. 슐츠는 주피터(제우스), 주노(헤라) 그리고 다이애나(아르테미스)와 같이 뚜렷한 성격을 갖는 신들의 신전들이 이곳에 위치한 이유를 이곳 풍경의 분위기에서 찾는다. 알바니 언덕과 호수들은 지형학적으로 이미 뚜렷하게 구별되고 쉽게 상상될 수 있는 풍경의 특성을 잘 구현하고 있기 때문이다. 따라서 슐츠는 카스텔리로마니 지역을 자신의 풍경의 유형학에 따라 고전적 풍경에 가까운 것으로 밝혀낸다.

앞서 논의된 바에 따라 에트루리아인들이 거주했던 로마 북서 지역과 또한 알바노 언덕이 위치한 로마 남쪽 지역의 풍경을 밝혀보면, 로마는 두 개의 다른 풍경 사이에 위치하고 있는 것이 분명해진다. 즉 대지와의 밀착된 토속적 분위기의 포레가 암시하는 '지하세계'와 뚜렷하게 솟아오른 언덕과 모든 것을 투명하게 반영하는 호수로 이루어진 '지상세계'가 그것이다. 전자는 낭만적 풍경에 가까운 전원성을 향유하고 있으며, 후자는 비교적 고전적 풍경에 가깝다. 그러나 슐츠는 여기에 덧붙여 또 다른 풍경의 성격을 로마의 풍경을 결정하는 제3의 요소로 추가한다. 바로 도시 로마의 축을 동서와 남북을 형성하고 있는 카르도-데쿠마누스 축이다. 이 축의 원형이 로마란 도시의 배경을 이루는 또 하나의 자연적 풍경의 성격에서 발견되고 있는 것이다. 슐츠는 바로 팔레스트리나Palestrina의 풍경에서 카르도-데쿠마누스 축의 출현을 목격한다.

팔레스트리나는 로마에서 남동쪽 방향으로 다시 50km 정도에 위치한 지역이다. 이 지역의 풍경은 앞서 두 지역과는 또 다른 성격의 풍경으로 나타난다. 가파르게 솟아오르는 팔레스트리나 언덕이 중심을 이루는 이 지역의 언덕 정상에는 로마의 신 포르투나Fortuna에게 봉헌된 신전이 있다. 바로 이 사실 자체가 이 지역 풍경의 성격을 시사한다. 모든 것의 운명을 주재하는 신인 포르투나의 성소에서 정면을 바라보면, 우리의 시야는 광활한 평야를 거쳐 바다에까지 이르며 결국 무한에 가깝게 열리는 풍경에 사로잡힌다. 이곳에서는 모든 것이 굽어내려 보이며, 그곳에 자리 잡은 모든 것들은 그 광대함에 견주어 아주 작은 것으로서만 존재의 의미를 얻는다. 여기서 자연적 풍경은 우리에게 우주라는 무한을 열어 놓는 듯하다.

이제 슐츠의 시각을 빌려 팔레스트리나의 풍경의 성격을 좀 더 구체적으로 밝혀보자. 우선 슐츠는 그곳에 기원전 80년 경 포르투나에 봉헌된 거대한 성소가 건립되었다는 사실에 주목한다. 그런데 포르투나 신은 어떤 구체적 인간의 성격과 관계있는 그리스의 신과 그들의 로마적 변종과는 다르다. 포르투나는 모든 것의 운명을 주재한다는 추상성을 갖고 있기 때문이다.[88] 바로 추상성이 이곳 풍경의 성격을 암시한다. 아울러 슐츠는 가파른 언덕에 위치한 두 개의 옛 성소, 즉 기원전 3세기에 건립된 포르투나 프리미게니아Fortuna Primigenia의 원형사원과 그리고 거기서 100m 정도 아래 위치하여 무릎에 주피터와 주노를 앉히고 있는 포르투나의 상을 부각시킨다. 이 두 요소들은 축을 따라 배치된 계단으로 이루어진 지면의 거대한 도식에서 통합되고 있기 때문이다. 이 축은 알바노 언덕과 레핀Lepine 산맥 사이를 통과하여 바다를 향해 시선을 인도하는 남북축의 역할을 맡고 있다. 한편 성소 아래 광활하고 비옥한 사소Sacco 계곡은 로마 지역을 페릭스Felix 평원과 연결하면서 동쪽으로 뻗어나가 동서축을 형성한다.

따라서 포르투나 성전이 위치한 팔레스트리아에서 펼쳐지는 풍경

위 팔레스트리나 언덕의 조망 아래 포르투나 프리미게니아

은 거칠 것 없는 광활한 개방성 속에서 동서축과 남북축이 교차하는 형태를 드러낸다. 이러한 방향은 성소 테라세에서도 반복되는데, 그리하여 슐츠는 성소에서 전체 풍경을 감싸 안는 우주적 질서가 웅장하게 구체화되고 있음을 목격한다.

또한 슐츠는 바로 여기서 고대 로마인들이 풍경을 성역화할 때 카르도-데쿠마누스 축을 적용한 최초의 예를 발견한다. 로마인들은 그 풍경 중앙에 복점관Augur이 앉아 지팡이로 두 개의 기축을 한정함으로써 공간을 네 개의 영역으로 나누는 것으로 이해하였다. 이 분할은 주요 방향을 재현하고 있으며, 이때 수평의 경계 내에서 분절된 공간을 템플룸templum이라 불렀다.[89] 팔레스트리나의 성소는 이 과정을 예시하고 있다. 또 여기서 자연적 입지와 우주적 도식이 서로 상응하고 있는데, 이는 도식의 타당성을 증명하는 것이다. 따라서 슐츠는 이러한 팔레스트리나 지역을 풍경유형학에 따라 우주적 풍경과 유사한 것으로 밝혀낸다.[90]

슐츠는 이와 같이 로마 근교를 풍경현상학적으로 탐사해봄으로써 로마가 초창기부터 세 가지 풍경의 성격이 어우러진 거주지로 탄생하였음을 밝혀낸다.

우선 로마는 에트루리아 풍경에서 발견되듯 대지 귀속성을 구현한 낭만적 거주지의 토속적 성격을 간직하고 있다. 그 다음으로는 팔레스트리나의 풍경에서 드러나는 우주적 성격이다. 여기서 풍경의 우주적 성격은 추상적 도시 축이 발전하여 로마로 이입된다. 이것이 바로 카르도-데쿠마누스 축이다. 첫 번째 특성은 도시 공간을 전원적으로 경계 짓는 것이며, 이에 비해 두 번째는 축을 통하여 로마를 대칭화시키는 경향으로 나타난다. 슐츠는 이 두 요소가 결합되면, 축에 의해 질서 지어짐으로써 닫힌 영역이란 독특한 건축적 통일체가 생겨난다는 점을 강조한다. 이렇게 축에 의해 내부성을 형성하는 닫힘이 바로 로마 건축의 기본적인 요소이다. 로마를 구성하는 주요 건축물들, 예컨대 광장, 공중목욕탕, 성소, 궁전, 중정식 궁전 등은 축선 상에 배열되어 있다.

그런데 중요한 것은 이러한 건물들이 어떤 상위의 기하학적 체계로 흡수되지 않은 채 도시 내부에서 독립성을 유지하고 있다는 사실이다. 슐츠는 바로 여기서 로마의 풍경의 세 번째 특성인 고전성을 포착한다. 로마의 건물들도 고전적 풍경을 구현하고 있는 그리스의 건물들처럼 인접하고 있는 각각의 건물들이 서로 더해져, 마치 서로 개별적으로 구별되면서 어우러져 있는 풍경의 이미지를 자아내고 있다. 그 둘의 차이를 찾아보면, 그리스에서는 보다 건축물의 조형성이 강조되는 반면, 로마는 공간을 단위로서 활용하고 있다는 점이다.

이렇게 밝혀진 로마의 모습에서 슐츠는 로마의 구조적 특성을 밝혀낸다. 로마의 도시구조의 뼈대를 이루는 것은 다른 도시에서와 마찬가지로 도로이다. 세계의 중심으로서 로마는 '모든 길은 로마로' 라는 언명이 시사하듯 정교하게 조직화된 기하학적 도로체계를 가지고 있을 것이라 기대된다. 그러나 이러한 기대는 기이하게도 제국의 수도인 로마 자체에서는 좌절을 경험한다. 물론 르네상스 시대로부터 바로크 시대에 이르기까지 로마에 통합적인 기하학적 체계를 부여하려는 시도가 몇 차례 감행되었다. 그 중 가장 과격한 시도는 교황 식스투스 5세에 의해 계획되었다. 그는 직선으로 넓게 뻗어나가는 도로들을 이용하여 도시의 중요한 축을 연결하려는 목표를 세웠다. 특히 그에게는 선대들의 계획을 완수하는 것이 중요한 과업이었다. 이때 포폴로 광장의 세 갈래 길은 슐츠가 지적하듯 적지 않은 의미를 지닌다. 그것은 중요한 도시의 입구를 다른 도시의 구역과 연결시키기 위한 것이었다. 결국 식스투스 5세의 계획은 로마에 산재한 각각의 신성한 장소를 포괄적인 종교적 체계로 통합하기 위해 도시를 개조하는 것이었다.

그러나 이러한 그의 구상은 오직 부분적으로만 성공할 수밖에 없

카피톨리니 광장 파노라마

었다. 도시의 장소를 통합하는 상위의 추상적 체계는 세 가지 풍경의 성격이 복합적으로 드리워진 로마에서는 부합될 수 없었기 때문이다. 심지어 팔레스트리나의 우주적 풍경에서 분명하게 드러나는 카르도-데쿠마누스 체계를 로마에 전면적으로 도입하는 것조차 로마가 머금고 있는 고전적 · 낭만적 풍경을 파괴하지 않고서는 불가능하다.

따라서 바로크 시대 이후로는 로마에 통일적 도시체계를 관철시키기 위해 로마가 머금고 있는 자연적 풍경을 작위적으로 변혁하는 시도는 더 이상 감행되지 않는다. 대신 로마에 분산된 다수의 중심을 조성하는 쪽으로 방향이 바뀌었다. 서구의 도시에서 이러한 중심 역할을 하는 것은 주지하다시피 광장이다. 그리하여 로마 시 전역 걸쳐 몇 개의 중요한 광장이 건설된다. 이때 로마의 한 배경을 이루는 에트루리아 지역의 풍경으로부터 낭만적 풍경을 흡수하여 내부성을 구현하는 고대 광장이 모델이 됨과 동시에 직선적 축을 도입하는 경향이 나타난다. 슐츠에 따르면 그 첫 번째 도시의 중심은 이미 미켈란젤로가 설계한 카피톨리니Capitoline 광장이며, 여기서 바로 이러한 경향을 목격할 수 있다. 이미 알려진 바와 같이 미켈란젤로의 카피톨리니 광장은 세계의 중심으로서의 로마를 상징하기 위한 시도이다. 당시 일반적인 경향에 따르면 이러한 시도는 도시의 유일한 중심을 설정하고, 이곳으로부터 사방 방사선으로 뻗어나가는 형태를 로마에 부여해야 했을 것이다.

그러나 미켈란젤로는 이러한 방식을 취하지 않고 있다. 오히려 그는 서로 수렴하는 입면에 의해 한계 지어지는 공간을 조성하였다. 그리고 여기에 세로 방향의 축이 도입됨으로써 그 장소가 그 자체로 완결되는 것을 저지한다. 그리하여 닫힘과 직선적 운동의 종합이 여기서 이루어진다. 이는 슐츠가 적절히 포착해내듯 건물들 사이에 그려진 타원형 별에 의해 구체화되고 있다. 이 타원형 별은 광장을 공간적 확장과 동시에 수축이 일어나는 장소로 만든다. 슐츠는 카피톨리니 광장의 이러한 장소성에서 대해 다음과 같이 실존적 의미를 밝힌다. "이 광장은 도시 중심부로서의 역할을 담당할 뿐만 아니라 나감과 들어옴이라는 인간 실존의 중심부로 데려가기도 한다."[91]

바로크 시대의 로마광장을 대표하는 베르니니의 성 베드로 광장 또한 슐츠에 따르면 닫힘과 직선적 방향성이 종합된 풍경으로 드러난다. 열주는 공간을 가장 단순화하면서도 섬세한 방식으로 둘러싸고 있다. 그러나 그것은 일정한 간격으로 배치되어 외부를 향한 개구부를 형성함으로써 내부를 주위 세계와 소통하도록 한다. 그리하여 성 베드로 광장은 모든 인류가 만나는 장소이지만, 로마의 내부성을 포기하지 않으면서 이러한 기능을 수행하고 있다. 이 내부성은 로마가 에트루리아 풍경을 머금음으로써 로마라는 도시 정체성을 이루어내는 것이다.

슐츠는 바로 여기서 로마 건축을 그리스 건축과 구별한다. 그에 따르면 그리스 건축에서 공간은 건물과 건물 사이의 공간으로 건물의 부속적 의미에 불과하지만, 로마에서는 공간이 건축의 일차적 관심이다. 공간이 형태화되고 분절되어야 할 실질적 주제이며, 따라서 로마의 건축에서 공간은 여러 가지 다양한 형태를 보여주고 있다. 이제 공간에 돔이나 볼트가 씌워지게 되는데 이를 위한 새로운 기술이 개발되기도 했다.

슐츠는 내부적 공간이란 로마적 개념이 가장 웅장하게 현시되는 예로 판테온을 들고 있다. 판테온은 연속적이며 육중한 벽으로 닫혀 있지만, 그렇게 형성된 내부 공간은 수직축에 의해 관통되어 있다. 판테온에서 인간의 실존은 전원적 체류와 역동적 정복으로 해석되고 있으며, 이러한 두 해석은 영원한 천상의 돔에서 현시된다. 즉 판테온에서 땅과 하늘이 통합되고 있으며, 이렇게 로마의 전원성은 일반적인 우주적 조화로 이해된다.[92]

이제 슐츠와 함께한 로마 여행을 서서히 마무리 해보자. 우리가 거닐던 로마를 되돌아보면 영원한 도시 로마, 그리고 고대 세계의 중심 로마, 이 로마의 영원성과 중심성은 단순히 지정학적 중심성에서 비롯되는 것이 아니었다. 로마는 우주적·고전적·낭만적 풍경이 어우러지는 독특한 풍경현상학적 구조를 갖고 있다. 로마는 풍경이 잉태할 수 있는 모든 실존적 의미를 모으고 있는 것이다. 그리고 이러한 의미들은 건물, 길, 거주지로 매우 활력있게 구현된다. 에트루리아의 향토적 낭만성은 거리와 계단과 로마의 광장에 응결되어 있으며, 알바니 언덕에서 잠자고 있는 그리스적·인간적 신들은 도심으로 내려와 성전에 거주한다. 그리고 이 성전으로부터 신들의 고전적·인간적 신성은 도시 전역으로 퍼져간다. 이는 로마의 궁전과 집의 파사드에 고전적 형태로 각인되어 에트루리아부터 전이된 강한 대지성을 인간화한다.

그러나 이러한 인간화는 결코 대지를 추방하는 방식이 아니라는 점이 특히 강조되어야 한다. 이로써 다시 로마의 건축은 양식적 측면에서 그리스의 고전건축을 답습하면서도 구별된다. 그리스 건축은 그 양식의 전형적 구성요소인 기둥, 엔타블라처, 페디먼트 그리고 정형화된 오더가 재료의 대지성에 대해 우위를 행사하며 물리적 구조를 구성한다. 그러나 로마 건축에서 이러한 고전 건축의 정형화된 양식

판테온

과 오더는 다만 물질 덩어리에 그 대지성을 훼손하지 않은 한에서 고전성을 새겨 넣는다. 콜로세움은 이 사실을 잘 보여준다. 콜로세움의 외피는 고전적 오더로 뚜렷하게 각인되어 있지만, 이 오더의 역할은 물리적이 아니라 상징적이다. 따라서 콜로세움의 오더는 콜로세움의 물질적 재료에서 그것의 고향인 대지로부터 우러나오는 흙빛의 투박함과 중량감을 실종시키지 않는다.

그리고 또 결코 잊지 말아야 할 사실이 있다. 그것은 로마에서 팔레스티나의 드넓은 바다와 이어지는 광활한 평야로부터의 우주적 질서가 발견되고, 이 또한 로마로 이입되고 있다는 점이다. 그리하여 서로 대립하기만 할 것 같은 에트루리아의 토속적 낭만성과 팔레스티나의 우주적 질서는 로마에 거주하는 알바니 언덕의 고전성에 의해 중재되며 절묘한 융화를 성취하고 있다. 로마가 거대 제국의 수도로서 그 웅장함을 잃지 않으면서도 전원적 분위기를 간직하고 있는 것은 이렇게 풍경의 우주적·낭만적·고전적 성격이 화해하고 있기 때문이다.

여기에다 로마의 하늘에서 빛나는 태양은 이러한 화해를 선명하게 조형한다. 로마의 태양은 타는 듯 작열하며 모든 것을 탈진시키는 사막의 태양과 다르다. 또 구름에 잠식당하며 사물에 불규칙한 음영을 드리우는 북구의 햇빛과도 다르다. 로마의 태양은 균질하게 빛나며 사물에 또렷한 조형성을 부여한다. 이러한 빛은 기만과 탈진의 위협으로부터 사물과 인간을 보호해 줄 듯 신뢰감을 불러일으킨다. 특히 로마의 태양빛이 땅으로 떨어지며 금갈색 투파Tufa와 만날 때 거대 제국을 지배하던 로마의 누리는 온화하고 안락한 분위기로 가득 찬다.[93] 그때 로마를 방문한 사람들은 그 위대한 도시 로마에서 영원한 전원성의 품안으로 안겨드는 자신을 발견한다. 그리고 서서히 로마에 도취하기 시작한다.

프라하,
그리움의
도시

프라하로 떠나며

프라하는 로마만큼 영원한 도시는 아니지만 나름대로 장구한 역사를 갖고 있는 도시이다. 오랫동안 프라하는 체코 왕족의 거처였으며, 14세기에는 신성로마제국의 수도로서 영광을 구가하기도 하였다. 이렇게 프라하는 유럽역사의 중심지였고, 여전히 보헤미아의 심장과 같은 역할을 하고 있다. 그러나 프라하의 역사를 되돌아보면, 프라하가 겪어온 격변 또한 목격된다. 프라하는 16세기 이후 유럽의 맹주 오스트리아 합스부르크왕가의 지배를 받다가 20세기 초 독립하여 자주독립국가로서의 주권을 누렸다. 그러나 오래지 않아 다시 나치독일의 제3제국에 흡수되는 시련을 겪는다. 제2차 세계대전에서 독일이 패전국가가 됨으로써 프라하는 해방을 맞이하지만 다시 소비에트연방의 사회주의 위성국가의 수도로 전락하였다. 하지만 평등과 해방을 약속하던 그 사회주의는 프라하 시민들에게 폭압적 정치라는 실망을 안겨주었다. 때문에 60년대 말에는 이곳에서 사회주의에 저항하는 이른바 프라하의 봄이 불꽃처럼 타오른다. 물론 이 자유를 향한 프라하 시민들의 낭만적 혁명은 소비에트의 침공으로 좌절되기는 하지만, 프라하의 봄은 『참을 수 없는 존재의 가벼움』이란 밀란 쿤데라의 명작을 탄생시키기도 한다. 그리고 20년이 지난 후 프라하의 봄은 벨벳혁명[94]으로 완성되어 소련 위성국가의 굴레를 벗어난다.

그러나 이러한 격변과 이질적 정치체제의 지배에도 불구하고 프라하는 한결같이 프라하였다. 역사적 시기마다 프라하는 사회문화적으로 격렬한 변화를 겪었고, 그 변화는 때에 따라 제2차 세계대전이나 소련군의 침공 같은 엄청난 폭력을 수반하기도 했다. 하지만 그 폭력조차 프라하라는 도시의 정체성과 분위기를 파괴하지는 못했다. 오히려 그러한 변화는 프라하에 포용되듯 프라하의 고유의 분위기를 다만 조금씩 변주하는 데 그친다. 그래서 프라하는 늘 도시의 정체성이 뚜렷한 도시로, 그리하여 늘 특별한 매력을 갖는 거주지로 수많은 관광객을 불러 모은다. 특히 벨벳혁명으로 사람들의 자유로운 왕래가 허용된 1990년 이후 매년 거의 수천만 명에 가까운 관광객이 프라하를 찾는 것으로 알려져 있다.

그렇다면 도대체 이토록 사람을 불러 모으는 프라하의 매력은 어디에 있는 것인가? 프라하엔 디즈니랜드나 유니버셜 스튜디오와 같은 테마파크가 있는 것도 아니며, 라스베이거스와 같은 카지노가 있는 것도 아니다. 또 자본의 위대함이 속물적 웅장함을 발하는 두바이처럼 초고층 6성급 호텔과 명품 쇼핑센터가 있는 것도 아니다. 그런데 왜 사람들은 프라하에 모여들며, 프라하를 떠나면 프라하를 그리워하는 것일까? 왜 사람들은 프라하의 연인이 되는 것일까? 이제 프라하의 매력을 풍경현상학을 통해 밝혀보자.

풍경과 거주

우선 프라하에서 거주가 시작된 시점을 거슬러 올라가 보면 석기시대부터 그 흔적이 발견된다. 그러나 프라하가 하나의 도시로서 정체성을 갖고 인간의 거주를 허락한 것은 기원후 7세기경으로 추정되고 있다. 도시가 성립되는 기원을 이해하려 할 때, 풍경과 거주의 관계를 파악하는 것이 중요하다. 그리고 이 관계를 포착하는 실마리는 누차 강조된 바와 같이 도시의 탄생 신화나 설화에 대한 신화시학적 접근에서 제공된다. 프라하도 예외가 아니다. 모든 역사적 도시가 그렇듯 프라하도 전설과 함께 역사에 출현한다. 전설에 따르면 프라하는 체크족의 지도자 크록Krok의 딸인 리부쉐Libuse 공주가 어느 날 환영을 보고 다음과 같은 예언을 했다고 한다.

> "저기 거대한 성이 있다. 그 영광은 별을 찌른다. 성이 자리하는 장소는 깊은 숲속에 감추어져 있다. 그것은 북으로는 브르스니스Brusnice 계곡에 의해, 남으로는 거친 암벽에 의해 보호되어 있다. 블타바 강은 경사지 아래로 흐를 것이다. 그곳으로 가면 숲 한가운데서 나무를 다듬어 문턱을 만드는 사람이 있을 것이다. 그곳에 성을 짓고 문턱이란 말을 따라 그 성을 프라하라고 불러라."[95]

이 전설에서 우선 눈길을 끄는 부분은 프라하라는 땅을 점지한 예언자가 다름 아닌 체크족의 공주, 즉 여성이라는 점이다. 여기서 이미 프라하의 풍경은 그곳에 거주할 인간들에게 여성적 분위기, 즉 대지의 성격이 뚜렷한 풍경으로 다가왔을 것이란 추측이 가능해진다. 그리고 이러한 추측은 곧 프라하라는 지명에서도 증거를 확보한다. 프라하라는 단어는 체코어에서 중성도 또 남성도 아닌 바로 여성 명사다. 이러한 프라하의 분위기는 다른 현대 작가들의 진술을 통해서도 확인된다. "프라하는 여성적 도시이다. 그러나 파리와 같이 눈부신 미모가 아니라 자그마한 어머니와 같다." 또 노벨문학상의 수상자인 프라하 출신의 작가 야로슬라프 세이페르트Jaroslav Seifert(1901~1986)는 다음과 같이 쓰고 있다. "우리는 여전히 이 도시에서 여성적 매혹, 미소 그리고 부드러움을 발견한다." 그러나 프라하의 분위기는 바로 프라하에서 태어나 프라하를 결코 떠날 수 없었던 한 예술가에게 숨겨져 있던 진실처럼 고백된다. 카프카는 그의 절친한 친구에게 다음과 같은 편지를 보냈다. "그대와 나는 프라하를 떠날 수 없소. 이 조그마한 어머니는 (우리를) 끝없이 붙잡고 있소. 우리는 그저 내맡기는 수밖에…. 아니면 그것을 비세흐라드와 흐라드카니 양쪽에서 불태우든지. 오직 그럼으로써만이 우리는 그곳을 떠날 수 있소."[96]

프라하는 이토록 저항할 수 없는 매혹의 공간이다. 카프카의 고백에서도 들려오듯 프라하에서 우리는 안으로 끌려 들어가는 느낌을 받는다. 실제로 프라하의 구 시가지를 걷노라면 신비롭고 경이로우며 따뜻하고 안락한 미로 구조에서 아래로 귀환하는 듯한 기분에 빠진다. 이렇듯 프라하는 대지와 떨어질 수 없는 분위기를 가지고 있다.

그러나 이러한 분위기는 슐츠가 지적하듯 프라하의 한 측면에 불과하다. 프라하의 풍경이 함축하고 있는 또 다른 성격은 리브쉐의 전설이 전하는 '별을 향해 찌를 듯 솟아 오른 성'이란 표현에서 밝혀진다. 프라하의 풍경은 하늘과의 관계를 강하게 드러내고 있는 것이다. 실제로 프라하에 들어설 때 우리에게 다가오는 또 다른 이미지는 하늘을 향해 제각기 솟아오르는 수많은 첨탑들이다. 이러한 첨탑들은 연이어지며 수직적인 움직임을 만들어낸다. 프라하에서는 모든 것을 한없이 끌어당기는 대지의 미스터리에 하늘로 솟아오른 첨탑의 열망이 조응한다. 프라하의 거의 모든 건물은 대지의 품에 안겨 있지만, 그와 동시에 하늘을 향한 갈망을 때로는 짙게 때로는 희미하게 내어 보인다.

그리하여 도시 전체로서 프라하는 대지와 하늘이 대조되면서, 하이데거식으로 말하면 서로를 비추는 풍경에 의해 돋보인다. 프라하는 이렇게 하늘과 땅 사이라는 풍경의 본래적 성격이 고스란히 드러나는 풍경이다. 이러한 사실 역시 프라하라는 지명 자체에 간직되어 있다.

프라하 전경

프라하의 첨탑들

프라하란 말은 체코어로 '문턱'이란 의미에 그 어원을 두고 있다.[97] 이미 하이데거가 말했듯이 문턱은 두 영역의 사이를 가르며 동시에 이어주는 역할을 한다. 이러한 사실을 상기하면 프라하라는 이름에 풍경의 근원적 두 차원, 즉 하늘과 땅 사이에서 하늘과 땅을 이어주는 장소성이 암시된다. 그리고 이러한 암시는 프라하를 방문할 때 이방인에게 그가 바로 프라하에 도착했음을 알려주는 한 풍경에서 명징하게 현시된다.

다른 어떤 장소에서도 목격이 불가능한 프라하만의 풍경으로 프라하를 소개하는 홍보책자나 웹사이트에 빈번히 등장하는 이 풍경은 무엇일까? 그것은 수평으로 흐르는 블타바 강을 넘어 서서히 수직으로 상승하며 성 비투스 성당의 첨탑에 이르러 절정에 도달하는 광경이다. 여기서 프라하의 하늘과 대지의 대조와 비춤, 혹은 긴장과 조화가 마치 응결되듯 뚜렷하게 현시되고 있다. 흐라드차니Hradcanske(프라하 성 주변의 지역)가 위치한 언덕은 가파르게 위로 떠오르고 있는데, 이러한 풍경은 그 마주선 편에서 수평적으로 펼쳐지며 군락을 형성하고 있는 구도시와도 대조된다. 하지만 동시에 흐라드차니 자체 또한 그것이 위치한 지역의 성격을 다시 수평적으로 모으면서, 그 위로 성 비투스 성당의 첨탑이 수직으로 솟아오르며 대조되고 있다. 이러한 대조는 프라하의 장소성을 가장 응축되게 보여주는 최고의 풍경이다. 그리하여 슐츠는 묻는다. "이 세상 어느 도시에 그 장소의 성격이 풍경에서 개별 건물에 이르는 모든 환경적 수준을 함축하는 한 도시의 장면에 구체화되는 경우가 또 있단 말인가?"라고.[98]

프라하의 이러한 매혹을 밝혀낼 수 있는 또 다른 탁월한 장소가 있다면, 그것은 찰스브리지Charles Bridge(카를교)이다.

찰스브리지는 블타바 강 사이로 나누어진 구시가지와 신시가지를 이어주고 있다. 이러한 이음에서 찰스 브리지는 단순히 두 지역을 기

찰스브리지에 내린 빛과 어둠

능적으로 연결하는 것이 아니라, 슐츠가 경탄하듯 강물 주위로 자연풍경과 도시풍경을 모은다. 슐츠는 찰스브리지에 대해 다음과 같이 쓰고 있다. "그 다리로부터 시작하여 전체는 환경이란 단어의 진정한 의미에서 경험되고, 다리는 이 세계의 중심이 되어 수많은 의미를 모은다. 찰스브리지는 그 자체로 힘을 지닌 하나의 예술품이다. 다리가 보여주는 부분적 단절과 곡선의 움직임은 양쪽에서 거리들을 모으며, 여기에 위치한 탑과 동상은 강을 가로지며 수평적으로 놓인 일련의 아치와 대조되는 풍경을 형성한다."[99]

실제로 찰스브리지에 서면 프라하란 도시의 여러 가지 조형적 건축물과 프라하란 자연의 생김새가 전체적으로 모여든다. 문자 그대로 둘러 보이는 하나의 세계, 즉 환경umwelt으로 체험되는 것이다. 또한 찰스브리지는 그저 다리라고만 불리기에는 너무나 많은 것을 차고도 넘치게 담고 있다. 약간 굽은 상태로 양쪽 강변의 길을 모으는 찰스브리지는 다른 한편으로 다리 위에 늘어선 성자들의 상과 양끝의 첨탑으로 인해 수평적으로 흐르는 강물과 대조를 이룬다. 아울러 그 성자들의 상은 그곳을 건너는 자에게 죽을 운명으로서 자신의 존재를 일깨워주며, 잊고 있던 세계의 신성함을 불러온다.

이러한 찰스브리지를 건너는 사람들은 그 다리를 그냥 건널 수 없다. 사색의 시간인 어둠이 내릴 때 이 다리를 거닐면 쇼펜하우어가 그랬던 것처럼 우리는 시를 읊을 수밖에 없다. 아니 보다 정확히 말하면 다리라는 사물이 우리에게 시적으로 말을 걸어온다. 슐츠는 그에 귀 기울이며 다음과 같이 따라 말하고 있다.

남자와 여자는 어둠이 내려앉은 다리를 거닌다.
희미한 불빛 아래 성자들의 상을 지나…

잿빛 하늘을 떠도는 구름은
신비로운 교회 탑을 지난다

난간에 기대어 해질녘 강물을 바라보는 남자
세월이 굳어버린 돌에 그의 손을 살며시 올려놓는다.[100]

　이러한 이유에서 슐츠는 프라하란 도시의 매력을 시적 사색에 둔다. 특히 결코 자주 모습을 드러내지 않는 프라하의 태양은 이러한 사색의 유혹을 더욱 고조시킨다. 프라하의 태양은 아주 드물게만 건물이 완전한 조형성을 드러내는 것을 허용한다. 대부분 빛은 프라하의 하늘을 가리는 구름을 투과하면서 탑들을 희미한 안개 속으로 감추고, 이때 하늘도 숨겨진다. 슐츠는 이에 대해 다음과 같이 말한다. "프라하에서는 감추어진 것이, 안개처럼 모호한 것이 직접적으로 지각되는 것보다 더 실재적이다."[101]

　감추어진 것이 더 실재적이라는 이 납득할 수 없는 슐츠의 표현을 이해하기 위해서는 하이데거를 다시 한 번 상기해보는 것이 필요하다. 하이데거에 따르면, 어떤 것이 바로 그 본연의 지속적인 모습, 즉 본질로 드러나기 위해서는 한편으로 그 본질이 감추어지고 은닉되며 보살펴져야 한다. 예컨대 불씨는 자기 본연의 지속적인 모습인 불타오름으로 드러나기 위해 타오름에 완전히 자신을 내줘서는 안 된다. 오히려 불씨는 다른 한편으로 그렇게 드러나는 것으로부터 물러서서 자신 속으로 숨어들어 간직되고 보호되어야만 지속적으로 타오를 수 있다.[102]

　마찬가지로 프라하의 본연의 모습도 완전히 노출될 때가 아니라 하이데거가 밝힌 본질처럼 드러나면서 숨겨짐으로써 더욱 실재적이 된다. 이러한 프라하의 분위기는 매우 독특한 미시적 사물에서 돋보

프라하, 가로등, 어둠과 빛의 교차

인다. 어둠이 내릴 때 거리를 밝히는 프라하의 가로등은 프라하의 이런 특성을 감추지 않는다. 떨어지는 달빛을 머금은 듯 발그레 빛나는 프라하의 가로등은 다른 지역과는 달리 그 조명이 연속이지 않다. 그것은 옛 사랑의 그림자처럼 대지를 은은하게 감아 안듯 아련하게 빛난다. 이 아련한 빛에 의해 아슴푸레 밝혀진 지대와 어둠에 묻힌 지대는 적절한 리듬으로 엇갈리며 자신을 드러낸다.

이는 마치 하이데거의 진리론에서 드러나는 존재의 은폐성과 비은폐성의 끊임없는 엇갈림이 가로등이란 사물을 통해 내려앉을 터를 발견하는 듯하다. 어둠에 묻힌 존재는 존재자를 존재하게 함으로써 그것을 통해 드러난다. 하지만 존재와 존재자 사이의 존재론적 차이는 존재자를 통한 존재의 밝힘으로 존재가 고갈되는 것을 허용하지 않는다. 존재자를 통한 존재의 밝힘에는 따라서 밝혀지지 않는 존재의 숨김이 필연적으로 교차된다. 이때 존재자를 사물이란 후기 하이데거의 개념에 대입시켜 이해하면, 터로서의 사물은 사방을 모음으로써 존재가 밝아오는 터를 열지만, 거기에는 필연적으로 존재를 숨기는 어둠의 지대가 엇갈린다. 따라서 프라하의 거리에서 밝음과 어둠의 지속적 엇갈림을 연출하는 가로등은 한낱 조명기구에 불과한 것이 아니다. 프라하의 가로등은 그것을 통하여 밝힘과 어둠이 교차하는 존재의 진리현상이 또렷해지는 터로서의 의미를 지닌다. 밝은 지역과 어두운 지역이 교대로 나타나는 프라하의 밤거리는 "가로등이 터를 마련했던 때를 상기시킨다."[103]

프라하는 이렇게 어둠과 밝음과 같은 차이의 대조가 긴장과 조화의 미학으로 고조되는 도시이다. 특히 프라하는 하늘과 대지 사이의 그것이 돋보인다. 그리고 프라하의 건축물은 바로 이러한 풍경의 성격을 머금는 사물이다. 예컨대 블타바 강 넘어 북쪽으로 비투스 언덕 위에 자리 잡고 있는 성 비투스 성당은 유럽의 다른 지역의 고딕 성당과 달리 수직과 수평의 통합이 매우 강력한 형태로 나타난다. 또한 크리스토프 딘트젠호퍼Christoph Dientzenhofer(1655~1722)가 지은 자신의 저택 역시 프라하에서만 출현할 수 있는 건축물의 대표적 사례이다.

이 저택의 기본 구조는 오스트리아 빈의 힐데브란트 벨베더레 궁전에서 차용한 것이지만, 그것이 프라하란 장소에 지어지는 과정에서 프라하의 풍경을 깊숙이 흡입한다. 특히 프라하의 풍경에 농후하게 깃들어 있는 하늘과 땅의 긴장관계는 건물의 형태가 육중하게 다듬어진 하반부로부터 하늘을 향해 점차적으로 자유로워지는 모양을 하고 있는 데서 가시화된다. 슐츠가 묘사하듯 이 저택은 중앙부를 비워내어 그 공간을 박공으로 채웠으며, 양 모서리에 위치한 탑들은 하늘로 향한다. 이 두 탑에는 창문이 없는 반구형 지붕이 얹혀 있는데 이는 수직적 움직임을 강조하기 위함이다. 탑의 끝머리에 있는 처마는 열망하는 힘의 마지막 표현인 양 위를 향하여 구부러져 있다. 그러나 탑들은 건물 전체가 유지하고 있는 수평성을 훼손할 정도로 돌출되지 않고 건물과 결합되어 있다. 그리하여 이 저택은 비교적 격렬하지만 수평과 수직의 미묘한 상호작용을 통해 프라하의 장소성을 독특하고 세련된 방식으로 가시화하고 있다.

프라하의 길과 광장 그리고 그 광장을 둘러싸고 있는 집들은 이렇게 프라하의 풍경에 함축되어 있는 하늘과 땅의 긴장된 조화라는 주제를 때로는 완만하게 때로는 격렬하게 변주하고 있다. 이중에서도 슐츠는 구 도시의 광장을 이러한 변주가 공연되는 위대한 무대로 찬미한다. 그곳에서 건물들은 비록 질서정연하게 정렬되어 있지 않지만, 다양하고 활력 있는 지형적 연속성을 드러내면서 광장의 공간성을 한정짓는다. 건물들의 배열은 그것들로 한정된 공간을 따라 역동적인 운동감을 불러일으키며 진행되다가 틴 성당을 만나면서 절정에 이른다. 광장이 끝나는 중심부에 자리 잡은 틴 성당은 독특한 고딕식

틴 성당

첨탑으로 눈길을 끈다. 그 첨탑은 광장의 대지성을 빨아들이듯 낮게 깔린 아치들을 압도하며 솟아오르면서 무게감과 상승을 동시에 표출한다. 이러한 모습으로 틴 성당은 하늘과 대지의 긴장과 조화를 뚜렷하게 각인시키고 있다.

또한 카프카의 고백에서 언급된 바처럼 프라하는 우리를 끝없이 붙잡는 듯한 깊은 내심성으로 돋보인다. 이러한 성격이 가장 뚜렷하게 새겨진 건물은 슐츠에 따르면 페터 파를러Peter Parler가 지은 성당의 사제관이다. 이 건물의 골격은 대체적으로 프랑스 대성당들의 배치를 따르고 있지만, 그것을 구체화하는 과정에서 몇 가지 혁신적이 면모가

나타난다. 우선 사제관의 아케이드는 단순화되어 한 덩어리의 벽처럼 나타난다. 때문에 그곳에 설치된 창문들도 벽에 단절감을 만들어내지는 못한다. 오히려 창문들은 일체성을 과시하는 벽에서 마치 도려내어진 듯하다. 동시에 트리포리움(교회건축에서 측량 상부의 아치와 높은 창 사이)과 고창(교회 지붕에 높은 채광창이 달려 있는 층)은 서로 결합되어 커다란 광택이 나는 표면을 형성한다. 건물의 내부는 공간을 수평적으로 통합하고 수직적으로 분리하는 망형볼트net vault에 덮여 있다. 이때 수평적 통합은 작고 대각선 배열을 이루고 있는 요소들을 도입함으로써 훨씬 더 강조되고 있으며, 이 요소들은 베이bay(기둥과 기둥 사이)를 통합하여 마치 연이어 일어나는 파동 같은 움직임을 만들어낸다. 이렇게 하여 내부 공간의 육중한 아케이드와 비물질화된 벽과 볼트는 강력히 대조되어 수평과 수직적 힘의 긴장된 상호작용을 이루어낸다. 이는 매우 뚜렷한 표현적 효과를 산출한다.[104]

이러한 맥락에서 베네딕트 리드(1493~1502)가 지은 흐라드카니의 블라디슬라브 홀은 슐츠에게 중요성을 지닌다. 그것은 수직과 수평의 상호작용이 더욱 성숙한 해석으로 발전한 건축물이기 때문이다. 여기서 내부는 육중한 벽으로 밀폐된 닫집baldachin을 연속적으로 통합하는 방식을 취하고 있다. 그러므로 이 건물에서 두 개의 체계가 통합된다. 벽으로 둘러싸여 대지와 관계를 드러내고 있는 일종의 상자와 하늘 위를 떠다니는 듯한 망형볼트의 통합이 그것이다. 그리고 바로크식 건물인 소시가지의 성 니콜라스 성당에서도 블라디슬라브 홀의 주제가 재연되고 있다. 성 니콜라스 성당의 내부는 그 공간성이 닫집의 통합된 연속으로 구성되고 있다. 딘트젠호퍼의 부레브노브 교회도 같은 방식을 취하고 있다. 이 건물에서 아치들은 육중한 외벽의 중성적 표면을 등지고 세워진 벽기둥으로부터 공간을 대각선으로 가로질러 휘어 있다.[105]

| 블라디슬라브 홀 | 성 니콜라스 성당 |
| 부레브노브 교회 | 찰스브리지 입구의 첨탑 |

특히 슐츠는 크리스토프 딘트젠호퍼의 아들인 킬리안 이그나즈 딘트젠호퍼Kilian Ignaz Dientzenhofer(1689~1751)가 지은 성 요한 성당을 주목한다. 이 성당은 암반 위에 자리 잡고 있는데 바로 이 위치를 통해 대지와의 관계를 강조하고 있으며, 전면에 있는 계단실을 통해 파사드의 수직적 움직임을 고조시키고 있다.[106] 뿐만 아니라 성당 외부의 조형적인 형태는 내부의 공간 조직에 조응한다. 외부의 벽은 성당 내부 닫집들의 둘레를 외피로서 감싸고 있어서 내부를 밖으로 드러내면서 성당이 위치한 외부 도시의 풍경과 내부의 상호침투를 유도하고 있다. 그런데 이는 동시에 외벽들이 마치 외부 힘들의 압력에 이월되어 안으로 함입되고 있는 듯한 공간을 출현시킨다. 이를 통해 성당의 벽은 내부와 외부를 차단하는 역할을 하는 것이 아니라 두 영역을 함입과 돌출을 통해 활발하게 소통시키는 역할을 수행한다. 결국 성 요한 성당은 수평과 수직의 긴장을 통한 조화, 그리고 외부와 내부의 소통을 활성화함으로써 성당의 공간적 의미를 모임의 초점으로서 명료화하고 있다.

그러나 프라하의 도시풍경을 이루는 건축물들의 매력은 이렇게 프라하 풍경이 간직하고 있는 하늘과 땅의 긴장된 관계를 호흡하는 데만 있지 않다. 다른 지역에 기원들 둔 여러 시대의 다양한 유럽 건축양식들도 프라하에 오면 그 풍경을 머금으며 다시 탄생한다. 그 대표적인 경우가 프라하의 고딕이다. 슐츠는 페터 파를레의 작업에서 고딕이 겪는 변화를 보여준다. 페터 파를레는 고딕의 논리적 구조를 프라하에서 나타나는 수평-수직의 긴장과 조화를 드러내기 위해 변형하였다. 예컨대 구도시의 찰스브리지 입구에 서 있는 탑에서 고딕식 요소들은 구조적 기능을 수행하는 것이 아니라 육중한 볼륨에 장식적 요소로 적용된다.

이렇게 고딕식 형태를 구조적 기능에 종속시키지 않고 장식적 목적으로 해석하는 것은 블라디슬라브 홀에서 절정에 도달한다. 여기서 원래 구조적 기능을 수행하는 리브볼트는 역동성을 표현하는 장식으로 탈바꿈한다. 이때 슐츠가 밝혀내는 사실은 고딕 건축의 특징인 비물질화가 프라하의 풍경이 담고 있는 대지의 짙은 표현력에 의해 그 의미가 달라진다는 점이다. 원래 고딕건축에서 벽은 로마네스크 양식에 비해 얇아졌으며, 그 벽에 크기가 상당히 확대된 창문이 설치되었다. 그럼으로써 고딕 건축은 건물의 육중한 물체성을 덜어내고 빛을 가득 담아내는 비물질화를 동경하는 듯하다. 그리고 이를 통해 성당은 물질을 정복하고 대체하는 정신적 영역으로 그 공간성을 획득한다.

그러나 다른 한편 이는 지붕의 하중을 지탱하는 벽의 구조역학적 기능을 약화시키는 문제점을 초래한다. 이때 고딕이 발견한 해결방식은 바로 첨두아치와 그것의 무게를 실내 지주에 집중시키는 리브볼트이다. 그러나 프라하의 대지는 고딕이 동경하는 비물질화를 맹목적으로 추종하는 것을 허락하지 않는다. 오히려 프라하의 풍경은 고딕 건물이 대지성을 머금도록 격려한다. 그리하여 프라하에서 벽은 다른 지역의 고딕에서보다는 상대적으로 강한 물성을 지니게 되는데, 이는 다시 리브볼트를 통해 건물을 지탱할 필요성을 약화시킨다. 이제 리브볼트는 구조역학적 역할보다는 의미적·장식적 역할을 떠맡게 되어 성당내부의 공간을 보다 감동적인 공간으로 승화시키는 데 기여한다. 이러한 이유에서 슐츠는 프라하의 고딕에 대해 다음과 같이 평한다. "보헤미아에서 비물질화는 다른 지역의 고딕건축에서처럼 물질을 정복하고 대체하는 정신적 체계로 이해되지 않고, 대지로부터 황홀하게 벗어나는ecstasy 과정으로 해석된다."[107]

뿐만 아니라 하늘을 향한 무한한 동경을 담고 있는 고딕 첨탑도 프라하의 대지와 만나면서 대지를 향한 일종의 중력을 회복한다.[108] 이는 이미 언급된 틴 성당에서 뚜렷하게 목격된다. 다른 지역의 고딕 첨탑은 오직 과도한 높이와 한 점으로 수렴되는 뾰족함을 통해 하늘을 향해 점점 사라져가면서 정신적 존재를 구현한다. 그러나 틴 성당의 첨탑은 그와는 다르다. 그것은 거칠게 처리된 표면을 통해 물성과 육중함을 드러냄으로써 하늘로 상승하는 가운데에서도 대지를 향한 중력을 간직하고 있다.

르네상스와 바로크 양식 또한 프라하라는 풍경의 성격이 스며들며 일어나는 변화를 경험한다. 물론 프라하에서도 르네상스와 바로크 양식의 중추를 이루는 고전적 오더가 사용되었지만 새롭게 변형되고 응용되었다. 특히 슐츠는 벨베데레 궁전에서 고전적 태도를 벗어나는 괄목할만한 경향을 목격한다. 이 건축물은 고딕을 야유하며 그리스식 고전건축을 부활시킨 르네상스 형태를 채용하여 1534년 한 이탈리아 건축가에 의해 건축이 시작되었다. 그러나 얼마 후 팽만감을 불러일으키는 요철형 지붕이 덧붙여짐으로써 대지에 밀착됨과 동시에 하늘을 열망하는 조형적 변화를 겪게 된다.

보헤미안 바로크 건축을 대표하는 딘트젠 호퍼가 지은 건축물도 유사한 변형을 증언한다. 물론 그의 건축물에서도 다른 지역 바로크 건축물과 마찬가지로 고전적 오더가 중요한 역할을 담당한다. 그러나 그것은 건물 전체의 모습을 전면적으로 규정짓기보다는 오히려 건물에 스며들어 있는 동적이고 수직적인 힘을 가시화하는 역할을 하고 있다. 수평의 부재들 또한 프라하의 풍경에 내재한 하늘과 땅의 차이와 조화를 표현하기 위해 구부려지거나 단절된다. 그리고 고전적 건축의 브라켓, 페디먼트(삼각박공) 키스톤(쐐기돌) 같은 요소들은 그들이 상호간에 존재하는 체계적 의미를 상실하며, 보다 공간적 경계의 연속성을 강조하기 위한 조형적인 역할을 수행한다.[109]

이토록 프라하에서는 도시의 배경을 이루는 풍경과 거기에 지어진 건축물들이 서로 호흡하고 있으며, 그 호흡의 숨결에서 도시의 아우라가 피어오른다. 프라하에는 로마네스크 건물이 있는가 하면 그 옆에 고딕 건물이 있고, 또 얼마를 가면 바로크와 로코코 건물이 나타나며 뒤를 돌아보면 아르 누보, 유겐트스틸, 큐비스트 건축이 버티고 있다.

물론 이 모든 건축양식이 프라하에서 탄생한 것은 아니다. 그렇지만 외국으로부터 수입된 건축양식들은 앞에서 살펴본 바와 같이 프라하의 대지에 안겨 그 지역의 풍경을 머금으며 하늘을 향해 솟아오르고 있다. 그리하여 프라하에서 고전적 건축은 낭만적이 되었고, 낭만적 건축은 고전적 성격을 흡수하여 그 대지에 일종의 초현실적 인간성을 부여하였다. 이렇게 프라하에는 다양한 지역과 시대에 탄생한 건축양식들이 모여 풍경의 중재 아래 그곳을 머금으며 서로 조율되어 있다. 따라서 도시의 건축물은 풍경이 연주하는 멜로디로 울려 퍼지고, 이 멜로디는 사람들을 매료시키며, 때문에 사람들은 그리움에 빠진 프라하의 연인이 되는 것이다.

현대도시와 풍경

도시의 특성과 조건

슐츠의 건축현상학과 함께 돌아본 로마와 프라하는 풍경이 인간의 거주와 어떤 시적인 관계를 맺고 있는가를 실증적으로 보여주었다. 이는 다른 한편 우리가 현재 살고 있는 거주지, 즉 현대도시가 갖고 있는 의미를 풍경과 인간실존의 관점에서 포착할 수 있는 기회를 제공함과 동시에, 현대도시가 도시로서 실존적 의미를 회복하기 위해 가야 할 방향을 제시해줄 수 있을 것이다. 이를 위해서 지금까지 논의된 내용을 도시문제를 중심으로 집결시키는 방향으로 정리해보자.

우선 주목되어야 할 부분은 풍경과 거주지를 논하는 가운데 무차별적으로 다루어 왔던 사실이다. 거주지도 그 규모에 따라 마을과 도시로 구별되어야 한다. 그러나 도시와 마을은 현상학적 입장에서 보면 단순히 규모의 관점에서가 아니라 인간의 거주행위를 통해 지어진 거주지에 풍경이 드러나는 방식에 따라 질적으로 구별된다. 이제 도시와 마을이 사이에 어떤 질적 구별이 일어나는가를 밝혀내기 위해 풍경, 마을, 도시의 관계에 대해 거주의 관점에서 좀 더 상세히 알아보자.

거주는 우선 정착의 과정을 필요로 한다. 그러나 인간이 정착지를 선택하는 것은 인간의 자의에 따른 것이 아니라 풍경이 그를 초대할 때이다. 즉 인간은 서식지를 찾는 것이 아니라 거주지를 찾는 것이다. 거주는 생존현상이 아니라 실존현상이며, 이러한 실존현상으로서의 거주는 존재의 문제와 관련되었다. 따라서 인간의 거주는 존재의 의미가 뚜렷해지는 곳에 정착하기를 원하며, 이러한 정착은 존재의 의미가 직접적으로 구현되는 사물에 머물면서 시작된다.[110] 앞서 이야기한 대로 사물을 하늘, 땅, 신성함, 죽을 운명의 존재자의 모임이라고 한다면, 이러한 사방으로서 사물성이 가장 뚜렷하게 현시되는 사물은 산, 물, 숲이다. 슐츠는 이를 하이데거의 언어철학을 따라 신화를 시학적으로 접근함으로써 해명해낸다.

즉 인간이 출현한 곳에서는 어디에서든지 발견되는 신화에 대해 단순히 인간의 심리적 상상력이 만들어낸 허구라는 입장을 떠나 시적 언어현상으로 접근하면, 신화는 존재의 문제를 해명해 들어가는 탁월한 통로로 트인다. 슐츠는 신화에 대한 이러한 그의 태도를 신화시학이라 명한다. 그리고 적어도 인간이 인간으로서 거주하기 시작한 시원적 시점과 때를 같이 하는 여러 신화들을 신화시학적으로 독해함으로써 하나의 공통점을 찾아낸다. 그 공통점이란 고대 신화에서 풍경은 단순한 관망의 대상이 아니라 어떤 힘들이 살아 움직이는 것으로 밝혀지고 있으며, 하늘과 땅의 혼인을 통하여 사물들이 탄생하는 것으로 기술되고 있다는 사실이다. 산과 수목은 하늘과 땅이라는 원천적 힘들이 어우러지는 존재의 근본 현상으로 다가와 사물 중의 사물로서 풍경의 중심으로 신성시된다. 또한 물은 바로 생명성을 드러낸다는 점에서 풍경의 성격을 결정하는 사물로서 경배된다.

최초의 인간들에게는 산, 수목, 물과 같은 사물들에서 사물성이 가장 탁월하게 현재하는 것으로 드러나며, 풍경은 이러한 사물들을 중심으로 펼쳐진다. 그리고 이렇게 풍경의 중심을 형성하는 사물들은 신성성을 발하며 죽을 운명의 인간을 거주로 초대한다. 즉 인간의 거주는 이렇게 사방으로서의 사물성이 뚜렷한 곳에서 정착으로 초대받으면서 시작되어 마을을 형성한다. 이러한 마을은 풍경으로부터 초대를 통해 지어지는 것이기 때문에 풍경과 밀착된 관계 속에 있다. 풍경과 마을은 상응관계 속에 있으며, 풍경의 의미가 마을 속으로 스며든다. 즉 마을의 형태와 자연적 풍경의 조건은 서로를 머금는 관계를 갖고 있다.

따라서 건축물과 거주지는 그 자체 터의 유형에 따라 어떤 밀집의 밀도와 배치형태를 갖게 된다. 슐츠에 따르면 중부유럽의 세 가지 마을 형태, 즉 클러스터형, 일자형, 원형 마을의 형태는 그 마을이 자리하는 자연적 터의 성격과의 관계 속에서 형성된 것이다.

그런데 도시는 풍경과 어떤 관계 속에 있을까? 한 가지 분명한 것은 도시에서는 풍경과 지어진 거주지 사이에 이러한 직접적 조응이 일어나지 않는다는 것이다. 그렇다면 도시의 거주지는 자연적 풍경과의 단절을 통해서 일어날까? 슐츠는 고대 도시들을 탐사하면서 적어도 현대 이전의 도시들은 단절이 아니라 자연적 풍경의 의미를 형상화한 양식들의 종합을 거침으로써 풍경과 관계를 간직하고 있음을 발견한다. 즉 자연적 풍경을 모아 초점화하는 생기현상으로서의 거주는 도시에서 풍경을 직접적으로 모아들이는 것이 아니라 다른 풍경에 뿌리를 갖고 있는 양식들을 종합하는 방식으로 거주지를 형성하는 것이다.[111] 이를 조금 다른 맥락에서 서술하면 다음과 같다.

도시는 보다 일반적인 가치를 추구한다. 따라서 도시에서의 정착과 도시를 짓는 것은 상징화와 전이에 근거한다. 도시 건축은 형식적 언어, 즉 양식을 전제하는 것이다. 때문에 도시에서는 이방적 풍경의 의미가 토착적 풍경의 의미를 만나 보다 복합적인 의미체계로 생기한다.[112] 이와 같이 이방적인 것과 토착적인 것이 조우하여 복합적인 의미체계를 형성한다면 도시가 자리 잡는 위치는 마을이 자리 잡는 위치와는 달라야 할 것이다. 도시는 마을과 같이 자연적 풍경을 배경으로 그 자연적 풍경에 뿌리를 내리는 방식으로 자리 잡는 것이 아니라 오히려 그러한 자연적 풍경들 사이에 자리를 잡는다.

그리하여 도시는 여러 상이한 성격의 풍경들로 둘러싸이는 곳에 터를 잡게 되고 이러한 풍경의 성격들이 포괄되는 중심이 된다. 이러한 도시의 본질적 특성을 완벽하게 구현하고 있는 도시가 로마이다. 이미 우리가 슐츠와 함께 살펴본 바와 같이 로마는 에트루리아의 낭만적 풍경, 알바노 호수지역의 고전적 풍경, 팔레스티나의 우주적 풍경 사이에 터를 잡으며, 이 풍경의 성격들을 모으고 있다. 로마가 이렇게 도시의 본질적 특성을 간직하고 있기 때문에 영원한 도시라는 이름을 잃지 않고 있는 것이다. 나아가 이러한 모음의 기능은 도시의 복합적인 내부구조를 결정하고 있다. 이제 이 도시의 내부구조를 좀 더 구체적으로 밝혀내기 위해 슐츠를 따라 도시의 특성을 고찰해보자.

도시의 일반적 특성을 압축하면 도시는 다양한 풍경과 많은 사물 그리고 수많은 인간들이 만나며 선택이 일어나는 장소라 할 수 있다.[113] 그런데 만남은 서로 모여 있음을 함축하며, 이렇게 모여 있음은 밀집의 상태를 의미한다. 실로 부분들이 흩어져 있는 것은 도시가 아니다. 도시는 우리를 촘촘히 단단하게 둘러싸고 있다. 따라서 우선 슐츠는 만남이라는 도시의 일반적 특성을 밀집성으로 규명한다. 하지만 만남은 다양성 또한 요구한다. 서로 다르지 않은 것, 즉 동일한 것은 한 덩어리로 뭉쳐있을 뿐 만남을 요구하지 않기 때문이다. 이렇게 만남은 다양성을 전제하지만 도시에서 만남을 가능하게 하는 다양성은 다시 밀집성과 결부되어 있다. 따라서 도시의 다양성은 각기 서로 단절된 양상이 아니라 연속성의 양상을 취한다. 이러한 사실을 종합하면, 도시의 특성은 긴밀하게 연관된 세 가지 특성으로 밝혀진다. 그것은 바로 밀집성density, 다양성variety, 연속성continuity이다.

이제 도시의 세 가지 특성을 터의 기본구조인 중심과 방향의 관점에서 고찰해 보자. 도시의 경우 중심과 방향은 광장과 가로이다. 우선 가로에 대해 알아보자. 도시의 가로는 밀집성과 다양성의 합주가 연속성과 변주로 나타나는 도시의 요소이다.[114] 즉 도시의 가로에 서 있는 건축물들은 반복성을 보이지만, 동시에 걸음을 옮길 때마다 가로의 또 다른 가능성이 발견될 수 있는 기회여야 한다. 때문에 가로를 따라 지어진 건축물들은 연속성을 유지하면서 상대적으로 적은 규모의 변화를 동반해야 한다. 이를 위해서 변화는 시선의 수준을 크게 넘지 않는 범위에서 일어나야 하는 반면, 건축물 외벽의 상부는 보다 일정한 움직임을 보여야 한다.

특히 슐츠는 도시의 가로를 논하는 데 있어서 외벽의 중요성을 강조한다. 가로는 도시외벽의 배열에 따라 그 경계가 형성됨으로써 존재하는 것이기 때문이다. 실로 가로의 성격을 규정하는 데 있어서 외벽이 어떻게 지어졌는가는 결정적 역할을 한다. 이러한 관점에서 길가에 서 있는 도시의 외벽을 보면 외벽의 형태가 단순해도 다양한 변주의 가능성을 보이고 있기 때문에 언제든지 새로운 장소를 형성할 수 있음을 알 수 있다. 벽에 잠재되어 있는 이러한 능력은 벽 자체가 전체적인 형태를 결정하는 포괄적 주제를 갖고 있음과 동시에 그 하위에는 벽에 설치되는 문, 창문 등과 같은 부속적 요소들이 주제들을 변주할 수 있는 여력을 갖고 있기 때문이다. 아울러 도시의 벽은 만드는 방식에 따라 그 성격이 결정될 수 있다. 가령 벽은 딱딱하거나 부드럽게, 둔탁하거나 가볍게, 거칠거나 곱게 나타날 수 있다. 이와 같이 도시의 외벽은 전체적으로 통일적인 주제를 드러내면서도 그에 부속된 다른 요소의 변주 혹은 벽체 질감의 다양한 처리를 통해 변주될 수 있는 잠재력을 갖는다.

도시의 가로에서 특히 슐츠의 관심을 끄는 것은 길과 길이 만나는 곳, 즉 교차로이다. 우선 교차로는 방향의 변화와 나아가 그 선택을 함축한다. 그리고 그것은 길의 움직임이 점차 느려지고 있음을 의미한다. 따라서 교차로는 만남의 의미를 강화하고 장소의 새로운 국면을 열어놓으며, 처하고 있는 풍경의 내용을 성찰하도록 초대한다. 교차로가 흔히 분수 혹은 탑 등 특정한 형식적 수단에 의해 강조되는 이유는 이 때문이다.

만남이 이루어지는 정점은 가로가 광장으로 흘러들어가는 곳이다. 도시의 만남이 실질적으로 자리를 잡는 곳에서 광장보다 중요한 장소는 없다. 이러한 이유에서 슐츠는 폴 추커Paul Zucker를 따라 광장을 "심리적 주차장"이라 부르길 주저하지 않는다.[115] 나아가 광장은 사람들의 모임을 단순한 개인들의 합이 아니라 공동체로 구현한다. 그리고 광장에서는 슐츠가 표현하듯 가로를 따라 진행되던 발견의 과정이 마무리되며 움직임이 멈추면서 머무름과 휴식, 나아가 만남의 내용에 대한 성찰이 일어난다. 따라서 광장에서는 항상 어떤 선택만이 필연적으로 현시되는 것이 아니라 가로를 따라 흩어져 있는 것들이 복합적이면서도 포괄적인 이미지로 응축된다. 이렇게 한편으로는 선택이 더욱 고무됨과 동시에 다른 한편으로는 공동체가 하나의 전체로 지각되는 것이다.

그러나 종종 광장은 만남이 이루어내는 일치를 표상하며 다양한 풍경 세계를 설명하는 것으로 나타난다. 슐츠는 이러한 측면이 특히 중세도시에서 잘 나타난다고 지적한다.[116] 특히 슐츠는 이탈리아 로마의 광장을 대표적인 예로 격찬한다. 그 대표적인 예가 나보나 광장과 성 베드로 광장이다.

이러한 고찰을 통해 슐츠는 다음과 같은 결론에 이른다. 광장의 경계는 가로보다 강렬한 통일성의 의미를 제공함과 동시에 보다 풍부하게 세밀해져야 한다. 광장이란 장소의 성격을 결정하는 외벽의 테마는 뚜렷한 형태로 표현되어야 하며, 변주는 절제된 한계 내에서 시도되어야 한다. 리듬은 규칙성에 가까워야 하며, 수직적 긴장이 강조되어야 한다. 수평적 움직임은 여유를 갖고 균형을 이루는 진동이 되어야 하며, 경이로움이 절제되어야 한다. 요컨대 광장은 새로운 것을 안겨주기보다는 사물이 어떻게 존재하는가를 이야기해주는 곳이어야 한다. 그리고 수직적 긴장은 다양한 움직임의 일상을 대지에 뿌리내리고 하늘에 지향시킴으로써 우리의 삶이 대지와 하늘 사이에서 일어나고 있음을 일깨워주는 것이다. 따라서 광장은 사실상 도시의 일상이 되돌아오는 곳이며, 또 일상이 그로부터 시작되는 곳이다.

이제 이러한 광장의 의미로부터 가로를 되돌아보면 가로는 단순히 광장으로 인도하는 통로가 아니라 광장과 같은 초점과의 관계에서 비로소 의미를 갖고 가로로서 열린다. 유럽의 역사도시에서 가로는 도시 내부공간의 초점으로 모여들고 흘러나가는 형태를 취한다. 따라서 이렇게 도시의 초점과 관계를 갖고 있는 가로들은 단순히 사람과 물건의 운송로가 아니다. 가로들은 이러한 초점을 중심으로 구조화되어 그 초점으로부터 퍼져 나온 의미가 시적 운율처럼 변주되며 전체 거주지로 스며드는 미로로 나타난다. 그리고 동시에 그렇게 도시의 내부로부터 미로를 타고 퍼져나가는 의미들은 도시의 경계를 한계로 외부 풍경과 상호작용하는 가운데 도시의 형태를 결정하고 있다. 그리하여 도시의 길들은 다른 한편으로는 외부 풍경의 의미들이 어떻게 도시의 관문을 넘어 내부로 전이되는지를 보여준다. 도시의 미로는 내부 중심으로부터 퍼져나가는 의미들과 외부로부터 밀려 들어오는 의미들이 어떻게 화음을 이루는지 예시하는 것 같다.[117]

미로와 도시의 중심으로서의 광장이 절묘하게 시학적 역할을 이루어내는 도시를 슐츠는 베네치아에서 발견한다. 베네치아의 산마르코 광장은 한편으로 오밀조밀함의 극치를 과시하고 있는 베네치아시의 미로와, 다른 한편으로 남쪽의 낙천적 태양을 만나 보석처럼 빛나며 광활하게 트여 있는 바다 사이에 존재한다.[118]

베네치아의 광장과 수로들

산마르코 광장에서는 극명하게 대비되는 풍경의 의미가 조우하면서 서로에게 전이되는 가운데 어우러진 의미들이 광장의 다른 쪽 측면으로 미로를 타고 베네치아 시로 흘러든다. 이렇게 흘러드는 풍경의 의미는 베네치아의 수로에서 시적 변주의 절정에 이른다. 바다와 미로가 함께 만들어내는 베네치아의 수로는 흘러드는 의미들을 응결시키며 유일하고 독특한 사물을 탄생시킨다. 오직 베네치아에만 있는 사물, 결코 다른 곳에는 있을 수 없는 것, 그래서 다른 곳에 있으면 그 존재가 일그러지는 사물! 바로 그것은 베네치아를 바다도 땅도 아닌, 그래서 바로 바다이면서 동시에 땅인 풍경으로 출현시키는 수로와 그 수로의 수면 위를 흑진주처럼 떠다니는 곤돌라이다.

때문에 베네치아의 수로는 그냥 수로가 아니며, 그 위를 떠다니는 곤돌라는 그냥 배가 아니다. 수로가 베네치아란 시의 시구라면, 곤돌라는 시어이다. 곤돌라는 시어처럼 반짝이며 수로라는 시구를 타고 시구들을 이어가며 베네치아란 시를 읊어내는 것이다. 베네치아의 풍경에서 하늘과 땅 그리고 인간과 신성함은 결국 곤돌라에서 만난다. 죽을 운명의 인간은 죽음이 오면 바로 곤돌라를 타고 죽을 운명의 인간 너머에 있는 신성한 곳으로 떠나는 것이다.

밀집성, 다양성, 연속성이라는 도시의 특성이 도시에서 광장과 가로의 관계와 성격을 밝혀냈듯이, 도시의 공간적 조직 또한 언급된 도시의 특성에서 밝혀진다. 우선 만남으로서의 밀집성을 구현해야 하는 도시는 무한히 연장된 공간일 수 없다. 무한연장인 공간에서 모든 것은 끝없이 흩어질 뿐 결코 밀집되지 않는다. 따라서 도시의 공간은 항상 어떤 식으로든 경계 지어져 있어야 한다. 그리고 그 경계 지어진 공간 안에 사물과 건축물이 모여야 한다.

그런데 이러한 만남은 도시에 거주하는 인간의 행위를 통해 매개된다. 따라서 경계 지어진 도시 공간 안에 자리를 잡고 있는 건축물들은 인간과 어떤 식으로든 관련되어야 한다. 이렇게 인간의 만남과 행위에 관련된 건축물은 우선 그 크기에 있어서 절제를 보인다. 그것은 인간이 감당할 수 있는 크기, 즉 인간적 규모를 넘어서는 안 된다. 물론 여기서 인간적 크기란 인간실존이 그 자신의 물리적 크기에 국한되는 것이 아니기 때문에 인간 몸의 물리적 크기에 좌우되는 것이 아니다. 그것은 인간의 실존활동과 관계하는 것으로 인간의 실존활동이 감당할 수 있는 크기여야 하며, 또 그 활동을 배려할 수 있는 것이어야 한다. 특히 도시에서 인간의 활동은 만남을 통해 이루어지는 것이기 때문에 도시공간은 그러한 만남을 배려하도록 조직되어야 한다. 따라서 도시 가로의 경우에 그 폭은 절제되어야 하며 뚜렷한 목적지를 갖고 있어야 한다. 건축물들도 간격이 만남을 배려하도록 배치되어야 한다. 건물과 건물 사이가 지나치게 넓은 경우 공간의 밀집성은 희박해지며, 그에 따라 도시의 공간은 만남의 공간으로서 의미를 상실한다.

이러한 밀집성과 동시에 도시는 다양성과 연속성을 지녀야 한다. 그런데 다양성은 밀집성과 상충하며 연속성을 방해한다. 그렇다면 이렇게 서로 어긋나는 특성들은 도시공간의 조직에 어떤 결과를 가져올까? 만일 연속성과 밀집성이 다양성을 함축하는 것이 아니라 동질적인 것들의 밀집과 연속이라면, 그 연속성은 변화가 없는 연속성일 것이다. 그리고 그것은 균질적 요소들의 결합에 의해 지속되는 기하학적 직선의 양상이다. 그러나 다양성과 밀집성이 도시의 특성을 함께 이루는 것으로 서로 화해를 해야 한다면, 그러한 화해를 통해 생겨나는 연속성은 다양성의 변화를 타고 흐르는 연속성이다. 이러한 연속성은 균일하게 뻗어나가는 직선과는 달리 율동과 리듬으로 지속되는 변주의 과정이다. 따라서 밀집성, 다양성, 연속성을 특성으로 하는 도시의 공간조직은 기본적으로 직선적인 기하학적 연속성과는 다른 양상으로 전개되어야 한다.

그런데 그 양상이란 무엇인가? 이 물음에 답하기 위해서는 인간 실존과 터, 그리고 거주와 관계가 다시 상기되어야 한다. 인간 실존은 터를 잡을 때 그에게 열리는 풍경의 의미가 그를 거주로 초대하고, 이때 거주는 그 풍경의 의미가 응결된 초점을 발견함으로써 경계와 길을 마련한다. 도시의 공간에서도 거주의 공간인 한 이러한 실존적 공간성이 존중되지 않을 수 없다. 도시의 공간이 조직될 때 여전히 중요한 것은 도시가 터를 잡는 풍경의 성격, 특히 사방으로서의 풍경의 한 축인 대지의 형세, 즉 지세가 배려되어야 한다는 점이다. 따라서 도시의 공간조직이 구현해야 할 리듬과 변주, 그리고 율동의 연속성은 그 양상을 임의로 허공 속에서 구할 수 없다. 그것은 대지의 지세에 이미 함축되어 있는 비기하학적 리듬, 그리고 율동과 관계해야 한다. 물론 많은 이질성이 모이는 도시의 특성상 마을과 같이 풍경의 지세적 특성이 직접적으로 가시화될 수는 없지만, 지세의 리듬 및 율동이 도시의 공간과 호흡을 유지할 수 있도록 도시공간은 조직되어야 한다.

그러나 도시의 공간조직이 기하학적 법칙성을 벗어나 그것이 터하는 지세적 특성에 관계한다고 해서 기하학적 공간조직이 도시의 공간조직에서 완전히 추방되는 것은 아니다. 슐츠는 기하학이 여전히 도시 공간조직에 어떤 역할을 담당하고 있음을 인정한다. 그리고 그 역할은 지형학적 공간조직에 바탕을 두고 있을 때 비로소 의미를 갖는다는 점에서 주의를 환기시킨다.[119]

그런데 이는 구체적으로 어떤 의미인가? 기하학적 공간조직은 풍경의 초점을 도시의 초점으로 지어낼 때 비로소 의미를 발한다. 인간이 터를 잡는 풍경에서 초점이 갖는 중요성은 도시에서는 기하학적인 도형의 완벽성과 보편성을 통해 상징화되기 때문이다. 도시공간의 초점은 기하학적 형상의 완벽성을 통해 주위 풍경과 차이를 드러낸다. 그럼으로써 풍경을 중심화하는 역할이 더욱 강조된다. 이렇게 모음의 역할이 강조되면 도시의 중심이 갖는 다양성의 포용성 또한 고조된다. 따라서 기하학적 형상이 갖는 보편성이란 특징은 동시에 도시 초점이 갖는 포용성을 상징화한다. 이러한 이유에서 슐츠는 다음과 같이 말한다. "중심으로서의 중요성 때문에 광장은 기하학화될 때 포용적인 상징이란 특질을 획득한다." 120

도시가 기하학적 공간조직을 구현하고 있다면, 그것은 도시공간 자체가 실존적 공간성을 가질 수 없고, 오직 기하학적 질서만을 갖고 있기 때문은 아니다. 또 실존적 공간조직이 기하학적 공간조직을 통해 도시에서 추방되거나 파괴되기 때문이 아니다. 오히려 기하학적 공간조직은 실존적 공간의 구조를 도시에서 선명하게 일반화하는 상징적 역할을 담당한다. 예컨대 로마의 성 베드로 성당 광장이 기하학적 형태를 갖는 것은 도시공간의 실존적 중심성과 다양성의 포용성이 기하학적 형상이 갖는 완벽성과 보편성을 통해 상징화될 수 있기 때문이다.

결국 도시의 중심부는 지형학과 기하학이 결합하며 공간조직을 형성할 때 도시적이다. 그리고 이 결합이 화해를 이루며 화합을 구현할 때 도시의 중심부는 도시의 전체공간을 탁월한 방식으로 조직해낸다. 슐츠는 이러한 탁월한 공간조직의 가장 대표적 예로 이탈리아의 도시 시에나Siena를 든다. 여기서 잠시 시에나 광장에 머물러 보자.

유럽 다른 여느 도시와 마찬가지로 시에나라는 도시 공간은 광장으로 중심화되며 조직되었다. 그러나 이 광장은 어느 곳에서 보기 힘든 독특한 공간 형태를 보여준다. 그리고 이 광장은 가장 아름다운 광장이란 찬사를 받으며 시에나란 도시의 정체성을 형성하는 데 결정적인 역할을 하고 있다. 오늘날 시에나는 그 도시의 중심부를 형성하고 있는 광장 피아자 델 캄포와 동일시될 정도로 광장을 통해 그 이름을 세계에 알리고 있다. 그리고 수많은 사람들이 바로 이 광장 때문에 시에나에 모인다. 도대체 이 광장의 독특성은 어디에 있는가?

옆면 시에나의 전경
위 아래 시에나 광장

시에나는 북으로는 피렌체, 남으로는 로마, 서쪽으로는 지중해로 향하는 세 개의 언덕에 조성된 도시이다. 도시의 중심은 당연히 이 세 개의 언덕이 만나는 곳이다. 따라서 만남으로서의 도시공간을 초첨화하는 광장은 이곳에 조성되어야 했다. 그러나 세 개의 언덕이 만나는 풍경의 지형적 조건은 곡면과 비탈이 주를 이루고 있는 지세이다. 때문에 수평적 평면을 제공하는 데 인색하다. 그리고 이렇게 수평에 인색한 지형적 조건은 도시의 중심부를 광장으로 조성해내기에 불리하다. 물론 광장을 조성하기 위해 풍경의 지형적 조건을 무시하고 대지를 평탄화하면 문제는 해결될 수 있다. 그러나 시에나에서는 이러한 상투적이고 폭력적인 방식이 선택되지 않았다. 오히려 풍경의 지형학적 난점은 상투적 공간조직 방식을 탈피하여 시에나의 공간을 여느 광장과는 다른 매력적 공간으로 반전시키는 계기가 된다.

물론 이 반전은 하루아침에 이루지지는 않았다. 그것은 200년이란 역사적 성숙과정을 거쳐 지금의 피아자 델 캄포의 형태로 탄생하며 시에나의 공간을 조직했다. 이 과정에서 가장 중요한 것은 광장에 시에나 풍경의 지세적 조건인 곡면의 비탈을 존중하는 것이다. 동시에 그 곡면의 비탈과 어울리며 초점으로서의 의미를 상징화하는 기하학적 패턴을 부여하는 것이다. 그런데 이러한 패턴은 어떤 것일 수 있을까? 정방형이나 원형일까? 다른 도시에처럼 광장의 공간을 정방형이나 원형으로 조직한다면 곡면비탈에서는 오히려 그 도형의 형태가 왜곡되게 나타날 것이다. 그리고 이는 완벽성과 보편성이라는 기하학적 도형의 상징적 효과를 훼손시키는 결과가 될 것이다. 따라서 시에나에서는 원이나 사각형 형태의 광장 대신 그와는 다른 기하학적 해결 방식이 도입된다. 곡면의 비탈은 어느 한 곳으로 수렴되는 흐름의 공간성을 갖고 있다. 이를 선명하게 상징하는 것은 무엇일까? 그것은 바로 그 경사진 흐름에 기하학적으로 정확히 계산된 부채꼴 모양의 방사형체계를 새겨 넣어 그 흐름이 한 곳으로 모이게 하는 것이다.

그리하여 시에나의 피아자 델 캄포는 오목하게 휘어져 비탈진 지세가 8개의 방향을 따라 한 점으로 수렴되는 부채꼴 형태로 지어진다.[121] 그리고 풍경의 지세가 수렴되는 지점에 시청사가 자리 잡고 있다. 이 시청사는 다시 수직으로 우뚝 선 만사Mansa라는 이름의 탑으로 어디서나 돋보이는데, 이러한 형태를 통해 하늘과 땅을 이어내며 시에나 공간의 흐름을 받아내고 있다. 그 결과 외부로는 로마, 피렌체, 지중해로 뻗어나가는 시에나의 공간적 구조는 내부로는 광장의 흐름에 매개되어 시청사로 집중된다. 동시에 거기서 만사 탑을 통해 하늘과 땅으로 이어짐으로써 보다 선명하게 실존적 공간의 구조를 구현하게 된다. 대지의 지형학과 추상적 기하학은 시에나 광장에서 이렇게 결합하여 화해를 이루며 실존적 공간을 탁월하게 성취하는 것이다.

이미 말한 바와 같이 시에나 광장은 가장 아름다운 광장이란 찬사를 받는다. 하지만 시에나 광장은 바닥이 빛나는 대리석으로 장식되어 있는 것은 아니다. 또 주변이 화려한 꽃으로 치장되어 있는 것도 아니다. 시에나 광장이 아름답다면, 그것이 우리의 미적 감수성을 자극하기 때문이 아니다. 그렇다고 시에나 광장이 하늘과 땅을 그 자체로는 아무 감동도 없는 무미건조한 물질로 환원시키며 오직 넓은 면적의 수용이라는 기능만을 제공하는 것도 아니다. 시에나 광장과 건물은 그곳 풍경에 고유한 대지의 지세를 보존하며, 또 대리석 대신 그지역의 대지가 선사한 고유한 흙을 구어 만든 벽돌로 지어져 있다. 따라서 시에나 광장은 찬란한 장식성보다는 짙은 토속성을 드러내며 풍화를 허용한다. 그리고 풍화된 벽돌 바닥과 건물들은 시에나 광장을 대지로 삭아 들어가는 귀향의 분위기로 채색한다.

이러한 분위기 속에서 대지가 그 투스카니 지방의 코발트 빛 하늘과 만나며 모습을 드러내고 동시에 그 찬란한 하늘이 대지의 지세가 배어나오는 사발 모양의 토속적 광장에 담기듯 내려앉는다. 그럴 때면 시청사는 시간의 흐름에 따라 광장에 그림자를 드리운다. 광장은 이제 캔버스가 되고 서로에게 스며드는 하늘과 땅은 빛과 그림자의 윤무를 통해 스스로에게 붓질을 한다. 하늘과 땅은 시에나에서 인간이 지은 건축물로 중심화되어 서로 만나며, 이 만남의 과정은 광장에 스스로를 풍경화로 드러내는 포이에시스적 사건으로 일어나고 있다.

이렇게 시에나 광장의 아름다움은 그곳에서 탁월하게 성취되는 실존적 공간조직에서 샘솟는다. 그것은 감수성을 자극하는 장식적 미학으로는 결코 재현할 수 없는 존재론적·실존론적 사건이다. 그리고 이 사건은 거주를 갈망하는 인간들을 끊임없이 불러 모은다. 이에 응답하듯 전 세계에서 온 사람들은 그 광장에 행복하게 자리 잡으며 광장을 향유한다.

현대도시의 기원

지금까지 도시의 특성에 비추어 도시가 갖추어야할 조건을 광장, 길, 벽, 관계 그리고 공간적 조직을 중심으로 고찰하였다. 그리고 시에나란 도시의 실존적 공간성을 밝혀내었다. 이제 이러한 결과를 바탕으로 현대도시를 반성해보자.

대체적으로 현대도시의 공간은 가로를 형성하는 건물의 밀집성과 연속성은 상실되고 여기저기 나름대로 서 있는 판상형 건물들로 채워져 있다. 가로와 건물이 서로의 형태와 의미를 살려내는 상호작용이 증발해버렸기 때문에 가로는 오직 운송이나 교통기반시설로 존재할 뿐이다. 광장은 도시풍경의 성격이 발원하는 중심이나 만남과 의미가 머무르는 심리적 주차장이 아니라 문자 그대로 주차장이란 기능으로 변질되었다. 또 도시의 가로는 거대 교통체계로 개발되어 대규모의 수송과 신속한 이동을 보장하지만, 그러한 가로에 의해 만남을 가능하게 하는 밀집성은 해체되어 있다. 뿐만 아니라 대개의 현대도시들, 특히 전적으로 현대적으로 지어진 신도시들은 그 도시가 어디에 터하고 있든지 거의 동일한 모습을 보이고 있다. 즉 어디를 가나 유사한 기하학적 스타일의 건물로 채워져 있으며, 그 건물들이 들어선 대지는 그 건물이 들어설 수 있도록 대대적인 공사를 통해 평탄화되어 있다.

이러한 경향은 우리가 자랑하는 신도시, 분당과 일산을 가보면 너무도 뚜렷하게 마주치는 사태이다. 균일하게 조성된 아파트단지, 그리고 격자형으로 체계화된 가로, 넓은 폭으로 공간을 단절시켜 만남을 저지하는 자동차 도로들이 오늘날 도시를 규정하는 일반적인 모습이다. 현대도시들은 어째서 이러한 모습을 갖게 되었을까? 이제 슐츠를 따라 그 기원을 추적해보자.

● 현대도시의 모태: 수정궁의 출현과 풍경의 실종

계몽주의에 의해 추진된 프랑스 혁명과 새로운 산업혁명은 이제 다시 모든 것을 바꾸기 시작한다. 한 인간에게 집중되었던 권력은 원래부터 자유로운 모든 이성적 인간에게 되돌아가야 했다. 또 매너리즘의 회의와 바로크의 과장된 감동을 통해 훼손된 르네상스의 이성은 회복되어야 한다. 뒤이은 산업혁명은 경제와 시장을 열어 놓기 시작했으며, 사물들이 생산품으로 변질되어 무더기로 쏟아져 나오기 시작했다. 인간은 이제 미증유의 실존 상황을 맞이하기 시작했다. 과거로부터 남겨진 모든 것은 이성과 경제의 이름 아래 본격적으로 배척되기 시작했다. 그것은 당연히 거주의 상황에도 급격한 변화를 불러일으켰다. 도시도 과거와 단절해야 했던 것이다. 새로운 도시를 향한 근대의 열망은 이미 근대 합리주의 철학의 시조 데카르트에서 이미 노골적으

로 드러나 있었다.[122]

이제 신성함이 깃들고 인간에게 다양한 성격의 거주지를 열어주던 풍경은 거주지로부터 보다 과격한 방식으로 추방된다. 과거의 거주지는 멈포드가 말하듯 "공장, 철도, 빈민굴"과 같은 새로운 덩어리들로 변태하기 시작한다. 그리하여 새로운 도시가 계획되기 시작했는데 여기서 이성의 최고 산물인 기하학과 경제가 결합하는 새로운 도시의 구상이 다듬어지고 있었다. 이 새로운 도시계획의 전형은 단지 경제적 상품으로 취급될 수 있는 유사한 건물부지들을 지닌 직교격자였다. 이제 의미를 지닌 장소, 길, 구역들은 중립적인 좌표계로 대치되었다.[123] 도시는 자연과의 관계를 상실했으며, 도시확산을 통해 도시의 내부는 사라지지는 않았지만 새로운 교통체계의 희생물로 전락하기 시작했다. 전통적인 도시의 동네들은 곧바로 그 정체성을 상실하였다. 이러한 상황의 전개로 다른 한편 교외라는 새로운 거주지가 출현하기 시작한다. 소위 정원도시Garden City라는 새로운 도시가 그것이다.[124]

19세기의 중요한 도시계획안들은 이러한 기하학적 공간 이미지에 바탕을 두며 동시에 그것들은 도시의 불결함과 불규칙한 확산이 야기한 사회적 문제를 해결하려 한다. 이러한 도시계획안의 가장 대표적 사례는 스페인의 건축가 마타르Soria y Matar가 계획한 마드리드 주위의 선형도시이다. 이것은 개방적이면서도 질서 잡힌 선형성장 개념, 그리고 거주자와 자연 사이의 적극적 상호관계에 바탕을 두고 있다. 근대도시의 개념은 호워드Ebernezer Howard에서 더욱 성숙된다. 그는 지대제, 분화된 가로체계 그리고 도시 중심이라는 개념을 도입하면서 개방된 도시에 정체성과 구조를 부여하는 문제에 정면으로 접근했다. 도시를 중심으로 그는 시청사, 극장, 음악당, 도서관, 박물관, 그리고 병원을 포함하는 중앙공원 등을 생각했다.[125]

건축물도 기하학을 통해 쇄신되어야 했으며, 따라서 입방체, 삼각형, 원통, 원추, 구 등이 건축물의 형태를 결정하기 시작한다. 기하학을 통해 거주와 풍경의 관계를 이상화하려했던 르네상스적 동경이·이제 계몽주의 이성혁명과 산업혁명의 전폭적인 지원 아래 급진적이고도 완벽하게 구체화되기 시작하는 것이다. 다시 풍경과 거주는 기하학을 통해서만 모습을 드러낼 수 있게 되었는데, 그것은 공간을 동질적 무한공간으로 전제할 때만 가능하다. 이것은 인간이 모든 것을 알고 만들 수 있다는 자신감을 보여주는 역사적 이벤트, 즉 1867년 개최된 파리 국제박람회에서 구체적 이미지로 출현한다. 그것은 호로우Hector Horeau가 제출한 박람회의 전시관 설계안이다. 여기서 전시건물은 시각적으로 무한한 공간의 경계가 없는 일부로서 나타나는데, 이는 투시도에서 연속적인 수평선에 의해 상징된다. 이에 대해 슐츠는 다음과 같이 평가한다. "이러한 디자인은 바로크 건축에서 목격되는 공간의 분화를 통해 과정으로 진행되는 역동적 확장을 이미 무한하게 연장된 개방공간으로 변형시키고, 그럼으로써 새로운 지구적 상황을 구체화하고 있다." 126

이렇게 인간 실존의 공간을 개방공간으로 이해하고 그것을 구체화시키는 건축적 작업은 이제 거주지를 짓는 재료의 선택에도 변화를 가져온다. 사실 개방공간은 물질적으로 구체화될 수 없는 것이다. 개방공간은 완결된 무한성으로 그 안에 어떤 경계도 허용하지 않으며, 따라서 다른 것과 완전히 다른 밀폐성으로 특정지어지는 물질을 통해서는 더더욱 구현될 수 없는 것이다. 그럼에도 불구하고 이러한 개방공간을 물질적으로 구체화할 수 있는 매우 역설적인 물질이 존재한다. 그것이 바로 유리이다. 유리는 물질이면서도 물질과는 달리 투과성을 본질로 하는 모순적 물질이다. 때문에 이제 유리는 개방공간을 물질화할 수 있는 최선의 재료로 애호되기 시작한다.

그러나 유리는 바로 그러한 투과성 때문에 언제든지 부서질 수

수정궁

있는 물질이며, 따라서 가장 강도가 강한 물질로 지탱되어야 한다. 이러한 이유 때문에 유리에 대한 애호는 철에 대한 애호를 동반할 수밖에 없다. 그리하여 이제 풍경과 거주는 유리와 철로 지탱되는 구조물의 시대를 맞이하게 된다. 결국 근대 이후 이전에는 볼 수 없었던 새로운 건축물이 출현하기 시작한다. 그것은 바로 유리와 철로 된 대규모의 홀이다. 실제로 19세기에 팩스톤Joseph Paxton은 런던박람회를 위해 최초로 유리와 철로만 된 거대한 수정궁을 지었다. 그리고 그 이후 수십 년 간 유럽과 미국 도처에서 수정궁 건축이 붐을 이루었다. 유리와 철의 시대에 이제 인간의 실존공간은 내부와 외부의 경계 구분을 상실하고 동질화된다. 그것은 풍경과 건축물의 구분 또한 증발하는 과정이다.

이로써 건축물은 풍경의 의미를 모을 수 있는 기회를 박탈당한다. 풍경은 유리가 더러워져 투명성을 잃으면 건물 표면에 물질적으로 희미하게 반사될 뿐이다. 풍경은 그것과 구별되는 건축을 통해 그의 다양한 성격을 가시화할 수도, 상징화할 수도, 보완될 수도 없는 허무적 상태에 빠진다. 풍경의 성격도 건축물의 의미도 실종되며, 풍경의 니힐리즘 시대라 불릴 수 있는 시대가 도래하고 있는 중이었다. 그것은

다음 시대에 기능주의와 그 완성태인 국제주의란 이름으로 출현하여
현대도시를 만들어가는 견인차가 된다.

풍경의 추방과 현대도시

기능주의와 국제주의는 근대과학에 의해 더욱 과학적 정당성을 주장
하게 되는 동질적인 무한 연장공간과 사물로부터 의미를 제거하고 도
구로서의 기능만을 남긴 산업혁명의 결실이다. 이는 인간의 거주영역
에 새로운 메시지를 전한다. 그 메시지는 우선 오스트리아의 건축가
아돌프 루스에게서 발견된다. 그는 과거의 건축물에 여러 가지 의미
를 전달하며 현란하게 부착되어 건축물의 형태조형에 참여하고 있는
장식물들을 제거할 것을 요구한다. 그것은 비경제적이고, 기능을 훼
손하며, 물질로서의 사물과 그것들이 위치하고 있는 무한한 연장공간
에는 없는 허구일 뿐이다. 그리하여 그것은 건축물의 형태를 왜곡시
키는 것이다. 현대가 모습을 드러내는 20세기 초엽(1908년) 인간에게
다음과 같은 선언이 루스의 논문 「장식과 죄악」을 통해 전달된다. "문
화적 진화는 우리의 인공물로부터 어떠한 장식도 배제해야 한다는 것
을 의미한다. 새로운 장식을 만들어낼 수 없다는 것은 우리 시대의 위
대함을 보여준다." [127]

　이제 건축은 장식을 척결하고 순수하게 기능에 의해 지배되어야
한다. 건축물의 형태는 기능에 따라야 하는 것이다. 그 유명한 기능주
의 선언, "형식은 기능에 따른다"는 이렇게 시작한다. 그런데 이미 과
학이 보여준 바와 같이 실재하는 공간은 기하학적이다. 따라서 기능
은 기하학적인 실재공간에 존재해야 한다. 즉 기능은 기하학적 공간
의 질서를 따르며 기하학적으로 조형되어야 하는 것이다. 그리고 실

재공간이 기하학적인 이상, 실재공간도 어디서든지 동질적이다. 따라서 이러한 원리는 보편성을 주장하며 언제 어디서든지 동일하게 적용되어야 한다. 결국 건축이 언제 어디서든 실재의 공간 안에 지어지는 것이라면, 그리하여 그 실재의 공간 안에 존재하는 인간을 위한 것이라면, 모두가 동일하게 기하학적으로 조형된 기능적 건물이어야 한다. 건축에 있어서 지역 그리고 국가의 차이는 존재할 수 없는 것이다. 따라서 건축과 건축물로 이루어진 실재의 거주지는 국제적이어야 한다. 결국 20세기 초엽 루스를 통해 선언되었던 거주와 풍경의 기능주의적 관계는 20세기의 도시에서 국제주의란 양식으로 구체화된다.

실제로 20세기 전반부까지 소위 현대도시로서의 자격을 주장하는 도시들은 체적 측정이 용이한 단순한 기하학적 형태를 가지고 있었다. 또 무한 연장공간 속에서 구별을 상실하는 풍경과 거주지의 관계를 가장 투명하게 보여주는 유리와 철의 시대를 완성시킨다. 발터 그로피우스가 지은 건물들은 이미 19세기 말 수정궁의 출현에 잠재되어 있던 풍경의 니힐리즘이 기능주의와 국제주의의 양식으로 완성되어 가고 있음을 극명하게 보여주는 예들이다. 19세기 철과 유리에 의해 고취된 개방성과 역동성을 표현하는 투명성이 이제 그로피우스를 필두로 20세기에 광범위하게 확산되기 시작한다. 1911년 그로피우스가 지은 파구스Fagus 공장에서 벽체는 유리와 철로 된 가벼운 커튼으로 변형되었으며, 육중한 모퉁이는 제거되었다. 또 쾰른에서 개최된 베르크분트Werkbund 전시회를 위한 "표준적 공장"에서 유리커튼의 연속성이 강조되었다.

이제 현대도시는 유리와 회벽에 의해 얇고 무게 없는 표피를 갖는 기하학적 형태의 볼륨들로 이루어진다. 이러한 건물에는 세밀한 표현이나 재질감이 부재한다. 물론 여기에는 기계주의 미학이 깊이 관여되어 있다. 잘 알려진 바와 같이 기능주의의 선구자 그로피우스는 기계

파구스 공장

에 적응하는 건축을 예고한다. 그에게 이상적인 건축은 "기계, 라디오, 빠른 속도의 자동차의 시대에 적응된 건축, 형태와의 관계에서 그 기능이 분명하게 인식될 수 있는 건축"이다.[128] 르 코르뷔제 역시 기계에 대한 경탄을 다음과 같이 술회하고 있다. "우리는 대량생산의 정신, 집을 대량생산하는 건축의 정신을 창조해야한다. 우리가 집과 관련된 모든 죽은 개념을 우리의 가슴과 마음에서 지워낸다면, 그리고 문제를 비판적이고 객관적인 관점에 바라본다면, 우리는 기계로서의 집 개념에 도달해야 한다."[129] 이러한 인용문에서 노골적으로 선언되듯 현대도시를 설계한 선구자들에게 도시는 기계의 일종인 건축물로 채워져야 할 뿐, 그 어디에도 풍경을 위한 자리는 없었다. 현대도시에서 풍경은 그 존재의 의미를 상실하는 니힐리즘의 상태에 빠지는 것이다.

이러한 풍경의 니힐리즘은 국제주의 건축의 대가를 탄생시켰다. 대가 중의 한 사람인 루드비히 미스 반데어로에Ludwig Mies van der Rohe(1886~1969)는 1922년 베를린 전시회에서 유리로 이루어진 건물 기획안을 선보였다. 이 기획안은 국제주의 시대가 담고 있는 풍경의 니힐리즘이 기하학, 기능, 유리, 철의 위대한 결합을 통해 완벽하게 구현되고 있음을 증명했다. 실제로 이후 전 세계의 도시공간은 바로 이 유리, 철, 기학학적 형태, 기능에 의해 빈틈없이 점령당하기 시작한다.

여기서 우리는 현대도시 공간이 이미 근대에서 출발한 동질적 공간을 향한 강력한 조작의 원리에 의해 지배되고 있음 알 수 있다. 실로 공간을 텅 빈 동질적 연장성으로 파악한 데카르트는 이미 도시를 합리적으로 건설하기 위해 강력한 파괴가 선행되어야 함을 설파한 적이 있다. 그리고 19세기 건축의 영역에서 도시에 대한 데카르트의 태도는 구체성을 지니고 나타난다. 상텔리아Antonio Sant' Elia(1888~1916)는 '새롭게 출발하는 도시City ex novo'를 주장하였고 많은 아방가르드 건축가들도 이에 동참하였다.[130] 이후 르 코르뷔제는 고층 아파트 도시

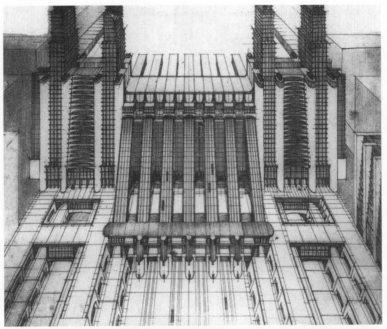

상텔리아, 신도시 드로잉

를 '공원 속의 탑', 즉 나무와 풀을 위한 수평적 공간으로부터 해방된 수직 주거공간으로 계획했다. 이는 이미 열린 풍경에 건물이 지어지는 것이 아니라, 모든 것이 제거되고 새로운 계획으로부터 출발해야 한다는 것을 뜻한다. 즉 이미 수백 년 간 인간의 거주를 통해 풍경을 머금고 풍경에 스며들어 있는 패턴을 삭제하고, 어디에든지 건설될 수 있는 건물과 도시를 디자인하는 것이다.

그러나 동질적 공간은 사실 기하학에만 존재하는 공간으로 우리 삶이 진행되는 어디에도 없는 공간이다. 또 현대 신도시는 이렇게 공간을 동질화하고 있기 때문에 터를 여는 두 요소, 즉 중심과 경계를 삭제하고 있다. 아울러 현대도시에서는 터의 두 차원, 즉 풍경과 거주지라는 차원이 가름되면서 이어지는unterschied 호흡이 단절되어 있다. 이미 언급한 것처럼 풍경은 거주지의 배경으로 열려 있으며, 즉 거주지나 건축물은 풍경을 모으는 중심으로 기능한다. 따라서 건축물과 거주지는 그 자체 풍경의 유형에 따라 어떤 밀집의 밀도와 배치형태를 갖게 된다.[131] 그러나 현대도시의 거주지들은 동질적 공간, 즉 불모지로 가공되어 각 풍경의 고유한 성격을 상실한 공간에 부동산으로서의 경제적 가치, 실용적 용도, 그리고 장식물로서 발하는 도시미화 효과에 따라 건축되고 배치되어 있다.

마지막으로 이러한 건축물들은 사물로서의 존재를 상실하여 그곳에서는 하늘과 땅의 모임이 일어나지 않는다. 하늘과 땅은 현대도시에서 사실상 실종되어 있는 것이다. 물론 현대도시는 평평한 땅 위에 지어진 고층건물로 돋보이지만, 이는 하늘과 땅의 방향성을 구체화한 수평수직 구조와 전혀 다른 의미를 지닌다. 현대도시 건축에서 중요시되는 것은 하늘과 땅이 사물을 중심으로 펼쳐지는 터에 어떻게 어우러져 어떤 분위기가 일어나는가가 아니라, 기껏해야 고층건물들의 고저가 어떤 스카이라인을 형성하여 먼 곳에서 보았을 때 어떤 감각적 장식미를 산출하는가이다. 나아가 현대도시에서 수평은 계속 확장되는 공동체를, 수직은 고층건물에 의해 상징화되듯 경제적 성공과 부의 축적을 과시하고 있을 뿐이다. 슐츠는 현대도시의 전반적 경향에 대해 다음과 같이 말한다. "현대 건축가들의 손에서 공간은 무차별적인 간격의 연속이며, 지어진 형상들은 성격을 상실한 채 터의 의미에 어떠한 기여도 하지 못하는 반복체일 뿐이다. 그 결과 현대도시는 우리를 어떤 곳을 향한 산책으로 초대하지 않는다. 어떤 곳도 다 동일하기 때문이다."[132]

현대도시에서 풍경 안의 거주지는 상실되었으며, 공동체적 삶의 장소로서 도시의 중심은 상실되었고, 인간이 자신의 개인성과 소속성을 동시에 체험하는 의미있는 하위장소로서의 건물도 상실되었다. 그리하여 하늘과 땅의 관계도 상실된다. 거의 모든 현대의 건축물은 슐츠의 탄식처럼 "어디에도 존재하지 않는다." 현대 건축물들은 풍경과 관계지도, 나름대로 운율을 갖고 있는 도시전체와도 관계하지 않는다. 그것들은 위아래를 거의 구분할 수 없는 일종의 수학적·기술적 공간에서 추상적 삶을 살고 있다.[133] 이러한 현대도시에 대한 슐츠의 비판은 과장된 것이 아니다. 풍경과 거주지를 형성하는 구성요소인 중심, 길, 구역 등이 상실되고 추상적 격자도로 체계와 단조로운 기하학적 도형 형태의 건물이 들어선 현대도시에서 인간은 단순한 지각의 차원에서조차 방향을 찾는 데 어려움을 겪는다. 왜 그럴까?

인간의 자연스러운 방향지각은 기하학적 공간 위의 객관적 방위체계에 따른 것이 아니라 그가 살아온 삶 속에 의미를 가져다준 풍경과 거주지의 사물들을 통해서 실행되기 때문이다. 건축가 볼프강 마이젠하머는 이를 다음과 같이 아름답게, 그러나 매우 정확하게 표현하고 있다. "풍경 속의 산이나 나무처럼 건축물은 길을 가르쳐 준다. 그것들은 방향을 정하는 것을 수월하게 만들고, 일상적 행위의 출발점이 되기도 한다. 우리 마음 속의 안내도를 만들기 위해 우리는 교회의 첨탑, 모퉁이 탑, 가게와 선술집 앞에 눈길을 끌던 것들, 다리나 송신탑이 자리한 곳을 필요로 한다. 이러한 것들은 우리들의 공간표상에서 선택된 형상기호들이며, 도시의 장소는 이것들로 구성된다. 그것들은 도시에 물리적으로 발을 들여놓기 위해 것이 선별된 것이 아니라 기억을 머물게 하기 위해 선택된 것이다. 이러한 장소의 몸짓에 집으로 돌아왔다는 우리들의 느낌이 스며있는 것이다. 누구에게나 잘 알려진 정향점들 사이에 오직 우리의 삶에 속한, 그리하여 우리들의 일상적 삶이 전적으로 의존하고 있는 개별적인 특징들로 짜인 카펫이 깔려 있는 것이다." [134]

현대도시에서 겪는 어디에도 없음이란 살풍경은 현대도시의 건물 내부에서도 마찬가지로 반복된다. 중성적이고 평평한 표면은 세밀한 형태의 천장을 대치했으며, 창문은 측정될 수 있는 양의 공기와 빛을 받아들이는 도구로 전락했다. 따라서 현대적으로 지어진 건축물에서 다음과 같은 슐츠의 질문은 무의미한 것이 되고 만다. 당신의 방에서 빛은 어떻게 잘라지는가? "빛은 낮에서 밤으로, 계절에 따라 어떤 분위기로 변주되는가?" [135]

물론 수많은 현대도시가 모두 이렇게 천편일률적으로 동일하다는 비판을 받을 수 있는 것만은 아니다. 현대도시도 나름대로 차이가 있다. 특히 현대도시의 전형적 예라 할 수 있는 미국의 도시들 중에는 앞서 언급된 현대도시의 문제점에도 불구하고 비교적 호의적인 평가를 받을 수 있는 도시가 있는가 하면, 현대건축이 침투하면서 기형화된 도시가 있다. 두 경우를 대표하는 도시로 슐츠는 시카고와 보스톤을 대비시킨다.

시카고는 잘 알려져 있다시피 마천루의 발생지이다. 때문에 현대도시로서는 가장 실패한 도시라 추측될 수 있을 것이다. 하지만 역설적으로 슐츠는 시카고를 오히려 미국의 도시 중 터의 성격이 비교적

위 시카고와 미시간 호 아래 시카고 시어즈 타워

존중되고 있는 현대적 사례로 평가한다. 그 이유는 다음과 같다. 시카고는 광활한 일리노이 평야와 호수라고 하기엔 너무나 무한한 미시간 호수가 접하는 곳에 터를 잡고 있다. 이러한 시카고의 풍경은 슐츠의 유형학을 적용시키면 우주적 풍경과 흡사하게 기술될 것이다. 이곳에서는 영원성과 보편성을 드러내는 건축이 풍경의 성격을 드러내며, 자연적 풍경과 거주지의 연속성을 확보할 수 있다.

무한히 연장된 미시간 호는 탁 트인 직교형 도시구조에 반영될 수 있고, 이러한 구조는 각각의 건축물에서 구체화될 수 있다. 시카고와 같은 곳에서 닫힌 둥근 건축물이나 자유롭게 형태화된 건물은 시카고의 배경을 이루는 풍경과 연속성을 드러낼 수 없다. 이러한 풍경의 성격은 시카고 건축의 개척자들에게 다가왔고, 소위 1880년경부터 본격화되는 시카고 건축은 격자구조와 수직으로 뻗어 올라가는 마천루를 중심으로 시카고의 풍경이 내재하고 있는 성격을 가시화하기 시작했다. 이는 1970년대에 완성된 420m의 시어즈 타워에서 절정을 이루는데, 이에 대해 슐츠는 시카고를 풍경의 성격이 비교적 존중된 매우 드문 현대도시로 평가한다.

이에 반해 보스턴에 대해서 슐츠는 매우 인색한 평가를 내린다. 보스턴은 그 도시 이름이 이미 연상시키듯 미국의 도시 중 비교적 역사의 흔적이 깊은 곳이며 유럽풍의 분위기가 짙게 피어나는 도시이다. 보스턴은 간헐적으로 낭만적 풍경의 성격을 보이며 비교적 그 지역성에 충실한 건축이 돋보였던 도시였다.

하지만 70년대 이후 다양한 중심과 경계와 경계의 리드미컬한 이어짐이 조직적으로 구획된 도로의 건설로 상실되고, 또한 거대한 고층 건물이 들어서면서 풍경의 성격이 점차 표백되기 시작했다. 슐츠가 지적하는 이러한 사태의 절정은 페이I. M. Pei가 설계한 존 핸콕John Hancock 빌딩이다. 실제로 이 건물이 지어지면서 그동안 보스턴이란

위 **보스턴 전경** 아래 **보스턴 존 핸콕 빌딩**

터의 중심이 구체화된 사물로서 보스턴 시의 풍경을 구성하고 있던 코플리 광장의 초점 역할이 파괴되었다. 그리고 이것은 보스턴을 기형적 도시로 전락시키는 사건이었다. 예컨대 그러한 고층 건물들은 베이콘 언덕과 같은 풍경에 비추어질 때 기괴스럽게 그 지역의 풍경을 압도하는 것으로 나타나고, 또 그러한 건물이 풍경을 중심화할 때 그것을 중심으로 펼쳐지는 풍경은 초라하게 왜소화되어 그 분위기를 잃어버린다. 그리하여 결국 하늘과 땅의 관계가 상실되기에 이른다. 따라서 보스턴은 슐츠가 평가하는 것과 같이 풍경의 성격을 고려하지 않고 사회적·경제적 요구만으로 건축물이 지어질 때 일어나는 일그러지는 도시의 모습을 그대로 보여주고 있다.

| 3부 |

건축에서 미래로

유-시티와 디자인 시티를 넘어
심포이에틱 시티를 향하여

지금까지 우리는 슐츠의 건축현상학을 통해 역사적 도시를 이해하고, 현대도시의 문제점을 조명하는 문제로 횡단했다. 그러나 오늘날 현대도시들은 21세기에 접어들면서 미래를 향한 급격한 변화의 한가운데 놓여 있다. 때문에 2부의 마지막 부분에서 논의된 현대도시의 문제점은 미래변화가 지속되면 될수록 과거 속으로 사라질지 모른다. 따라서 하이데거로부터 시작되어 슐츠를 거쳐 회복된 풍경, 거주, 도시의 실존적·시학적 관계가 진정으로 인간의 실존에 기여하는 문화적 실천력을 갖기 위해서는 미래를 향해가는 현대도시에 어떤 메시지를 던져줄 수 있어야 할 것이다. 과연 하이데거와 건축을 횡단하고 있는 건축현상학은 미래를 향한 현대도시의 모색에 방향을 제시할 수 있는가? 이를 본격적으로 논의하기 위해서는 미래를 향한 현대도시의 변화가 현재 어떤 방향성 속에 있는가를 확인하고, 그 방향의 지향점을 성찰하는 작업이 필수적이다.

현대도시는 어떤 미래를 향해서 가고 있는가? 현대도시가 지향하고 있는 미래는 20세기 후반부터 다양한 방식으로 추정되었다. 그 가운데 현재까지 가장 선명한 방향성을 가지고 나타난 것은 두 가지의 도시 비전이다. 첫째는 새로운 첨단기술의 발전이 불러일으킨 미래도시 비전인 유-시티U-City이며, 두 번째는 이와는 다른 방향에서 보다 미학적으로 추진되는 디자인 시티Design City이다. 과연 이 두 가지의 미래도시 비전은 우리가 지금까지 논의해온 풍경의 현상학에 비추어 볼 때, 어떤 의미를 지닐 것인가?

8

미래도시 비전
유-시티

20세기 후반 등장한 새로운 테크놀로지는 현대도시에 급격한 변화를 불러 일으켰으며, 현대도시는 이 기술을 흡수하면서 어디로 발전할지 모르는 혼돈 속으로 빠져들어 갔다. 그러나 현대도시가 새로운 첨단 기술과 조우한지 어느 정도의 시간이 흐른 오늘날 현대도시의 미래상을 확정하는 움직임이 비교적 구체적이고 체계적으로 일어나고 있다. 이것이 바로 유-시티U-City이다.

유-시티는 서구를 발상지로 하는 현대도시와는 달리 아시아 특히 우리나라를 중심으로 활발히 추진되고 있다. 실로 한국은 미래를 향한 새로운 도시 건설의 야심으로 충만되어 있다. 송도가 그렇고, 광교가 그렇고, 또 부산이 그렇다. 그리고 이러한 새로운 미래도시의 구체적 안으로 등장한 것이 바로 유-시티이다. 전 세계는 유-시티란 새로운 말을 한국의 발명으로 인정하고 있으며, 한국에서 일어나고 있는 이러한 새로운 물결을 예의주시하고 있다. 그러나 과연 유-시티란 무엇인가?

미래를 향한 모든 인간의 도전이 그렇듯이 유-시티의 개념 또한 비록 그 어휘는 참신하지만, 아직 선명한 내용을 갖고 있지 못하다. 그럼에도 현재 대한민국에서 일어나고 있는 유-시티를 향한 맹렬한 도전은 어느 정도 구체적인 모습을 담고 있다.

유-시티의
개념과
내용

유-시티는 첨단 정보통신 인프라와 유비쿼터스 정보기술을 도시생활에 필요한 모든 설비와 수단에 도입하려는 구상이다. 그럼으로써 도시공간 자체가 디지털 공간과 합성되어 네트워크화된 스마트 공간으로 탈바꿈한다. 이러한 도시에서는 인간과 사물 또한 사물과 사물은 그 속에 심겨진 칩 등을 통해 디지털 공간으로 사상mapping되어 정보로 위상 변환된다. 이와 동시에 유무선 네트워크로 연결되면서 서로 정보를 주고받으며 필요에 따라 서로에게 최적의 상태로 제공된다.

예컨대 회사원 A가 아침에 일어나자마자 그의 몸속의 센서는 그의 건강정보를 보건복지부 건강관리시스템Health Care System에 전송한다. 그 시스템은 그의 건강상태를 체크 한 후 현재 그에게 가장 필요한 영양소를 그의 집 냉장고에 설치되어 있는 유-쿠킹시스템U-Cooking System에 전송한다. 유-쿠킹시스템은 현재 냉장고에 보관중인 식품 중에서 A가 필요로 하는 영양소를 함유한 식자재를 찾아낸다. 그리고 그것을 가장 맛있게 먹을 수 있는 조리법을 그의 침실 벽면에 설치되어 있는 모니터로 디스플레이 한다. A는 이에 따라 조리된 아침을 먹은 후 차를 타고 출근을 하는데, 차에 설치된 각종 센서들은 그의 심리 상태를 체크하고 그가 가장 쾌적하게 출근할 수 있는 길을 차에 설치된 네비게이터에 표시한다. 이제 A는 즐거운 마음으로 네비게이터가 인도하는 대로 출근길에 오른다.

이러한 예에서 보듯 A의 몸과 냉장고의 식품들은 정보를 교환하여 A의 요구에 최적의 상태로 제공된다. 도시의 도로체계 역시 A의 심리

상태와 서로 정보를 교환하며 A의 심리상태가 요구하는 최적의 상태로 제공된다. 이렇게 유-시티가 실현되면 도시공간 안에 존재하는 인간과 사물은 디지털 상태로 위상 변환되어 서로 정보처리와 교환을 수행한다. 그리하여 우리가 사는 물리적 공간은 어디서든지 컴퓨팅 능력을 갖춘 고도의 연결 밀도와 지능으로 증강된augmented 가상공간과 합성되어, 이른바 혼합현실mixed reality로 탈바꿈할 것이다. 이는 결국 도시생활의 편의 증대와 삶의 질 향상, 체계적 도시관리에 의한 안전보장과 시민복지 향상, 신산업 창출 등 도시의 제반 기능을 혁신하게 될 것이다.

이미 유-시티 개념과 예에서 드러난 바와 같이 유-시티는 도시의 구성요소들 및 도시 기능과 관련된 다양한 상황을 지능적으로 관리하고 최적화하는 도시 기능의 스마트화와 전자적 공간 구현의 기반이 되는 유무선 통신 네트워크 연결로 이루어진다. 따라서 유-시티는 도로, 교량, 학교, 병원 등 도시기반시설에 첨단 정보통신 기술을 융합하여 유비쿼터스 기반시설을 구축하여야 한다.

이러한 기반시설로 구현되는 유-시티의 기능은 다음과 같은 과정으로 구분될 수 있다. 우선 정보를 생산하는 단계로서 RFID(Radio Frequency Identification)[1] 등이 부착되어 지능화된 도시시설이 정보를 생산해야 한다. 그 다음 과정은 정보의 유통단계로서 생산된 정보가 BcN, USN 등의 통신 인프라를 타고 도시통합센터로 전달되어야한다. 마지막은 그렇게 유통된 정보를 가공하고 활용하는 단계로서 도시통합정보센터에서 통합된 정보를 가공하고 이를 활용한다. 즉 정보를 활용하여 U-교통, U-환경, U-방범, U-행정 등 U-서비스를 제공한다. 이를 위해서 유-시티는 언제 어디서나 다양한 서비스를 제공할 수 있는 공동 플랫폼과 통합관리 플랫폼을 필요로 한다. 또한 실제로 도시기능이 디지털 공간에서 이용되기 위해 도시 기능에 유비쿼터스 기술이 접목된 응용 서비스를 다양화시키고 상용화해야 한다.

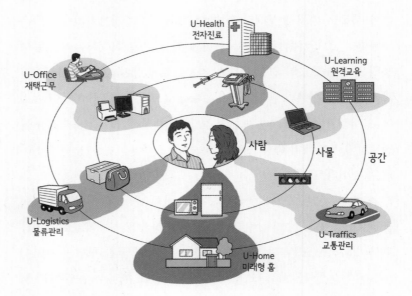

유-시티의
전제를 향한 심층추적 :
첨단기술과 현상학

유-시티의 기술적 전제 : 유비쿼터스 컴퓨팅

이상에서 보듯 현재 우리나라에서 추진되고 있는 유-시티는 어느 정도 구체화된 모습을 가지고 있다. 그러나 현재의 유-시티 개념은 기술에 대한 전면적인 낙관주의의 주도 아래 그것이 인간에게 갖고 있는 의미에 대한 성찰 없이 맹렬하게 추진되고 있다. 이는 이미 통념화되어 버린 한국판 유-시티 개념에서 노골적으로 나타난다. 모든 기술이 그렇듯 성찰이 없는 기술의 발전은 맹목적이다. 그리고 맹목적인 기술은 언제 흉기로 돌변할지 모른다. 때문에 현재의 유-시티 전개 방향을 다시 한 번 검토하여 유-시티가 함축하고 있는 의미와 가야할 방향을 선명히 하는 작업이 필요하다.

이를 위해서는 유-시티의 개념의 심층에 자리하고 있는 전제를 추적해 노출시킨 후 그 의미를 성찰해야 할 것이다. 그런데 이 심층추적은 어디서 출발할 것인가? 분명한 것은 유-시티가 유비쿼터스 컴퓨팅 Ubiquitous Computing 기술을 도시에 실현시키려는 계획이라는 점이다. 따라서 현재 대한민국이 지향하고 있는 유-시티의 방향성을 가늠하기 위해서는 유비쿼터스 컴퓨팅의 출현과정과 그 안에 함축되어 있는 의미를 발굴하는 작업이 선행되어야 할 것이다. 대체 유비쿼터스 컴퓨팅은 무엇이며 그 내용은 무엇인가?

● 유비쿼터스 컴퓨팅의 기술적 내용

유비쿼터스 컴퓨팅은 한때 제록스Zelox의 기술자로 일한 바 있는 마크 와이저M. Weiser가 창시한 개념이다. 이 개념은 인간과 컴퓨터의 상호관계Human Computer Interaction, 즉 HCI의 기존 양상에 파격적인 변혁을 가하기 위해 구상되었다. 인간과 컴퓨터의 상호관계적 관점에서 보면 유비쿼터스 컴퓨팅은 메인프레임컴퓨터, 퍼스널컴퓨터PC를 거친 제3세대의 HCI이다. 와이저는 이러한 유비쿼터스 컴퓨팅을 '스며있는 기술pervasive technology', 혹은 '조용한 기술calm technology', 혹은 '눈에 띄지 않는 기술invisible technology'이라고도 부른다. 그리고 유비쿼터스 컴퓨팅은 다음과 같은 기술들로 구성되어 있다.

유비쿼터스 컴퓨팅의 가장 큰 특징은 그에 대한 다른 호칭에서 시사되는 바와 같이 컴퓨터들이 환경에 숨겨져 있고, 그 컴퓨터들이 서로 무선 통신으로 연결되어 사용자에게 편리한 환경을 제공해 준다는 점에 있다. 이러한 환경을 구축하기 위해 요구되는 기술은 RFID와 USN이다. 이에 대해 간략하게 알아보자.

RFID는 Radio Frequency IDentification의 약자로서 각종 사물에 소형칩을 부착하여 사물의 정보와 주변 환경의 정보를 무선주파수로 전송·처리하는 비접촉식 인식 시스템이다. 이는 판독과 해독기능이 있는 판독기와 고유정보를 내장한 RFID 태그와 운용 소프트웨어, 그리고 네트워크로 구성된다.

USN(Ubiquitous Sensor Network)는 태그와 센서로부터 사물이나 환경 정보를 감지하거나, 이를 저장·가공·통합해 상황인식 정보와 지식 콘텐츠를 만들어 활용하는 것이다. 즉 각종 센서를 통해 주변의 환경 정보를 실시간으로 수집하고, 수집한 정보를 관리 및 통제할 수 있도록 네트워크를 구성하며, 모든 사물에 컴퓨팅 및 커뮤니케이션 기능을 부여하여 언제 어디서든지 통신이 가능한 환경을 구현하는 기술이다.

유비쿼터스 컴퓨팅를 지원하는 컴퓨터는 크기에 따라 탭Tab, 패드Pad, 그리고 보드Board로 나누어진다. 탭은 최근 출시된 갤럭시탭Gallaxy Tab이란 제품에서 보듯 항시 휴대할 수 있는 크기의 도구이다. 원래 탭은 유비쿼터스 컴퓨팅을 지원하는 가장 작은 컴퓨터로 포켓용 전자계산기 정도의 크기이다. 탭은 소형의 컴퓨터의 기능을 수행함은 물론 탭을 소지한 사람의 위치정보를 파악할 수 있는 기기로 구상되었다. 패드는 아이패드I-pad처럼 종이와 현재의 노트북의 중간 정도의 컴퓨터로 간편하게 휴대하고 이동하면서 사용할 수 있는 기기이다. 현재 아이패드에서 보듯 노트북 컴퓨터의 기능을 대체함은 물론 전자책의 기능도 훌륭히 수행한다. 보드는 칠판 정도의 크기로 다양한 목적을 갖는다. 집에서는 TV나 비디오 스크린 혹은 게시판 등으로 사용할 수 있고, 사무실에서는 게시판이나 칠판, 진도표 등의 기능을 수행한다. 또한 탭이나 패드에 내려받을 수 있는 텍스트의 전자책장 역할을 한다.

이렇게 유비쿼터스 컴퓨팅를 지원하는 각종 디지털 기기들이 성공적으로 상호작용하며 이루어내는 기능을 예시하면 다음 그림과 같다.

유비쿼터스 컴퓨팅과 공간

그런데 디지털 기기들이 물리적 공간에 눈에 띄지 않게 스며들면 공간에는 어떤 변화가 일어날 것인가? 우선 유비쿼터스 컴퓨팅 개발자들이나 미디어학자들은 물리적 공간과 디지털 공간의 합성이 일어날 것이라고 주장한다. 때문에 유비쿼터스 공간은 이미 언급된 바와 같이 혼합공간mixed space이라고도 불린다. 그러나 보다 심층적으로 고찰해보면, 두 공간은 본질적으로 공간의 속성이 다르다. 때문에 단순히 혼합을 이야기하는 것은 유비쿼터스 공간이 일으키는 공간의 속성 변화를 포착하는 데 걸림돌이 된다. 유비쿼터스 공간에 의해 새롭게 형성되는 유비쿼터스의 공간성을 제대로 이해하기 위해서는 유비쿼터스 시스템을 형성하는 데 필요한 결정적인 기기들의 기능을 파악할 필요가 있다. 미래주의 건축학자 조택현에 따르면 유비쿼터스 기기의 기능, 디지털 스페이스와 물리적 공간의 관계는 다음과 같이 정리된다.

IPv6를 사용하는 RFID칩은 3.4×10^{36}개의 ID를 발생시킬 수 있다. 이 숫자는 지구상에 존재하는 미세한 크기의 모든 사물에 IP를 부여할 수 있음을 뜻한다. 그리고 이렇게 IP가 부여된 모든 사물은 디지털 공간의 정보 객체와 동기화되는 것이 가능하다. 아울러 물리적 공간의 크기를 단위 크기로 나누고, 각각의 단위 공간에 IP와 공간의 물리적 속성을 읽어낼 수 있는 센서를 부착해 디지털 공간의 위상과 동기화시키면 물리적 공간은 객체화되어 각각의 단위 공간의 물성을 지닌 객체로 공간에서 위계를 부여받는다. 디지털 정보 객체와 동기화된 현실의 단위 공간은 시간이 지나면, 그 단위 공간에서 발생한 현상들의 정보량에 의해 정보질량을 갖게 된다.[2]

이를 좀 더 구체적으로 이해하기 위해, 앞에서 유-시티 개념을 소개할 때 언급한 회사원 A의 예로 돌아가 보자. A의 몸, 건강관리시스템, A 집의 냉장고는 현실공간에서 각기 다른 곳에 존재하며, 따라서 이들 간에는 상호관계가 형성되지 않는다. 그러나 디지털 공간에 사상되어 디지털 정보로 재구성된 물리적 공간 객체들은 물리적 공간 좌표상의 위치를 중심으로 하나로 통합되어 있기 때문에, 이들 사이의 관계와 상황을 인식하고 사용자의 몸이 필요로 하는 정보를 사용자에게 알려준다. 이 상황에서 사용자 A가 몸으로 사는 실재의 물리적 공간은 A의 행동을 중심으로 객체들의 물리적 공간관계를 제공하는 영역이며, 디지털 공간은 A의 상황을 인식해서 A와 정보 객체들 사이의 관계가 설정되는 영역이다. 이렇게 동기화된 정보 객체와 사용자의 관계는 다시 물리적 공간에 사상되는 과정이 반복된다.

이렇게 물리적 공간과 디지털 공간은 유비쿼터스 공간에서 단순히 합성되는 것이 아니라 순환적으로 동기화된다. 그리고 이러한 순환적 동기화를 통해 유비쿼터스 컴퓨팅은 공간의 공간성을 연장성이 아니라 정보의 친밀성에 근거한 관계성으로 전환시킨다. 아울러 물리적 공간은 단순한 물리적 현상이 아니라 그 자체가 지능적인 공간으로 탈바꿈하며, 거리의 근원성이 아닌 정보의 친밀성에 따라 재배열된다.

유비쿼터스 컴퓨팅의 철학적 전제 :
유비쿼터스 컴퓨팅에서 하이데거 철학으로 심층횡단

그런데 와이저가 물리적 공간을 정보의 친밀성에 근거한 관계의 공간으로 지능화하는 유비쿼터스 컴퓨팅에 대해 눈에 띄지 않는 조용한 기술이라고 칭한 이유는 무엇일까? 이를 이해하기 위해서는 와이저가 유비쿼터스 컴퓨팅을 창안한 배경과 동기를 추적하는 것이 필요하다.

90년대는 퍼스널컴퓨터와 가상현실Virtual Reality의 시대였다. 그리고 모두가 이 퍼스널컴퓨터의 미래로 기약된 가상현실에 환호하고 있었다. 그러나 와이저는 당시 퍼스널컴퓨터를 중심으로 이루어져 가상현실을 향해 발전해가고 있는 인간과 컴퓨터의 상호작용이 인간과 도구의 정상적 관계를 이탈하고 있다는 문제점을 포착한다. 이를 계기로 컴퓨터와 인간의 관계를 정상화시키기 위한 연구에 착수하는데, 그 결과가 바로 유비쿼터스 컴퓨팅이다. 여기서 주목해야 할 부분은 와이저의 유비쿼터스 컴퓨팅이 우리가 통념적으로 알고 있는 유비쿼터스 개념과는 상당한 차이가 있다는 점이다. 일반적으로 유비쿼터스 개념은 사용자가 컴퓨터를 어느 곳이든지, 예컨대 해안가, 카페, 정글 등 어디든지 가지고 다니며 사용한다는 뜻이다. 그러나 와이저가 구상한 유비쿼터스 컴퓨팅은 앞에서 언급한 대로 IT기술을 눈에 띠지 않게 모든 곳에 스며들게 만들어 사용자가 사는 세계와 구별짓지 않으려 한다.

그런데 와이저가 이렇게 통념적인 유비쿼터스 개념을 벗어나는 이유는 무엇일까? 그것은 컴퓨터가 도처에 존재할수록 컴퓨터가 인간에게 도구로 사용되는 것이 아니라, 사실상 인간의 자연스러운 행위를 가로막으며 항상 인간의 의식과 사고를 집중시키는 것으로 존재하기 때문이다. 예컨대 우리는 어디든지 컴퓨터를 들고 다니며 사용한다. 그리고 어떤 일을 할 때 일 자체보다는 (끊임없이 모니터를 주시하며) 컴퓨터의 조작에 집중하고 있다. 이러한 상황을 타개하기 위해 와이저는 자신의 유비쿼터스 컴퓨팅을 창안하며 인간과 컴퓨터의 새로운 상호작용 양상, 즉 눈에 띄지 않고 스며드는 기술이 전개될 것으로 기대한다. 그리고 유비쿼터스 컴퓨팅에서 인간과 컴퓨터의 관계는 가상현실Virtual Reality로 펼쳐지는 인간과 컴퓨터 관계와 극명하게 대비된다고 한다. 여기서 잠시 가상현실에 대해 알아보자.

가상현실은 적어도 21세기 초반까지 IT기술이 창조해낼 최고의 성과로 기대되었으며, 그동안 우리에게 실현 불가능한 것으로 여겨졌던 새로운 환상의 세계라 찬사 받아 왔다. 가상현실은 교육, 의료, 군사훈련, 게임, 섹스, 나아서 가상도시에 이르기까지 우리에게 현실보다 더 현실적인 세계를 열어주면서, 인간을 실제현실에서 가상현실로 이주시킬 것이라는 기대 아래 엄청난 투자를 흡입하며 발전했다. 초기에 개발된 가상현실의 대표적인 경우는 나사 에임즈Nasa Ames 연구센터에서 만든 뷰VIEW(Virtual Interface Environment Workstation)[3]이다.

이러한 가상현실 기술은 컴퓨터가 인간의 신체에서 정보를 제공하고 받아들이는 입출력장비를 제어할 수 있도록 발전되었을 때 비로소 실현되었다. 가상현실 컴퓨터는 사용자의 감각기관에서 변화를 추적하여, 그 변화를 사용자 앞에 나타나는 출력으로 재현한다.[4] 사용자가 머리를 움직이면 추적 장비는 이 움직임을 컴퓨터에 전달하고, 그 컴퓨터는 이 데이터를 기초로 사용자의 새로운 시각에 대응하는 3차원 이미지를 산출한다. 좀 더 구체적으로 말해서, 컴퓨터의 하드웨어와 소프트웨어를 통해 구현되는, 완전히 조작되는 디지털 기술은 HMD(Head-Mounted-Display), 데이터글러브DG(Data-Glove), 모션 캡처Motion Capture와 같은 장치를 통해 가상현실의 체험자의 이동 궤적을 추적하여 그로부터 신체의 위치에 관련된 디지털 데이터를 입력받은 뒤, 다시 그 체험자의 위치 변화에 상응하는 감각적 데이터들을 실시간으로 출력하고 체험자의 신체기관에 새겨 넣음으로써 신체적 지각과정을 발생시킨다. 동시에 그 위치에서 체험할 수 있는 실재와 같은 시각적 3차원 이미지, 음향, 촉각을 시뮬레이션하고, 실재보다 더 실재적인 가상의 표상을 불러일으킨다. 데이터글러브는 손의 위치와 방향을 감지한다. 3차원 공간에서 손을 움직이면 장갑이 전자 데이터의 흐름을 3차원 좌표형식으로 컴퓨터에 보낸다. 그러면 컴퓨터는 그 데이터

에 상응하게 디스플레이상의 대상을 조작한다.[5]

이와 같이 가상현실 환경은 여러 가지 컴퓨터 하드웨어와 소프트웨어에 의해 디지털화된 데이터로 체험자와의 상호작용을 시뮬레이션하면서 체험자의 온몸을 향하여 인공적 자극을 주입시킨다. 이것은 체험자의 지각을 인위적으로 발생시키고 현실보다 더 현실적인 표상을 불러일으켜 그렇게 표상된 현실에 체험자의 참여와 완전한 몰입을 유도한다.

이와 같은 가상현실의 작동방식을 볼 때, 가상현실의 핵심 구성요소는 몰입Immersion, 상호작용Interactivity, 정보강도Information Density로 요약된다. 몰입은 가상현실의 사용자가 그가 실제로 위치해 있는 곳과 다른 장소에 있는 듯 느끼도록 사용자의 감각을 실재로부터 충분히 고립시키는 장치에 의해서 가능해진다. 상호작용은 사용자의 신체의 위치와 시야가 변화하는 속도에 상응하여 장면의 구도를 순간적으로 변화시키는 컴퓨터의 능력에 의존한다. 정보의 강도는 어느 정도의 지적 행동을 보여주는 원격 현전과 인공적 실체와 같은 특별한 질을 제공할 수 있다. 지속적으로 새로워지는 정보는 몰입과 상호작용을 지원하는데, 이때 정보를 새롭게 하기 위해서는 컴퓨터가 필수적이다.

가상환경을 만들기 위해서는 우리가 어떤 환경으로부터 얻을 데이터를 출력하는 시스템이 필요한데 이 시스템은 사용자의 감각이 지향하는 곳을 추적할 수 있어야 한다. 그것은 사용자가 보고 듣는 것에 상응하는 정보를 출력해야 한다. 다시 말해서 가상현실은 사용자가 둘러싸고 있는 정보에 주의를 기울임으로써 사용자가 사물을 알 수 있게 되는 바로 그 상황을 시뮬레이션해야 한다.

이를 위해서는 네 가지 핵심기술이 필요하다. 첫째는 실제세계와 같이 시각·청각·촉각을 느끼게 하는 '디스플레이Display' 기술이다. 두 번째는 움직이는 영상을 고속으로 처리하는 '그래픽 렌더링Graphic rendering' 기술, 세 번째는 사용자의 움직임을 정밀하게 포착하는 '트래킹Tracking' 기술이다. 마지막은 가상세계의 모형물을 만들고 유지하는 '데이터베이스DB' 기능이다.

이와 같이 네 가지 핵심기술을 통해 사용자를 몰입시키며 환경에 참여시키고, 또한 그 환경과 상호작용하며 끊임없이 강도 높은 새로운 정보를 제공하는 가상현실은 사용자에게 실제 환경을 지각하는 듯한 체험을 불러일으킨다.[6]

결국 가상현실 환경은 여러 가지 컴퓨터 하드웨어와 소프트웨어에 의해 디지털화된 데이터로 체험자와의 상호작용을 시뮬레이션하면서 체험자의 온몸을 향하여 인공적 자극을 주사한다. 이것은 체험자의 지각을 인위적으로 발생시키고, 현실보다 더 현실적인 표상을 불러일으켜 그렇게 표상된 현실에 그 체험자의 참여와 완전한 몰입을 유도한다.

이러한 가상현실에 대해 와이저는 유비쿼터스 컴퓨팅이 가상현실에 가장 대립되는 개념이라고 주장한다. 그 이유는 다음과 같다. 가상현실은 가상현실을 탐색하기 위한 장비들을 통해서만 우리에게 펼쳐지는 현실이다. 그런데 이 현실은 현실과 같은 현실감을 만들어내거나 현실보다 더 현실적으로 사용자를 몰입시키기 위해 사용자가 살고 있는 실제의 세계를 배제해야 하며, 또 사용자가 실제 세계에서 관계를 맺고 있는 타인들을 배제해야 한다. 한마디로 가상현실은 사용자를 그가 몸담고 살고 있는 세계로부터 이탈시켜 컴퓨터에 의해 발생된 세계 속으로 여러 장비를 통해 인간을 집어넣는 기술인 것이다.

이렇게 인간을 그가 살고 있는 구체적 현실로부터 이탈시키는 가상현실과는 달리 와이저가 제안하는 유비쿼터스 컴퓨팅은 컴퓨터를 다시 인간이 사는 세계로 귀환시키려 한다. 이를 위해 컴퓨터는 인간과 도구의 본연관계를 회복해야 하며, 따라서 새로운 HCI에서 컴퓨터는 이제 눈에 띄지 않는 기술로 인간 삶의 배경으로부터 물러나야 한다. 즉 컴퓨터는 지금처럼 곳곳에 위치한 모니터의 형태와 노트북의 형태로 인간 앞에 당당히 서서 인간을 인간이 살고 있는 세계와 단절시키거나 가상현실에서처럼 컴퓨터 속의 세계로 끌어들이는 것이 아니다. 컴퓨터는 인간이 사는 세계의 모든 곳에 스며들어 오히려 그 현실을 고양시키는 데 기여해야 한다.

그런데 와이저가 이러한 새로운 구상을 하게 된 그 심층에는 어떤 동기가 숨어 있을까? 놀라운 것은 컴퓨터공학자인 그가 컴퓨터공학과는 전혀 상관없는 하이데거의 실존주의적 존재론을 흡수하면서 가상현실로 발전해가는 기존 HCI의 문제점을 통찰했다는 사실이다. 와이저는 하이데거의 『존재와 시간』에 등장하는 인간실존 분석에서 인간과 도구의 본연적 관계양상을 포착한다. 그리고 그는 이를 IT기술로 횡단시킴으로써 가상현실을 향하여 발전하고 있는 HCI를 인간과 도구의 본연적 관계로 회복시키려 하였다. 따라서 유비쿼터스 컴퓨팅의 핵심을 이해하기 위해서는 하이데거의 철학을 향해 심층횡단하는 지난한 작업이 필수적이다. 다행스럽게도 인간과 도구의 관계에 대한 하이데거의 논의는 이미 우리가 앞서 공간의 문제를 다룰 때 충분히 살펴보았다. 이제 다시 한 번 그 핵심 내용을 따라가며 내용을 상기해보자.

하이데거는 인간을 실존하는 존재자라고 부른다. 여기서 실존이란 다른 존재자, 예컨대 물체나 혹은 생명체와 같이 그냥 존재하거나 생존하는 것이 아니라, 인간은 언젠가는 죽는다는 미래를 미리 자신의 현재 삶에 개입시키며 항상 무엇인가를 해나가는 존재자라는 뜻이다. 그런데 항상 무엇인가를 해나가는 인간은 아무것도 없이 무엇인가를 해나갈 수 없다. 따라서 인간에게 모든 것은 우선 도구로서 다가와 도구로서 사용된다. 인간은 심지어 도구가 없을 때는 자신을 몸조차 도구화하여 도구를 사용하며 살아간다. 아니 역으로 말하면 인간은 최초 자신의 몸조차 도구로 만난다. 그런데 중요한 것은 항상 도구를 사용하며 이루어지는 인간의 실존 상황에서 도구는 도구에 의탁해 펼쳐지는 인간의 실존에 거리 없이 밀착되어 있기 때문에, 우리에게 눈에 띄지 않는unauffaellig 방식으로 있다는 것이다. 정리해보면 이렇다.

1) 도구가 눈에 띄는 존재양식을 가지면 가질수록 도구라는 존재방식을 상실하는 것이며, 따라서 인간의 실존적 행위를 왜곡하는 것이다. 도구적인 것이 더욱 도구적이기 위해서는 눈에 띄지 않는 존재방식을 구현해야 한다. 이렇게 눈에 띄지 않는다는 도구의 존재방식 속에 포함된 또 다른 중요한 사실은 도구는 독립적으로 존재하지 않는다는 사실이다. 하나의 도구는 항상 다른 것과의 연관 안에서 도구로서 존재한다.

2) 즉 도구는 단절적으로 존재하는 것이 아니라 항상 다른 도구를 지시하는 어떤 맥락에서만 도구로서 존재한다.

3) 따라서 도구들의 맥락관계는 도구들 간의 관계만이 아니다. 도구의 맥락은 도구를 사용하고 있는 인간을 위해 인간으로 수렴하면서 펼쳐져 있다.

하이데거의 인간 실존과 도구에 관한 논의를 알아본 결과, 와이저의 유비쿼터스 컴퓨팅은 인간실존의 행위에서 다음의 세 가지 사실을 HCI에 흡수하는 사건이었다는 점이 명료해진다.

1) 컴퓨터가 인간실존에 기여하는 도구인 이상 그것은 전면에 나서지 말고 배경으로 물러서 눈에 띄지 않아야 한다. 즉 컴퓨터는 인간이 실존하는 세계 속에 스며들어 인간의 실존행위와 구별되지 않아야 한다. 때문에 와이저는 유비쿼터스 컴퓨팅을 "누구도 그것의 현전

을 알아차리지 못하는"[7]기술 혹은 "조용한 기술Calm Technology"로
칭하기도 한다.

2) 도구는 홀로 존재하는 것이 아니라 다른 것을 지시하면서 맥락을
형성하며 존재한다. 따라서 도구로서 존재하는 컴퓨터는 하나의
컴퓨터로 존재하는 것이 아니라 다른 컴퓨터들과 네트워크를 형성
함으로써만 인간실존에 기여하는 컴퓨터로 존재할 수 있다.

3) 나아가 컴퓨터는 이제 단순히 주어진 정보를 처리하는 것이라 아니
라 맥락인식을 할 수 있는 컴퓨터여야 한다. 그리하여 이제 개발되
어야 할 것은 맥락인식 컴퓨터Context aware computer이다.

이제 와이저에 의해 창시된 유비쿼터스 컴퓨팅은 다음 세 가지 핵
심기술을 발전시키는 방향으로 나아가야 했다는 것이 명료해진다.

1) 컴퓨터가 인간 삶의 전면에 등장하여 가로막고 서 있으면서 인간을
컴퓨터가 발생시키는 가상현실로 끌고 들어가는 것이 아니라 배경
으로 물러서 보이지 않게 인간 삶에 기여해야 한다. 그러기 위해서
는 인간이 사는 세계의 모든 사물에 컴퓨터를 스며들게 해야 한다.
이 기술은 소위 '심는 기술Embedding Technology'로 구체화되어 개
발되고 있다.

2) 컴퓨터가 도구로서 존재한다면, 항상 복수로 존재하며 서로 연결되
어야 한다. 따라서 인간이 실존하는 세계의 사물에 스며들어간 컴
퓨터들을 '서로 연결시키는 기술Interconnecting Technology'이 요구
된다.

3) 도구는 항상 맥락 안에서만 도구로 존재한다. 따라서 컴퓨터는 단
순히 연결되는 것이 아니라 그것이 속하고 있는 맥락을 이해하고
있어야 한다. 이는 '맥락인식 기술Context Aware Technology'로 개

발되고 있다. 그런데 도구는 맥락 안에 위치하고 있고, 그 맥락은 도구를 사용하는 인간을 위해 인간으로 수렴되면서 펼쳐지기 때문에, 맥락인식 기술에서는 도구가 맥락 안에 처한 위치와 사용자의 정체를 알아내는 것이 필요하다. 따라서 현재 맥락인식 기술은 두 가지 정보에 의존한다. 그것은 컴퓨터가 스며들어 있는 위치와 사용자가 누구인가에 관한 정보이다. 전자 USN을 통한 것이고, 후자는 RFID이다.

이 모든 내용을 함축하면 지금까지 논의된 내용은 유비쿼터스 컴퓨팅의 출현을 예고한 와이저의 기념비적인 논문 「21세기를 위한 컴퓨터Computer for 21 Century」의 첫 문장으로 압축된다.

"유선 · 무선 · 적외선 등과 같은 것에 의해 연결된 하드웨어 · 소프트웨어들은 모든 곳에 편재하여 누구도 그것이 눈 앞에 현전하고 있음을 알아차리지 못할 것이다."[8]

유-시티의 방향

와이저의 유비쿼터스 컴퓨팅을 출현시키는 근본 전제를 심층추적 해 본 결과, 현재 대한민국이 선도하고 있는 유-시티가 가야할 길 또한 선명해진다.

물론 현재 추진되는 유-시티는 도시적 삶이 필요로 하는 모든 도구에 적어도 이 세 가지 기술을 적용하려는 것이다. 이때 주어진 과제는 도시를 구성하는 모든 건축물과 물체들에 세 가지 기술을 어떻게 효과적으로 구현할 것인가의 문제이다. 또한 유-시티는 현재 개발되고 있는 기술이 심기embedding, 연결하기interconnection, 맥락인식하기 context aware 등의 기능을 제대로 수행하지 못할 때, 이 기술의 결함을 발견하고 개선하는 것이다. 이에 덧붙여 이러한 기술을 매끄럽게 적용시킬 수 있는 건물은 어떤 건축공학적 구조를 가져야 하며 어떻게 디자인되어야 하는가의 문제가 뒤따른다. 현재 대한민국의 유~시티는 아마도 이러한 방향에서 추진되고 있을 것이다.

그러나 유비쿼터스 컴퓨팅의 심층에 놓여 있는 전제는 하이데거의 실존적 존재론에 근거하고 있다. 이러한 사실은 유비쿼터스 컴퓨팅으로부터 하이데거의 철학으로 횡단하지 않고는 유비쿼터스 컴퓨팅이 출현하게 된 목적과 의미가 밝혀질 수 없음을 확인시킨다. 실로 어떤 기술의 의미와 목적을 망각하였을 때, 기술은 맹목적이 되고, 때문에 언제 흉기로 돌변할지 모른다. 따라서 와이저가 유비쿼터스 컴퓨팅을 구상하게 된 과정에서 속내에 담겨 있는 목적과 의미를 유~시티를 본격적으로 추진하는 이 시점에서 하이데거의 실존적 존재론으로 횡단시켜 그의 의미를 성찰하는 것이 중요하다.

이를 위해 상기되어야 할 것은 와이저가 인간과 컴퓨터의 상호작용, 즉 HCI를 인간실존을 향해 다시 정향시키려 한다는 점이다. 그는 컴퓨터가 만들어내는 가상현실로 빨려 들어가는 현재의 인간존재에게 컴퓨터는 더 이상 인간실존에 기여하는 도구가 아니라는 사실을 깨달았다. 그리고 이 점이 충분히 이해된다면, 그로부터 다음과 같은 사실 또한 분명해질 것이다. 만일 대한민국이 선도하는 유~시티가 유비쿼터스 컴퓨팅 기술을 적용한 도시의 건설이라면, 그 본질은 기술지향적 도시 디자인technology oriented city design이 아니라 실존지향적 도시 디자인existential oriented city design이어야 한다.

유감스러운 것은 와이저가 하이데거의 실존적 존재론을 흡수하여 컴퓨터 공학으로 횡단하는 가운데 매우 중요한 점을 간과하였다는 점이다. 그것은 그의 유비쿼터스 컴퓨팅에서 결정적 역할을 하는 하이데거의 도구 분석이 인간의 실존문제와 깊은 관계를 가지고 있으며, 인간의 실존은 인간이 사는 장소란 문제와 분리되어서 논의될 수 없다는 사실이다. 와이저 역시 도구와 인간의 삶 그리고 장소가 어떤 관계 속에 있다는 것을 어렴풋이 깨달은 것 같다. 이는 와이저가 다음과 같이 언급할 때 목격된다. "조용한 기술의 결과는 우리를 집으로, 친숙한 장소로 되돌려 놓는 것이다."[9] 하지만 그가 유비쿼터스 컴퓨팅으로 도달하려는 궁극적 목적이 인간을 그가 사는 곳으로 귀환시키려는 것이라고 주장하였음에도 불구하고, 인간실존의 문제와 실존하는 인간은 어디에 사는가 하는 문제는 다루지 않았다. 어쩌면 컴퓨터 공학자인 와이저에게 이것까지 요구하는 것은 지나친 부담일지 모른다. 오히려 컴퓨터 공학이라는 자신의 전문 분야를 넘어 철학으로 횡단하며 유비쿼터스 컴퓨팅이라는 새로운 HCI를 구상하였다는 것 자체만으로도 그의 기여는 찬사를 받을 만하다. 그가 접근하지 못한 그 문제영역은 이제 유-시티를 선도하려는 대한민국의 기술자들에게 남겨진 것이다.

따라서 우리에게 다음과 같은 과제가 제시된다. 와이저가 개발한 유비쿼터스 컴퓨팅의 궁극적 목적이 그가 선언하듯 "인간을 집으로, 친숙한 장소로 돌려보내는" 작업이라면, 바로 이 목적은 유비쿼터스 기술에 기반한 유-시티에서 어떻게 구현되어야 할 것인가? 이에 대한 답변을 구하기 위해서는 우선 인간의 집이 어디인가가 밝혀져야 한다. 인간은 과연 어디에 사는가?

유-시티로부터 풍경으로의 횡단 :
하이퍼기능주의, 포스트휴먼
그리고 풍경

인간은 어디에 사는가?

인간은 과연 어디에 사는가? 너무나도 단순한 이 질문은 그러나 야릇하게도 인간을 오답으로 현혹한다. 지금까지 우리가 해온 긴 논의과정은 사실 인간이 사는 그 어디가 과연 어디인가를 밝혀내고, 그것으로부터 인간이 사는 거주지, 즉 도시를 이해하려는 작업이었다. 그렇다면 유-시티가 가야할 방향을 가늠하는 데 있어서 이 작업은 어떤 기여를 할 것인가? 엄청나게 복잡하며 급속히 발전하고 있는 유-시티 기반기술의 소용돌이에서 망각의 늪으로 휘말려들지 않기 위해서는 지금까지 해온 논의의 줄기를 인간이 사는 그 어디와 관련하여 상기하는 것이 필요하다. 이제 그 줄기를 쉽게 정리해보자.

사람은 공간 안에 사는가? 사람이 사는 공간과 물체가 위치하는 공간은 질적으로 같은 공간인가? 물체가 운동하는 공간은 사람이 활동하는 공간과 같은 것인가? 만일 이 둘이 같다면, 그것은 사람과 물체는 같은 존재방식을 갖는다는 것을 의미할 것이다. 그리고 또 사람과 물체가 같은 존재방식을 갖는다면, 물체가 위치하고 운동하는 공간을 연구하는 학문을 통해, 즉 물리학을 통해 사람이 사는 공간의 구조가 밝혀질 것이다.

그렇다면 물리학에서 물체는 어떤 방식으로 존재하는가? 물체는 어딘가 정지해 있거나 운동한다. 즉 공간 내에서 어떤 위치를 점유하고 있거나 다른 위치로 이동한다. 따라서 물체가 존재하는 공간은 한 위치, 한 위치와 다른 위치 간의 거리 그리고 물체가 한 위치에서 다른 위치로 이동할 때 걸리는 시간의 문제와 본질적인 연관 속에 있다. 이 때 시간과 공간을 상호 분리된 절대적인 것으로 전제하면 뉴턴 물리학이 성립하며, 시간과 공간을 분리되지 않고 상호 융합된 것으로 전제하면 아인슈타인 물리학이 성립한다.

그런데 사람은 단지 공간 안에서 위치를 차지하고 한 위치에서 다른 위치로 이동하는 것으로 존재하는가? 그러나 우리가 사람인 우리 자신을 조금만 성찰해보면, 현재 우리가 여기 있는 이유, 또 다른 곳으로 움직이는 이유는 물체가 움직이는 것과는 전혀 다른 차원에 속해 있다는 것을 알 수 있다. 즉 외부의 힘이나 원인에 의해 어떤 위치를 점유하고 운동하는 물체와는 달리, 사람은 살기 위해 움직이고 살기 위해 어딘가로 향한다. 사람과 물체는 이렇게 근본적으로 어디에 위치하고 움직이는 이유가 질적으로 서로 다르다. 따라서 적어도 사람이 사는 공간과 물체가 있는 공간은 동질적일 수 없다는 것이 분명하다.

그런데 사람이 살기 위해 어디에 있고 어디론가 움직이고 있다면, 그것은 동물과 같은 존재방식이 아닌가? 동물은 이미 갖추어진 본능 구조나 유전적 특질에 따라 자신의 생을 연장해간다. 이러한 동물의 존재방식은 생존이라고 불린다. 그리고 우리는 동물이 존재하는 공간을 이야기 할 때 단순히 물체적 공간을 거론하는 것이 아니라 환경이란 개념을 도입한다. 환경은 동물이 생존하기 적합한 각 동물 종의 특수한 생물학적 영역이다. 그리고 대개의 경우 이러한 환경은 동물 종에 따라 결정되어 있다.

그런데 사람이 사는 방식은 동물의 그것과 동일한가? 사람도 이미 결정된 생물학적 구조에 따라 그저 생을 연장해가는 존재인가? 사람이 존재하는 방식이 물체와 다르다는 것은 비교적 쉽게 동의할 수 있으나, 사람이 동물과 같은 방식으로 존재하는지는 쉽게 답변될 수 없는 복잡한 논의를 요구한다. 그러나 최근 일어나고 있는 한 현상은 사람과 동물은 동질적 존재방식을 갖고 있지 않다는 것을 결정적으로 예시한다. 그것은 바로 최근 우리나라에서 평균수명 상승률이 OECD 국가 중 최고임과 동시에 자살률도 급속도로 증가하고 있다는 사실이다. 평균수명이 상승하고 있다는 것은 단적으로 생존의 조건이 향상되고 있다는 것을 의미한다. 그런데 생존 조건의 향상에도 불구하고 사람들은 왜 죽는가? 그냥 주어진 생을 연장해가는 동물이 사람이라면 생존 조건이 향상되는 환경에서 자살이 증가하는 이유는 어떻게 설명될 것인가? 그것은 바로 사람이 존재하는 방식은 생존의 방식으로는 설명되지 않는다는 의미이다. 그저 생존하는 것은 사람이 사는 방식이 아니다.

그러면 사람은 어떻게 사는가? 우선 가장 분명한 것은 사람은 물체와 달리, 또 동물과 달리, 살면서 항상 자기 삶의 의미를 문제 삼는다는 사실이다. 사람은 생존본능에 매몰되어 있는 동물과 달리 자기 삶이 언젠가는 끝난다는 사실을 안다. 그리고 이러한 유한한 삶 속에서 잘 살기 위해 어디에 살아야 하며 또 무엇을 해야 하는지 끊임없이 물어가면서 존재하는 존재이다. 철학자 하이데거는 인간의 이러한 독특한 존재방식을 다음과 같이 절묘하게 표현했다. "인간은 자신의 존재 안에서 자기 자신의 존재가 문제가 되는 존재자이다."라고. 그리고 이러한 사람의 독특한 존재방식을 단순한 있음, 또 생존과 구별하기 위해 실존existenz이라고 불렀다.

이제 이렇게 사람이 실존하는 존재자라는 것이 밝혀지면, 사람이 사는 공간은 물체의 공간은 물론 동물이 생존하는 환경과도 동질적일 수 없다는 것이 분명하다. 사람이 사는 공간은 인간의 실존이 이루어지는 공간이고, 이러한 실존의 공간은 사람이 사는 의미와의 연관성 속에서 열리는 것이다. 이렇게 이미 사람이 존재하는 의미, 즉 실존의 의미가 전개되는 공간을 물체의 공간, 동물이 생존하는 환경과 구별하기 위해 '풍경'이라고 부르면 좋을 것이다.

사람이 사는 실존공간으로서의 풍경에서 모든 것은 이미 삶에 어떤 의미를 지닌 것으로 다가온다. 풍경은 거주하는 인간의 실존적 의미로 가득차 있다. 삶과 죽음으로 비롯되는 의미의 원천으로부터 그곳에 있는 모든 것이 의미로 존재하며 의미에 따라 배치되고 지어진다. 나무는 그냥 목재가 아니며, 산은 그냥 지질학에서 말하는 물리적 존재자로서의 산이 아니다. 강도 수력발전을 위한 수자원이 아니다. 실존하는 인간이 거주하는 원래의 장소는 무의미한 역학적 공간이 아니라 이렇게 곳곳에 의미가 배어 있는 풍경이다.

그래서 고대로부터 풍경 곳곳에는 어떤 의미가 암시되고 발견되는 신화와 설화가 탄생했으며, 인간이 거주할 때 이러한 신화와 설화는 거주의 길잡이였다. 그러나 근대 이후 소위 과학에 의한 탈신화화가 일어나면서 신화는 추방되었고, 그에 따라 풍경도 물질이 위치하는 과학적 공간으로 대체되었다. 그리하여 실존하는 인간의 거주도 사실상 증발해 버린다. 풍경은 이제 그 자체로는 아무 의미가 없는 물질공간이 되었으며, 인간의 거주도 의미 없는 공간 안에서의 동선이 된다. 그 자체로는 무의미한 물질공간은 이익창출의 목적에 따라 마구잡이로 개발되어야 했으며, 이러한 개발과정 속에서 풍경과 실존적 거주는 끊임없이 파괴되어 왔다. 이것이 근대화의 과정에서 보여진 개발, 혹은 난개발이란 이름의 파괴 드라마였다.

심층횡단을 통해 밝혀지는 유-시티의 미래 방향 :
하이퍼기능주의를 넘어 풍경의 도시를 향하여

결국 유-시티의 최우선 과제는 실존하는 인간의 고향인 풍경을 도시 속으로 어떻게 다시 불러오는가 하는 것이다. 따라서 현재 개발되고 있는 심기 기술embedding technology, 네트워크 기술networking technology, 맥락인식 기술context aware computing은 이러한 관점에 재조명되어야 한다. 이때 특히 우리가 눈여겨봐야 할 부분은 기능에 근거하여 형성되던 근대 도시공간의 정체성이 이제 유비쿼터스 컴퓨팅을 통해 최소화될 수 있다는 점이다.

근대 공간의 정체성은 그 공간에 지어질 건축물이 어떤 기능을 갖는가에 따라 결정되었다. 소위 기능주의라 일컬어지는 이러한 입장은 20세기 이후 건축의 존재론으로 지배적인 위치를 차지하게 되었다. 그리고 그에 따라 건축물과 그것이 위치하는 공간에서의 기능이 전면에 등장하여 건축물과 공간은 기능에 의해 형태화되었다. 즉 기능을 세분화하여 정의하고, 그에 따라 형태를 결정하기 위해 기능과 형태를 고립시킨 후 그것을 측정 가능한 국면으로 환원시켰다. 때문에 기능주의적 건축은 독립된 부분들을 기계적으로 병립시켜 놓은 모습을 하고 있다.

그러나 이제 유비쿼터스 컴퓨팅에 기반한 유-시티에서 가령 각종 행정서비스는 행정기관의 기능을 수행하도록 지어진 건축물에서만 제공될 수 있는 것이 아니다. 교육서비스도 반드시 교육기능을 수행하는 특정 공간 안에서만 일어나는 사건이 아니다. 나아가 업무 역시 반드시 오피스 빌딩에서만 해야 되는 것이 아니다. 이는 근대 공간을 분할하고 있던 기능 중심의 공간 정체성이 뒤로 물러서면서 건축물의 공간적 정체성을 결정하는 다른 준거점이 전면에 등장하여야 한다는 것을 의미한다. 그 다른 준거점은 유비쿼터스 컴퓨팅의 목적이 인간 실존의 장소로 귀환하려는 것인 한, 실존하는 인간이 사는 곳, 즉 풍경일 수밖에 없다. 그리하여 건축은 매우 역설적으로 유비쿼터스 컴퓨팅이란 첨단기술을 통하여 근대 기능주의의 전면적 지배가 상실시키거나 파괴했던 인간실존의 고향, 즉 풍경으로 귀환할 수 있는 기회를 맞이하게 되는 것이다.

그러나 안타깝게도 유-시티가 건설되고 있는 현실은 풍경으로 귀환할 수 있는 기회가 실종되는 국면으로 전개되고 있다. 유비쿼터스 컴퓨팅 기술을 출현시킨 본래적 지향점이 망각되고, 오히려 기능주의가 극단화되는 경향을 보이고 있는 셈이다. 하이퍼기능주의라고 불릴 수 있는 이러한 추세는 기존의 기능주의적 도시가 유-시티에서 요구되는 기능의 복합화를 수용하기에는 역부족이라는 불만에서 비롯된다. 이미 언급된 바와 같이 근대 기능주의는 도시공간을 도시생활에 필요한 다양한 기능에 따라 분할하고, 이렇게 분할된 공간들을 최소한의 동선으로 연결시키는 가장 효율적인 가로체계와 교통체계를 구축하려 하였다. 이때 근대 기능주의에서 하나의 건축물은 하나의 기능을 최적으로 충족시켜야 한다는 철칙이 전제되어 있다.

그런데 유비쿼터스 컴퓨팅이 구현된 유-시티에서 그러한 전제는 타당성을 상실한다. 하나의 건축공간에서 여러 가지 기능이 동시에 수행될 수 있기 때문이다. 예컨대 집은 이제 더 이상 일터와 구분되는 휴식의 공간이 아니라 그 안에서 재택근무가 실행되는 사무실이 될 수도 있다. 또 재택교육이 이루어지는 교실이 될 수 도 있으며, VOD로 영화를 관람하는 영화관이 될 수도 있다. 따라서 이제 건축의 공간은 기능에 따라 분할·분리되어 경계 지어지는 것이 아니라, 하나의 건축공간이 복합적 기능을 수행할 수 있는 형태로 건축되어야 한다.

때문에 유비쿼터스 컴퓨팅을 적용하는 건축은 건축공간을 다양한 기능을 수용할 수 있도록 유동화하려는 구상으로 비약한다. 유동화된 공간에서는 기능에 따른 공간의 경계 구분 역시 의미를 잃게 되며, 건축공간의 경계는 그 구분이 희미해지고 뒤섞일 수 있어야 한다. 유동적 건축공간에서는 벽이나 담이 갖는 의미가 증발한다. 유-시티가 이렇게 기능을 중심으로 구상되고, 그러나 공간과 기능의 관계를 일대일 대응이 아니라 다대다의 관계로 이해하면, 이러한 기능의 복합화는 필연적으로 건축공간을 유체적 형태로 구현해야 할 것이다. 따라서 유-시티를 지으려는 건축은 유체적 건축fluid architecture으로 발전해야 하는 일종의 명령을 접수하게 된다.

그러면 이렇게 유체적 건축으로 나아가야 하는 유-시티는 자신을 어떻게 정당화시키며 또 어떻게 기술적으로 구현될 것인가? 우선 유-시티는 경계가 모호해지며 구분이 어려워지는 공간론을 선택할 것이며, 이를 뒷받침하는 존재론을 필요로 할 것이다. 들뢰즈의 매끄러운 공간과 이것의 존재론적 전제로 찬양되는 잠재성의 존재론은 바로 이러한 이유에서 최근 건축에서 애호되고 있다. 또 과학기술적으로는 공간의 자유로운 변형을 허락하는 이론과 기술을 필요로 할 것이다. 리만 기하학 이후 고도의 형식적 사유를 통해 발전하고 있는 비선형 기하학과 그것을 기술적으로 가시화하고 현실화하는 디지털 설계기술은 미래건축의 기술로 그 지배력을 확대할 것이다. 그리고 물질의 연질화와 유동화를 실현시키는 나노테크놀로지는 건축의 미래를 실현시킬 기술로 추앙될 것이다.

이러한 예상을 지지하는 듯, 미래건축가 조택연은 다음과 같은 예를 통하여 하이퍼기능주의로 질주하는 유비쿼터스 건축의 미래를 선명하게 제시한다. 이제 그가 제안하는 미래건축의 모델을 주시해보자.

"유비쿼터스 공간과 그 안에 거주하는 인간과의 상호작용은 공간수요의 변화에 따른 공간의 변형으로 나타난다. 만일 A세대와 B세대가 벽을 접하고 공동으로 거주하는 집합주거에서 B세대의 자녀들이 출가하고 A세대의 아이들이 성장한다면, A세대는 더 큰 공간을, B세대는 보다 작은 공간을 원하게 될 것이다. 이와 같이 두 세대의 공간에 변화가 생길 경우, 공간을 연질화하면 공간의 수요 변화를 수용할 수 있다. 즉 연질공간은 위치가 고정되어 있지 않아 변화가 가능하고, 그 변화를 시간축의 변화로 완충해 흡수한다. 시간이 지나 다시 B세대가 공간을 더 많이 요구하게 될 경우, 연질공간은 다시 세대의 공간을 흡수하거나 방출하여 공간수요를 완충한다. 이를 위해서는 물론 공간을 구성하는 건축물의 물리적 구성물이 아교질과 같이 유동화될 수 있는 속성을 구현해야 한다. 또 이 공간에 심겨진 각종 유비쿼터스 기기들은 실제공간의 정보를 디지털 공간의 정보처리와 결합시켜 가족 상황의 변화를 읽고 그에 따른 공간 수용의 변화를 예측하여 그 수요를 최적으로 수용할 수 있는 공간으로 배치한다." [10]

물론 유-시티가 이 정도 수준에 이르기 위해서는 나노기술의 발전을 통해, 스마트 더스트smart dust와 같은 새로운 물질이 발명되어 나노 단위로 정보가 심기고 또 자유롭게 조작될 수 있는, 지능화된 유동적 물질의 개발이 필수적이다. [11]

그런데 유-시티가 이렇게 하이퍼기능주의로 펼쳐지면 어떤 사태가 도래할 것인가? 유-시티가 수반하게 될 건축공간의 연질화는 조택연에서 노골화되듯 다음과 같은 가정을 출발점으로 삼고 있다. 유비쿼터스 기술로 출현하게 될 공간의 연질화에서 건축공간의 거주자들은 건축공간의 구조를 자연스러운 경험을 통해서는 인지할 수 없다. 유체적 공간에서 각 실이나 유닛은 공간좌표상의 위치에 의해 결정되는 것이 아니라, 거주자와 거주자가 사용하려는 실 사이의 관계성에 의해 결정되기 때문이다. 여기서 관계성이란 실과 사용자의 좌표상 위치, 그리고 공간을 점유하고 있는 사람과의 관계, 그 실의 사용 가능성에 대한 확률, 밀도 등이다.

따라서 다음과 같은 기능을 수행할 수 있는 또 다른 첨단 기술이 요구된다. 거주자들이 인식할 수 없는 공간관계는 이제 디지털 공간으로 사상mapping되어 위상 변환된 정보를 통해 대행되고, 이러한 정보가 거주자에게 제공되어야 한다.[12] 즉 실제공간에 심겨진 컴퓨터는 공간의 정보를 디지털 공간으로 사상함으로써 매트릭스로 인지하여 공간의 단위시간과 사용자의 관계를 파악한 후 사용자가 원하는 실 중에서 가장 접근이 용이한 공간을 선정하고 사용자를 유도해야 한다. 이때 수시로 변하는 공간관계에서 인간은 자연스러운 정위능력으로는 이 공간에서 방향을 잡을 수도 없고, 따라서 스스로 이동할 수 없다. 때문에 특별한 이동수단을 필요로 할 것이다. 예컨대 컴퓨터에 의해 제어되는 엘리베이터는 사용자들이 원하는 공간의 위치를 디지털 공간상에서 파악하고, 그곳으로 거주자를 수송한다.[13]

하지만 유-시티가 하이퍼기능주의의 주도 아래 실현된다면, 그리하여 이렇게 공간이 연질화되기 시작하면, 미래의 인간은 어처구니없게도 자신의 집에서조차 실종자로 전락할 것이다. 공간 사이의 관계가 수시로 바뀌면서 그 공간에 거주하는 인간은 각 공간의 위치를 기억하고 접근할 수 없을 것이기 때문이다. 사용자는 항상 길을 잃은 상태에 방치되는 상황을 피할 수 없다. 유동적인 공간에서 사용자는 다시 그가 늘 거주하고 생활하는 곳에서조차 실종자가 되어 어디에도 이를 수 없는 것이다. 그리하여 인간은 결코 집으로 돌아올 수 없다. 아니 그에게는 돌아갈 집이 어디에도 없다. 인간이 당면하게 될 이러한 사태는 기능주의의 도시 개념인 그린시티Green City에 잠복해 있던 문제점이 유-시티에서 더욱 악화될 수도 있음을 암시한다.

이를 이해하기 위해 기능주의로부터 그린시티라는 도시 개념이 등장하는 과정을 잠시 되돌아보자.

기능주의에 기반한 현대도시의 이론은 매우 역설적으로도 기능이란 말이 함유하는 뉘앙스와는 전혀 다른 분위기를 갖고 나타났다. 그것이 하워드가 구상한 전원도시Garden City이다. 이 새로운 도시 개념은 과거의 도시들이 산업혁명에 의해 폭증하는 노동인구와 교통혼잡으로 거주환경이 열악해지자 이를 해결하기 위해 구상되었다. 즉 "아직 쾌적한 환경이 보전되어 있는 도시 근교의 전원지대에 자족적인 도시를 건설하고, 이 도시들과 대도시를 철도와 도로로 연결한다는 계획이다. 또한 도시와 도시 사이에는 적극적으로 녹지를 보존하여 무질서한 스프롤을 방지하고자 했다".[14]

이러한 전원도시 구상은 기능주의를 국제주의로 발전시킨 현대건축의 위대한 대가들, 즉 르 코르뷔제, 루드비히 미스 반데어로에Ludwig Mies van der Rohe(1886~1969), 발터 그로피우스Walter Gropius(1883~1969) 등에게 계승되어 국제주의적 도시 개념으로 완성되어 간다. 우선 도시 공간은 기능에 따라 다양한 용도 지역으로 분리되어 서로 간섭하지 않는 방향으로 구조화된다. 업무 장소, 거주지, 여가를 즐기는 장소 등을 명확히 구분하여 이것들을 도로망으로 효율적으로 연결시키는 것이다.

그리고 여기에 전원도시 개념이 흡수된다. 좁은 도로망과 밀집된 주거형태를 갖는 중세적 도시는 산업혁명 이후 급격한 인구증가로 쾌적성을 상실하였고, 따라서 하워드가 추구한 전원성이 도시에서도 회복될 수 있어야 했다. 이러한 요구들을 성공적으로 충족시키는 도시 개념이 르 코르뷔제에 의해 출현한다. 이것이 바로 그린시티이다.[15] 그린시티는 보행자 스케일로 형성된 기존의 도시를 철거하고, 도시를 새로운 교통수단의 스케일에 따라 개조하려는 계획과 하워드의 전원도시 개념을 동시에 융합하는 구상이었다. 즉 저층 고밀도의 도시를 철거하고, 그곳에 확보된 빈 공간을 기능별로 구분하여 구역을 만들고, 각 구역을 동선이 가장 짧으면서 현대의 교통수단 스케일에 가장 합당한 넓이의 도로체계로 연결시키는 것이다. 그리고 건물을 고층화하여 도로체계에 배치시키면 건물과 건물 사이에 상당한 공지가 확보되는데, 여기에 녹지가 조성된다. 요컨대 기능주의 도시이론은 "기능에 근거한 용도분리, 고층화와 표준화의 반복, 보차분리와 도로확보 그리고 전원지향이라는 잠재적 수요에 대비한 오픈스페이스의 확보"[16]가 주축을 이루고 있다.

따라서 이제 도시풍경에 엄청난 변화가 일어난다. 건물들은 철, 유리, 기능, 기하학의 결합체인 고층건물로 출현하여 인간적 스케일을 넘어버리며, 도로는 새롭고 효율적인 도로교통체계를 실현하기 위해 대규모의 기하학적 격자형태로 건설된다. 그리하여 도시는 르 코르뷔제의 플랜 부아쟁Plan Voisin에서 보이는 것 같이 고층화된 거대건물과 자동차가 주인공인 기하학적 공간으로 변이한다.[17] 그리고 이렇게 기하학적으로 배치된 건물과 건물 사이에 광활한 녹지가 조성된다.[18]

그러나 그린시티의 녹지는 원래의 풍경이 아니다. 그것은 원래의 풍경을 불모지화하고, 그 불모지 위에 인간에 의해 필요에 따라 작위적으로 조성된 것이다. 그리고 역설적으로 그것은 인간을 위한 것이 아니라 고층건물과 자동차를 위한 것이다. 길은 교통과 수송의 수단일 뿐 더 이상 풍경의 의미가 드러나고 이어지며 그곳을 거니는 인간들을 풍경의 의미로 인도하지 않는다. 그린시티에서는 풍경의 의미, 장소의 혼Genius Loci이 증발한다. 따라서 그린시티는 아무리 녹지로 치장될지라도 인간에게 의미를 열어주는 풍경의 역할을 할 수 없기 때문에 활력을 잃고 만다. 그곳의 거주자들은 도시와 동화될 수 없으며, 따라서 그러한 도시는 인간의 참여가 실종된다. 결국 그린시티는

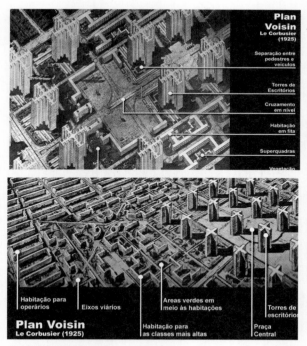

Plan
Voisin
Le Corbusier
(1925)

Separação entre
pedestres e
veículos

Torres de
Escritórios

Cruzamento
em nível

Habitação
em fita

Superquadras

Vegetação

Habitação para
operários

Eixos viários

Areas verdes em
meio às habitações

Torres de
escritórios

Plan Voisin
Le Corbusier (1925)

Habitação para
as classes mais altas

Praça
Central

르 코르뷔제, 플랜 부아쟁

소외가 심화되는 도시로 문제를 노출하면서 슬럼화된다.[19]

　　과연 유-시티는 그린시티의 문제점을 극복할 수 있는가? 이러한 질문에 대해, 앞서 논의된 공간의 유동화와 유체적 건축의 방향으로 발전하는 유-시티의 사례들을 고려하면, 회의적인 답변을 얻을 수밖에 없다. 공간의 유동화와 유체적 건축은 유비쿼터스 컴퓨팅에 의해 실현 가능해진 기능의 복합화의 형태학적 귀결이기 때문이다. 그러한 건축에서는 기능이 형태를 결정한다는 기능주의의 도그마와 풍경의 존재론적 근원성을 박탈하는 입장이 비선형 기하학을 통해 극단화되고 있을 뿐이다.

　　따라서 첨단과학 설비로 복합적 기능을 수행하면서 공간수요 변화에 따라 유동화되는 공간의 건축물만 지어진다면, 오히려 유-시티는 더 심각하게 풍경과 거주지의 호흡을 단절시키는 결과를 초래할 것이다. 실로 오늘날 세계 도처에 유행처럼 번져나가는 유체적 건축을 바라보면, 그리하여 도시 전체가 그러한 유체적 건물로 채워질 미래를 상상하면, 과연 그러한 도시가 풍경과의 연속성 속에서 풍경을 머금으며 풍경의 의미를 호흡하는 거주지인지 의혹을 제기하지 않을 수 없다.

문제는 여기서 그치지 않는다. 유-시티를 향한 미래의 건축이 복합적 기능이 최적화될 수 있는 형태로 주름의 형이상학과 비선형적 기하학의 지원을 받으며 나노기술로 무장된다면, 그리하여 유-시티가 미래에 유체적 건축의 형태로 완성된다면, 이곳의 시민으로서 미래 인간의 운명과 거주는 이미 시사된 바와 같이 감당할 수 없는 역설에 빠질 것이다. 이를 좀 더 분명히 하기 위해 시나리오 통해 미래의 유체적 건축에서 일어날 일을 예상해보자.

2020년 어느 날 여느 때와 같이 나는 재택근무를 하며 책상에 앉아 업무를 시작한다. 이때 내 집에 곳곳에 심겨 있는 맥락인식 컴퓨터는 나의 현 위치가 책상 앞이며 내가 거기서 일을 시작하는 행동을 하고 있다는 것을 인지한다. 또 컴퓨터는 내 온라인 스케줄을 검색하여 내가 일하는 동안 예정된 방문객이 없으며, 따라서 내 사무실 공간은 내가 일하는 동안 접객공간을 필요로 하지 않는다는 것을 인지한다. 컴퓨터는 나에게 책상 이외의 공간은 그다지 필요하지 않다는 판단을 내린 후 내가 일하고 있는 공간을 일하기에 최적화된 공간으로 축소시킨다. 이렇게 함으로써 유체적으로 지어진 내 집은 공간을 업무수행 영역에 가두고 집중력의 흩어짐을 방지하여 나의 업무효율을 높일 것이다. 또 공간을 효율적으로 사용하며 에너지를 절약할 수 있을 것이다. 하지만 내가 일을 하는 동안 공간의 축소를 원치 않으면 특정 신호를 보내 사무실 공간을 현 상태 그대로 유지할 수도 있다.

이렇게 유체적 건축에서 공간은 나의 상황과 요구와 욕망에 즉응하는 환경으로, 축소와 확장 그리고 형태변화를 거듭한다. 이렇게 공간의 형태를 내가 원하는 대로 자유자재로 변형시킬 수 있으며, 나는 공간과 집의 진정한 지배자가 된다.

그러나 유체적 건축에서 사는 사람은 이미 지적한 대로 영원히 길을 잃은 자가 될 위험이 있다. 특히 유체적 건축이 인간의 욕망과 관련된다면 사태는 더욱 극단으로 치달으며 인간을 포스트휴먼으로 변신시킬 것이다. 그 이유는 다음과 같다. 유체적 건축에서 공간관계는 인간의 욕구와 욕망에 따라 끊임없이 유동한다. 스트렉이 지적한 바와 같이 이러한 유체적 건축에서 건물의 상태는 사용자의 욕구와 욕망을 끊임없이 변하는 상태로 취급하는 개념에 의해 결정된다. 건축적 상태가 지속적인 유동상태에 있음에 따라 공간은 정적인 모듈적 질서에서 몸의 활동에 반응하는 상태가 될 것이기 때문이다.[20]

하지만 인간의 욕망은 라캉Jacques Lacan(1901~1981)이 지적한 대로 만족이 아니라 욕망 그 자체를 욕망한다. 때문에 욕망은 끊임없이 만족의 상태를 미끄러져 나가며 변태의 과정을 겪을 수밖에 없다. 더구나 인간의 욕구와 욕망은 타자들과의 상호작용 속에서 갈등과 증폭을 거치며 복잡해진다. 따라서 이렇게 끊임없는 변동과 증폭 속에 있는 인간의 욕구와 욕망에 즉응하는 공간적 관계는 인간의 욕망을 만족시키는 완성도가 높아질수록 복잡하게 급변하는 유동적 상태에 있게 될 것이다. 하지만 급변하는 공간에서 인간은 몸이 수행하는 자연적 지각과 정위 능력으로는 방향을 잡을 수 없다. 또한 방향을 잡을 수 없으면 움직일 수도 없으며, 움직일 수 없으면 몸은 무력화된다. 유동적 공간은 오직 디지털 공간으로 사상되어 정보로 재구성됨으로써만 그 위치와 방향이 파악될 수 있을 뿐이다.

따라서 이러한 공간에서 삶을 살기 위해 행위하는 인간의 몸은 행위를 포기하지 않은 한, 매순간 공간의 정보를 실시간으로 전송받을 수 있는 네비게이터를 필요로 하게 될 것이다. 그리고 이 네비게이터는 동시에 그것이 인도하는 방향으로 몸의 행동이 실행될 수 있도록 몸의 운동감각을 조절할 수 있어야 한다. 이렇게 네비게이터가 몸의 운동감각까지 제어해야 하는 까닭은 자연스러운 몸의 방향잡기와 그에 따른 운동감각과 실행이 비선형적 공간에서 끊임없이 혼돈에 빠질 것이기 때문이다. 나아가 몸이 네비게이터를 통해 정보를 실시간으로 전송받고, 매순간 운동감각을 조정 받으며 행동할 수 있도록 네비게이터는 우리의 몸속으로 이식되어 우리 몸과 하나가 되어야 할 것이다.

그런데 이렇게 되면 어떤 상황이 발생할까? 우선 주목해야 하는 점은 이 경우 단지 네비게이터라는 단 하나의 기기만이 인간의 몸속에 이식되고 그것에 의해 인간의 운동감각이 제어되는 것은 아니라는 사실이다. 네비게이터는 공간 속의 모든 사물에 관한 정보를 생산하고 전달하고 통합하는 전체적인 유비쿼터스 시스템 내에서 한 기기로서 기능한다. 따라서 네비게이터가 극소화되어 몸속에 주입될 때, 사실상 전 유비쿼터스 시스템 자체가 몸속으로 스며드는 것이다. 유비쿼터스 컴퓨팅을 통해 도처에 있는 심겨진 컴퓨터는 이제 과거의 컴퓨터처럼 플라스틱 통에 밀폐된 채로 우리의 몸 앞에 서 있는 것이 아니다. 그것은 플라스틱 통을 탈출하여 인간의 몸으로 침투한다. 첨단공학으로 예찬되는 생명공학, 인지과학, 나노테크놀로지는 인간의 몸과 컴퓨터를 융합시키기 위해 엄청난 투자를 흡입하며 추진되는 과학이다. 앞으로 생명공학과 칩 생산 기술이 성공적으로 결합하여 컴퓨터가 인공신경과 생체 칩의 형태로 실용화된다면, 그리고 그것이 인간의 육체 안에 이식된다면, 모든 곳에 편재하는 유비쿼터스 컴퓨팅 시스템은 더 이상 인간과 인터페이스의 관계에 있는 인간의 타자가 아니다. 미래의 유비쿼터스 컴퓨터 시스템은 이식이란 과정을 통해 인간의 몸과 하나가 되면서 인간 내부에 스며들 것이다. 그리고 이는 인간보다 지능적인 유비쿼터스 컴퓨터가 오히려 인간을 이전의 유비쿼터스 시스템의 일부로 흡수하는 사태이다. 이렇게 되면 결국 그 인간은 사실상 모든 유비쿼터스 시스템에 편재하는 존재자로 변신하게 될 것이다.

바로 여기서 인간의 운명은 감당할 수 없는 기묘한 역설에 봉착한다. 와이저가 창안한 유비쿼터스 컴퓨팅은 가상현실을 비판적으로 성찰한 결과였다. 그것은 가상현실로 치닫는 정보화의 미래를 다시 인간이 몸담고 사는 구체적 장소로 귀환시키려는 것이었다. 그러나 오히려 유비쿼터스 컴퓨팅을 통해 종국에는 가상현실이 물리적 세계에 스며들고, 물리적 현실 자체가 물리적으로 가상화되는 결과를 맞이하게 돼버린다. 그리고 이곳에 사는 인간은 사실상 인간이 아니다. 인간은 몸속에 유비쿼터스 시스템으로 작동하는 인공지능시스템이 스며들고, 유비쿼터스 인공지능시스템에 흡수된다. 결국 인간은 이 시스템의 의해 운영되며 또 그의 명령을 수행하는 존재자로 변신한다. 이렇게 자연인과는 달리 유비쿼터스 시스템에 흡수되어 유비쿼터스 시스템에 편재할 미래의 지적 존재자는 이미 인간 이후의 존재자, 즉 포스트휴먼으로 불리고 있다.

그런데 포스트휴먼이 사는 방식은 어떠한 모습일까? 이 포스트휴먼은 사실상 인간이 몸으로 사는 실제현실에서 살지 않고, 멀티미디어의 현란한 이미지가 넘쳐흐르며 여러 가지 프로그램에 의해 다양하게 물리적으로 구현되는 물질화된 가상현실과 직접 연결된다. 인간은 선택의 여지없이 이미 현실에 숙명적으로 몸과 함께 처해 있지만, 포스트휴먼은 이 물리적 현실 속에서도 유비쿼터스 시스템에 흡수되어 편재하기 때문에 자기가 처할 여러 가상현실들을 자유롭게 선택할 수 있다. 이렇게 복수로 물질화된 가상현실 속에 사는 포스트휴먼은 마치 현재의 개인용 소프트웨어가 하드웨어를 바꾸어도 기능할 수 있는 것처럼, 인간과 같은 생체적 몸에만 의존하지 않는다. 오히려 유비쿼터스 컴퓨팅이 출현시키는 포스트휴먼은 자신의 지적 능력을 여러 가지 상이한 물리적 기반을 바꾸어가며 다운로드하고 지속시킬 수 있다. 이렇게 되면 포스트휴먼은 자연인과는 달리 죽음으로부터 면제될 것이다.[21] 자연인에게 죽음이 운명인 이유가 살로 된 신체 이외에는 다른 대체 가능성이 없기 때문이라면, 죽음은 결코 포스트휴먼에게 운명이 될 수 없을 것이다.[22] 포스트휴먼은 현재 그 능력의 물리적 기반이 소멸한다고 해도, 다른 물리적 기반으로 다운로드될 수 있기 때문이다. 완성된 유-시티에서 시민의 자격을 얻기 위해 포스트휴먼으로 변신해야하는 인간은, 하이데거의 식으로 표현하면, '죽을 운명의' 인간이 아니다. 그들은 영생하며 편재한다.

그러나 여기서 매우 심각한 의문이 제기된다. 영생하며 어느 곳에든 편재하는 존재자인 포스트휴먼이 과연 집을 필요로 할 것인가? 거주지를 필요로 할 것인가? 도시를 필요로 할 것인가?

결국 유-시티를 건설하려는 희망은 유-시티에서 건축과 도시의 존재 가치를 박탈하는 자기 부정의 함정에 이르게 될 것이다. 이 같은 함정에 빠지지 않기 위해서 늘 잊지 말아야 할 사실은 심층추적을 통해 밝혀진 유비쿼터스 컴퓨팅의 철학적 존재근거이다. 그것은 다음과 같이 압축되는 하이데거의 실존론적 통찰에 자리 잡고 있었다. 인간과 도구가 만나는 공간에서 기능은 숨어들어야 가고, 공간은 다른 것에 의해 형태화되고 가시화되어야 한다. 그리고 이러한 실존론적 통찰은 하이데거 철학의 성숙과 함께 더욱 깊어지며, 결국 공간을 형태화하고 가시화하는 것이 인간의 본래적 거주 공간, 즉 풍경임을 발견해내었다.[23]

이때 풍경은 시각적 향유의 대상이 아니라 하늘과 땅과 죽을 운명의 인간과 신성함이 서로 사물에 접혀들어Einfalt 어우러지며 피어오르는 존재의 근본적인 분위기이다. 인간이 거주하는 사물을 짓는 건축은 바로 이 분위기에 조율되면서 그 분위기를 머금고 그 의미를 물질화하며 형상화하는 사건이다. 이렇게 인간이 건축을 통해 풍경의 의미를 구현하고 그 의미를 자신과 동일화할 때 비로소 그곳에서 집과 함께 거기에 거주하는 것이다. 그리고 기능은 바로 이러한 집과 인간의 거주가 보존될 수 있도록 사용되어야 한다.

이제 건축과 유비쿼터스 컴퓨팅이 가야 할 방향이 분명해진다. 공간의 형태를 결정하는 것은 유비쿼터스 컴퓨팅이 유발시킬 수 있는 기능의 복합화와 다양화가 되어서는 안 된다. 이는 건축과 거주를 여전히 기능주의적 사유에 집착시켜 집과 거주 의미 자체를 증발시키는 하이퍼기능주의일 뿐이다. 유비쿼터스 컴퓨팅이 미래적이라면, 그것은 기능적으로 결정되는 공간형태를 "스며드는 기술pervasive technology"로 최소화할 수 있는 잠재력을 갖고 있기 때문이다. 바로 이 잠재력이 유비쿼터스 컴퓨팅을 응용하는 유-시티에서 현실화되어야 한다. 그럼으로써 현대도시를 만들었던 기능주의의 근본적 오류, 즉 건축은 기능이며 이 기능은 기하학적 공간에서 최적화될 수 있고, 나아가 건축의 미학적 효과도 기능이 최적화된 공간인 기하학적 공간에서만 기대될 수 있다는 강박이 유비쿼터스 컴퓨팅에서 치유되는 가능성을 발견할 수 있다.

유-시티의 비전은 기능에 의해 기하학적 공간으로 기형화된 풍경을 다시 도시의 형태와 의미의 근원으로 복귀 · 부활시켜야 한다. 건축은 건축물의 형태를 유비쿼터스 컴퓨팅의 기능에 따라 결정되도록 디자인해서는 안 된다. 오히려 유비쿼터스 컴퓨팅 기술은 풍경을 머금고 드러내는 건축의 형태와 디자인을 훼손시키지 않고 건축물에 스며들 수 있도록 개발되어야 한다. 건축가와 유비쿼터스 컴퓨팅 기술자들은 집을 짓고, 길을 만들고, 광장을 만들고, 시장을 만들 때, 이러한 기술들이 풍경을 가시화하고, 보완하며 상징화하는 데 기여할 있는 방법을 고뇌해야만 하는 것이다.

9

디자인 시티를 넘어
심포이에틱 시티를 향하여

유-시티와
디자인 시티

앞서 유-시티는 진정 미래적이기 위해, 그리고 유비쿼터스 컴퓨팅의 출현을 가능하게 한 실존적인 존재론적 근거를 배반하지 않기 위해, 기능주의적 도그마를 넘어 풍경으로 귀환하는 길로 들어서야 함이 밝혀졌다.

그런데 이미 유-시티와는 또 다른 방향에서 미래의 도시 비전을 그려가는 흐름이 시작되고 있다. 이 새로운 미래도시의 비전 역시 우리나라에서 이름을 부여받고 선언되었다. 그것은 바로 디자인 시티 Design-City이다. 디자인 시티는 기능주의의 건축과 도시이론을 벗어나 도시를 장식적 · 기호학적 텍스트로 변신시키려는 목적을 갖고 있다. 이러한 맥락에서 디자인 시티는 특히 건축 영역에서 기능주의를 명시적으로 벗어나고자 했던 포스트모던 건축이 구체화되는 단계에서 등장하는 시대성을 갖는다.

디자인 시티를 유-시티와 비교해보면, 보다 미래적인 도시 비전이라고 할 수 있다. 유-시티가 미래를 향해가는 최첨단 기술로부터 잉태되었음에도 불구하고 이전의 기능주의적 근본 전제에 훨씬 과격한 방식으로 고착될 위험이 있기 때문이다. 그러나 다른 한편으로 우리는 유비쿼터스 컴퓨팅이 기능에 의한 형태의 결정을 벗어날 수 있는 잠재력을 건축에게 선사하고 있음을 밝혀내었다. 이러한 관점에서 보면 기능주의를 넘어서려는 디자인 시티가 오히려 유비쿼터스 컴퓨팅에 의해 개시된 가능성, 즉 도시의 전면을 지배하고 있는 기능을 후퇴시키고 건축과 도시공간을 다른 방향으로 조형할 수 있는 도시 비전으로 환영받을 수 있음을 시사한다. 따라서 서울을 비롯한 한국의 도시가 자신의 미래를 디자인 시티로 설정한 것은 유-시티를 표방한 도시 개발 계획보다 더 미래적이라 할 수 있다.

이러한 사실과 함께 고려되어야 할 부분은 디자인 시티라는 비전이 등장한 또 다른 중요한 배경이다. 그것은 바로 도시가 관광자본으로서 엄청난 부가가치를 창출할 수 있다는 경제적인 사유이다. 따라서 현재의 디자인 시티 개념의 방향성은 두 가지 관점에서 검토되어야 한다. 첫째, 그것은 탈기능화된 디자인의 기회를 열어주며 풍경으로 귀환할 수 있는 잠재력을 현실화하고 있는가의 관점, 둘째, 그것은 관광자본으로서의 역할을 충실하게 실행할 수 있는가의 관점이다. 이를 위해 현재 추진되고 있는 디자인의 추세를 살펴보고, 그 결과를 다시 관광이 갖는 심층적 의미에 비추어 성찰하는 작업이 필수적이다.

디자인 시티의
추세와 문제점:
서울을 중심으로

도처에서 서울이 다시 디자인되어야 한다며 마치 혁명의 깃발을 날릴 듯한 함성이 들린 적이 있었다. 그리고 세계 곳곳을 벤치마킹하는 노력이 눈물겹게 진행되었다. 그때 서울을 비롯한 각 지방자치단체는 각국에 도시 순방단을 파견하였다. 특히 음산한 유럽의 겨울 날씨에도 굴하지 않고, 유럽의 명품도시들을 행군하는 도시순방단의 노고는 감격적이었다. 그들은 빌바오에서 프랭크 게리에 환호하기도 하고,

훈데르트바서

비엔나에서는 훈데르트바서Friedensreich Regentag Dunkelbunt Hundertwasser (1928~2000)에 경탄하며 그를 위대한 도시디자이너로 극찬하기도 했다. 혹은 사막에 엄청난 자본을 투입하며 세워지는 도시, 두바이를 이상향으로 찬양하기도 했다. 또한 이 도시들을 모두 벤치마킹한 뒤 발전소에 캔디색을 입히고, 티타늄으로 된 유체적 건물을 지으며, 초고층 빌딩을 지으면, 사람 살만한 도시가 될 것 같은 기대감에 때로는 잠을 이루지도 못했다.

버즈 알 아랍(두바이)

하지만 정작 늘 타국의 도시를 찬양하며 그곳에 단 한 번만이라도 여행

훈데르트바서, 도시디자인

하기를 꿈꾸는 한국인, 그래서 늘 엄청난 관광적자에 시달리는 한국인들은 앞으로 디자인 서울에서 정녕 아름다운 삶을 살 수 있을까? 서울의 디자인은 어느 방향으로 가는 것일까?

우선 그 단어의 어원부터 한번 풀어보자. 디자인은 어원상 'sign', 즉 기호와 깊은 관련이 있는 것 같다. 그래서 아마도 서울의 디자인은 곳곳에 기호를 새겨 넣는 작업으로 진행될지도 모른다. 도시에 기호가 새겨진다는 것은 도시가 텍스트가 된다는 것이다. 사실 포스트모더니즘이 기호숭배주의로 전향한 이후, 특히 포스트모던 건축이 시대를 이끌어가는 지배담론으로 등극한 이후, 건축물과 도시를 포함한 모든 것이 텍스트가 되었다. 그러나 과연 도시는 텍스트인가?

'도시는 텍스트'라는 포스트모던 건축의 선언을 맹목적으로 추종하기에 앞서 우선 도시가 포스트모더니즘을 통해 텍스트가 된 과정을 돌이켜 보자.

포스트모던이란 용어는 1917년 출간된 루돌프 판비츠Rudolf Pannwitz의 저서 『유럽문화의 위기』 이후 간헐적으로 사용되었다. 그리고 50년대 문학비평가 어빙 하우Irving Howe에 의해 모더니즘 이후 출현한 작품들을 비판하는 용어가 되었다. 이에 따르면 모더니즘 이후에 출현한 문학작품에서는 위대한 모더니즘 작품들의 천재성·창의성·지성이 퇴조하면서, 통속성·상투적 주제의식·지적 비루함만이 넘쳐나고 있을 뿐이다. 그러나 60년대 중반에 이르러서 포스트모더니즘이란 단어는 새로운 사상적 내용의 윤곽을 그리며 방향을 모색하는 표제어로 탈바꿈한다.

당시 문학 비평가 레슬리 피들러Leslie A. Fiedler(1917~2003)는 60년대의 미국을 다음과 같이 지켜보았다. 경제적 측면에서 다수의 대중이 생산과 소비의 주도적 세력으로 등장하였으며, 정치적으로도 권력의 궁극적 결정권이 대중에게 위임되는 대중민주주의가 완성기에 접어들었다. 그리고 문화 역시 급격하게 대중화의 양상을 띠며, 생산성의 강요 앞에 상처받고 있는 다수의 사람들을 어루만져 주는 안정제나 환각제로 소비되고 있었다. 이러한 모든 것이 유발할지 모르는 여러 부작용에도 불구하고, 피들러는 60년대의 미국에서 일어나는 현상을 지배자와 피지배자, 부자와 빈자, 배운 자와 못 배운 자로 구분되던 이원적 계층구조가 해체되면서 사회의 중심이 불특정 다수로 분산되는 과정으로 파악한다.

동시에 피들러는 지적 상류층만을 지향하며 오직 그들에게만 이해될 수 있는 표현양식과 주제를 가졌던 제임스 조이스, 마르셀 프루스트, 토마스 만 류의 모더니즘 소설을 비판한다. 그리고 순수문학과 대중문학 그리고 계급 간의 "경계를 넘어서고 간극을 메우는" 역할을 문학가에게 호소한다. 아울러 이를 실천하기 위한 전략으로 꿈과 비전과 황홀경을 추구하는 공상과학물과 포르노물이 문학의 주제와 소재 나아가 표현양식으로 도입되었다. 피들러는 자신의 주장을 담아 포스트모던 문학의 도래를 논문으로 선언하기에 이른다. 「경계를 넘어 간극을 메우며」란 제목의 이 논문은 파격적인 형식으로 발표된다. 그는 학자들만 읽는 학술지가 아니라 가장 통속적이며 어쩌면 가장 천박한 잡지인 『플레이보이』지에 이 논문을 기고했다. 곧 파문이 일었다. 하지만 이러한 일탈적 행보는 자신의 주장을 일관되게 설파하기 위한 그의 노골적 이벤트일 뿐이었다.

이 논문의 기고행위에서 도발적으로 노출되듯 포스트모던 문학에서는 과거와 같이 소설의 주제와 표현양식이 어느 한 계층, 특히 지적 엘리트에 편향되는 것이 거부된다. 오히려 소설가에게 엘리트와 대중 모두에게 메시지를 전하기 위해 이중암호를 사용하는 이중간첩의 역할이 주문된다. 이후 포스트모더니즘은 새로운 문학의 탄생으로 찬양되며 모더니즘에 대한 열등감을 극복하면서 60년대 후반 문학계에 상당한 반항을 일으키며 퍼져 나간다. 그리고 70년대에 접어들면서 문학을 넘어 인접 예술 분야로 확산된다. 여러 분야 중에서도 건축은 이 새로운 형태의 예술운동을 맞아들인 대표적인 영역이다.

1975년 찰스 젠크스Charles Jencks는 「포스트모던 건축의 언어」라는 논문으로 건축에 포스트모더니즘이 스며드는 사건의 선구자가 된다. 그의 포스트모던 건축은 피들러를 답습하듯 모더니즘 건축에 대한 비판으로 시작된다. 모더니즘 건축 역시 엘리트 지향적이며 일상에서 매일 건축물을 대하는 대중을 건축물로부터 소외시키고 있다는 것24 이 논문의 핵심이었다.

아울러 그는 피들러의 이중코드 전략을 건축에 원용한다. 그에 따르면 건축은 형상화된 언어이며, 건축이 언어인 이상 건축물은 단지 기능을 효율적으로 수행하는 기계가 아니다. 오히려 건축물은 의미를 다양하게 소통시키는 매체로서 두드러진다.25 포스트모던 건축이 모더니즘 건축을 결정적으로 벗어나는 지점이 바로 여기이다. 모더니즘 건축은 장식을 죄악시하며 "적은 것이 많다"와 "집은 기계이다"라는 슬로건으로 대변되는, 기능적·경제적 건축 개념에 의해 독점되어 있었다. 그리고 이 건축 개념은 근본적으로 모든 것에 체계적 통일성을 부여하려 한 근대 형이상학에 그 기초를 두고 있었다. 이에 반해 포스트모던 건축은 기능주의를 벗어나며 건축의 정체성을 의미현상과 동일시한다. 그리고 의미현상으로서 건축은 다양한 계층과 집단 나아가 시대와의 소통이라는 과제를 갖는다. 즉 건축은 다의성을 갖는 소통 매체이다. 그것은 엘리트적이고, 전통적이며 현대적이고, 기능적이며 환상적인 의미를 전달한다.26

그러나 건축물을 구성하는 것은 단어나 문장이 아니다. 그것은 여러 양식들과 건축의 요소들, 예컨대 창문, 기둥, 벽돌 등으로 이루어져 있다. 따라서 건축이 언어라면 그것은 다양한 양식들과 구성요소들이 서로 소통하는 텍스트로 나타난다. 이는 구체적으로 상이한 지역과 상이한 시대에 속하는 건축양식들이 자유롭게 건축물에 인용되며 절충되는 형태로 물질화된다. 이렇게 다중코드를 통해 건축물을 텍스트화하는 포스트모던 건축은 이제 후기구조주의와 조우하게 된다.

후기구조주의에 따르면 언어의 의미, 즉 기의는 기표들의 관계와 차이에서 발생한다. 기표에 대응하는 기표의 의미, 즉 기의는 이미 정해진 것이 아니다. 어떤 기표든 어떤 기표와 관계를 맺을 수 있으며, 그러한 가운데 기의를 잉태할 수 있다. 기표들은 난무하듯 서로 자유롭게 관계하는 가운데 차이를 드러내며 기의를 분만한다. 그러나 이렇게 분만된 기의는 결코 확정되지 않는다. 기표들 간의 관계는 미리 정해진 것이 아니며, 또 그 관계는 무한히 확장되는 연쇄를 이루기 때문이다. 기표의 의미, 즉 기의는 다만 잠정적으로 확보될 뿐, 그 궁극적 의미는 영원히 지연된다. 후기구조주의는 이렇게 차이와 지연을 의미의 생산요소로 파악하는 소위 차연의 의미론을 핵심으로 하고 있다. 이렇게 보면 포스트모던 건축과 후기구조주의의 조우는 필연적이다. 건축을 다의적 언어 소통 현상과 동일시하는 포스트모던 건축은 후기구조주의 기호학에서 자신의 입장을 더욱 세련되게 만드는 철학적 지반을 확보할 수 있었다. 실로 후기구조주의 철학은 포스트모던 건축에 깊숙이 침투하였고, 건축은 이제 양식과 형상을 기표화하며 자유로운 차연의 놀이로 펼쳐진다. 그리고 이러한 건축에 의해 도시가 지어지면서 도시는 이미 건축적 차원에서도 기표들이 자유롭게 놀아나는 텍스트가 된다.

80년대 이후 현대도시는 뉴욕에서 보듯 포스트모던 건축이라는 새로운 조류에 휩쓸리며 범람하는 기표들의 놀이터로 탈바꿈한다. 반면, 기능과 경제성을 맹종하던 모더니즘 건축은 곳곳에서 철거와 해체의 비운을 맞으며 폭파당한다. 물론 후기구조주의는 데리다Jacques

Derrida(1930~2004)에서 해체주의 철학으로 절정을 이루고, 이 해체주의가 다시 포스트모던 철학과 포스트모던 건축에 지대한 영향을 미친다. 그럼으로써 80년대 말을 기점으로 포스트모던 건축은 해체주의 건축으로 전개된다. 이 해체주의는 다시 건축가에 따라 다양하게 해석되며 분화된다. 이 과정에서 특히 그 모태인 후기구조주의가 주장하는 의미의 불확정성은 공간적으로 번역되어 정형화된 공간의 해체를 통한 비정형적 건축의 출현으로 비화한다. 그리고 이는 90년대 후반 다시 들뢰즈의 이론과 만나면서 기호학적 패러다임보다는 미적분 기하학·비유클리드 기하학·복잡계 이론 등의 수식어로 치장된 주름이론으로 방향을 바꾸며 소위 주름건축으로 변이한다.

그렇다면 모더니즘 건축을 추방하며 도시를 기표들의 놀이터로 변신시킨 포스트모던 건축은 어떻게 평가되어야 할까? 분명 도시는 감상의 대상이나 독서의 대상이 아니라, 우선 대체로 사람이 사는 곳이다. 그리고 이러한 사실이 망각되지 않는다면, 건축을 통해 도시에 자유롭게 기표를 새기고, 도시를 기표들이 차이의 운동을 벌이는 텍스트로 지어내기에 앞서, 반드시 성찰해야 할 문제가 있다. 그것은 인간은 어디에 사는가라는 문제이다. 그러나 불행하게도 포스트모던 건축에서는 이러한 문제가 실종된다. 모든 것은 텍스트이며 기표의 놀이일 뿐이다. 때문에 포스트모던 건축은 우리가 앞서 밝혀놓은 인간이 사는 실존적 공간, 즉 풍경과의 관계에서 심각한 문제를 노출한다. 포스트모던 건축에서는 삶이 거주할 풍경 그 자체에는 어떤 존재론적 의미도 인정되지 않기 때문이다.

모든 것은 기표가 써진 후 비로소 의미를 갖는다. 기표에 앞서 어떤 기표가 새겨져야 할지 길을 열어주는 의미 출현의 근원적 차원으로서의 풍경은 없다. 풍경은 단지 아무것도 없는 텅 빈 백지일 뿐이다. 이 백지에서 기표들은 자유롭게 난무하는 차이 혹은 차연의 운동을 펼치며 건축물로 새겨진다. 포스트모던 건축은 근대적 건축의 고정관념으로부터 건축을 해방시키려 했지만, 유감스럽게도 그들에게는 풍경이 없다. 기호학적 텍스트에 앞서 있는 실존적 풍경은 모더니즘 건축의 기능주의에서 벗어나려는 포스트모던 건축에서조차 파괴되고 있다. 따라서 기호학적 차이와 해체 놀이의 자유로움은 실존의 풍경에 더 심각한 위협으로 다가올 수 있다. 기표놀이에 매몰되어 있는 학자, 작가, 화가, 영화감독의 활동은 그저 말과 글 혹은 이미지의 놀이이다. 그것은 출현했다가 사라질 뿐이다. 하지만 건축은 다르다. 사물을 짓는 건축이 기표놀이에 매몰될 경우 그것은 땅과 하늘과 신성함과 죽을 운명의 인간이 모이는 풍경이 기표놀이 속에 진정 물질적으로 백지화되는 결과를 초래할 것이다.

이제 지금까지 논의된 바에 주목하면서 다시 서울의 디자인은 현재 어떤 추세를 타고 있는지 생각해보자. 서울은 어디에 서 있는가?

현재 서울은 역사적 흐름 안에서 근대화와 탈근대화가 뒤섞인 혼돈 속에 있다. 지난 50년간 세계 역사상 유례없이 과거로부터 급속히 단절된 부실 근대화의 모습을 적나라하게 노출하고 있다. 그런데 여기에 고가도로라는 기능적 도로를 철거한 청계천 복원사업은 근대와의 결별이라는 새로운 시작을 알리는 역사적 신호탄이었다. 그리고 그 청계천이 시작되는 곳에 포스트모던적 팝아트의 대가 올덴버그 Claes Thure Oldenburg(1929~)가 제작한 명품 조형물이 터를 잡고 있다. 이는 새로운 도시를 향한 서울의 탈주로가 어디로 결정되었는가를 암시하는 사건이다. 산업화 시대의 조야한 근대화로부터 탈출하고 싶은 욕망은 무수한 기표들이 정처 없이 떠도는 포스트모던 디자인 시티를 향해 탈주로를 발견한 것이다.

그러나 그 탈주가 도달할 서울의 미래에 대해 우려를 지울 수 없다. 그것은 포스트모던적 상상력에 의존하여 도시를 텍스트화하고 콘

텍스트화하려는 경향에 사로 잡혀있다. 그러나 앞서 살펴보았듯이 이는 유-시티가 잉태하고 있는 가능성, 즉 풍경으로부터 다시 형태와 건축의 상상력을 머금을 수 있는 가능성을 기능주의보다 더 심각하게 좌절시킬지도 모른다. 특히 정처 없이 떠도는 기표들의 놀이라는 포스트모던적 도시 디자인이 벤치마킹이란 전략 아래 페스티쉬(혼성모방)로 진행될 것 같아 두려움이 앞선다. 페스티쉬는 포스트모던 텍스트 쓰기의 중요한 방식이다. 도시 디자인에서 페스티쉬적 도시 디자인은 우리나라의 도시를 각국의 명품 도시의 부분 부분을 복제하여 혼성·잡종화하는 방식이다.

그러니 도시 디자인이 이렇게 진행된다면 어떤 일이 벌어질까? 그 결과는 불을 보듯 뻔하다. 우리나라 도시는 이곳 사람들이 살며 이루어놓은 거주의 공간이 아니라 각국의 모사물들이 전시되는 쇼 케이스에 불과하게 된다. 그러한 모사도시에서는 진품의 진정성과 예술성을 담보하는 작품의 고유한 분위기, 즉 아우라가 증발한다. 아우라가 사라진 곳에서는 그리움이 남지 않는다. 그리움이 사라진 곳은 다시 사람들이 찾지 않는다. 그럼에도 2008년 새 정부의 출범과 함께 발표된 정부의 보고서를 보면, 해외의 성공사례들을 비슷한 외형적 조건을 갖고 있는 지역에 이식시키려는 계획이 주를 이룬 게 아닌지 걱정스럽다. 예컨대 새만금에는 두바이를, 탄광지대에는 독일 에센 시를, 당인리 발전소에는 비엔나나 런던이 발전소를 개조했던 예를 모방해 놓으려 한다.

관광도시를 향한 디자인 시티의 열망

이미 언급된 것처럼 디자인 시티라는 도시의 미래비전이 등장한 내면에는 현재의 산업구조가 문화경제로 탈바꿈하면서 관광산업이 문화경제의 중요한 동력이 되어가고 있다는 인식이 자리 잡고 있다. 막강한 경제력을 과시하는 프랑스, 이태리, 스페인 등의 국가에서 관광산업이 국내총생산에서 차지하는 비중은 30퍼센트를 상회하고 있다. 전세계의 주요도시는 세계 각지로부터 온 여행객들로 넘쳐나고 있으며, 이 여행객들은 보다 매력적인 도시를 향해 일상으로부터의 탈출을 꿈꾸고 있다. 그러나 불행하게도 우리나라의 경우 관광산업은 경제발전에 기여하기보다는 오히려 부정적인 영향까지 끼치고 있다. 우선 우리나라 관광산업은 적자를 면치 못하고 있다. 한국인들은 열심히 일해 번 수입의 상당 부분을 외국에서 소비하고 있다. 그러면서도 해외여행에 중독된 듯 결코 아까운줄 모르며, 기회가 주어지면 그곳을 방문하려 한다. 그리고 그곳에서 미련 없이 소비하기 위해 저축하고 대출까지 받는다. 우리는 왜 이 어처구니없는 짓을 반복하는가? 우리는 왜 경제관념마저 종종 상실하며 맹목적인 이국주의에 빠져 있는가? 그러나 다른 측면에서 우리는 상당히 계산적이며, 때로는 나라 사랑도 대단하다. 따라서 우리 자신을 경제관념이 없이 소비중독증에 매몰된 이상한 국민으로 자학하는 것으로는 왜 그런 어처구니없는 행위를 벌이는지 해명할 수 없다. 오히려 우리처럼 현명한 국민들이 관광에서 어리석은 짓을 하는 현상은 관광, 인간 그리고 디자인 시티의 관계를 근본적으로 성찰해야 할 필요성을 제기한다.

디자인 시티는 세계경제의 변화과정에서 더욱 가시화되고 있는 관광산업의 중요성에 대응하기 위한 매우 실용적인 비전이다. 우리의 도시를 매력적인 도시로 미화시켜 전 세계의 관광객을 유인하겠다는 것이 그 목적이다. 그런데 불행하게도 정부의 야심차고 실용적인 계획은 앞서 디자인 추세를 논의하는 가운데 드러난 것처럼 모사도시의 건설로 진행된다면 실패할 수밖에 없다. 비전의 핵심은 디자인 시티가 관광객을 매혹하고 도시를 자본으로 활용하여 부가가치를 생산하려 하는 데 있을 뿐인 것으로 보인다. 그러나 이 실용적인 계획은 인간은 대체 왜 여행을 떠나는가를 묻는 비실용적인 성찰이 이루어지지 않는 한, 결코 근본적이지 못하다. 이 고민이 없을 때 제대로 관광객들을 끌어들일 수조차 없다. 그래서 묻는다. 인간은 왜 여행을 떠나는가?

이 물음에 대한 답을 찾기 위해 모두가 긍정할 수 있는 사실로부터 출발해보자. 관광은 휴가를 맞이해야만 떠날 수 있는 것이다. 업무의 세계에 몰두되어 있는 사람들은 그 일의 세계로부터 일탈될 수 있는 권리와 기회를 얻어야만 관광을 위한 여행을 떠날 수 있는 것이다. 그런데 일의 세계는 어떤 세계인가? 일의 세계에서 우리는 어떤 공간에 위치하고 있는가?

일은 도구를 통해서 이루어진다. 따라서 일의 세계는 도구들의 연관관계로 형성되는 공간이다. 이러한 공간에서 인간은 도구들의 지시연관관계에 따라 방향을 잡고 이동한다. 우리가 이 책의 1부에서 논의한 공간론에 따르면 우리는 도구들의 지시연관관계인 방역에서 움직이고 있다. 이곳에서 모든 것은 용도성으로 다가오며, 오직 그 속에서만 존재자로서 발견된다. 오늘날 도구의 세계는 현대기술을 통해 또 다른 차원으로 들어섰다. 이러한 기술의 세계를 하이데거는 총체적 계열화라고 칭한다. 모든 것은 모든 것에 의해 주문되며, 그렇게 다른 것에 의해 주문되어 총체적 계열의 부품이 될 때에만 존재한다. 인간도 마찬가지이다. 인간은 기술을 통해 모든 것을 조작하고 지배하는 것 같지만, 그리하여 이 기술을 조정하고 운영하며 경영하는 주체로 인식되고 있지만, 착각이고 오인에 불과하다. 인간은 모두 그러한 기술을 운영하는 또 다른 상위의 체계에 부품으로 소용되도록 주문받고 있을 뿐이다. 그런데 휴가를 맞이하는 사람은 이제 이 방역, 나아가 총체적 계열화의 장을 떠나 관광이란 이름의 여행을 떠난다. 그는 모든 것, 심지어 그 자신마저 도구와 부품으로 만나는 공간과 세계를 떠나는 것이다.

그런데 이 세계를 떠나면 인간은 어떤 공간에 다다르는가? 은하계인가? 아니면 미립자와 소립자의 세계인가? 관광을 위해 여행을 떠나는 자들은 무엇을 보며 무엇을 만나고 싶은 것인가? 이에 대한 답변을 하기 위해서는 대개의 관광객들이 어디로 떠나는가를 살펴볼 필요가 있다. 통계에 따르면, 전 세계의 관광객이 다다르는 곳은 대체로 이탈리아, 스페인, 프랑스의 마을과 도시들, 아니면 산과 바다와 물이 좋은 곳에 있는 리조트이다. 일생에 적어도 한 번은 사정이 허락한다면 이곳을 여행하고 싶어 한다. 물론 모든 인간들이 다 그런 것은 아니다. 상당수가 라스베가스, 마카오와 같은 도박의 도시에도 모인다. 그러나 이두 부류 중 압도적인 다수는 당연히 전자의 관광객들이다. 따라서 우리는 전자의 경우를 중심으로 논의를 전개해도 무방할 것이다.

그렇다면 관광객들은 자신들의 방역과 총체적 계열화의 장을 떠나왜 이러한 곳으로 오는가? 사실 앞에서 언급된 지역들은 호텔시설이나 위락 혹은 향락시설 면에서는 열악하다. 그럼에도 사람들은 이곳에 오고 싶어 한다. 그 이유는 무엇일까? 그 답은 관광객 모두에게 물어보면 단순하면서도 명확하게 답변될 수 있다. 바로 그곳의 풍경이 그들을 그곳으로 불러 모으는 것이다. 이들은 기능적 방역과 총체적 계열화라는 공간으로부터 그와는 전혀 다른 공간성을 갖는 풍경으로 돌아오고 있는 것이다.

그런데 풍경은 어떤 차원인가? 그것은 앞에서 밝힌 바와 같이 인간의 시적 차원이다. 인간이 본래 자신의 거주방식인 시적 차원으로 돌아올 때, 추상적 공간과 방역이 탄생한 그 근원적인 터, 풍경이 열린다. 따라서 우선 대체로 관광을 위해 여행을 떠난다는 것은 횔덜린이 말한 인간존재의 바로 그 본연적 차원, 인간이 시적으로 사는 그 장소로 돌아오는 길이다. 관광객의 관광동기를 조사한 실증적 연구에 따르면, 관광지를 선택하는 데 있어서 목적이 상이함에도 불구하고 심미적 동기가 가장 높은 비중을 차지하고 있다.[27] 사실 관광은 인간만이 할 수 있는 것이며 인간이기에 하는 것이다. 즉 오직 시적으로 살수 있는 유일한 존재자인 인간만이 관광을 떠난다. 비록 그가 그 여행에서 시를 짓지 못할망정, 풍경화를 그리지는 못할망정, 이미 그의 발걸음과 시선은 시적으로 변신하고 있다.

따라서 그가 가는 곳, 그가 보는 것은 도구나 부품이 아니라 풍경 속의 사물로 드러난다. 때문에 관광객은 그가 가는 곳의 하늘을 중요하게 여기고, 땅에 예민해진다. 그리하여 그들에게는 이 하늘과 땅 사이에서 지어진 건물도 단순히 비바람을 피하는 피난처가 아니라 신성한 의미를 담고 있는 성전으로 다가온다. 그 성전이 중심을 이루고 있는 도시 역시 성전을 중심으로 곳곳으로 흘러나가고 흘러드는 미로와 함께, 그리고 그 미로 곁에 머물며 인간의 일상을 보호하고 있던 집과 함께 작품으로 다가온다. 아니 정확히 말하면, 관광객은 하늘과 땅이 그를 예민하게 만들고, 또 그 하늘과 땅 사이에 지어진 건물들이 신성을 담으며, 죽을 운명을 받아들이는 분위기를 이루어내는 곳을 찾아 떠난다. 따라서 관광객은 순례자이다. 그들이 아무리 천박하고 속물적이라 해도 그들은 나름대로 이미 순례를 떠나고 있는 것이다.

로마가 사람들로 들끓고, 아테네가 사람들로 넘쳐나고, 프라하가 매력적이고, 그 열악한 앙코르와트에도 사람들의 방문이 끊이지 않는 진실은 하늘과 땅과 죽을 운명의 인간과 신성함이 서로 겹쳐들며 일어나는 풍경 속으로, 바로 그 아우라로 잠시나마 귀향하기 위한 순례를 떠나고 싶기 때문이다. 그 행로에서 그들은 풍화된 도시의 불편한 미로를 기쁨으로 유랑하며 곳곳에서 풍경을 머금은 사물을 작품으로 만난다. 때문에 관광지에서는 더 이상 땅을 갈 수 없어 용도를 상실한 농기구마저, 그래서 더 이상 방역에 존재할 수 없는 도구마저, 신비한 의미를 담은 작품으로 구입된다.

이와 같이 관광을 근본적으로 성찰해보면, 다음과 같은 단언이 허락될 것이다. 오직 우리를 시적 차원으로 귀환시키는 아우라가 피어오르는 도시만이 관광객을 사로잡을 수가 있다. 반대로 그러한 아우라가 부재하는 도시는 로마나 프라하처럼 관광객을 지속적으로 불러들일 수 없다. 아무리 호텔이 현대적이고, 아무리 관광객에게 편리한 관광정보를 제공하는 유-시티라고 해도, 심지어는 아무리 일탈을 조장하는 유흥산업이 발달했다 해도, 그러한 도시는 관광의 본질을, 즉 관광의 실존적인 존재론적 의미를 본질적으로 배반하기 때문이다.

풍경의 도시와 욕망의 도시

풍경과 도시 : 남프랑스, 산토리니, 라스베가스

아우라가 있는 도시가 되기 위해 가장 먼저 성찰해야 하는 것은 무엇인가? 관광으로 성공하고 있는 도시를 벤치마킹하면서 배워야 할 것은 무엇인가? 우선 벤치마킹하려는 도시의 아우라가 어디서 오는 것인지 밝혀져야 한다. 우리가 논의해 온 바에 따르면, 특히 도시 디자인과 관련하여 한 지역의 아우라는 풍경과 거주 사이에서 일어나는 호흡이다. 즉 도시의 아우라는 도시가 터를 잡고 있는 풍경과 그 안에 거주하며 그 풍경을 담아내는 그곳 사람들의 건축행위에서 비롯된다. 이제 세계의 유명 관광지를 다시 한 번 거닐면서 그곳에서 호흡하고 있는 풍경과 아우라의 관계를 밝혀보자.

남프랑스는 모든 사람들이 한 번은 가보고 싶어 하는 지상의 이상향이다. 코드아쥐르와 프로방스로 대표되는 이 지역은 라스베가스와 같이 모든 것이 휘황찬란하게 장식되어 있는 곳이 아니다. 또 디즈니랜드처럼 온갖 최신 놀이기구가 사람들을 유혹하는 곳이 아니다. 그럼에도 이 지역은 사람들이 가장 동경하는 관광지이다. 사람들이 이곳에 가고 싶어 하는 이유는 무엇일까?

　　남프랑스가 세계인의 주목을 받기 시작한 것은 19세기 말과 20세기 초엽의 상황과 깊은 관계가 있다. 이 시기는 근대가 완성됨과 동시에 근대의 역사가 다른 방향을 모색하던 역사적 전환기였다. 그리고 그 전환의 모습은 예술에서 처음으로 드러났다. 특히 미술은 이러한 새로운 방향의 모색이 가장 눈에 띄게 드러나는 영역이다. 그때 수많은 화가와 예술가는 바로 남프랑스에 매료되었고, 그래서 그들은 그곳으로 향했다. 새로운 시대를 향하는 창작력이 마치 이곳 남프랑스에서만 길어내질 수 있는 것처럼, 그들은 이곳에 모여들어 거주했으며 그만의 창작력은 이곳을 예술적으로 작품화하는 것에서 시작되었다. 고흐는 아를에서, 세잔느는 엑상프로방스에서, 피카소는 앙티브에서, 또 마티스는 방스에서….

화가들뿐만이 아니다. 시인과 소설가도 이곳이 아니면 영감을 얻을 수 없다는 듯 이곳을 떠나지 않았거나 이곳으로 돌아왔거나 이곳을 그리워하였다. 이곳에는 프로방스를 태양의 제국으로 노래한 미스트랄이 있는가 하면, 이제는 더 이상 쓸모없는 불구의 시설에 불과하던 퐁비이에의 풍차를 손 하나 대지 않고 예술작품으로 탈바꿈시킨 알퐁스 도데가 있다. 그리고 현대인들이 잃어버린 마을과 고향의 본질을 바로 프로방스에서 일깨워준 르네 샤르도 있다. 때로는 역사를 장식하는 위대한 예술가와 때로는 이름도 없이 거리를 헤매던 화가와 시인들은 바로 이 남프랑스에 자신들의 삶의 절정을 뚜렷하게 각인하고 사라졌다. 그리고 그렇게 예술이 각인된 남프랑스는 다시 그들의 과거를 예술적 분위기로 발효시킬 수 있었다.

이 뿐만이 아니다. 프로방스 곳곳에 남아있는 중세의 폐허는 삶의 비장미를, 또 중세도시에 바탕을 둔 도시의 미로는 삶의 미스터리를, 바로 그 도시의 품 안에서 그곳에 사는 사람들과 함께 펼쳐낸다. 이러한 분위기는 첨단 소재의 고층건물로 구축되어 어떤 세월의 풍화작용도, 또 어떤 허물어짐도 허용하지 않는, 현대도시가 결코 모방할 수 없는 분위기이다. 레보나 샹 아그네 같은 도시는 중세의 모습과 세월이 남긴 폐허를 흘러가는 시간의 작품으로 보존하듯 허물어진 채로 남아 있다. 또 아비뇽과 님 같은 도시는 현대가 결코 중세를 압도하지 않고 절묘하게 중세의 도시 구조 속으로 숨어들어 화해를 이룬 모습을 보여주고 있다. 이들 도시의 미로를 따라 거닐다보면 곳곳에 숨어 있는 상점과 식당들까지 우리를 아늑하게 끌어들인다. 거대도시에서 현란한 광고판과 상업주의의 공격에 허우적거리며 느낀 기만의 불쾌감은 이 남프랑스의 도시에서 사라진다. 이 도시의 미로를 따라 늘어선 상점을 기웃거리며 걸으면서 사람들은 쇼핑을 목적으로 한다기보다는 어떤 미스터리를 향해 산책을 한다.

먼 곳에 온 이방인들, 특히 현대를 사는 이방인들은 이곳에서 매료된다. 그들이 사는 삶의 공간과 다른 분위기에 사로잡히는 이곳에서 그들은 아릿한 향수를 안고 되돌아간다. 그런데 이 아릿한 향수의 원천은 과연 어디일까? 이를 밝혀내기 위해 남프랑스의 풍경을 풍경현상학을 통해 한번 굽어보자.

우선 남프랑스의 풍경을 사물의 측면에서 접근하면, 그 풍경의 특성의 결정하는 사물들이 매우 두드러지게 나타난다. 가장 먼저 남프랑스 풍경의 성격을 결정하는 것으로는 문자 그대로 우뚝 서 있는 그 지역의 독특한 산이다. 바로 생트 빅투아르 산이다. 이 산은 풍경에 모습과 성격을 부여하는 것이 바로 하늘과 땅이 만나는 산이라는 것을 증명이라도 하듯 남프랑스 풍경의 성격을 결정하는 데 지대한 역할을 한다. 엑상프로방스의 화가 세잔느가 이를 증언한다. 그는 관찰자의 입장에서 자연을 그리는 원근법을 거부하고, 풍경이 그 자신 속에서 생각하고 결국 풍경이 풍경을 그리는 상황으로 돌아가려 하였다. 생트 빅투아르 산이 이루어내는 풍경이 그를 사로잡아 그려진 풍경화가 무려 90여 점이 넘는다.

사실 생트 빅투아르 산은 남프랑스 풍경의 절정이라 할 만큼 높지

생트 빅투아르 산

는 않다. 과거 인간에게 결코 오를 수 없는 무한한 영역으로 공포감을 불러일으켰던 세계적 고산의 기준에서 보면, 대략 천 미터의 높이로 비교적 낮은 산이다. 물론 이 산의 높이도 인간의 접근을 쉽게 허용하지는 않지만, 그래도 수용이 가능한 높이이다. 그러나 다른 한편 생트 빅투아르 산은 육중한 느낌을 주는 석회암과 대리석으로 이루어져 있는 바위산이다. 더구나 이 석회암과 대리석은 이 산에 적나라한 표현력을 부여한다. 하얗게 빛나는 산의 표면에 하늘로부터 떨어지는 태양빛이 부딪치면, 그 산은 빛의 변화에 따라 달라지는 명암대비와 광채로 변신을 거듭하며 주변을 압도한다. 나아가 석회암 바위들이 이뤄내는 표면의 거친 질감은 격렬하게 꿈틀거리는 신비한 대지의 힘을 뿜어내는 듯하다. 하지만 태양이 저물고 달빛이 내리면 생트 빅투아르 산은 연약한 사랑에 스스로를 길들이는 야수처럼 고요함으로 젖어들며 달빛의 은은함을 어슴푸레 반사한다.

오스트리아의 시인 페터 헨케는 이 산을 그리스 신들이 신탁통치했던 델포이와 비교하며 되묻는다. "세계의 중심은 델포이 같은 곳이 아니라, 한 위대한 예술가가 일한 이곳이 아닌가!" 그리고 이 산에 대한 인상을 다음과 같이 옮기고 있다. "산은 벌거벗고 거의 단색이며 색깔이라기보다는 차라리 눈부신 광채이다. 우리는 가끔 구름의 윤곽을 높은 산으로 혼동한다. 여기서는 완전히 반대로, 찬란한 산은 첫눈에 하늘로부터 솟아난 것 같다. 기나긴 세월 이전의 어느 시간에, 나란

히 떨어지는 바위의 측면과 산 뿌리를 수평으로 파고드는 단층들이 응결되는 듯한 운동이 그 효과를 만들었다. 산은 하늘에서 주위의 대기와 거의 같은 색깔이 흘러내린 것과 같은 인상을 주고, 또 우주공간의 작은 덩어리로서 여기에 눌어붙어 있다는 인상을 준다."[28]

생트 빅투아르 산과 함께 남프랑스의 풍경을 결정짓는 것은 나무다. 이미 우리는 풍경이 성격을 결정하는 사물을 논할 때 나무를 풍경의 중심사물로 일컬었다. 마치 이를 예증이라도 하듯 남프랑스의 풍경은 남프랑스의 땅을 현저하게 뒤덮고 있는 한 종류의 나무에 의해 그 풍경의 독특성을 발한다. 우리는 남프랑스의 어느 곳에서나 올리브나무 숲과 마주친다. 올리브나무는 사계절 푸르름을 잃지 않는 수종이다. 이 올리브나무의 푸르름에서 하늘과 땅의 평화롭고 비옥한 만남이 풍경 속에 스며든다. 그러나 이 나무는 거침없이 뻗지 않으며 절묘하게 비틀어져 있다. 이는 평화와 비옥함이 그대로 주어지는 것이 아니라, 늘 내면에서 고통을 견뎌냄으로써 이루어진다는 사실을 드러낸다. 따라서 올리브나무 숲은 그 지역의 풍경을 평화와 비옥함의 초록으로 감싸지 않는다. 그것은 평화와 비옥함과 함께 곡절과 아픔, 또 이 지역을 가끔씩 폭군처럼 휩쓸고 지나가는 미스트랄 바람을 내면으로 받아내며 견디는 힘든 삶의 풍경을 보여준다. 올리브나무가 바로 계절풍 미스트랄을 견뎌 내고, 그것을 자신의 내면에 새겨 그 지역의 풍경을 모으고 있기 때문이다. 계절이 바뀔 때마다 평온한 이곳에 출현하며 폭력과 긴장을 만들어 내는 미스트랄, 특히 겨울의 미스트랄은 비교적 온화한 이 땅에서 더욱더 매서운 공격성을 보인다. 이 역시 하늘과 땅 사이에 존재한다는 것이 결코 고통과 결별할 수 없음을 일러준다.

마지막으로 남프랑스의 풍경을 바로 그것으로 만드는 풍경의 중요한 요소는 물이다. 이 역시 남프랑스에서 물이 바로 풍경을 결정하는 사물중의 사물임을 부인할 수 없게 한다. 그 물은 바로 지중해이다. 지중해는 바다이지만 비교적 평온을 유지하며 물의 원초적 성격을 간직하고 있다. 즉 모든 존재하는 것의 생명력을 적시듯 생명의 생명성을 키워가는 물의 이미지는 지중해가 이곳 풍경을 더욱 생명력 있게 만드는 결정적 요인이다. 나아가 형언이 불가능할 정도로 청명한 색깔로 풍경을 물들이는 지중해는 이 지역의 풍경에 투명성을 부여한다. 물론 지중해도 바다이기 때문이 인간이 알 수 있는 한계의 범위를 넘어서고, 그래서 때로는 불안과 공포의 장엄함을 풍경 속에 담고 있다. 하지만 지중해는 비교적 호수 같은 바다라는 점에서 지역 풍경의 평온함과 투명성을 상승시킨다. 특히 망통이나 에체에서 드러나는 지중해의 광활한 트임, 그리고 그와 함께 바다에 떨어져 내리는 태양빛은 수면 위에서 푸른 광휘로 퍼져나가고, 그 광휘가 반사되며 다시 빛과 함께 무한 반복적으로 상승할 때, 풍경에 존재하는 모든 것은 그의 모든 잠재력이 엑스타시에 이르는 것처럼 고조된다. 특히 상트로페에서 니스를 거쳐 망통에 이르는 남프랑스의 풍경은 보는 자를 흥분시키며, 모든 존재하는 것이 클라이맥스에 이르는 듯한 관능성을 발휘한다. 때문에 이곳에서는 우리의 몸도 그렇게 감응한다.

풍경이 아우라로 드러나며 거주지를 이루는 또 다른 대표적인 관광지는 그리스의 산토리니 섬이다. 이곳에 형성된 마을은 특히 자연적 풍경을 드러내는 초점 역할을 하며 분위기를 독특하게 만든다. 산토리니의 자연적 풍경은 에게 해를 마주보는 단애에서 빛난다. 그것은 내려 떨어지는 투명한 빛을 머금고 그렇게 머금어진 빛은 단애의 흙과 돌의 분위기를 빛으로 담아내며 반사되어 다시 에게 해와 만난다. 이때 바람은 에게 해의 표면을 스치며 물결을 일으키고 물결은 다시 흙과 바위의 분위기가 스며있는 빛을 만나 오묘한 색으로 찰랑인다.

이렇게 산토리니에서는 바다와 빛 그리고 돌의 사물적 의미, 즉 하늘과 땅이 만나 죽을 운명의 인간에게 신성한 의미를 들려주는 사물의 본질이 단애를 중심으로 뚜렷한 조형성을 지니고 나타난다. 따라서 이곳에서는 이러한 조형성을 훼손하는 어떤 마을도 용납되지 않는다. 절벽을 이루는 갈색 화석암은 돌의 사물적 의미인 영속성과 초월성을 드러낸다. 또 바다의 광활함은 단애와 짝을 이루며 자연적 풍경이 결코 단순하게 감각적·시각적 향유의 대상에 그치는 것이 아니라는 사실을 일깨워준다. 이러한 자연적 풍경에서 거주하는 인간은 우선 자신의 삶을 돌려주어야 할 신성한 자리로서의 바다와 태양 그리고 돌이 서로를 아우르는 바로 그 장소에서 자신의 실존적 존재가 비로소 거주하며 집을 지을 수 있다는 것을 깨닫는다.

실제로 산토리니의 대표적인 마을인 이아Oia와 피라Fira는 가파른 단애의 절벽을 따라 형성되어 있다. 이 마을은 절벽이 감추고 있는 풍경현상학적 의미가 바로 그 절벽으로부터 탄생한 작품인양 절벽을 배경으로 절벽에 안겨 있다. 마을의 집들은 바다와 태양이 베푸는 찬란함과 뚜렷한 조형적 두드러짐을 감사히 받아들이듯 대체적으로 하얀색과 푸른색으로 채색되어 있다. 이렇게 풍경의 빛깔을 모아오는 벽과 지붕 때문에 태양은 자신이 갖는 의미를 바다와 마을에서 눈부시게 빛내며 마을의 분위기를 고조시킨다. 그리고 마을 곳곳에는 이곳으로 정착한 인간들이 풍경 속의 거주를 신성함으로 발견해냈음을 보여주는 사물들이 배치되어 있다. 그것은 바로 산토리니 마을에 적절한 리듬으

산토리니 섬

로 산재해 있는 그리스정교의 교회들이다. 이 교회는 산토리니 마을의 풍경을 오직 그곳만의 풍경적 특성으로 구체화하는 상징물이다.

산토리니의 교회들은 고딕성당처럼 하늘만을 향한 무한한 동경을 담고 있지 않다. 산토리니의 교회는 그곳의 바다, 절벽, 태양, 그리고 인간의 거주가 이루어내는 풍경의 의미론적 요소들을 결코 훼손시키거나 초월하지 않는다. 교회는 과장 없이 풍경 안에 머물며, 풍경의 신성함으로 드러내는 데 머문다.

욕망과 허무의 도시, 라스베가스

반면 또 다른 관광지 라스베가스는 어떤가? 라스베가스는 미국이 자랑하는 관광지이다. 수천 개의 객실을 운영하는 대형호텔이 호화로움을 뽐내며 늘어서 있고, 또 그 호텔의 안과 밖에는 카지노가 즐비하다. 라스베가스에 오면, 그래서 라스베가스를 남북으로 관통하는 스트립을 걷다보면, 어느새 카지노로 빨려 들어가고 있는 자신을 발견한다. 라스베가스에 머물면 누구나 도박을 하고 싶고, 또 도박을 하지 않을 수 없다. 그곳은 한마디로 도박이 거주자의 삶과 의무인 도시이다. 밤이 오면 호텔과 카지노에서는 짜릿한 관능을 발산하는 쇼걸과 바니걸들이 곳곳을 활보하며 금욕주의자조차 매혹하고 유혹한다. 여기저기서 한탕 대박의 꿈이 넘쳐나고 희열의 웃음과 무희의 스트립 댄스가 끊이지 않는 라스베가스. 그래서 라스베가스는 욕망이 넘쳐나고, 그 욕망이 또 다른 욕망을 꿈꾸는 곳이다.

그곳은 또 어둠을 허락하지 않는다. 거기에는 쾌락과 환락이 있어야 할 뿐이다. 때문에 그곳은 밤에도 현란한 네온사인에 의해 밝혀지며 어둠과 고요함을 탕진한다. 또 역사상 존재했던 모든 위대한 건물

라스베가스, 존재의 황폐한 신기루

들을 홍보하는 관광포스터가 무작위로 잘려져 콜라주된 듯 어디서 이미 보았고 어디서 본 듯한 역사적 건물들이 곳곳에서 우리의 시선을 현혹한다. 어떤 곳으로 눈을 돌리면 로마에 있어야 할 건물이, 또 어떤 곳으로 눈을 돌리면 파리에서 본 것이 틀림없는 철제 탑이 환영처럼 떠 있다. 다른 곳으로 눈을 돌리면, 이집트에 있어야 할 피라미드와 스핑크스가 더욱더 스펙터클하게 다가온다. 그러나 그렇게 시선이 머무는 곳에는 여지없이 네온사인이 섬광으로 번쩍이며, 그곳이 호텔이라는 사실을 눈부시게 알려온다.

우선 스프링 마운트 로드에 서면 그 이름도 위대한 시저스 팰러스 호텔이 시선을 사로잡는다. 이 호텔은 1996년 고대 로마를 테마로 하여 라스베가스 스트립에 처음으로 리조트처럼 지어진 호텔이다. 시저의 동상이 카리스마를 포기하고 벨보이처럼 방문객을 맞이하는 이 호텔에는 콜로세움과 흡사한 외양의 카지노가 있다. 이 카지노는 검투사와 맹수의 사생결단보다 더 단말마적인 흥분을 약속하는 듯 방문객을 끌어들인다.

카지노를 나와 대각선 방향으로 눈을 돌리면 세련된 파리지안느들이 기다리고 있는 듯한 라스베가스 파리호텔이 에펠탑과 함께 우리를 부른다. 파리호텔은 이름 그대로 프랑스 파리를 그대로 모방한 호텔이다. 에펠탑과 개선문, 그리고 오페라 하우스, 루브르 박물관과 같은 파리를 상징하는 상징물들이 한곳에 모여 있다. 거기서 다시 대각선 아래 방향으로 내려가면 룩소란 이름의 호텔이 거대한 모습으로 여행자를 기다린다. 36층의 높이로 4천 개의 객실 운영하는 이 호텔은 검은색 피라미드 형태로 지어져 더욱더 위압적으로 다가온다. 주차장 입구에는 10층 건물 높이의 스핑크스가 모조품임을 적나라하게 과시하고 있다. 그러나 그 거대한 규모는 통상 모조품에 대해 갖는 경멸의 시선을 순식간에 잠재우며, 방문자를 경악과 경이에 빠뜨린다.

위 **호텔 룩소와 스핑크스** 아래 **호텔 베네치안**

뿐만 아니다. 우리의 시선을 처음 사로잡았던 시저스 팰러스 위쪽 대각선 방향으로는 베네치아의 낭만을 상기시키는 베네치안 호텔이 보인다. 이 호텔은 베네치아 산 마르코 광장에 위치하고 있는 건물들을 이전시켜 놀이터의 기구인 양 재배치했다. 호텔 안으로 들어가면 베니스처럼 인공으로 만들어진 운하가 있고, 이 운하를 따라 곤돌라가 다닌다. 1999년에 건축된 이 호텔 역시 35층의 높이를 자랑하며 3천 개가 넘는 객실을 운영하는 대규모 호텔이다.

이렇게 라스베가스는 이집트, 로마, 베네치아, 그리고 파리처럼 우리가 가보고 싶은 모든 장소를 역사의 흐름을 잠식해버리고 동시에 한 곳으로 강제 이주시킨 듯하다. 또 고대, 중세, 근대라는 역사의 스토리가 탄생한 장소를 마멸시키고 어지럽게 뒤섞인 듯하다. 그러나 이 어지러움 속에서 라스베가스는 환영과 스펙터클 그리고 향락 사이를 오락가락 한다.

그러나 라스베가스는 원래 향락과 스펙타클이 신기루처럼 피어오르는 환영의 도시가 아니었다. 네바다 사막 한가운데 있는 그곳은 아무것도 존재하지 않았던, 그 자체로 황무지인 곳이었다. 바로 그 라스베가스에 본래 그곳이 고향이 아닌 모든 것이 현대기술에 의해 총동원령이 내려진 듯 집결되어 있는 것이다. 오늘날 라스베가스를 장식하고 있는 모든 모조품의 장식성은 순수예술에 대해 오히려 성서 같은 위력을 발하고 있다. 널리 알려진 포스트모던 건축의 기수 로버트 벤추리는 "라스베가스에서 배우자!" 라고 소리친다.

하지만 그 라스베가스는 존재의 역설이 클라이맥스에 이른 도시이다. 그곳은 고향상실의 시대의 심태가 극단화된 가공의 도시이다. 모든 것을 황폐화시킨 현대가 원래부터 황무지였던 그곳에 눈을 마비시키는 현란함으로 본래의 황폐함을 덮어버린 곳. 그곳이 라스베가스이다. 마치 현대에 의해 도처에서 진행된 존재의 황폐화를 은폐하려는 듯, 어쩌면 현대는 라스베가스를 통해 황폐함이란 황무지의 자기 정체성마저 황폐화시켜 아름답게 가공할 수 있다는 능력을 과시하려는 것인지도 모른다.

그래서 라스베가스는 고향상실이 극단화된 곳이다. 좀 더 노골적으로 표현하면, 그곳은 자연적인 황무지마저 남겨 놓지 않고 본래의 자기 정체성을 총체적으로 황폐화시키는, 참을 수 없는 황폐화의 현장이다. 그러나 그 거대한 황폐화는 본래의 황무지를 현란하게 황폐화시킴으로써 다른 곳이 황폐화되었다는 사실을 감추어 버린다. 오히려 사람들은 부품으로서의 존재가 잠시 정지할 때, 그리하여 자신의 존재를 되돌아볼 수 있는 휴식의 시간이 주어질 때, 마치 그곳이 자기 존재의 고향인양 라스베가스에 모여든다. 저마다 자기 정체성을 빼앗기는 거대한 황폐화란 상처의 시대에 그곳에서 위안을 얻으려는 듯…. 그 아무것도 존재하지 않았던 황무지에 현대기술을 총동원한 그곳은 고향상실 시대의 존재자들이 구원과 안식을 찾는 휴양도시이다. 라스베가스는 어디선가 하이데거가 말한 바대로 그 자체로 오늘날의 삶이 비추어지는 스크린이다. 하이데거는 말한다. "노동에 의해 쫓기고 이윤과 성과의 추구로 부화뇌동하여 오락산업과 휴양산업의 유혹에 시달리는 것이 오늘날을 산다는 것이다."[29] 현대인들은 부품으로 존재하면서 탈취당한 자신의 존재와 그 보금자리를 황무지 위에 세워진 가공의 도시 라스베가스에서 찾기를 원하며, 휴가가 오면, 즉 주문이 잠시 정지되면, 그곳으로 향한다.

하지만 그곳은 상실된 자신의 존재를 찾을 수 있는 존재자의 보금자리가 아니라, 고향상실의 존재자들이 뜬구름처럼 모였다가 흩어지는 고향상실의 극단이다. 그곳에서 존재의 뿌리를 내릴 자는 아무도 없다.

서울의 미래:
유-시티와 디자인 시티를 넘어
심포이에틱 시티로

서울과 아우라

그러면 우리나라 최고의 도시 서울은 어떠한가? 우리의 일상이 진행되고 있는 서울은 우리에게 너무 익숙한 행위 공간이 되어버려 우리에게는 너무나 상투화되어 있다. 따라서 서울이 과연 어떤 풍경으로 드러나는가는 정작 우리에게 감추어져 있다. 그러나 이곳을 찾는 이방인, 특히 풍경을 찾아 여행을 떠나 서울에 도착한 이방인들에게 서울은 풍경으로 다가올 것이다. 과연 관광객들은 서울을 어떤 풍경으로 발견하는가?

물론 다양한 문화배경을 갖고 있는 수많은 관광객들에게 일일이 서울이 그들에게 어떤 풍경으로 다가오는가를 물어볼 수는 없다. 그리고 또 어떤 진술에 신뢰성을 부여해야 할지도 난감하다. 바로 이때 『론리 플래닛The Lonely Planet』에 도움을 청해봐도 좋겠다. 세계적으로 신뢰성을 인정받고 있는 관광가이드 북이기 때문이다. 이 책에서 서울은 어떤 도시일까? 하지만 유감스럽게도 서울의 첫인상은 다음과 같이 진술되고 있다. "서울은 거친 측면이 있다. 교통혼잡, 흉측한 고층건물 그리고 경제발전을 이뤄낸 서울의 특징들이 그다지 호감을 주지 않는다…." 특히 서울의 건축물들을 소개한 곳에서 첫 문장은 "서울이 콘크리트와 유리로 덮인 밋밋한 고층빌딩들로 뒤덮였음에도 불구하고, 볼 만한 가치가 있는 건물이 몇 개쯤 있다."고 시작한다.

서울의 길은 어떨까? 서울의 길도 시구처럼 풍경의 의미를 실어 나르던 베네치아의 길과 같이 이방인들에게 길의 본래 의미를 읊어주고 있을까? 불행하게도 도보관광 안내가 실린 곳의 문장도 다음과 같이 시작된다. "서울을 걷는 것은 전체적으로 유쾌한 일이 아니다. 서두르는 보행자들, 진행을 더디게 하는 수많은 교차로와 콘크리트, 유리, 전력선, 네온사인이 정글처럼 엉킨 매력 없는 도시풍경…." 심지어 어떤 보도에 따르면, 서울을 방문한 한 외국 여행자는 론리 프래닛 웹사이트에 다음과 같은 댓글을 달아 서울에 사는 우리를 당혹하게 만들었다. "여기저기로 무질서하게 뻗은 도로들, 소비에트 스타일의 콘크리트 아파트 건물들, 심각한 오염, 영혼도 (뜨거운) 마음도 없다. 숨막히는 단조로움이 사람들을 알코올 의존증으로 내몰고 있다."30

물론 인용된 댓글은 한 이방인의 주관적 평가라 무시해버릴 수도 있다. 또 이러한 사실을 보도한 언론매체에 대해 분개할 수도 있다. 하지만 그러기에는 우리에게 충격적으로 다가오는 표현이 있다. 그것은 "서울에는 영혼이 없다."는 소감이다. 이는 어쩌면 우리가 지금까지 논의해온 '장소의 혼Genius Loci'에 대한 또 다른 표현이 아닐까 싶다.

이곳 서울에서 일의 공간에 매몰되어 삶을 되돌아 볼 겨를도 없이 하루하루 도구적인 삶을 살고 있는 우리들에게 장소의 혼에 대한 감수성이 살아있을 수 있을까? 우리는 서울에 드리워진 장소의 혼은 무엇이며, 그것이 어떻게 건축물에 간직되어 있는지를 느끼기는커녕 아예 그 장소의 혼에 대한 감수성이 마비돼버린 건 아닐까? 그래서 서울에는 영혼이 없다는 말의 진정한 의미를 해석하지 못하고, 다만 그러한 이방인의 서울에 대한 평가를 용납할 수 없다고 분개하는 것은 아닐까?

분명한 것은 앞서 인용된 내용들은 풍경을 찾아 순례를 떠나는 관광객들이 발견한 서울에 대한 증언이다. 그리고 그 증언에 따르면 서울은 아우라가 증발한 곳이다. 이미 말한 바와 같이 아우라가 증발한

곳에는 그리움이 남지 않는다. 그리움이 남지 않는 곳은 인간이 다시 찾지 않는다. 바로 여기서 우리나라가 관광적자에 시달리는 근본적인 이유가 노출된다. 관광수지 적자는 우리나라 사람들의 어처구니없는 낭비벽 때문이 아니다. 세계화시대에 타국으로 관광을 떠나는 것은 자연스럽고도 당연한 일이다. 문제는 우리나라 사람이 타국으로 떠나고 싶어 하는 만큼, 이 땅을 다른 나라 사람들이 그리워하지 않는다는 것이다. 따라서 서울을 비롯한 우리의 도시가 진정한 관광도시로 거듭나기 위한 현실적인 정책은 그 모든 실용적인 사유를 접어두고, 우선 아우라가 있는 도시를 어떻게 지어나갈 것인가에 대한 깊은 반성에서부터 시작돼야 한다.[31]

심포이에틱 시티를 향하여 :
풍경 · 인간 · 건축의 상호창조

이제 남프랑스와 산토리니를 라스베가스와 대비시키면서 서울을 바라보면, 디자인 시티 서울이 아우라가 살아있는 관광도시가 되기 위해 나아가야 할 미래가 그려진다. 라스베가스가 결국은 모든 것을 황폐화시킨 과잉욕망의 도시라면, 그리하여 그곳에 온 사람들이 결국은 그곳을 떠날 수밖에 없는 도시라면, 남프랑스와 산토리니는 그리움으로 우리를 부르고, 그래서 늘 다시 가고 싶고 머물고 싶은 도시이다. 이렇게 그 도시들이 그리움을 불러일으키는 근본적인 이유는 그곳이 바로 인간 거주의 본래적 터, 즉 풍경으로부터 자라나 풍경을 머금고 풍경을 호흡하고 있기 때문이다.

물론 산토리니와 베네치아는 마을 규모의 작은 거주지이며, 따라서 현대인의 일상이 진행되는 도시가 아닌, 정녕 그리움의 풍경이다.

따라서 다음과 같은 반론이 제기될 수 있다. 우리는 거기서 그야말로 현대인의 일상을 살 수 없다. 그곳은 우리가 단지 그 일상에서 탈출할 때 찾는 곳일 뿐이다. 그곳에서 우리는 영원히 머물 수 없고, 다시 현대도시로 돌아와야 한다. 때문에 이러한 곳이 아무리 아우라가 있는 곳이라 해도 서울과 같은 도시의 벤치마킹 대상으로 삼을 수는 없다.

그러나 바르셀로나의 경우는 좀 다르다. 바르셀로나는 스페인 제2의 도시이며, 스페인의 교통·무역·경제의 중심지이다. 바르셀로나는 현대적 도시 그 자체이면서도 관광도시로서의 명성을 구가하고 있다. 그리고 그곳은 최근 사람들이 가장 가고 싶어 하는 도시라는 명예도 갖게 되었다. 그렇다면 대체 그 이유는 무엇일까?

그것은 무엇보다도 바르셀로나가 1970년대부터 수행한 도시 재생계획의 성공적인 결과 덕분이라 할 수 있다. 그 성공의 결정적 이유는 무엇이었을까? 우선 바로셀로나의 재생계획은 단순히 도시를 기능적으로 현대화하거나 유행하는 스타일의 건축물 혹은 초고층건물을 진열해 놓는 재개발 정책이 아니었다. 바르셀로나의 도시 재생계획은 가우디를 필두로 1880~1920년 사이 바르셀로나를 중심으로 펼쳐졌던 카탈로니아 모데르니스타modernista 건축물이 돋보일 수 있는 방향에서 추진되었다. 그리고 이것이 바로 성공의 결정적 이유였다. 실제로 바르셀로나는 1986년부터 1999년 사이에 3천만 파운드의 예산을 투자하여 모데르니스타 건축유산을 대대적으로 재건하였다.

그렇다면 가우디의 작품과 같은 모데르니스타 건축물이 잘 보살펴짐으로써 바르셀로나가 관광도시로서 성공할 수 있었던 이유는 과연 무엇일까? 물론 피상적으로는 가우디라는 한 천재의 창의적 작품이 결국 바르셀로나를 살렸다는 일종의 천재 신격화에서도 그 이유를 찾을 수 있을 것이다. 그러나 가우디의 건축물은 마치 그림이 미술관에 걸리듯 그렇게 바르셀로나라는 전시관에 전시된 작품이 아니다.

사그라다 파밀리아 성당(바르셀로나)

한 건축물의 가치를 단순히 한 인간의 천재적 창의성만으로 환원시키는 생각으로는 가우디의 건축물이 바르셀로나의 재생계획을 성공시킨 이유를 찾을 수 없다.

가우디가 바로셀로나라는 도시에서 지니는 의미를 깊이 이해하기 위해서는 20세기 초엽 당시의 모더니즘과 가우디가 주도하였던 카탈로니아 모데르니스타의 차이를 살펴볼 필요가 있다. 일반적인 모더니즘은 여러 차례 언급되었듯이 어디서나 동질적인 기하학적 공간을 건축공간으로 상정하고, 그 건축공간 안에서만 기능과 조형미가 최적화될 수 있다는 입장에 기초하고 있다. 그러나 동시대의 카탈로니아 모데르니스타는 건축공간을 지역과 풍토로부터 결코 유리될 수 없는 것으로 절감하였다. 그들에게 건축공간은 자재로부터 지어지는 형태에 이르기까지 그 지역의 풍경과 조율되어야 하는 것이다. 유감스럽게도 건축사에서 카탈로니아 모데르니스타는 장식성이 강한 아르 누보의 변형이거나 유기체적 이미지를 조형한 유기체 건축organic architecture으로 해석되고 있다. 그러나 이는 카탈로니아 건축물을 단순히 피상적으로만 보았을 때 그렇게 보일 뿐이다. 카탈로니아 모데르니스타는 그들이 선언했듯이 오히려 토속건축vernacular architecture의 전통을 존중하고 있다. 따라서 카탈로니아 모데르니스타는 그 지역 풍경과의 관계 속에서 이해되어야 한다. 더불어 그것이 당시의 모더니즘과 구별되는 심층적 이유는 풍경현상학적 입장에서도 밝혀질 수 있다.

우선 지금까지 논의해온 풍경현상학에 따르면 한 지역의 풍경은 그 풍경을 모으는 산과 같은 중심사물을 통해 성격이 결정된다. 스페인 카탈로니아에서 풍경을 모으는 사물 역할을 하는 것은 바로 몬세라트Montserrat 산이다. 때문에 이 산은 신성함으로 돋보인다. 몬세라트 산은 그 지역 풍경이 형성되는 중심이며 그렇기 때문에 신성하다는 것은 이미 오래전부터 그곳에 수도원이 자리 잡고 있다는 사실에서

몬세라트 산

확인된다. 한편 이 산은 그 이름 그대로 뜻하는 바와 같이 톱니바퀴 serrated처럼 솟아 있는 기암괴석들로 이루어져 있다. 그리고 이 1,500개에 이르는 괴석 봉우리들은 서로 잇닿으며 격렬하면서도 어느 정도 그로테스크한 배열을 연출한다. 이는 카탈로니아 풍경을 야성적이며 동시에 극적인 아우라에 휩싸이게 한다.

이러한 아우라가 그 표현으로 응축되는 것은 우선 카탈로니아 건축물의 자재이다. 카탈로니아 건축물들은 주로 거친 블록 자재로 지어져 통일감을 이루고 있다. 그리고 또 이러한 벽면에 매우 강렬하고 표현적인 디테일을 적용함으로써 야성적이고 드라마틱한 풍경과 호흡을 지속한다.[32] 이 점을 간과하지 않는다면 가우디의 건축을 예술사적 분류에 따라 당시 유행하던 표현주의의 추종으로 해석하는 것은 부정확한 것이다.

카탈로니아 건축물에서는 표면이 매우 활기차게 나타나고, 땅에서 하늘을 향해 숫아오르는 볼륨이 드라마틱한 요철감을 불러일으킨다. 그 절정은 카탈로니아 풍경의 아우라를 건축물이 머금을 때 빚어진다. 건물의 내면도 벽면에 사용된 블록의 질감이 그대로 드러나 마치 바깥 세계에 거주할 수 있도록 뒤집어 놓은 형태를 취한다. 때문에 카탈로니아 건물에 들어서면 마치 접근할 수 없는 내부에서 사물을 보는 듯한 분위기에 빠져든다. 관광객들은 가우디의 카사밀라 같은 작품에서 바로 이러한 풍경과 건축물의 호흡이 탁월하게 구현되고 있음을 떨리는 감동으로 목격할 것이다. 그의 건축물이 카탈로니아의 중심을 이루는 바르셀로나의 도시 풍경에 바로 그러한 정체성을 부여하는 사물로 존재하게 되는 이유가 여기에 있다. 실제로 가우디는 카탈로니아 풍경을 모으며 신성함으로 빛나는 몬세라트 산 수도원에 자주 머물면서 영감을 얻곤 했다고 고백하고 있다. 즉 그는 지중해의 하늘과 땅의 연주로 펼쳐지면서 몬세라트 산으로 중심화되는 카탈로니아의 풍경 그리고 무어인들의 유산들로부터 오직 거기에 있을 수밖에 없는 작품들을 지어냄으로써 현재의 바르셀로나라는 아우라를 탄생시킨 것이다.[33]

현대에 이르러 이 전통은 리카르도 보필Ricardo Bofill(1939~)에게 계승되었다. 보필의 작품 월든 II는 블록으로 지어진 건물이다. 이 건물에서 카탈로니아 건축의 전통은 새롭게 해석되어 표현된다. 그 건물의 외피는 몬세라트 산이 뿜어내는 그 형상적 성격과 그 산이 하늘을 향해 숫아오르는 형세를 상기시킨다. 실제로 보필은 자신의 저서에서 건축물이 지어지는 지역의 풍경에 어떻게 지역화되어야 하는지를 강조하고 있다. 그리고 그렇게 지역의 풍경에 지역화된 자신의 건물은 국제주의 스타일에 매우 폭력적으로 저항한다고 토로하고 있다.[34]

하지만 풍경과 호흡하는 카탈로니아 모데르니스타 건축물도 산업화의 물결을 피해갈 수 없었다. 그리고 그 전위대인 유럽 모더니즘 건축과 그의 최절정인 국제주의에 파묻혀버렸다. 실제로 모데르니스타 건축물들은 특히 1957년부터 1973년까지 포르시오레스Porcioles가 바르셀로나 시장으로 재직하던 시절, 의도적으로 방치되어 거의 그 존재 의미를 상실했었다. 이렇게 그들의 건축물이 방치되어 기능적 건축물에 파묻혀 압도되었다는 것은 바르셀로나의 도시가 그 장소성을 살아내던 풍경과 호흡을 단절 당했음을 의미한다.

그러나 20세기 후반부터 본격화된 바르셀로나의 도시 재생계획은 바로 그 모더니즘의 건축물을 해체하는 방식으로 진행되었다. 물론 모더니즘 건물의 해체는 다른 도시에서도 진행되었다. 그리고 그것은 전 세계적으로 포스트모던 건축으로 번져나가며 도시를 라스베가스나 디즈니랜드 같이 기표가 난무하는 테마파크로 변신시켰다. 그러나 바르셀로나에서 진행된 모더니즘의 해체는 독특한 방향으로 진행된다. 그것은 주로 그 모더니즘에 파묻혔던 모데르니스타 건물을 다시 드러내고, 또 그를 계승하는 볼피같은 건축가의 활동을 진작함으로써 끊어졌던 풍경과의 호흡을 소생시켰다. 그리고 이렇게 호흡이 소생함에 따라 바르셀로나는 인간실존의 고향인 풍경을 가우디나 볼피의 건축물을 통해 다시 머금으며, 어디에도 없는 바르셀로나라는 아우라 속에 존재하게 된다.

남프랑스, 산토리니, 라스베가스 그리고 바르셀로나를 살펴본 후 우리의 결론은 단순하고도 명쾌하다. 우리가 벤치마킹해야 할 것은 결국 다음과 같은 것이다. 실존적·존재론적으로 풍경이 살아있는 풍경도시에서 그 지역 사람들은 자기 지역의 독특한 아우라를 어떻게 자신들의 삶의 방식으로 형상화시켰는가, 또 예술적으로 어떻게 승화시켰는가 하는 것들이다. 이러한 방향에서 벤치마킹이 성공적으로 이루어졌다면, 그 다음으로 긴박한 것은 우리가 살고 있는 이 땅의 독특한 아우라가 과연 무엇인지 발견해내는 작업이다. 경제적·정책적 벤치마킹에 앞서, 그리고 성급한 디자인 구상에 앞서 지역과 인간의 삶에 대한 건축가들의 풍경현상학적 탐구가 선행되어야 하는 까닭이 바로 여기에 있다.

이러한 논의의 끝에 도달하게 되는 우리나라 도시 공공건축의 유념 사항은 다음과 같다. 도시를 새롭게 디자인하는 작업은 단순히 미화 작업이나 장식적인 놀이에 그치는 것이 아니라 인간이 사는 거주지를 짓는 행위이다. 이때 도시는 포스트모던 건축에서 추구되듯 기표놀이가 자유롭게 일어나는 텅 빈 백지상태가 아니다. 또한 도시는 건축물의 접힘과 펼침, 구부림 등이 무절제하게 발생하는 유체적 가상공간도 아니다. 나아가 우리나라의 도시는 초원, 사막, 바다와 같이 방향, 통로, 중심이 부재하는 들뢰즈의 매끄러운 유목적 공간도 아니다. 우리의 도시는 이미 의미로 충만된 풍경을 머금으며 지어졌다. 우리의 도시는 이미 하늘과 땅을 다양한 방식으로 머금은 사물들을 중심으로 펼쳐지는 풍경 안에 자리 잡고 있다. 그리고 이러한 풍경은 죽을 운명의 인간에게 그들의 존재를 보살필 수 있는 의미를 암시하며, 거주로 초대했다.

그렇다면 과연 우리의 도시를 책임질 건축가들은 어디로 가야 하는 것일까? 이제 유-시티와 디자인 시티라는 미래 비전의 심층에 놓여 있는 전제를 추적한 결과 우리는 다음과 같은 통찰에 이른다. 우리의 건축가들이 진정 미래로 향하기 위해서는 바로 풍경도시로 귀환해야 한다고. 그리고 우리가 해온 논의에 따르면, 그 길은 최소한 다음과 같이 열릴 것이다.

우선 풍경을 보는 기존의 관점을 과감하게 비워내야 한다. 풍경은 우리가 물리적 자연에 감성적으로 착색하는 주관적 경관이 아니다.[35] 물리적 자연과 공간은, 설령 그것이 아인슈타인의 자연과 공간이라 해도, 이미 우리가 살펴본 바와 같이 풍경을 이념화한 기하학적 공간의 논리적 구조를 형식화하여 반복적으로 적용할 때 구성되는 수학적 집합이다. 풍경은 그 자체로 이미 존재의 근본적인 아우라이며, 이는 사방이 서로에게 스며들며 상호 창조적으로 이루어내는 사건이다. 그리고 여기서 인간은 죽을 운명의 존재자로서 본래 모든 의미의 원천을 발견한다. 인간 거주의 흔적이 발견되는 모든 곳에서 자연은 그저 우리 앞에 나타나는 대상세계도, 또 우리가 생존을 위해 개발해야 하는 자원의 저장소도 아니다. 그것은 본래 의미를 담고 인간에게 말을 걸어오는 풍경이었다. 때문에 인간의 거주가 시작된 곳에는 항상 이야기가 탄생하며, 또한 사물들은 이 이야기를 담으며 작품으로 빚어진다. 슐츠 식으로 표현하면, "인간이 사는 풍경은 의미를 구현하고 있는 구조를 갖고 있다. 이 구조와 의미로부터 신화가 출현하고, 이 신화가 바로 자연적 장소의 현상학을 결정하는 출발점으로 사용된다."[36]

이러한 사실을 망각하지 않는다면, 오늘날의 건축가가 창조적이기 위해 우선적으로 해야 할 일이 무엇인지 자명해진다. 건축가는 바로 자신의 삶이 진행되는 곳에서 이러한 인간과 존재가 풍경으로 일어나는 만남의 차원으로 귀환해야 한다. 즉 그는 풍경이 들려주는 신화를 들었던 최초의 사람들처럼, 또 풍경 속으로 끌려들어가 풍경이 그려내는 풍경화를 통해 풍경을 그려낸 세잔느와 같이, 풍경에 살아야 한다. 그때서야 비로소 풍경은 인간존재의 근원적 터로서 그에게 열린다.[37]

이를 위해 건축가는 설계도에 따라 대지를 개발하고 건물을 제작하는 자기중심적 주체의 창조자이길 멈추어야 한다. 그리고 우선 풍경으로부터 감동을 받을 수 있도록 자신을 비우고 인간존재의 근원적 터인 풍경으로 되돌아와야 한다. 그때에만 진정한 의미의 건축적 창조가 시작될 수 있다. 존 샐러스의 표현처럼 "받아들이는 마음의 태도에서 비로소 우리의 감각이 풍경의 의미를 향해 열린다. 이때 풍경은 비전과 말을 건네며 우리의 상상력을 불러일으킨다."[38]

건축에서 창조가 이렇게 오히려 존재의 근원적 터로 되돌아올 때 일어난다는 것은 건축의 현장을 모르는 철학자의 허황된 수사가 아니다. 그것은 한 위대한 건축가의 고백에서도 확인된다. 앞에서 우리가 살펴보았던 바르셀로나의 건축가, 자기 일생을 건축에 헌신했으며 가장 창조적인 건축가의 중 한 사람으로 인정받는 가우디는 어느 감동적인 강연에서 다음과 같이 얘기한다. "창조는 끊임없이 예술가들 통해서 일어난다. 그럼에도 불구하고 예술가는 창조하는 것이 아니라 발견하는 것이다. 그리하여 독창적인 것은 근원으로의 귀환을 뜻한다."[39] 창작은 한 예술가의 머릿속에서 아무도 할 수 없는 새로운 생각을 해내는 기발한 천재적 능력의 소산이 아니다. 우리는 가우디를 그러한 천재로 우상화하고 있지만, 정작 가우디 자신은 건축에서 창조가 존재의 근원적 아우라인 풍경으로 귀환할 때 일어나는 것이라고 고백한다. 마치 칠레의 위대한 시인 파블로 네루다가 "내가 시를 지은 것이 아니라, 시가 나를 불렀다."고 고백한 것처럼, 건축가가 풍경으로부터 불려지고 풍경의 의미가 그에게 밝아오면서 건축적 창조가 이루어지는 것이다.

여기서 스페인 안달루시아 태생의 시인 로르카를 시인으로 키운 그라나다의 풍경이 그의 작품 속에서 어떤 아우라와 어떤 언어로 드러나고 있는지 경청해보는 것도 도움이 될 수 있겠다.

"해가 뜨자 푸르스름한 빛이 감돌던 고요한 새벽하늘에 현란한 빛이 퍼져 나가 알함브라의 오래된 탑들이 빨간 별처럼 빛나기 시작했다…… 언덕 위의 하얀 집들은 상처를 입은 듯 발갛게 물들어 가고, 그늘진 곳은 초록빛으로 화사하게 반짝거렸다. 안달루시아의 태양이 불의 노래를 부르기 시작하면, 온 세상은 귀를 기울인다. 안달루시아의 햇빛은 너무도 찬란하고 화려해서, 하늘을 가로 질러 날아가는 새들도 귀금속이나 무지개 혹은 장밋빛 보석처럼 보인다.

　굴뚝마다 피어오르기 시작한 연기가 무거운 향처럼 도시 전체를 뒤덮고 있다. 조금 전까지 깨끗하고 상쾌하던 하늘이 다시 탁한 우윳빛으로 변해갔다. 어디선가 물레방아가 나른한 세레나데를 부르기 시작하고, 어느 수탉은 붉게 물든 새벽하늘을 떠올리며 노래한다. 들판에선 매미들이 정오의 연주를 위해 미리 바이올린을 조율하는 참이었다."[40]

　풍경의 의미는 그곳에 실존하는 자가 자기실존의 고유 영역으로 돌아올 때 이렇게 다가오는 것이다. 그러나 풍경으로부터 밝아오는 의미를 단순히 넋 놓고 기다리는 것만이 진정한 건축가의 태도로 오해되지 않기 위해서는, 인간, 풍경 그리고 거주가 이뤄내는 상호 창조적sympoietic 관계가 늘 상기되어야 한다. 하이데거에서 터로부터 발견되는 풍경의 본질은 하늘과 땅, 죽을 운명의 인간과 신성함이란 사방의 윤무로 일어나는 존재론적 아우라이다. 따라서 풍경은 단지 하늘이나 땅으로부터 발생하는 것이 아니다. 하늘과 땅이 다른 사방의 두 요소, 즉 죽을 운명의 인간과 신성함과 거울놀이의 관계를 맺으며 터를 이룸으로써 바로 그 하늘과 땅 자신으로서 출현하는 것이다. 물론 죽을 운명의 인간과 신성함 역시 하늘과 땅과 풍경을 이룸으로써 죽을 운명의 인간과 신성함 그 자신으로 출현한다.

　이러한 의미에서 풍경에서는 그 자체로 이미 존재하는 하늘, 땅, 신성함, 죽을 운명의 인간은 성립하지 않는다. 좀 더 구체적으로 말해서, 땅을 이루고 있는 시냇물, 나무, 바위 등과 하늘의 존재자인 별과 구름, 성운 등 일반적인 자연적 사물들이 죽을 운명의 인간과 풍경을 이루는 관계에 들어서지 못한다면, 사물로서 존재하지 않는다. 인간과 독립된 그 자체의 자연적 풍경은 존재할 수 없으며, 또한 자연적 풍경을 초월하는 인간도 존재할 수 없다. 이 모든 것은 사물에서 풍경을 이루며, 비로소 그 자신으로 생기하며 존재하는 것이다.

자연과 인간 혹은 인위적인 것은 단지 추상적으로 구분될 뿐이다. 존재가 실질적으로 자리를 잡고 생기하는 과정에서는 자연과 인위는 서로를 불러일으킴으로써 비로소 그 자신으로서 생기하며 함께 지어진다. 그것들은 하나가 창조의 주체가 되고 다른 하나가 그 창조의 질료나 피조물이 되는 것이 아니라, 서로가 서로를 창조하는 상호창조의 과정을 이루어간다. 이 사물로서의 터에서 일어나는 사방의 상호창조가 바로 하이데거가 '자신으로' 혹은 '고유의eigen'라는 의미와 '일어남'이란 의미를 동시에 함축하는 독일어 'Ereignis'로 드러내려고 한 사태이다. 따라서 슐츠는 하이데거가 밝혀낸 보살핌으로서의 건축에 대해 다음과 같이 언급한다. "보살핀다는 것은 사물을 그냥 그대로 내버려 두는 것이 아니다. 오히려 사물들은 드러나서 발현되어야 한다. 따라서 거주지는 그 입지를 해석하고, 그것을 인간의 삶이 자리 잡는 장소로 탈바꿈시킨다."[41]

이 점을 분명히 한다면 시인이나 화가처럼 풍경으로부터 들려오는 의미를 기다리며 경청해야 하는 건축가들은 단순히 공사를 벌이는 것이 아니라, 본래 풍경과 그로부터 열리는 인간 삶의 거주지 사이를 가늠하는 것이다. 이러한 가늠함은 궁극적으로 하늘과 땅과 신성함과 죽을 운명의 존재를 감아 안는(넘나드는) 풍경과 그것을 어떤 방식으로든 머금는 거주지 사이를 가늠하는 존재론적 작업이다. 따라서 도시 디자인의 중추적 역할을 담당해야 하는 건축가는 풍경과 거주지에 관련된 모든 차원이 간직되고 균형을 이루도록 배려하면서 디자인해야 한다. 그는 이 책임을 우리의 도시가 출현한 역사로부터 물려받고 있다.[42]

물론 이렇게 자신을 비워내고, 그리하여 위대한 시인들처럼 풍경에 다가섬과 동시에 풍경에 잠재하고 있는 풍경의 의미를 사방의 관계로 가늠하여 상호창조적으로 지어내는 것은 결코 쉽지 않은 일이다. 그런즉 우회적인 방법을 찾아보면 다음과 같을 것이다.

1) 우선 도시를 풍경의 성격에 따라 구분하는 작업이 필요하다. 그런데 이 작업을 위해서는 그 풍경을 그리고 노래하고 읊는 향토적 회화, 시, 음악 등을 기초자료로 활용할 수 있다.

2) 이러한 자료들을 해석하는 작업이 시도된다. 물론 이 해석작업은 건축가의 전문 분야가 아니다. 따라서 인문학자 혹은 예술철학자들과의 협업이 필수적이다. 더구나 중요한 것은 이러한 자료들은 주관주의 예술철학이나 미학이 아니라 실존론적·존재론적 예술론의 전문가들과 함께 시도되어야 한다는 점이다.

3) 이렇게 해석된 결과들을 통해 풍경의 성격을 재규정하고, 이를 슐츠의 풍경유형학에 따라 분류하여 특징을 세분화한다.

4) 풍경의 성격이 밝혀지고 나면, 이제 이를 드러낼 수 있는 건축적 디자인 작업이 시작된다. 이때 무엇보다도 중요한 것은 풍경과 거주지가 이어지는 호흡을 존중하는 것이다.

5) 풍경과 거주지가 이어지는 호흡을 확보하는 것은 단순히 풍경의 구조와 성격을 건축물에 복사하듯 반복적으로 구현하는 것으로 오해되어서는 안 된다. 이런 의미에서 예컨대 번쩍이는 유리로만 된 건물을 지어 주변을 물리적으로 반사시키는 건축은 거주에 관한 사색의 빈곤을 노출할 뿐이다.

6) 도시가 터를 잡고 있는 풍경의 중심사물들을 드러내고 보존한다. 풍경의 중심사물이 피폐해지거나 실종되는 건축은 풍경의 성격을 중성화시키는 것으로 결국 아우라를 파괴하는 건축에 다름 아니다.

7) 한 지역의 풍경을 구성하는 경계를 읽어내고 경계가 훼손되지 않도록 한다. 그 경계가 훼손되면 성격과 분위기로서 드러나는 풍경이 바로 그 분위기를 파손하기 때문이다.

8) 경계와 경계의 이어짐과 조율의 멜로디가 흐르도록 한다. 자연적 풍경의 경계를 삭제하거나 변경하는 것은 다양한 분위기의 어울림으로서 풍경이 단조로움이나 불협화음으로 전락함을 뜻한다(사막 위에 지어진 도시, 즉 라스베가스나 두바이 같은 도시를 제외하고 대개의 도시는, 특히 서울과 같은 다채로운 풍경의 도시는, 연속적이지만 다양한 리듬을 만드는 경계들이 덧이어지며 이루어진다. 이러한 도시의 분위기는 복잡성과 이질적인 풍경들의 이음새에 의해 발휘된다). 따라서 도시를 디자인할 때 경계와 경계 사이를 잇는 멜로디 찾아내야 한다. 그리하여 그 멜로디를 타고 흐르는 모자이크로서 도시를 이미지화하는 상상력이 필수적이다.

9) 풍경을 드러낼 수 있는 자재를 선택한다. 이때 자재는 단순히 물리적 재료로서 취급되어서는 안 되며, 하이데거적인 의미의 사물로 다루어져야 한다.

10) 자재가 선택되면, 그 자재의 사물적 의미를 구현하는 양식을 발견한다. 이때 이미 보편적 건축의 어휘로 이미 수용되고 있는 양식을 채용할 수도 있고, 또 완전히 새로운 양식을 창안할 수도 있다. 어

느 경우에나 중요한 것은 자재를 통해 배어나오는 풍경의 성격과 아우라를 양식이 보존할 수 있어야 한다는 점이다. 따라서 기존의 양식을 적용하는 경우 풍경의 성격과 매체의 사물적 의미에 따라 양식 역시 변용되어야 한다. 새로운 양식을 창안하는 경우도 그것이 아무리 전대미문의 것이고 획기적인 것이라 하더라도 그것이 자리할 풍경의 아우라를 파괴한다면, 그 양식은 그곳에서 일어나서는 안 되는 양식이다.[43]

미래도시의 길목 :
하이라인, 어그리텍처,
상호창조도시|Sympoietic City

우리가 해온 지금까지의 논의는 건축을 풍경과 거주하는 인간의 상호창조의 과정으로서 회복시키려는 노력으로 수렴되었다. 그리고 건축이 상호창조적 활동으로서 자신을 간직하기 위해 잃지 말아야 할 최소한 태도를 항목으로 정리하여 일종의 매뉴얼로 제공하려는 유치함도 시도하였다. 그럼에도 여전히 의구심은 남을 수 있다. 그것은 건축을 풍경과 인간의 거주가 함께 이루어가는 상호창조적 활동으로 회복시키면서 과연 미래도시로 가는 것이 실현 가능한지에 대한 것이다. 바르셀로나는 가우디가 같은 선지적 건축가의 은혜를 입은 예외적인 도시가 아닌가 말이다. 예컨대 근대 도시에서 근대적인 기능주의적 사고에서 벗어나 풍경의 건축을 앞서 시도했던 건축가가 없었던 도시는 도시재생 프로젝트를 통해 과연 무엇을 복원해야 한단 말인가?

실제로 거의 모든 현대 도시는 근대 기능주의가 지배한 이후 기계

하이라인 파크(뉴욕)

와 같은 인프라스트럭처가 풍경을 압도하며, 인간과 거주의 상호창조를 궤멸시키는 진지처럼 구축되어 있다. 물론 뉴욕과 같이 몇몇 글로벌 상업도시에서는 20세기 후반 포스트모던 건축이 창궐하면서 이러한 거대기계 같은 도시의 모습을 기표로 장식하여 숨기려는 노력이 있었다. 하지만 여기서도 풍경은 뉴욕의 타임스퀘어에서 극단화되듯 그 자신의 의미를 인정받지 못하고, 오히려 기호는 무차별적으로 놀아나는 백지로 취급되고 있을 뿐이다.

이러한 상황에서 풍경과 거주하는 인간이 상호창조함으로써 건축이 되살아날 수 있을까? 만일 있다면 풍경의 윤무를 압도는 기능적 기반시설이나 건물 혹은 장식물로서의 건물을 다 철거해내고, 그 아래 질식되어 있던 원래의 풍경을 파헤쳐내야 하는 것은 아닐까? 그리고 난 후에야 비로소 앞에서 우리가 제시한 풍경도시를 향한 태도를 제대로 취할 수 있는 것은 아닐까? 그러나 이것은 현재 우리의 삶을 정지시키고 현재의 도시를 대대적으로 파괴하기 전에는 불가능하다. 그렇다면 우리는 풍경과 인간의 상호창조가 일어나는 미래도시란 다만 낭만적인 꿈에 불과한 것으로 치부해버리고 포기해야 할 것인가?

그러나 이러한 좌절은 사색의 빈곤을 실토할 뿐이라는 사실을 일깨워주는 획기적인 사건이 아주 최근 일어났다. 그 사건이 일어난 곳은 바로 가장 근대적이며, 또 동시에 현란한 기호놀이가 일어나는 가장 포스트모던적인 도시 뉴욕이다. 그곳에 최근 하이라인Highline 공원이 개장하였다.

하이라인은 뉴욕시 미트패킹에서 맨해튼 허드슨강 철도화물 하적지에 이르는 1.5 마일 길이의 공원이다. 원래 하이라인은 1930년대 완공된 20km에 달하는 고가철도였다. 뉴욕 주위를 순환하며 화물수송을 담당하던 하이라인은 자동차의 출현으로 완공 20년을 기점으로 점차 사용가치를 잃어갔다. 급기야 1980년 이후 완전히 방치되어 흉물로 변해버린다. 이러한 상황을 용납할 수 없었던 90년대의 뉴욕시는 당시 시장 줄리아니의 지휘 아래 이 폐철로를 완전히 철거하고, 당시 트렌드를 추종하는 포스트모던적 재개발 계획을 추진하였다.

그러나 이는 곧 일단의 시민들의 저항에 부딪혔다. 방치된 그곳에서 야생의 풀이 돋아 오르고 나무가 자라나기 시작했기 때문이다. 미미하지만 근대와 현대의 뉴욕에서는 기대할 수 없었던 풍경이 형성되는 사건이 일어나고 있었던 것이다. 그리고 시간이 흐름에 따라 철골과 아스팔트 그리고 콘크리트 덩어리로 압사할 것 같은 이 지역이 어디서 왔는지 알 수 없는 야생의 꽃과 풀이 무성히 자라는 식생지로 탈바꿈하고 있었다. 마치 우리 시인 김수영이 읊어냈듯 "죽음 같은 기다림으로 일천 년도 더" 대지에 "숨을 죽이고 있는 씨앗들"이 이제 비로소 마법을 풀고 그 모습을 드러냈던 것이다.

철거계획에 저항한 일단의 시민들은 바로 여기서 숨통이 열린 듯 감동을 받으며 어떤 의미심장한 사건이 일어나고 있는 것을 감지한 것 같다. 그러나 시민들은 그것을 무엇이라 말할 수는 없었다. 그리하여 그들은 하이라인의 친구들이란 시민단체를 조직하고 철거계획을 무산시킨 다음, 이러한 사건이 함축하고 있는 의미를 말해줄 수 있는 건축물을 공모하였다. 여기에 조경가와 건축가 딜러 스코피도 앤 렌프로Diller Scofido & Renfro는 어그리텍처Agritecture라는 새로운 개념의 건축으로 응답해왔고, 하이라인의 친구들은 이 응답을 환영했다.

우리에게도 이 하이라인의 건축적 의도에 대해 비교적 상세한 설명을 들을 수 있는 행운이 있었다. 한국의 신예 건축가 윤희연과 같은 조경전문가가 이 건축에 직접 참여했기 때문이다. 윤희연은 특히 설계 2공구에 대해 다음과 같이 비교적 상세하게 증언하고 있다.

"설계 2공구 부지의 특성은 1공구와는 적지 않은 차이를 가진다. 전체 하이라인 부지가 고가철로였다는 역사를 반영하듯, 좁은 선형의 모습이거나 1공구 선로는 휘어지거나 방향을 틀거나 혹은 분지를 만들어 빠져나가는 등의 다양한 변이를 보여준 반면, 2공구 부지는 9블록에 거쳐 직선을 유지하는 단조로움을 보이며 더욱이 폭이 30피트를 넘지 않을 만큼 좁다. 설계가 시작될 무렵만 하더라도 이 구간의 하이라인은 저층 건물로 둘러싸여 있거나 노출되어 있어서 개발이 상대적으로 늦은 맨해튼 서부의 분위기를 그대로 간직하고 있었으나, 이는 결코 오래가지 않을 무상한 풍경일 뿐이었다. 이미 하이라인 재설계의 특수를 타고 주변 지역 개발은 활발하게 진행되고 있었으며, 2공구가 관통하고 있었던 저소득층 주택단지 블록의 일부는 고급호텔이나 주거·상업지역으로 개발이 예정되어 있었다. 특히 이 지역에 대한 관심을 대변하듯, 새로이 입지할 건물들은 모두 세계적이거나 뉴욕에서 활동하는 저명한 건축가들의 개성 넘치는 디자인으로 설계되었다. 때문에 하이라인은 건축물 전시장과 같은 복잡한 경관을 관통하게 될 운명을 피할 수 없었다. 결국 디자인팀은 하이라인의 곧은 직선부지를 더욱 강조하여 강한 시선의 축을 형성하는 데 전체적인 초점을 두었으며, 그 선상에서 다양한 경험의 에피소드를 부여하려고 노력했다. 이러한 이유로 2공구 전 구간은 6개의 작은 부분으로 나뉘게 되었다.

각 구간은 식물 생태군 혹은 다른 형태적 특징에 따라 이름이 지어졌는데, 이는 하이라인 설계의 초기단계에서 행해진 식생현황조사에서 착상을 얻은 것이다. 하이라인이 20여 년 간 방치되어 있는 동안 다양한 종류의 자생식물이 천이를 통해 나름대로의 생태계를 형성하였다. 구조물이 긴 거리를 통해 연장되어 있었던 만큼 부분마다의 미기후가 달랐고, 그에 따라 다양한 형태의 식생이 뿌리내리고 있었다.

이를 적극 도입하고자 한 것은 클라이언트팀과 디자인팀의 공통된 의견이었다."[44]

이러한 진술들은 하이라인의 모습을 그려보고 구석구석 숨어 있는 건축의도를 감촉할 수 있게 해 준다. 그러나 하이라이인 함축하고 있는 깊은 의미는 아쉽게도 이 인용문들을 점철하고 있는 건축학적·조경공학적 어휘로는 잘 드러나지 않는다. 이 조경가와 건축가들은 겸손의 소치인지 몰라도 자신들이 얼마나 철학적으로 위대한 작업을 했는지 잘 모르는 것 같다.

이제 하이라인을 거닐면서 우리가 논의해온 풍경현상학에 이를 비추어보자. 이 작품은 근대 도시와 자연의 식생이 화해하며 상호창조적으로 풍경을 머금는 건축이라는 데서 그 탁월성이 발견된다. 좀 더 구체적으로 말하면, 이 작품은 풍경에 대한 폭력으로 얼룩진 근대 기능주의의 위대한 산물인 고가철도가 건축을 통해 어떻게 풍경 속으로 스며들어 풍경의 한 요소로 탈바꿈되고 있는지 암시하고 있다. 이를 선명화하기 위해 우선 하이라인과 같은 철도는 무엇인지 성찰해보자.

철도는 하이데거 식으로 말하면 근대 테크놀로지 공간을 유지시키는 기반시설이다. 그런데 테크놀로지의 공간은 어떤 공간인가? 물론 하이데거는 테크놀로지의 공간성을 본격적으로 해명한 바가 없다. 그러나 그는 강연 「기술과 전회」에서 테크놀로지가 지배하는 시대의 존재자들의 존재방식을 보여주기 위해 다음과 같은 예를 들고 있다. "공기는 질소를 배출하도록 쥐어 짜지며, 땅은 광석을, 광석은 우라늄을, 우라늄은 파괴나 평화적 사용을 위한 원자력을 생산하도록 강요받는다."[45] 여기서 테크놀로지의 공간성이 드러난다.

이에 따르면 테크놀로지의 공간에서 사물은 가공자의 목적에 따라 조직적으로 끝없이 활용되고 사용되고 소모되는 체계 안에 부속됨으로써만 존재할 수 있다. 이렇게 존재자가 현실화되는 존재양태를 하이데거는 부속품Bestand라 부른다. 그리고 근대 과학과 그의 응용을 테크놀로지를 통하여 존재하는 모든 것의 전면적인 부속품화Gestell가 진행된다고 설파한다. 이 과정을 하이데거는 「기술에 관한 물음」에서 쥐어짜냄Herausfordern이라 그려내고 있다. 이뿐만이 아니다. 테크놀로지의 공간에서 그 테크놀로지를 사용하는, 그리하여 스스로를 테크놀로지의 지배자로 착각하는 인간도 사실상 부속품으로 존재한다. 인간을 이해하는 데 있어서 자연과학에 근거한 과학적 접근, 예컨대 분자물리학에 근거한 유전공학적 인간이해에서, 그리고 그것의 실용화에서 우리는 우리 자신과도 우리가 사물에 대해 맺는 관계와 동일한 관계를 맺고 있다는 것이 극명하게 드러난다.

하이데거가 「형이상학의 극복」에서 적절히 표현하고 있는 바와 같이 여기서 인간은 가공될 수 있는 '인적 자원Menschenmaterial'에 불과하다.[46] 현대 과학과 기술에서 인간은 사물의 존재가 처한 운명과 같은 운명을 맞고 있다. 그리하여 사물존재와 인간존재를 포함하는 모든 존재자는 예외 없이 그 자신을 잃어버린다. 이렇게 테크놀로지 공간에서 모든 것은 오직 기능적 연관관계 속에서 자기 아닌 다른 것으로 가공될 수 있을 때에만 존재 의미를 갖는 부속품으로 전락한다. 테크놀로지의 공간은 존재하는 모든 것이 다른 것으로부터의 주문에 따라 끊임없이 이주를 강요 당하는 "고향상실Heimatlosigkeit"의 공간이다.[47]

이렇게 테크놀로지의 공간에서 존재하는 것들이 어떻게 존재하는가가 밝혀지면, 철도가 존재하는 방식도 분명해진다. 근대 세계의 공간인 테크놀로지의 공간에서는 오직 다른 것으로 가공되기 위해 끊임없이 수송될 때만 존재하는, 고향상실의 존재자들만이 위치할 수 있다. 철도는 바로 이러한 존재자들을 수송하는 기능으로만 존재하는 테크놀로지 공간의 기반시설이다. 그러나 이 철도 역시 수송의 기능을 담당하지 못할 때 테크놀로지 공간에 부속될 수 없다. 그것은 테크놀로지 공간에서 존재 가치를 상실하고 방치되거나 폐기되는 것이다.

그런데 이러한 운명이 하이라인에 다가왔다. 그것은 개통이 된 후 20년 만에 자동차에 밀려 뉴욕이란 테크놀로지 공간에서 존재할 수 없는 존재자로 전락하였다. 결국 하이라인은 1980년 이후에는 테크놀로지 공간에 부속될 수 없는 구조물로서, 그리하여 흉측함 이외에는 어떤 의미도 발할 수 없었던 기계로 버려진다. 그런데 하이라인이 맞는 이 슬픈 운명에 예기치 못한 경이로운 반전이 일어난다. 하이라인은 이렇게 버려짐으로써 테크놀로지 공간, 즉 모든 것이 그 자신을 잃고 오직 다른 것으로 가공될 때만 존재하는 총체적 체계화의 공간을 탈출하는 것이다. 그리고 이는 동시에 하이라인이 시학적 공간, 즉 하늘, 대지, 죽을 운명의 인간 그리고 신성함의 어울림으로 일어나는 풍경으로 귀환하는 기회를 열어준다.

뉴요커들이 목격했듯이 녹물 떨어지는 철로와 잿빛 죽음이 드리워진 콘크리트 위로 잡초라 불리는 식물들이 무성히 싹터 나왔다. 또 어디서 왔는지 모르는 꽃들이 피어오르고 나무가 자라는 경이로운 사건이 일어나고 있었다. 그리하여 하이라인은 대지의 새로운 지층으로 흡수됨으로써 식생의 터로 탈바꿈하기 시작했다. 뉴요커들은 이 경이로운 경험을 어찌 표현할지 몰라 다만 그들이 어렸을 때 읽은 동화를 통해 말하려 했다. 마치 갑자기 '이상한 나라의 앨리스'의 세계가 펼쳐지는 것 같았다고. 버려진 그곳에서 폐건축자재와 자연적 재료가 서로 섞이면서 산화와 죽음을 향해 가는 하이라인을 존재로 돌이키며 초록으로 넘실거리는 식생vegitation이 탄생하고 있었다.

그런데 이미 우리가 고찰해본 바와 같이 하늘의 비가 대지에 스며들어 자라나는 식생은 풍경의 성격을 결정하는 중요한 요소이다. 따라서 건축이 하이데거와 슐츠가 밝혀낸 근원적 의미의 건축이라면,

이러한 식생은 건축을 통해 잘 간직되고 보살펴져야 한다. 그리고 그 것으로부터 발효되는 풍경의 의미는 이제 건축을 통해 모아져야 한다. 하이라인 친구들이란 시민단체는 비록 뚜렷하게 의식하지는 않았지만 바로 이렇게 건축의 존재론적·실존론적 본질을 기억해낸다. 그리고 그 시민단체의 운동에 상응했던 하이라인의 건축가의 작업은 의도했던 의도하지 않았던 그러한 건축을 해낸 것이다. 하이라인의 설계자들은 포스트모더니즘처럼 고가철도를 장식미를 저해하는 근대의 흉물로 보아 폭파·해체하지 않았다. 그들은 오히려 하이라인을 풍경의 요소로 귀환시켜 그것에 잉태되고 있는 의미를 건축을 통하여 출산시켰다.

특히 하이라인은 풍경현상학적 사색으로 이끄는 기념비적 건축행위와 함께 탄생했다. 이 건축에 참여했던 윤희연의 증언에 따르면 철로 이용 중단 후 그곳에서 무성하게 자란 잡초도 그 고유의 미적 가치가 높다는 판단으로 씨앗 수확 과정을 거쳐 다시 심었다고 한다. 이는 그저 요즈음 유행하는 생태건축의 또 다른 유형에 불과한 것이 아니다. 그러한 행위는 하이라인을 심오한 풍경현상학적 의미로 빛나게 한다. 대지에 적대적이며 파괴적이었던 근대도시의 인공물이 대지의 역사의 한 지층으로 흡수되어 대지의 역사성을 풍요롭게 했기 때문이다. 또 그렇게 풍요로워진 대지로부터 새로운 식생이 일어날 수 있는 터를 열어놓았기 때문이다.

나아가 하이라인은 그것을 다시 야생으로 방치하지 않고 건축을 통하여 다시 보듬으며 이러한 사건이 갖는 의미를 가시화하였다. 이는 어그리텍처agritecture란 방법으로 구체화된다. 어그리텍처는 농업agriculture와 건축architecture의 합성어로 하이라인을 인간 거주 역사에 한 획을 긋는 작품으로 격상시킬 수 있는 디자인 방법이다. 그것은 "식물 소재로 대변되는 자연과 콘크리트로 대변되는 인공의 제약 없이, 점진적으로 얽히며 유기적인 관계를 형성하려는" 목적을 갖는다. 이를 위해, "옮겨 놓음으로써 새로운 공간을 형성하기 용이하도록 큰 플랭크plank 형태의 페이빙 소재를 사용하였으며, 오픈 베이스open base를 사용하여 이용의 유연성을 도모했다. 두 개의 다른 성질이 서로 녹아드는 모습을 형상화하기 위해 테이퍼드 플랭크tapered plank를 사용하고 그 사이에 초화류를 식재하였다."[48]

이러한 방식으로 하이라인은 무Nothing를 향해 삭아 들어가는 철도의 산화과정을 풍경이 창조되는 기다림의 과정으로 반전시키며 풍경을 그곳에 사는 인간들에게 안겨준다. 동시에 그들을 그곳에 거주하게 함으로써 거주의 의미를 풍경에 귀환시킨다.

그러나 이러한 귀환은 마치 실낙원으로 되돌아가듯 문명의 때가 묻지 않은 순수한 원시적 자연 풍경을 향한 것이 아니다. 하이라인은 풍경에 그 풍경을 파괴했던 근대의 건축물을 대지의 한층 더 두터워진 나이테로 새겨 넣으며 풍경의 고유한 요소들이 그 요소로서 다시 활성화될 수 있는 길을 만들어내고 있다. 하이라인은 결코 인간의 건축이 존재한 적이 없는 절대적 원시 풍경을 이상화하지 않는다. 또 근대 건축을 악마화하지도 않는다. 오히려 그것은 근대건축을 용서하고, 풍경의 요소로 그 존재방식을 탈바꿈시키며, 건축과의 상호창조를 통해 풍경의 의미가 드러나는 길로 소생시킨다. 그리하여 적어도 이곳에서 뉴욕의 시민들은 그들의 도시를 포기하고 전원으로 귀향해야 할 필요성을 느끼지 않는다. 오히려 그들은 거기서 그들은 인간의 건축행위를 통해 자연과 상호창조의 과정으로 탈바꿈한 풍경에 거주하는 자신을 발견한다. 그들은 도시 수송체계에 부속된 철도에서 풍경 속의 길로서 존재를 회복한 그 길을 거닐며 명상하고 담소하고 이제 문턱을 넘어 집으로 들어온 사람처럼 평안을 누리는 것이다. 그리하여 고향상실의 시대를 지탱하는 기반시설이었던 하이라인은 이제 거주를 선사하는 고향을 향한 길이 된 것이다.

　나아가 하이라인은 진정한 의미의 트랜스포메이션Transformation 건축이 무엇인지를 보여준다. 트랜스포메이션 건축은 이미 렘 쿨하스 같은 소위 스타 건축가가 서울 경희궁에 프라다관을 지으며 미래의 건축과 도시를 예언하는 이벤트인양 주목된 바 있다. 그것은 기존의 건축물처럼 늘 고정된 형태를 갖는 것을 거부한다. 오히려 인간의 욕구에 즉각적으로 반응하며, 그 욕구를 충족시키기 위한 최적의 공간을 제공하려는 꿈을 담고 있다. 그러나 이러한 트랜스포메이션 건축은 앞에서 논의된 하이퍼기능주의의 일환이다. 그것은 현대 최첨단 기술을 총동원하여 다양한 기능적 요구에 따라 형태를 변형하는 건물일 뿐이다. 이때 건축물은 요구되는 기능을 가능한 한 효율적으로 수행하는 첨단기계에 불과하다. 아니면 오직 시각적으로만 건축물과 유사한 변신로봇에 불과할 뿐이다.

　그러나 하이라인이 보여주는 트랜스포메이션은 존재론적 트랜스포메이션이다. 더 이상 기계로서 존재할 수 없는, 그래서 테크놀로지의 공간에서 아무것도 아닌 것으로 버려진 것을 풍경의 요소인 대지의 존재로 살려낸다. 그리하여 거기서 마법처럼 새로운 존재자들이 움트기 시작한다. 그러나 그것은 마법이 아니다. 건축의 본질로 돌아온, 그리하여 풍경과 호흡을 시작한 건축 행위이다.

　이렇게 하여 하이라인은 미래의 도시를 향한 길을 어슴푸레 열어준다. 미래의 도시는 근대나 탈근대의 오류를 벗어나기 위해 근대나 탈근대를 부수고 원시의 숲으로 퇴행할 필요가 없다. 또한 최첨단 기술을 동원하여 제작된 변신로봇 같은 건물들이 주름운동을 하며 우글대는 도시도 아니다.[49] 하이라인은 근대의 공간이 건축을 통해 어떻게 풍경으로 탈바꿈하고 아우라로 피어오르며 인간과 풍경의 상호창조가 일어나는 도시로 거듭날 수 있는지를 보여주고 있기 때문이다.

이렇게 자연적 식생과 그것을 드러내는 건축이 서로 뒤섞이며 지어지는 건축은 어그리텍처라 부름 받았다. 이러한 의미에서 어그리텍처는 바로 풍경과 인간의 거주가 상호창조하며 영글어가는 도시의 새로운 모습, 즉 심포이에틱 시티로 가는 한 길목이다.

경제위기와 풍경현상학

월스트리트의 절망과 하이라인의 희망

또 다른 심층횡단을 제안하며

지금까지 우리는 공간에 관한 과학적 논의에서 출발하는 심층횡단의 과정을 거쳐 터와 풍경의 현상학에 이르렀다. 그리고 이 풍경현상학은 이론적 차원의 논의에 머무르지 않고 우리 삶의 구체적 현장인 도시의 문제를 성찰하는 기회를 제공하였다. 나아가 그것은 미래도시의 비전으로 최근 활발하게 논의되고 유-시티의 풍경현상학적 방향성을 밝혀내는 논의로 발전하였다. 또한 디자인시티라는 미래도시 비전에서 유-시티보다 더 깊은 풍경현상학적 의미를 발굴해내고, 이를 통해 여행과 관광의 실존적 차원을 조명해 보았다. 그 결과 마침내 서울과 같은 도시가 가야 할 새로운 미래비전이 그려졌다. 그 비전에 따르면 디자인 시티는 관광산업으로 경제적 부가가치를 창출하기 위해서라도 오히려 그러한 경제적 욕망으로부터 벗어나야 한다. 그리고 지역의 아우라를 물질적으로 형상화하면서 인간과 풍경이 함께 피어오르는 상호창조적sympoietic 도시로 귀환해야 한다.

그런데 이렇게 과학·철학·건축의 영역을 심층횡단하는 사유를 전개시키는 와중에 필자는 경제위기라는 예기치 못했던 세상의 위기를 경험하게 된다. 물론 이 경제위기는 일견 우리가 지금까지 성찰해온 문제와 관련성이 없는 경제학적 문제인 것 같아 보인다. 하지만 이 경제위기가 '서브프라임모기지 사태subprime mortgage crisis'[1]라는 집과 관련된 영역에서 촉발되었다는 점을 눈여겨본다면, 경제위기는 어떤 방식으로든 공간·거주의 문제와 긴밀하게 연관되어 있는 셈이다. 따라서 공간의 문제를 노드로 하여 과학·철학·건축을 심층횡단하며 얻어진 결과는, 또한 이런 경제위기의 문제를 성찰하는 데도 기여할 수 있으리란 게 필자의 생각이다.

　이제 지금까지의 논의 결과를 바탕으로 이러한 경제위기의 양상을 진단해보고 그로부터의 탈출구를 모색하는 데 이 책의 현실적인 결말을 집결시켜보려 한다. 그렇다면 지금까지 진행시켜온 우리의 논의가 과연 경제라는 문제로 횡단할 수 있는 지점이 있는지 파악해야 할 것이다. 그러기 위해서는 우선 현재 진행 중인 경제위기의 원인을 다시 한 번 살펴볼 필요가 있겠다.

월스트리트. 전 세계의 자본이 디지털회로를 타고 순식간에 밀려들었
다 빠져나가는 금융의 중심지. 천문학적 숫자의 보너스를 받는 펀드
매니저와 그들의 화려한 라이프스타일로 온 세상 사람들의 부러움을
사는 거리. 그런데 그 거리가 갑자기 전 세계를 파산의 공포에 몰아넣
은 금융위기의 진앙지가 되었었다. 그때 월스트리트는 돈벼락의 꿈으
로 넘실거리는 희망의 거리가 아니었다. 월스트리트는 전 세계를 쓰
나미처럼 휩쓴 파산과 절망의 거리이기도 했다.

　　2008년 이후 전 세계 구석구석을 강타하던 월스트리트 발 경제위
기는 엄청난 충격과 공포까지 불러일으켰다. 그러한 가운데 그 원인
에 대해서는 여러 가지 상이한 진단들이 엇갈리고 있다. 혹자는 월스
트리트의 부도덕성과 탐욕을 질타하기도 하고, 혹자는 미국정부의 부
실한 감독에서 그 원인을 찾기도 한다. 또 누군가는 자본주의 근본적
문제점이 폭발한 것으로 분개하거나 통쾌해하기도 하고, 또 누군가는
정부의 현명하지 못한 개입으로 시장이 왜곡되었다고 힐난하기도 한
다. 또한 어떤 경우에는 바젤-II[2]가 문제로 거론되기도 하고, 어떤 경
우에는 무조건 남을 따라하는 투자자들의 '묻지마 행동'이 도마 위에
오르기도 한다.[3]

　　이렇게 상이한 원인 진단은 다시 각각의 이데올로기적 입장 차이
에 따라, 신자유주의적 입장·케인즈적 입장·개혁주의적 입장·네오
마르크스적 입장·마르크스적 입장 등 대략 다섯 가지 방면에서 논의

된다. 그리고 각 입장에 따라 위기에 대한 결정적인 원인 진단과 그 처방이 달라진다. 그러나 이러한 진단들은 유감스럽게도 20세기 후반부터 경제가 디지털 기술의 출현으로 이전과는 상당히 다른 양상의 공간 속으로 빨려 들어가고 있다는 점을 간과한다. 때문에 현재 우리가 겪고 있는 경제위기에 대한 진단과 대안 제시에 있어서 문제의 핵심을 제대로 짚고 있지 못하다.

물론 20세기 후반의 경제가 독특한 양상으로 전개되고 디지털 기술의 출현으로 귀결된다는 사실은 이미 장 보드리야르Jean Baudrillard (1927~2007)에 의해 해명된 적이 있다. 그에 따르면, 20세기 후반의 경제와 그 이전의 경제의 차이는 경제활동의 중심이 '사용가치use-value' 에서 '기호가치sign-value' 로 이동하는 데 있다. 그리고 이는 또한 기호를 생산하고 유통시키는 디지털 정보통신 기술을 출현시키는 결과를 낳는다.[4] 이를 통해 보드리야르는 20세기 후반 이후의 경제를 파악하는 소위 '기호의 정치경제학' 이라는 새로운 시야를 연다.[5] 그러나 아쉽게도 보드리야르 역시 20세기 후반 경제 영역에서 발생한 획기적인 사건들과 디지털 기술의 출현으로 형성되는 디지털 공간성에 관한 고찰을 소홀히 한다. 때문에 그의 '기호의 정치경제학' 은 현재의 경제위기 상황을 파악하는 데는 역부족이다.

따라서 필자는 이번 금융위기의 원인을 파악하기 위해, 경제가 과거의 양상을 벗어나 불연속성을 보이는 20세기 후반의 시점을 포착하여 그 독특한 양상을 해명하고 그것의 작동 원리를 규명해야 한다는 생각이다.

디지털 스페이스의 출현과
위험기반 경제를
향한 도정

1970년 그 후

그렇다면 20세기 후반의 경제를 그 이전의 모습과 불연속적으로 구분하는 결정적 시점과 사건은 무엇인가? 이는 1930년대 대공황을 극복한 케인즈의 경제정책이 한계를 보이며, 1960년대 말 미국을 경제 불황으로 몰고 간 사건에서 추적된다.

세계경제는 이 시기의 경제불황을 타개하기 위해 1970년 기존 세계경제질서 유지의 토대였던 브레튼우즈체제Bretton Woods system[6]의 핵심인 화폐의 금본위제도를 폐기한다. 이는 경제학적으로 적어도 두 가지의 매우 중요한 단절을 의미한다. 우선은 케인즈적 국가개입주의와 단절이다. 그러나 그보다 더 중요한 또 다른 단절은 화폐의 가치가 근거하고 있는 물리적 토대와 화폐 사이에서 일어난 단절이다. 보드리야르 식으로 말하면, 이 시기에 화폐는 금이라는 가치의 지시체를 상실하고 그야말로 시뮬라크르가 되어 떠돌기 시작한다.

그런데 여기서 보드리야르가 소홀히 다뤘던 또 다른 중요한 사건이 일어난다. 그것은 시뮬라크르가 되어 떠도는 화폐가 그 시기에 월스트리트를 필두로 시작된 금융산업의 정보화를 통해 막 출현하기 시작한 디지털 스페이스로 급속히 이주했던 사건이다. 우리가 주목해야 할 점은 디지털 네트워크가 가장 먼저 구축된 영역이 바로 금융시장이라는 사실이다. 이 시기에 역사상 처음으로 세계적 통신사 로

이터에 의해 전 세계 주식시장의 정보가 실시간으로 제공되면서 주식시장의 네트워크화가 이루어지기 시작했다. 또한 나스닥NASDAQ이 출현하여 금융산업 활동이 디지털 스페이스로 빨려들어 간다. 오늘날 거의 모든 금융거래가 이 디지털 스페이스에서 이루어지는 것은 물론이다. 이는 20세기 후반 정보화라는 문명사적 사건이 사실상 금융시장에 의해 선도되면서 디지털 공간이 팽창하는 과정에 돌입한다는 의미를 갖는 것이다.

그런데 왜 금융산업이 선도적으로 디지털 스페이스로 이주한 것일까? 그 이유는 다음과 같다.

교환의 수단으로서 화폐는 당연히 실물의 가치를 대리하는 것이다. 그러나 거래관계가 단순한 쌍방이 아니라 무작위의 다자 사이에서 진행될 때, 화폐는 보편적인 가치의 측정과 저장 그리고 보편적인 교환의 수단으로 추상된다. 그리하여 화폐는 문자 그대로 숫자의 체계가 되어 비물질화를 향해 간다. 요컨대 화폐는 쌀과 같은 물체 그 자체에서 보다 추상적인 물질적 가치를 구현하는 금화·은화·동화의 형태를 거쳐 물질성이 최소화되는 지폐의 형태를 취한다. 그리고 급기야 물질성의 최소화는 디지털화를 통해 비물질화에 이르게 된다. 따라서 이제 화폐는 화폐로서 최적의 역할을 수행할 수 있게 되는 셈이다. 이 최적의 기능은 다음 두 측면에서 두드러진다.

첫째, 물리적 지시체가 사라진 상황에서 화폐를 디지털화하면 거래비용을 대폭 절감할 수 있고, 이를 통해 유동성을 획기적으로 증가시킬 수 있다. 둘째, 자본 수익률을 $M-M'/t-t'$이라고 하면 자본이동의 광속화를 통해 회전시간turnover time을 급속히 단축시킴으로써 수익률을 극대화할 수 있다.

그렇다면 금융시장이 디지털 스페이스로 급거 이동하면서 정녕 과거와는 불연속적인 변화의 과정이 시작되는 것일까? 이를 파악하기 위해서는 디지털 스페이스의 공간성을 먼저 해명해야 한다. 왜냐하면 어떤 공간의 공간적 특성이 변화하면, 그 안에서 발생하는 행동의 행태도 달라지기 때문이다. 이는 바다 속의 공간성이 지상의 공간성과는 전혀 다르기 때문에 스킨스쿠버가 바다 속에서 전혀 다른 방식으로 행위하는 것과 같다.

디지털 스페이스의 공간성

비트와 네트로 이루어져서 있는 디지털 네트워크로 펼쳐지는 디지털 스페이스에 대해서는 어지러울 정도로 복잡한 논의들이 있다. 그러나 '연장성' extension을 중심으로 이 문제를 살펴보면 비교적 쉽게 그 특성을 밝혀낼 수 있다.

우선 비트로 이루어진 디지털 스페이스를 물리적 공간과 비교해 보면, 물리적 공간의 지배적 특성인 연장성이 의혹에 빠진다. 책과 같은 물리적 실체에 정보를 담을 때 거대한 건물 크기의 연장성이 요구되었던 정보량은 비트로 변환되어 실리콘에 옮겨질 경우엔 연장성이 거의 없다 싶을 정도로 극소화된다.

예컨대 단 한 장의 종이 크기와 부피 정도의 연장성을 갖는 CD롬에 20만 장 분량의 장편소설을 담을 수 있다면, 공간의 연장성은 디지털화된 스페이스 상에서 1/200,000로 축소된다. 더구나 이러한 연장의 극소화가 디지털 기술의 발전 속도에 따라 기하급수적으로 추진되고 있는 상황에서 그 한계가 어디인지조차 알 수 없다.

이를 근거로 필자가 디지털 스페이스의 연장도는 거의 0이라고 말한다면 매우 부정확한 것일까? 그리하여 디지털 스페이스는 공간의 연장성이 부재하는 공간이며, 따라서 디지털 스페이스는 어디에도 없는 것이나 마찬가지라고 표현한다면 지나친 과장에다 지적 사기가 돼 버릴까? 디지털 스페이스에서 공간의 연장성은 가능한 한 최소화되어 그 존재론적 중심 위상을 상실한다. 디지털 스페이스는 연장성이 지배하는 공간이 아니다. 이러한 의미에서 문자 그대로 '유-토피아(라틴어로 u-topia, 영어로 no-place)', 즉 어디에도 없는 장소이다.

비연장적인 디지털 스페이스의 존재양상은 따라서 이미 존재하는 완성된 공간이 아니라 끊임없이 노드와 접속으로 공간화된다는 데 있다. 이때 노드 간 접속의 속도가 광속에 근접한다는 사실을 고려하면 디지털 공간의 공간성은 더욱 독특하게 노출된다. 우선 접속이 광속으로 이루어지면서 디지털 스페이스에서는 거리가 소멸한다. 거리가 소멸하면 시간의 지체가 증발하고, 시간의 지체가 증발하면 동시성과 즉시성이 실현될 수 있다. 따라서 디지털 스페이스에서는 동시성과 즉시성을 향해 시차가 급속히 지워지고 있다.

물론 2000년대 초반의 IT는 디지털 스페이스의 즉시성과 동시성을 완벽하게 실현시키기에는 미흡했다. 광케이블을 통한 정보의 전달 속도가 아직 광속에 이르지 못하고 있기 때문이다. 그리고 정보의 보관매체나 전달매체가 하드디스크나 광케이블 같은 물리적 실체인 이상 디지털 스페이스는 물리적 조건과 물리적 시간의 제약을 완전히 벗어날 수는 없을 것이다. 그러나 2010년을 넘어서는 지금 무선인터넷이나 신소재의 개발을 통해 정보전달 속도가 빛의 속도에 극한으로 접근해가는 상황이다. 설령 정보전달 속도가 완전한 광속에 이르지는 못한다고 할지라도 실제 공간에서의 시간적 척도로는 거의 동시와 즉시라고 해도 무방한 속도이다.

디지털 스페이스에서 일어나는 사건들은 이처럼 실제세계에서의 시간적 질서와 연속성·통일성을 깨뜨리며 공시화synchronization를 향해 사건 발생의 순차적 연속성을 수축시키고 있다. 따라서 디지털 스페이스에서는 순간 이동을 가능하게 하는 동시성과 즉시성으로 인해 장소적 고착성이 그 의미를 상실하는 탈장소화deplacement가 일어난다.

그런데 이렇게 탈장소화가 일어나는 디지털 스페이스에서는 한 지점이 하나의 존재자에 의해 점유되는 것이 아니라 무수한 지점이 하나의 존재자의 의해 점유될 수도 있다. 또한 그 반대로 하나의 지점이 무수한 존재에 의해 점유될 수도 있다. 예컨대 디지털 스페이스에서 한 사이트는 그것의 물리적 크기로는 도저히 감당할 수 없는 수만 사용자의 동시 접속을 허용한다. 또한 그와 반대로 하나의 사용자가 동시에 다른 여러 사이트에 접속할 수도 있다. 여기서 베르그송의 모순율을 생각해보자. 그에 따르면 모순율은 한 대상이 점유하고 있는 하나의 지점은 동시에 다른 것에 의해 점유될 수 없다는 연장공간의 배제성exclusiveness에서 기원하는 것이다. 모순율을 이렇게 이해하면, 디지털 스페이스는 모순율을 위반하는 것으로 나타난다. 형식논리학에 따르면, 모순율이 위반되면 동일율도 적용될 수 없고, 또 동일율이 적용될 수 없으면 배중율도 적용되지 않는다. 따라서 디지털 스페이스는 동일성과 타자성이 혼재하는 공간이며, 모순율·동일율·배중율에 근거한 형식논리학으로는 용납될 수 없는 상황이 용납되어야만 하며, 사실상 용납되어 있다.

디지털 스페이스에서 모순은 헤겔의 변증법이 기대한 바와는 달리 지양되지 않는다. 그러한 한 디지털 스페이스에서 모순은 끊임없이 회귀할 수밖에 없다. 따라서 디지털 스페이스에서는 영원회귀하는 모순의 역동성 때문에 항상 무엇인가 일어날 수밖에 없다. 디지털 스페이스는 이벤트 공간인 것이다. 그리고 모순이 지양되지 않는다면 그것은 급격한 차이의 생산과정으로 지속된다.

이러한 급격한 차이의 끊임없는 생산과정은 디지털스페이스를 급변하는 흐름의 공간으로 존속시킨다. 이는 마치 물의 흐름은 높이의 차이, 대기의 흐름은 기압의 차이, 전기의 흐름은 음극과 양극의 차이에서 발생하는 것과 같다. 이렇게 차이의 생성을 통해 흐름을 발생시키는 모순의 상황이 지양되지 않는 한, 디지털 스페이스에서는 형식논리학으로는 허용될 수 없는 현상이 끊임없이 혼재하며, 그 제거나 지양을 거부한다. 달리 표현하건대, 최첨단 제어기술로부터 구현되는 디지털 스페이스는 한편으로는 정교한 통제와 합리성의 논리적 알고리즘이 최절정에 도달해 있다. 그러나 다른 한편 광속으로 가속화되는 차이의 유통 속에서 즉시성과 동시성이라는 공간적 특성으로 인해 한 지점의 미세한 변화조차 순식간에 전 네트로 확산·증폭시키는 나비효과를 일으키기도 한다. 그리하여 디지털 스페이스에서는 급격한 변동volatility에 따른 불안정이 그 공간의 일상적 양상인 양 빈번하게 발생하는 것이다.

또한 모순율과 동일율이 적용될 수 없다는 것은 디지털 스페이스가 동질성의 공간이 아니라 타자성의 틈입을 허용하는 뒤섞임의 공간hybrid space임을 뜻한다. 실재공간에서 물질은 자기 동일성을 견지하며 변화에 저항하는 실체성을 지닌 것으로 경험된다. 그러나 디지털 스페이스에서 존재하는 존재자들은 그 공간의 특성상 자기 동일성과 완벽한 자기경계를 유지할 수 없다. 때문에 이러한 존재자들은 이미지처럼 탈실체화되어 틈새난 자기존재의 경계로 타존재자의 틈입을 허용하고 동시에 타존재로 스며듦으로써 유동적·유통적 상태로 변이되는 과정을 생성한다. 디지털 스페이스에서 혼성잡종과 변이heterogenesis가 일상화되는 것은 이 때문이다.

나아가 디지털 스페이스에는 공간을 구성하는 동시적·즉시적 네트워킹에 의해 관계성의 확장과 수축 그리고 증폭이 급변의 방식으로 전개될 수 있는 잠재성이 잠복하고 있다. 이때 확장과 수축은 지수함수적으로, 증폭은 산술적·선형적이 아니라 비선형적 양상을 보인다.

이것은 우선 디지털 스페이스에서 실체성이 아니라 이벤트로서 존재하는 모든 존재자는 관계에 의해서만 그 존재의 가치가 결정될 뿐, 그 본질적인 내적 가치를 인정받을 수 없다는 것을 의미한다. 그리고 나아가 네트워크상의 관계를 통해 가치를 결정하는 함수는 접속이 이루어지는 현재의 관계망의 방향성에 따르지만, 순식간에 임의 접속을 허용하는 디지털 스페이스에서는 이 방향성이 어디로 변할지 모른다. 때문에 디지털 스페이스에 존재하는 것들의 가치의 값과 질 그리고 의미 역시 불안정하다. 따라서 디지털 스페이스는 안정과 불안정이라는 양극 사이에, 혹은 질서와 무질서 사이에서 펼쳐지는 카오스모스caosmos적인 공간이다. 여기서는 그 안에서 일어나는 각각의 이벤트의 가치와 의미를 확정하는 것은 별로 의미가 없다. 그보다는 각각 이벤트를 발생시키며 그 의미를 결정하는 네트워크가 어떤 패턴을 보이는지 파악하고, 그 패턴의 안정 혹은 불안정도를 측정하고 예측하는 것이 중요하다.

그런데 이벤트가 발생하는 디지털 네트워크상의 각각의 노드는 연장성이 없음에도 불구하고, 그러나 바로 연장적 존재가 아니기 때문에 그곳으로 거의 무제한에 가까운 수의 접속을 동시에 흡입할 수 있는 모나드적 잠재력을 간직하고 있다. 따라서 디지털 스페이스의 각 노드는 급격한 변곡을 유발하는 수학적 의미의 특이점singularity과 같은 위상을 갖는다고 할 수도 있다. 때문에 디지털 스페이스의 확장과 수축 그리고 증폭의 측정과 예측은 급변하는 변곡의 양상을 보이며 변곡의 수학인 미적분을 통해 그 급변 양상의 패턴을 추정하거나 시뮬레이션해 볼 수 있을 뿐이다.

이때 중요한 것은 이렇게 급변하는 변곡이 유발되는 노드에 대량 집중되는 것은 단순히 수학적 양만을 갖는 데이터가 아니라는 점이다. 그것은 의미를 함축하는 정보들이다. 정보의 집적은 물론 양의 변화이며, 이 양의 변화는 단순한 물리적 관점에 의거해서 보아도 분명 강도의 변화를 초래할 것이다. 그리고 이 강도의 변화는 어떤 임계점에서 질적인 혁신을 촉발하는 새로운 차원의 공간으로 창발emergence 될 것이다.

이때의 창발이 의미로 해석될 수 있는 잠재적 존재자인 정보인 이상, 이러한 질적 변곡은 새로운 의미의 변곡으로 창발할 수 있는 잠재력을 가진다. 따라서 그것은 항상 해석을 대기하고 해석자의 개입을 촉구한다. 그리고 마침내 해석자의 개입이 이루어지면 그것은 다시 다른 접속의 방향을 갖고 또 다른 정보로 변질되어 새로운 의미를 파생시키는 잠재력이 되어 네트워크를 따라 흘러 다닌다. 그리고 다시 접속과 탈속의 불규칙한 순환을 계속하면서 새로운 의미를 증식하고 파생시킨다. 그렇게 또 다시 증식된 의미는 네트워크상으로 흩뿌려지면서 새로운 의미의 파생을 지속하게 된다.

디지털 문화경제의 내파 :
위험기반 경제를 향한 도정

앞서 논구된 디지털 스페이스의 특성을 몇 가지 키워드로 압축하면 다음과 같다. 디지털 스페이스는 동시성과 즉시성이 지배하는 탈실체화되고 탈장소화된 공간이며, 그 내부는 유동적·유통적 상태를 생성하는 혼성적 변이과정이 일상적으로 창발하는 이벤트 공간이다. 그리고 그것은 이미 완성되어 있는 뉴턴적 공간이 아니라 노드와 흐름으로 거미줄처럼 뻗어나가거나 되돌아오는 네트워크이다. 이 뻗어나감과 되돌아옴은 네트워크의 시간이 광속인 이상 거의 동시성을 구현하며, 동시적 상호작용·동시적 음양의 되먹임 양상으로 현실화될 수 있다. 또 네트워크는 이미 열려진 공간 안에서 펼쳐지는 것이 아니라 연결의 양상과 강도에 따라 비로소 공간화되고 또 그 차원이 구성되며 변동한다. 특히 상호작용과 되먹임은 대칭관계를 이루는 것이 아니라 무작위적으로 일어날 수 있고, 또 각 노드 역시 비대칭적으로 어느 하나 혹은 소수에 거의 동시적으로 무한 접속하는 허브를 출현시킨다. 그러나 이러한 허브의 역할조차 끊임없이 다른 것으로 전이되어 노드와 허브의 자리바꿈이 갑자기 발생할 수도 있다.

사회적 차원에서의 이러한 허브와 노드의 급격한 자리바꿈을 금융위기 당시 우리도 목격했었다. 한갓 미천한 사회구성자에 불과했던 어떤 노드[7]가 순식간에 허브로 돌변하면서, 그 동안 사회적 허브로서 존재해왔고 존재해야만 하는 정부의 존재론적 역사성과 당위성을 위협한 사건이 있었다. 정부 발표의 영향력은 그 물리적 강도와 크기에도 불구하고 급격히 그 파장이 약화된 반면, 왜소한 한 사회구성자의 영향력은 급격히 증폭되면서 물리적 권력관계가 역전되었다. 이 사건은 바로 허브와 노드의 관계가 디지털 스페이스에서 급변성에 노출되어 있음을 보여준다. 디지털 스페이스의 모든 노드는 사실상 유클리드 기하학에서의 점과 같은 존재양상이 아니다. 그것은 전체의 최소 구성자가 아니다. 비유하자면, 라이프니츠의 모나드적 존재 혹은 생물학적으로는 홀론holon과 같이 전체이면서 동시에 부분인 존재방식을 갖는다. 바로 이러한 존재방식 때문에 한낱 미천한 노드가 전체를 동요시키는 엄청난 위력의 허브로 돌변하는 사태가 발생하는 것이다.

이러한 디지털 스페이스의 공간적 특성을 항목으로 정리한다면 다음과 같다. (1) 변곡의 흐름 공간 (2) 무경계·무한한 깊이와 폭의 비연장적 공간 (3) 모순율 위반으로 존재하는 패러독스의 공간[합리성과 비합리성의 혼재, 제어와 예측 불가능성의 혼재, 경쟁과 협력의 혼재] (4) 안정과 불안정이 급변하는 공간 (5) 급격한 증폭과 수축의 파동 공간 (6)

창발성의 공간 (7) 불확실성의 공간 (8) 모든 노드에 무한 집중력이 잠복하고 있는 모나드적 공간 (9) 증폭·과잉 반응과 집단 쏠림의 공간 (10) 선천적 중심의 부재상황 속에서 순간적 중심형성과 중심증발이 일어나는 공간 (11) 불확실성의 공간 (13) 제어될 수 없는 공간 (14) 무정부적·탈규제적 공간 (15) 예측불능성의 공간.

디지털 스페이스의 이러한 공간론적 특징들은 결국 디지털 스페이스가 위험도가 높은 하이리스크 공간이라는 사실로 수렴된다.

그렇다면 여기서 밝힌 디지털 스페이스의 공간성은 1973년 이후의 금융산업에 어떤 의미를 부여할 수 있을까? 자명한 사실은 디지털 스페이스로 이주한 이후, 금융시장은 디지털 스페이스의 공간성의 영향하로 빨려 들어갔다는 것이다. 그리고 이는 금융시장의 작동원리가 디지털 스페이스의 공간성과 연동되는 조건에서 실행된다는 것을 의미한다. 그러나 이때 가장 핵심적인 것은 디지털 스페이스의 다양한 공간적 특성이 결국 높은 위험도high risk라는 특성으로 수렴된다는 사실이다. 이는 금융시장의 다양한 비즈니스 행위 역시 결국은 높은 위험도에 대한 대응으로 집중될 수밖에 없음을 함축한다. 한마디로 금융시장은 디지털 스페이스로 이주한 뒤 급변성과 불확실성이라는 미래에 노출되었다. 이러한 상황에서 금융시장은 미래의 위험들에 울타리hedge를 치는 파생상품을 필연적으로 요구할 수밖에 없게 되었다.

그런데 이렇게 미래의 위험들에 울타리를 치기 위한 파생상품들은 지렛대효과leverage effect[8]를 발생시킨다. 바로 이 점이 파생상품에 무궁무진한 투기의 매력을 부여한다. 파생상품은 기초자산underlying asset 자체가 아니라 그 기초자산을 소유할 때 발생하는 미래의 리스크만을 구매한다. 그럼으로써 파생상품은 그 기초금융자산 가격의 일부분에 불과함에도, 그 손익은 기초금융자산에 투자할 때와 마찬가지다. 따라서 기초자산으로부터 파생되는 파생상품은 다시 투기적 거래의 대상으로 변이되면서 가상 금융시장에 유입된다. 이를 통해 아직 실현되지 않은 미래의 리스크가 다시 거래의 대상이 되고, 또 다른 미래의 위험들을 발생시키면서 또한 리스크 헤지를 요구하는 2차 파생상품의 출현으로 이어진다.

2차 파생상품도 역시 똑같은 원리에 따라 가상 금융시장에 유입되면서 거래대상이 되고, 또 다른 파생상품을 출현시키는 과정을 반복한다. 이 과정을 보드리야르의 시뮬라시옹 이론을 통해 파악해보면, 이제 금융자산 자체가 시뮬라크르가 되는 과정이라 할 수 있을 것이다.

그러나 보드리야르를 통해서는 제대로 간파될 수 없는 것이 있다. 그것은 금융자산의 시뮬라크르화 과정 내부에서 일어나는 사건들이다. 그것은 단순한 자산의 기표화 혹은 그 기표의 운동들인 것만이 아니다. 이 과정을 통해 기초자산에 잠복하고 있던, 아직 실현되지 않은 미래의 위험은 기초자산으로부터 분리되어 그 자체로 가상화되고, 또한 그 가상화는 급속하게 거듭 증식됨으로써 금융시장의 깊이는 거의 지수함수적으로 심화된다. 이는 동시에 그만큼의 금융시장 위험도가 급속하게 증식되는 과정이기도 하다.

이러한 가정은 단순한 논리적 추론이 아니라 파생상품이 출현해온 역사로부터도 입증된다. 잠시 되돌아보자. 원시적 형태의 파생상품은 이미 4천 년 전부터 존재한 것으로 알려져 있다. 그러나 1973년 이후 금융시장이 네트워킹되고 디지털 스페이스에 흡수되기 시작하면서 파생상품의 출현과 거래량은 그 이전과는 비교가 되지 않을 정도로 팽창했다. GDP의 1%에 불과했던 미국 내 금융거래액 규모는 지난 25년 사이 두 배 이상 증가했고, 2006년까지 미국의 모든 기업수익의 40%가 금융거래에서 발생했다. 이 25년 간 파생상품, 증권화, 뮤추얼 펀드, 헤지펀드, 사모펀드, IPO, M&A, 상장지수펀드, 401K(기업퇴직

연금) 등의 분야는 폭발적으로 성장했다. 이는 디지털 스페이스와 파생상품이 동일한 존재방식을 소유하고 있음을 시사하는 것이다.

즉 금융시장은 디지털 스페이스로 이주하면서 파생상품을 통해 자신의 존재방식을 활성화시키는 최적의 공간을 발견했고, 그로 인해 급속하게 그 존재영역은 팽창했다. 그에 따라 디지털 스페이스 역시 동시에 수직적으로 심화되면서 수평적으로 확장되는 세계화globaliza-tion과정으로 발현한다. 20세기 후반에 등장한 세계화는 지리상의 발견, 중상주의 그리고 산업혁명을 통한 식민화의 과정으로 진행된 과거의 세계화와 달리, 이렇게 디지털 스페이스 상의 금융산업에 의해 견인되는 독특한 성격을 지니고 있다. 그리고 그 독특한 성격의 핵심은 이 과정이 위험을 지수함수적으로 증식시키는 과정이라는 데 있다.

그런데 여기서 간과되어서는 안 될 또 다른 중요한 사실이 있다. 그것은 위험증식의 공간적 조건을 제공하는 디지털 스페이스가 디지털 금융시장에 복잡계이론의 총아인 이른바 세포자동자(CA, Cellular Automaton, 이하 CA로 약칭함)[9]가 침투하는 것을 요청한다는 것이다. 복잡계와 금융시장 그리고 CA가 다음과 같은 관계를 가지고 있기 때문이다.

복잡계이론은 양자물리학, 확률론, 유전공학, 인지과학 등의 융합결과로서 이때 이 이론이 다루는 복잡계는 각기 다른 것들과 동시에 상호작용하는 많은 요소들로 이루어져 있다. 즉 복잡계이론에 따르면, 실재는 독립적으로 고립상태에 존재하면서 추후에 관계를 맺는 구성자들의 집합이 아니다. 실재를 구성하는 모든 것은 상호작용을 통해서 비로소 실재화되는 과정 속에 있다. 따라서 복잡계이론에 따른 실재란 복합적인 상호연결 작용으로 진행되는 동적인 그물망이다.[10]

그런데 디지털 네트워크 공간에서 에이전트 간의 상호작용에 의한 무작위적 창발현상들은 복잡계이론이 다루는 창발현상과 유사한 행태를 보인다. 그리고 이 패턴을 파악하는 것은 복잡계를 특히 인공생명 분야에서 모델링한 CA를 통해 시뮬레이션함으로써 가능하다. 이제 CA에 대해 알아보자.

CA의 역사는 요한 폰 노이만Johann Ludwig von Neumann(1903~1957)과 노버트 위너Norbert Wiener(1894~1964)로 거슬러 올라간다. 폰 노이만은 생명시스템의 근본적인 속성, 특히 자기-재생산과 복잡한 적응 구조complex adaptive structure의 진화에 대해 그러한 속성들을 나타내는 단지 형식적인 시스템을 구축함으로써 이해하려고 했다. 위너는 비슷한 시기에 정보이론information theory과 자기-규제적self-regulatory과정, 즉 항상성homeostasis 분석을 생명시스템 연구에 적용하기 시작했다. 이렇게 해서 소위 생명을 복잡계로 파악하는 인공생명artificial life기술이 발아한다.

물론 이러한 인공생명기술은 최첨단 기술이었지만 전통적인 학문 분야에도 뿌리를 두고 있었다. 이 기술은 지구에서 발견된 생명에 관한 풍부한 정보들과 함께 특수한 생물학적 현상을 파악하기 위해 고안된 모델들을 차용하기도 했다. 물리학과 수학, 특히 통계역학과 동역학 시스템 또한 포괄적인 일반성을 가지며, 양적인 분석을 허용하는 단순한 모델시스템을 구축하는 방법을 만드는 데 기여했다.

여기서 가장 주목해야 할 것은 존 홀랜드John Holland가 개척한 유전적 알고리즘genetic algorithm과 분류자 시스템classifier system에 대한 연구이다. 인공생명기술은 생명을 동시에 상호작용시키는, 상대적으로 단순한 하위단계의 행위자들로 이루어진, 병렬적이고 분산적인 네트워크로 파악한다. 각 행위자들의 결정은 자신의 국지적 환경에 대한 정보에만 기초를 두고 있고, 그 환경에만 직접적인 영향을 끼친다. 즉 인공생명의 모델은 국지적으로 상호작용하는 단순한 행위자들의 상향적 병렬처리 시스템bottom-up-specified parallel systems인 셈이다. 그런데 이 상호작용이 계속 반복되면서, 그 결과 행위 전체가 창발한다. 이 전체 시스템의 행동은 오직 간접적으로만 나타나며, 서로 각각 그리고 물리적이고 사회적인 이러한 환경과 함께 직접적으로 나타난 부분들(agents나 individuals)의 상호작용으로부터 생긴다.

콘웨이John Horton Conway(1937~)는 생명의 이러한 특성을 CA로 모델링하는 데 성공했다. CA의 작동원리를 가장 단순한 예를 통하여 설명하면 다음과 같다. 컴퓨터 프로그램을 통해 컴퓨터 모니터 화면을 격자판으로 나누어 그 격자판 한 칸을 하나의 세포로 취급하고, 각 세포에 주어진 자신의 현재 조건과 이웃들의 조건 속에서 그것이 발전해가는 방법을 기술한 규칙(유전정보)을 부여할 수 있다. 그러고 나서 그것이 활성화되고 세포의 시스템이 발전해가는 것을 지켜보면, 규칙들에서 무작위적 변화(돌연변이)의 가능성이 구체화되고, 시스템 행위에서의 진화도 기대해 볼 수도 있다.

이러한 시스템은 실제 생명에 비해 훨씬 단순하지만, 놀랍도록 생명과 닮아 있는 행위의 패턴을 보여준다. 구체적으로 말해서 각 CA는 단순한 유한상태의 기계로서 작동하는데, 이때 CA는 켜짐과 꺼짐의 초기 조건에 의해서만 결정되고, 작동방식을 명령하는 규칙과 각 순간에 그에 이웃한 세포의 상태에 의해 결정되는 상태를 가진다. 예컨대 한 그룹의 CA에 대한 규칙이 인접한 두 개가 켜있을 때는 켜짐, 그 외에는 꺼짐이라 하자. 각 세포는 그 규칙에 따라 각 인접 세포의 상태를 점검하며 켜짐과 꺼짐의 상태로 변화될 때 동시에 그 인접 세포의 상태도 같은 규칙에 따라 그의 편에서 인접해 있는 세포의 상태를 점검하며 자신의 상태를 갱신해갈 것이다.

이러한 방식으로 세포의 격자는 여러 세대를 거쳐 갈 것이며, 이것은 결국 수백 세대로 뻗어가는 가운데 CA들 간의 상호작용에서 자발적으로 창발하는 수백 가지의 극도로 복잡한 패턴이 형성된다. 이것이 컴퓨터에 프로그래밍되어 모니터에 나타나면 살아있다는 강렬한 인상을 준다.[11]

이러한 CA의 작동원리는 금융시장의 행태를 파악하는 데 적용해 볼 수 있다. 디지털화된 금융시장과 CA간에 구조적 동형성이 다음과 같이 유추되기 때문이다.

금융시장은 디지털 네트워크를 통해 상호연결된 무수한 독립적 참여자들로 형성되며, 이 참여자들은 각각 자신에게 입수되는 시장정보를 따라 거래를 진행시키면서 복잡한 국지적 상호작용을 활성화한다. 더욱이 이 상호작용은 어떤 전체적인 패턴으로 창발되기도 하고, 또 이 패턴은 다시 혼돈으로 빠지기도 하면서 새로운 상호작용을 야기한다. 즉 금융시장은 각 투자자들이 CA의 각 세포처럼 상대방이 사용하는 규칙에 적응할 수 있는 규칙을 따르고, 그 가운데 다양한 국지적 local 상호작용을 통해 네트워크를 이루며, 이 과정 속에서 시장의 거시적global 질서패턴이 창발되는 곳으로 해석될 수 있다.

이렇게 금융시장은 CA에 의해 구현되는 유전공학적 패턴의 창발 양상으로 시뮬레이션 된다. 예컨대 CA에서 각 세포는 다른 투자자들의 투자역사에 영향을 받으며 자기학습 능력이 있는 개개의 투자자를 표상한다. 그리고 이렇게 투자자를 표상하는 각 세포가 갖는 상태는 매도·매수·관망이며 각 세포의 이러한 상태를 결정하는 상호작용의 규칙은 낮은 가격에 매수하여 높은 가격에 매도한다는 것이다.

그러나 이러한 CA의 금융공학적 적용이 갖는 보다 더 중요한 의미가 있다. 그것은 CA에 의한 금융시장의 시뮬레이션이 미래의 리스크를 대비한 파생상품의 위험도를 측정 가능한 것으로 인식시킨다는 점이다. 그리고 그 측정치가 시장에서 가격으로 번역되어 거래된다는 점이다. 이는 미래의 불확실성에 기인한 위험과 그를 대비한 파생상품의 관계에 급격한 변화를 일으킨다. 이제 파생상품은 위험을 대비하여 안전성을 제고하는 존재자가 아니라 위험이 없으면 존재할 수 없는, 즉 위험이 자원이 되어 가공되는 상품으로 그 존재방식을 탈바꿈한다.

1980년은 파생상품의 존재양상에 변화가 일어나는 기점이었다. 그 때부터 위험은 방지되고 제거되어야 하는 것이 아니라, 금융시장의 확장과 심화를 위한 자원으로서 끊임없이 발굴되고 확대·공급되었다. 또한 그 위험을 분산·회피하는 파생상품으로 다시 설계되고 가공되었다. 따라서 실물경제에서 석유가 마치 혈액처럼 지속적으로 증산·공급되어야 했듯이, 디지털 금융시장에서는 미래의 리스크가 자원이 되어 확대·공급되어야 금융산업이 발전하게 돼버린 것이다. 더구나 오늘날엔 (그 사태마저 역전되어) 실물경제는 금융시장이 발전해야만 그 수요도 확대되거니와, 원자재를 발굴·가공함으로써 금융시장의 뒤를 따라 발전할 수 있게 돼버렸다.

결국 지난 금융시장이 디지털 스페이스로 이주한 후 인류가 누린 경제적 호황은 위험을 자원으로 발굴하고 지속적으로 확대·공급함으로써 이룩된 성과이다. 금융위기가 발생하기 전까지 파생상품의 일일 거래량은 전 세계 실물무역 거래량의 수십 배를 초과하는 이해하지 못할 지경에 이르렀다. 가장 최근의 통계에 따르면, 현재 세계적인 시장에서 파생상품의 규모는 600조 달러에 이른다. 이는 전 세계 GDP의 아홉 배를 상회하는 규모다.

그런데 디지털 금융시장의 자원인 위험을 가공하는 일은 자연자원을 가공하여 사용가치, 나아가 기호가치를 창출하는 것과는 다르다. 그것은 위험을 증폭시킨 뒤 분산시켜 도처에 잠복시키는 것이다. 즉, 시장 곳곳에 위험을 분산시킴으로써 어느 한 곳에 위험이 집중되어 임계점critical point에 도달하는 것을 유보시키는 방식이다. 물론 1차 파생상품들 간의 분해와 복합을 통해 2차·3차…n차 파생상품을 출시함으로써 최근 파생상품을 고안하는 데 가장 많이 사용되었던 방식은 상이한 시장부문들을 연결시키는 결과를 낳았다. '스왑swap'과 '옵션option'을 재조합한 스왑션swaption 혹은 옵션의 옵션인 '복합옵션compound option'은 그 대표적 예이다. 그러나 이것은 동시에 확률이론과 양자역학적 측정 그리고 CA시뮬레이션을 따라 증식되어 가는 위험을 시장 도처에 산포시키는 가장 대표적인 기법이다.

그런데 이렇게 도처에 분산되어 잠재화됐던 위험은 디지털 스페이스에서 거래를 통해 네트워크를 타고 흘러 다니다 공간적 특성상 어떤 노드에 급격히 집중될 우발성을 항상 보유한다. 또 이 우발성이 현실화되면서 과잉 증폭되면, 디지털 스페이스의 공간성에 따라 시공간의 지체 없이 급격히 임계점에 도달한다. 그리고 어느 순간 그 임계점을 초월할 때, 우발성은 네트워크를 타고 증폭되면서 전파된다. 이때 디지털 금융시장은 급격한 변곡에 휘말리면서 시장이 내파되기 시작한다.

이를 좀 더 자세히 설명하면 다음과 같다. 파생상품은 이미 말한 바와 같이 거듭제곱처럼 진행되는 복합화를 통해 다른 시장과 자산 그리고 시장 참여자를 연결시키는 새로운 장을 창출한다. 또한 이렇게 다중적인 상호연결에는 극도로 복잡하게 퍼져나갈 수 있는 파급력도 잠복하고 있다. 따라서 현실화될 수 있는 위험에 대한 불투명성이 존재한다. 그리하여 시장 전체에 팽배해 있는 구조적 리스크가 증가하게 된다.

보다 정확히 말하면, 파생상품은 시장의 위험을 시장, 신용 그리고 구조적 리스크와 합성하여 전이시키는 것이다. 이렇게 증식된 위험은 다른 금융시장 영역은 물론 파생상품의 기초자산시장으로 파급된다. 그리하여 기초자산시장에서 불안정성이 증식되는데, 이 증식된 불안정성은 다시 파생상품시장으로 반사되어 온다. 그런데 이 위험의 상호반사작용은 다중적이고 복합적으로 순환되며 동시에 디지털 스페이스에서는 엄청나게 빠른 속도로 진행된다. 더구나 디지털 스페이스의 본질적 증폭효과 때문에 과잉 반사효과로 나타나다가 이러한 것들이 어떤 특이점으로 집중되면, 그 위험이 기하급수적으로 증폭되면서 결국 파국으로 치닫는다.

위험기반 경제와 최고위험

디지털 스페이스의 공간성으로부터 접근해본 결과 분명해진 사실이 있다. 그것은 근대 이후 발전을 거듭해온 디지털 문명의 힘으로 기술은 절정에 이르렀다는 사실, 그리고 그 기술에 기반한 현대의 경제는 고위험이라는 자원에 기반한 테크노경제라는 사실이다. 물론 20세기 후반부터 신경제를 지칭하는 뜻으로 지식기반 경제란 용어가 유행하고 있다. 하지만 이 지식기반 경제는 그 핵심에 있어서 사실상 위험을 증폭하고 분산시키는 지식을 기반으로 하는 경제다.

이러한 의미에서 가상금융 경제를 펀더멘털fundamental로 하는 현대 경제는 기존의 시장경제에 대한 정의를 무력화한다. 지면 관계상 여기서 자세히 논의할 수는 없지만, 현대 경제는 하이에크Friedrich August von Hayek(1899~1992)를 필두로 한 오스트리아학파가 주장하는 자기균형시스템equbrilium system이 아니다. 현대 경제는 오히려 20세기 말 학문의 융합을 주도하며 최첨단 이론을 개발하고 있는 산타페연구소Santafe Institute가 정의하듯, 복잡적응계 시스템complex adaptive system에 가깝다.

그러나 디지털 금융경제를 통해 지탱되는 현대 경제는 복잡적응계로만 기술될 수 없는 또 다른 차원에서 발생하는 사건이다. 그것은 복잠적응계를 실행하는 CA와 같은 컴퓨터 프로그램을 통해 금융공학적으로 위험을 증산하고 소비하며 분산시키는 시스템이다. 그리고 이 시스템을 통해 운영되는 현대라는 시대의 내면은 위험의 증폭을 통해 번영을 구가하는 위험하기 그지없는 시대다.

그런데 우연일까? 하이데거는 테크놀로지에 의해 주도되는 현대를 이미 '최고위험höchste Gefahr'이라고 불렀다. 그리고 그 최고위험은 전회轉回를 불러일으킬 것이라 예고했다. 물론 하이데거는 그 위험을 폭로하는 데 꼭 우리와 같은 길을 가지는 않았다. 그리고 그가 위험이라고 부른 것도 여기서 논의되는 것과 내용상 좀 다르다. 그러나 우리 시대는 위험을 증식시켜 자원화하며 경제를 운영해온 유일한 시대라는 점에서, 또한 그것을 조정한 것은 인간이 아니라 디지털 기술과 CA와 같은 테크놀로지라는 점에서, 우리시대는 수많은 위험처리 솔루션들로 무장되어 있지만 정작 그 솔루션들로는 문제가 '해결되지 않는' 역설적인 시대라고 말해야 하지 않을까? 그렇다면 도리어 이 시대는 하이데거의 말을 빌려 최고위험의 시대라고 부를 수 있지 않을까? 그리고 이제 그 위험이 폭발하여 위기를 맞고 있다면, 그 위험증식을 통해 존속하는 경제로부터 다른 곳을 향한 전회가 이루어져야 한다고 해야 하지 않을까?

그런데 그 전회는 케인즈도 하이에크도 마르크스도 예견할 수 없었던 전혀 다른 곳으로 우리를 인도하지 않을까 싶다. 왜냐하면 그들이 치열하게 문제 삼은 것은 디지털 스페이스로 이주가 시작되기 이전 공간에서 일어나는 경제이지, 디지털 스페이스에서 위험을 기반으로 급속히 팽창하고 있던 가상금융 경제가 아니었기 때문이다. 즉 그곳에서 벌어지는 일들이란 원래 '보이지 않는 손'이 존재할 수 없는 공간에서 일어난 사건들이기 때문이다.

또한 그곳은 디지털 스페이스의 공간성에 따라 중심이 부재하는 무정부적인 공간이다. 그리고 리스크의 증산으로 지탱되는 이곳의 경제는 노동에 의해서만 이루어지는 것이 아니다. 결국 보이지 않는 손만으로도 혹은 국가만으로도 또 노동만으로도 이 디지털 스페이스를 장악할 수 없다. 때문에 디지털 스페이스로부터 발생한 위기의 실체를 케인즈도 마르크스도 하이에크도 적중시킬 수 없는 것이다.

따라서 필자는 경제위기를 통한 전회가 무엇에 의해 어디를 향할지, 그리고 그것이 과연 경제학자에게 제시될지 아니면 다른 곳에서 일어날지 두려움과 기대를 가지고 지켜본다. 그러나 그렇다고 지켜볼 수만은 없다. 그래서 스스로 한 번 물어본다. 우리는 어디로 가야 할 것인가?

물론 당장 급한 것은 우리 앞에 닥친 문제가 살상적 위협으로 악화되지 않도록 하는 일이다. 우선 파생상품을 규제함으로써 위험증산을 통한 디지털 경제의 급속한 팽창이 조절되어야 한다. 아울러 디지털 스페이스의 공간구조에 방치된 금융산업이 무제한적이고 고 위험성을 가진 공간에서 위험을 증폭시키는 사업이 아니라, 금융의 본래 목적, 즉 실물경제의 현금 흐름을 돕는 사업을 할 수 있도록 행위를 제한하고 원칙을 제시해야 한다.

물론 자유로운 경제활동을 제한하는 규칙에 대해서는 또 많은 반발이 있을 것이다. 그러나 오스트리아 학파를 필두로 한 신자유주의자들이 우려하듯 제한과 규칙이 반드시 자유로운 창의성을 가로막으면서 최종적으로 억압으로 귀착되는 것만은 아니다. 오히려 제한과 규칙은 새로운 것이 창발하는 필수조건일 수 있다. 그것은 마치 무한히 열린 초원에서 공을 차고 던지며 때리는 행위가 그 행위가 벌어지는 공간에 경계를 설정하고, 그 안에서 규칙을 찾음으로써 야구나 축구라는 훌륭한 놀이로 창조된 것과 같다. 따라서 현재 시급한 것은 디지털 스페이스로 이주하면서 그 공간성에 휩쓸려 무차별적인 확장과 심화 그리고 위험의 증폭을 거듭해온 금융산업의 활동영역을 어디서 어떻게 제한하며 어떠한 규칙을 만들어줄 것인가에 있다.

이때 우선 생각해볼 수 있는 것은 다음과 같다.[12]

1) 디지털 스페이스로 이주한 금융산업이 디지털 스페이스의 급변성에 무기력하게 휩쓸려 들어가는 것을 중화시키기 위해 자본의 급격한 유동화가 제어되어야 한다. 이를 위한 하나의 정책적 제안으로, 은행 전체에 적용되는 자기자본규제 등의 장치를 마련하고, 예전처럼 지렛대효과를 이용한 과도한 차입이나 자산유동화securitization는 더 이상 허용하지 않는 것이다.

2) 이는 기업 주주들의 의식과 행동의 변화를 요구한다. 주주들은 단기적 차익거래를 통한 금융자산의 고수익성만을 추구하는 행태로부터 벗어나야 한다. 특히 주주들은 적절한 임금상승과 양립 가능한 연기금의 수익성을 정할 수 있어야 한다. 이는 지배구조의 변화를 함축한다.

3) 그리고 중앙은행의 역할도 달라져야 할 것이다. 중앙은행의 역할이 단지 물가안정에만 치중되어 있어서는 안 된다. 중앙은행은 호황기의 신용확대가 자산가격 급등으로 치닫지 못하도록 거시적인 정책수단을 개발해야 한다. '동태적인 자본비축dynamic provision of capital', 다시 말해 거품이 부풀어 오를 가능성이 클 때엔 은행에 더 많은 자본 비축을 요구하는 제도가 하나의 효과적인 정책수단으로 제안될 수 있다.

경제 · 미래 · 풍경

● 다시 실물경제로? 경제적 아포리아와 철학

그런데 이렇게 하여 급한 불을 끈다고 하면, 과연 위기는 극복될 수 있을까? 예측하건대, 만약 디지털 금융시장을 정체시키거나 수축시키는 것이 디지털금융과 금융경제를 거슬러 다시 실물경제로 되돌아가는 길이라면, 이 길은 위기극복의 길이 되지는 못할 것이다. 이미 앞에서 논의한 바와 같이 20세기 후반 기호의 정치경제를 넘어 디지털금융경제로 진화한 21세기의 경제는 20세기 전반 이미 총수요 부족으로 한계에 도달했던 실물경제의 위기를 극복해온 과정의 종착역이었기 때문이다.

실물경제 그 자체, 즉 사물의 사용가치에 의존하는 생산과 소비가 더 이상 수요를 창출할 수 없다는 것이 현재의 금융산업을 탄생시킬 수밖에 없었던 20세기 전반의 문제적이고 역사적인 상황이라면, 실물경제로 되돌아가본들 우리는 또 다시 같은 과정을 되풀이 할 수밖에 없을 것이다. 또한 과연 어디까지가 실물인지 그 경계도 이젠 불분명해졌다. 20세기 후반 디지털 금융경제의 급속한 팽창이 과거의 실물 영역에는 속할 수 없는 새로운 실물들을 출현시켜버린데다, 이 실물들을 지탱하는 존재론적 토대는 역설적이게도 그 실물들이 거품이라 부르는 '가상의' 금융경제이기 때문이다. 실물의 영역은 거품이라 불리는 가상경제가 꺼지면서 잔존하는 영역이 아니라, 그것을 지탱하는 기반을 잃고 결국 붕괴되는 영역이 되어버렸다.

이는 통계적으로도 확인된다. 연간 세계 외환거래량 800조 달러 중에서 실물과 연관된 것은 3퍼센트 이내에 불과하다. 97퍼센트 이상이 금융시장의 단기차익거래다. 물론 여기서 혹자는 독일과 핀란드 등의 경제를 예로 들며 반박할지도 모른다. 그리고 실물의 고유 영역을 고수하며 제조업을 기반으로 견고한 실물경제를 운영하고 있는 이 국가들의 경제체제를 앞으로 경제가 가야할 방향이라고 주장할지 모른다. 실로 이들의 경제체제의 탁월함은 월스트리트 기반의 위험투기 활성화로 경제를 유지해온 미국식 경제체제에 비견해 존경스럽다.

그러나 과연 독일경제를 이끌어온 메르세데스벤츠와 BMW 등의 고급자동차를 구매한 소비층은 과연 누구였는가? 또한 핀란드는 디지털스페이스의 출현으로 비로소 빛을 보게 된 휴대폰산업 없이 그 아름다운 경제를 과연 유지할 수 있었겠는가? 이러한 문제를 다시 한 번 깊이 생각해본다면, 실물로 돌아가 제조업을 다시 부활시켜야만 한다는 주장은 지속적인 타당성을 보장받기 힘들다. 고급자동차와 그와 연관된 기계산업의 수요를 촉진시킨 것도, 휴대폰산업의 막대한 생산력과 소비력을 진작시킨 것도, 모두 금융산업이 디지털 스페이스로 흡수되면서 그 공간과 함께 팽창과 심화를 거듭해온 결과로 창출된 가상수요다.

결국 실물과 기호를 넘어 위험기반 경제로 치달았던 인간의 경제활동은 위험기반 경제가 내파에 처함으로써 디지털 금융경제를 떠날 수도 그렇다고 지금과 같은 방식으로 팽창시킬 수도 없게 되었다. 만일 지금처럼 위험증산을 통한 경제성장 방식이 지속된다면, 그것은 언젠가 엄청나게 증폭된 위험으로 마치 쓰나미의 두 번째 파도처럼 치명적인 재난으로 현실화될 것이다.[13] 이제 인간의 경제활동은 이제 어디로 가야할지 모르는 끝이 보이지 않는 길, 즉 아포리아로 들어선 것이다.

이 아포리아는 경제적으로 성장의 퇴조나 침체로 나타날 것이다. 그리고 우리는 앞으로 상당기간 동안 이러한 아포리아에서 살아야 할지 모른다. 아포리아에서는 지금까지의 길은 길이 아니며, 따라서 누구도 길을 제시하지 않는다. 그런데 아포리아는 누구의 공간인가? 모든 학문은 이미 만들어진 길, 즉 방법을 갖고 있지만 그러한 길을 미리 전제하지 않고 스스로 길을 열어야 하는 유일한 학문이 있다. 그것은 바로 철학이다. 아포리아는 바로 철학이 살아 숨 쉬는 공간이다. 오직 철학만이 아포리아에서 길을 찾는 무모한 모험을 감행한다. 따라서 이 시점에서 철학은 그의 특권인 모험적 사색 혹은 투기speculation를 통해 아포리아를 헤매는 도전을 요청받는다.

하지만 이러한 도전을 시도하기에 앞서 우선 규명되어야 할 문제가 있다. 그것은 디지털스페이스로 흡수된 금융산업의 위험생산과 소비경제가 왜 다른 곳도 아닌 바로 '그곳'에서, 즉 디지털 스페이스의 어딘가가 아니라 왜 바로 '그곳'에서 폭발해버렸는가 이다.

● 서브프라임 모기지론 그리고 집
예전에는 잘 몰랐었지만, 이제는 너무도 잘 알려진 사실인 '그곳'은 바로 집을 유동화한 서브프라임 모기지론이다. 이는 인간이 사는 집을 가상 금융시장이 자신의 위험생산 작업에 끌어들였다는 것을 의미한다. 그런데 왜 집을 가상 금융경제가 조준하였을까? 그것은 이 세상 어느 누구도 집을 포기할 수 없기 때문이다.

이미 우리가 논의한 바와 같이 사람의 삶은 생존이 아니라 실존이며, 실존은 곧 거주이고, 거주는 집을 지음으로써 가능해진다. 따라서 아직 집이 없는 사람이 많다면, 이는 집에 대한 미래의 폭발적 수요를 담보한다. 그런데 과연 집이 없는 사람들이 많은가? 특히 미국에서 집이 없는 사람들이 많은가? 아이러니컬한 것은 집이 단순히 인간의 생물학적 생존을 보장하는 도피처shelter의 개념에 불과하다면, 현재 집이 없는 사람은 거의 없다는 점이다. 오히려 이런 개념에서라면 집이 사람보다 더 많을지도 모른다. 그러면 어떻게 해야 하나? 현재 그들이 살고 있는 곳은 집이 아니라는 것을 깨우쳐 주면 되지 않는가?

이러한 깨우침이 바로 미국에서 몇 년 전부터 일어나기 시작했다.

즉 미국의 하층 이민자들에게 아메리칸드림을 이룬 진짜 미국인들의 집을 보여주면서 이민자들이 사는 집은 집이 아니라는 각성을 불러일으킨 것이다. 넓은 정원과 밤에는 안에서 짜릿한 파티를 열 수 있는 수영장이 딸린 저택이 바로 집이다!

이제 집 없는 사람들이 대거 생기기 시작했다. 그들은 집을 사고 싶어 했으며 자연스럽게 돈을 필요로 했다. 돈을 필요로 하는 곳에서 가상금융은 여지없이 위험의 증식사업을 시작했다. 위험이 증식되기 위해서는 신용위험도가 낮은 사람보다는 높은 사람에게 돈을 제공해야 했고, 증식된 높은 위험은 양자물리학의 응용이론과 확률이론, 나아가 CA 시뮬레이션 등을 통해 다시 디지털스페이스 도처에 산포되면서 분산될 수 있었다. 이 예측은 정확했으며 집을 가상 금융산업에 포박한 이후 금융산업의 수익률은 수직 상승하기 시작했다. 이는 다시 집값의 상승으로 이어지고 집의 생산을 촉진하면서 다시 금융산업의 위험생산과 수익성 증가로 되돌아오는 행복한 드라마가 펼쳐졌다.

그런데 어느 순간부터 행복한 드라마의 꿈같은 이야기가 장애를 만나기 시작했다. 왜일까? 가장 대표적인 원인은 경제학적 이유로서 통화팽창을 우려한 연방준비은행이 이자율을 올리기 시작했고, 이는 곧 신용위험도가 높은 계층으로부터 신용위기가 초래됐다는 것이다. 그렇다면 과연 연방준비은행이 이자율만 높이지 않았다면 이런 문제는 발생하지 않았을까?

여기엔 존재론적 고찰이 누락되어 있다. 집에 관한 실존론적·공간론적 고찰은 집과 디지털 스페이스 사이에는 심대한 존재론적 괴리가 있음을 증명한다. 이 괴리는 꼭 현재와 같은 양상이 아니더라도 언젠가는 존재론적 거부반응으로 폭발할 위험을 갖고 있음을 경고한다. 그 이유는 다음과 같다.

집은 디지털 스페이스에 흡수될 수 없는 실존적 공간의 존재자이다. 그것은 단순한 위치나 서식처가 아니다. 일단 그것은 실존적 공간의 존재자로서 디지털 스페이스의 구조인 불안정성·유동성·유통성에 저항한다. 인간이 집을 짓는 이유는 바로 무근거적인 자신의 실존, 언제나 죽음이라는 무의 심연으로 떨어질 수 있는 인간실존의 무근거성을 자신의 현재 삶 속에 개입시키기 때문이다. 그리하여 인간은 자신의 삶이 끊임없이 심려되고 배려되어야 한다는 사실을 바탕으로 살아가는 유일한 존재이다. 그리고 또 무근거적인 삶에서 삶이 이루어지기 위해서는 삶의 행위의 의미망이 정위되어야 하며, 정위는 중심을 요구하고 인간이 돌아올 근거를 요구한다.

집은 바로 이렇게 인간 행위의 초점이며, 인간이 항상 다시 돌아올 수 있는 곳이다. 따라서 집은 유동적·유통적 존재가 아니라 항상 정위와 귀환의 원점이다. 실존적 인간은 결코 이러한 집을 결여할 수 없다. 설령 유목민이라 하더라도 하염없이 떠돌기만 하는 것은 아니다. 들뢰즈Gilles Deleuze(1925~1995)가 정주민과 대비하며 그렇게 이상화한 유목민도 사실 알고 보면 돌아오고 나아갈 집을 짓는다. 그도 거주하는 것이다. 다만 그가 집을 지은 그 장소가 그에게 그러한 중심과 귀환을 오직 일시적으로 허용하기 때문에 집을 자꾸 옮겨 다니는 것이다. 심지어 노숙자도 집을 짓는다. 노숙자라고 매순간 새로운 장소를 전전하는 것이 아니다. 그들도 나아갔다 돌아올 집이 있다. 그것이 비록 비닐 박스로 지어지거나 지하철역이라 할지라도.

인간은 애초부터 유목민이 아니라 그 삶이 무근거적이기 때문에 방랑자로 던져지는 것이다. 그리고 이 실존적 방랑이 그에게 집을 짓도록 요구하는 것이다. 그리하여 집은 결코 디지털 공간의 존재자가 될 수 없다. 산포적이며 탈중심화되어 있으며 따라서 나아감과 돌아옴이란 순환 속에서 삶의 초점을 허용하지 않는 디지털스페이스는 집의 공간성과는 전혀 다른 공간성이기 때문이다.

거기에는 장소가 없다. 거기에는 모든 것의 모태인 땅이 없고 그 땅과 함께 삶의 신성한 지향점이 되는 하늘도 없다. 그리하여 우리가 설령 인터넷 가상공간인 세컨드라이프SECOND LIFE에 집을 짓더라도, 우리는 단지 거기서 일시적으로 놀 뿐 거주하지 않는다. 이제 우리는 다음과 같이 단언할 수 있다. 집은 디지털 스페이스에서 존재할 수 없는 것이며, 그리하여 디지털 금융시장에서는 결코 유통될 수 없는 최후의 존재자가 될 것이라고. 왜냐하면 인간의 실존은 디지털 스페이스가 아닌 공간에서 진행되며, 이 공간에 자리 잡는 것이 바로 집이기 때문이다.

그럼에도 디지털 스페이스와 인간이 사는 곳이 디지털 금융시장이 탄생시킨 서브프라임 모기지론을 통해 링크되었다. 그리고 최종적으로는 디지털 금융시장의 공간성과 실존적 공간성을 동시에 파열시키는 경제위기로 폭발하였다. 이를 좀 더 과학적 은유를 동원하여 해석하면, 파생상품을 통한 위험의 생산과 소비를 통해 급격히 팽창되어 가던 가상 금융산업의 상승곡선이 집을 유동화하자 그곳에서 특이점을 형성하며 음의 되먹임으로 급변하여 가상금융의 공간을 내파시킨 것이다.

이러한 사건을 접하면서 철학자가 인간이 사는 집과 장소가 무엇인지를 다시 한 번 생각하지 않는다면, 그것은 철학적 나태나 문제감각 마비는 아닐까.

● **녹색경제를 넘어 시적 경제로 - 유비쿼터스 기술과 풍경**

21세기 첫 10년을 넘기도 전에 월스트리트를 진앙지로 하는 디지털 쓰나미는 덮쳤고, 전 세계 시민은 파산의 공포에 빠졌다. 따라서 이러한 경제위기는 인간이 사는 곳이 어디인가를 '철학적으로' 다시 한 번 성찰해보는 계기를 제공한다.

그런데 창피스럽게도 디지털 스페이스가 인간의 실존장소가 아니라는 의혹은 철학에서보다 이미 20세기 말에 디지털 기술의 영역에서 먼저 제기되었다. 그리고 그 결과로 출현한 것이 이제는 상투어가 되어 결국 그 의미마저 마멸되어 버린 듯한 유비쿼터스 컴퓨팅ubiquitous computing이다. 오늘날 기술에 길들여지지 않은 야만적 철학자들마저 습관적으로 되뇌고 있는 이 말 속에는 가상현실로 치닫고 있는 디지털 스페이스에 대한 한 기술자의 실존적 고뇌가 담겨 있다. 그러나 이 사실은 안타깝게도 철학자들에게조차 간과되고 있다. 우리는 단지 유비쿼터스가 언제 어디서나 컴퓨터를 사용하며 접속한다는 뜻으로만 알고, 언제 어디서나 디지털 스페이스에 접속하기 위한 스마트모바일 기기의 개발에만 열을 올리고 있는 것이다.

이러한 이유에서 유비쿼터스 컴퓨팅(이하 UC) 기술을 창시한 바로 그 기술자인 와이저Mark Weiser의 말을 다시 한 번 경청해 볼 필요가 있다. 그가 창안한 UC 기술은 이미 앞에서 살펴본 바와 같이 단순히 언제 어디서나를 의미하는 것은 아니었다. 물론 현재 첨단과학자들은 UC 기술을 기술적으로만 이해하여, 매립기술embedding technology, 연결기술interconnecting technology, 인식기술cognitive technology 등의 효율성과 완성도를 제고하기 위해 매진하고 있다. 하지만 안타깝게도 본래의 UC 기술의 출현 동기는 실종될 위협에 노출되어 있다.

UC 기술이 창안된 그 논문에서 와이저는 하이데거와 같은 철학자의 도구존재론을 원용하면서, 컴퓨터가 도구라면 눈에 띄지 않는 기술invisible technology이 되어야 한다고 강조한다. 그리고 여기서 이러한 기술은 기존의 디지털 기술에 의해 가상현실로 이탈해가는 우리의 삶을 다시 집으로, 친숙한 공간으로 되돌려 놓으려는 기술이라고 천명하고 있다. 이렇게 가상현실을 비판하며 인간과 컴퓨터의 상호작용, 즉 HCI(Human Computer Interaction)[14]의 새로운 혁신을 시도하는 UC에는 인간이 사는 집과 장소를 향한 전회가 함축되어 있다.

그리하여 필자는 작금의 경제위기가 금융산업이 디지털스페이스로 이주하면서 인간 삶의 전 영역을 견인한 결과라고 한다면, 경제학자도 UC로부터 경제의 문제에 접근해보아야 하지 않을지 생각해본다. 왜냐하면 UC는 가상현실로 치닫는 디지털 기술의 전회로 제시되는 길이기 때문이다.

이미 이 책의 3부에서 밝힌 바와 같이 UC가 도구의 존재방식과 인간실존에 대한 통찰로부터 탄생한 것이라면, 결국 UC가 돌아가야 할 인간이 사는 그곳은 인간이 실존하는 장소이다. 그리고 인간이 실존하는 장소가 공간도 환경도 아님을 밝혀낸 후기 하이데거에 따르면, 인간실존의 공간은 궁극적으로 하늘과 땅, 죽을 운명의 인간과 신성함이 어우러지는 사물을 중심으로 열려지는 터이다.

하이데거의 이러한 '장소공간론topology'을 건축과 거주의 문명사에서 구체화하는 슐츠는 터로서의 인간실존의 공간을 풍경과 거주지의 관계 속에서 고찰한다.[15] 이에 따르면 풍경은 물리적 자연에 인간의 주관적 감성을 착색시킨 경관이 아니다. 풍경은 인간에 앞서 의미를 담고 인간의 거주를 부르는 존재론적 아우라이다. 그리고 인간은 거주를 통해 그 풍경에 잠재하고 있는 의미를 자신의 실존적 삶의 방식으로 가시화하고 상징화하고 보완함으로써 자신들의 삶의 터전인 마을과 도시를 이루어 나가가는 것이다.

이렇게 보면 디지털 문명을 새로운 단계로 진입시키는 UC는 인간에게 자연의 심층을 물질이 아니라, 인간 거주의 방향을 제시하는 의미의 원천인 풍경으로 발견하고, 그 의미를 지어내는 것이 인간의 살림살이oikonimia라는 본연적 이해를 촉발하는 기회인 것이다.[16]

즉 인간이 사는 곳은 물리적 자연으로서 인간의 요구를 만족시키는 사용가치로 가공되어야 할 원자재의 저장소가 아니다. 자연은 그 자체로 이미 인간의 거주를 통해 드러날 의미가 배어 있는 원천적인 시적 텍스트, 즉 풍경이다. 그리고 이러한 풍경에서 삶을 꾸려가는 인간은 풍경의 의미를 집·마을·도시로 물질화하는 본래적 의미의 (시)짓기poiesis를 통해 비로소 자신의 터전을 가꾸어가는 살림살이를 하는 것이다. 결국 본래적 의미의 경제활동, 즉 살림살이는 풍경의 시적 가치를 발견해내는 인간의 거주행위에 그 근거를 두고 있는 것이다. 이는 이 책의 2부에서 밝혀진 바와 같이 도시의 역사를 각 도시들이 터하고 있는 풍경과의 관계에서 읽어보면 충분히 입증할 수 있는 사실이다.

그리하여 이제 다음과 같은 시대착오적인 기대를 가져 본다.

금융위기의 소용돌이를 통해 그간 급속히 팽창하던 디지털스페이스에서 벌어지던 위험기반 경제활동이 전회의 기회를 맞이하고 있다면, 그것은 UC를 통해서 개척되고 있는 길을 따라가야 하지는 않을까? 그리하여 디지털 경제가 제대로 이해된 유비쿼터스 경제로 선회한다면, 풍경을 매개로 인간과 자연 사이에서 일어나는 시적 관계가 회복의 길로 들어서지는 않을까? 그리고 그때에만 현재 회자되고 있는 녹색경제가 '녹색을 칠한 경제'가 아니라 자연을 시적 풍경으로 발견하고, 그 시적 가치를 '앞으로 드러내는pro-ducere' 경제로 숙성될 수 있지는 않을까 하는.

시적 경제를 향하여?
뉴욕의 절망과 희망

월스트리트의 파산과 하이라인의 새싹들

그런데 사용가치의 공황을 넘고, 위험증산에 의한 기호가치의 내파를 거쳐, 사물의 시적 가치로 향하는 인간 경제활동은 정녕 아주 먼 미래에 대한 시대착오적 전망에 불과한가?

하지만 이러한 의구심을 잠재울 놀라운 사건이 우리도 모르는 사이에 뉴욕에서 일어나고 있었다. 뉴욕의 중심 월스트리트는 디지털 스페이스에서 위험기반 경제를 총체적으로 지휘하며 시대를 경제적 파국으로 몰아넣고 있었다. 그러나 뉴욕의 또 다른 한 언저리에서는 시적 도시와 경제를 향한 전망을 조심스레 북돋는 희망의 새싹이 움터 나오고 있었다. 그리고 이 새싹들은 우리가 지금까지 해온 논의, 즉 건축을 풍경과 거주하는 인간의 상호창조의 과정으로서 회복시키려는 노력이 결코 철학자의 허망한 망상이 아니라는 것을 여린 빛으로 증언한다. 그 증언의 현장은 다름 아닌 폐철도를 공원으로 탈바꿈시킨 '하이라인 공원'이다. 하이라인은 이 책의 3부 마지막 부분에서 그 미래적 의미를 풍경현상학을 통해 드러냈다. 그 내용을 상기해보면, 하이라인은 근대의 공간이 건축을 통해 어떻게 풍경으로 탈바꿈하고 아우라로 피어오르며 인간과 풍경의 상호창조가 일어나는 심포이에틱sympoietic 도시로 거듭날 수 있는지를 보여주는 길목이었다.

물론 하이라인 공원은 UC와 직접적인 관련은 없다. 사실 하인라인

이 공원으로 재개발될 때, UC기술이 고려되거나 도입된 바는 없다. 그리고 현대도시의 경제생활, 그 복잡하고 급변하는 살림살이를 전면적으로 탈바꿈시키는 기념비적 의미를 현실화하기에는 아직 미미한 출발단계에 있다. 하이라인 공원은 하나의 공원에 불과하며, 그곳에서 인간들이 휴식을 취할 때 잠시 도시의 경제생활을 벗어나 다른 삶을 살아보는 일시적 풍경이다. 더구나 기능이 전면을 지배하고 있는 현대도시에서 바로 이 기능을 후퇴시키고 새로운 여지를 열어줄 UC조차 아직은 하이라인에서 암시되는 미래의 길을 눈여겨보고 있지 못하다.

현재 UC는 가상현실로부터 인간이 사는 공간으로 되돌아오고 있지만, 안타깝게도 그 공간에 스며듦으로써 그 공간의 기능성을 증강시키는 방향으로만 나가고 있다. 이른바 증강현실augmented reality로 불리는 이 현실은 여전히 인간이 사는 공간을 원자재의 저장소로서의 자연에 노동을 가하여 사용가치를 창출하는 사회로 보는 근대적 경제관에 매몰되어 있을 뿐이다.

그러나 UC의 본래적 의미가 실존하는 인간과 도구의 관계를 회복하면서 인간을 실존하는 집으로 돌려보내는 기술을 담당할 때, 그때 돌아가야 할 인간의 거주지는 사물이 사방에서 시적 가치poietic value로 존재하는 풍경이다. 따라서 UC는 사물의 '기능'을 증강시키기 위해 사물로 스며드는 것이 아니라, 사물의 '시적 가치'가 드러날 수 있는 여지를 만들기 위해 사물로 스며들어야 한다. 이렇게 UC를 통해 근대도시의 공간을 지배하고 있는 기능적 기반시설들이 탈기능화될 수 있다면, 하이라인은 그렇게 탈기능화된 기반시설들이 시적 풍경으로 탈바꿈될 수 있는 길을 암시해주는 매우 탁월한 사례이다. 이러한 맥락에서 현시점에서 하이라인은 UC와 직접적인 관계는 없어도 탈기능화된 도시의 여지가 시적 가치로 드러나는 가능성이 발아하는 사례라고 할 수 있다.

굳이 UC와 직접적인 관계가 있는 또 하나의 사례를 들어본다면, 그것은 이미 바르셀로나와 같은 도시에서 UC를 적용하여 성공적으로 실행되고 있는 자전거의 공용사용제일 것이다. 이 제도는 물론 소유 개념의 변화를 불러 일으킨다. 동시에 그것은 도시가 자동차 중심으로 무자비하게 풍경을 황폐화하는 메가 인프라로부터 벗어나는 기회를 열어준다. UC를 통해서 운영되는 자전거공용제는 길을 인간과 풍경에게 휴먼스케일로 되돌려주는 여지를 마련해주기 때문이다. 이러한 예는 UC를 통해 풍경이 기능적 목적으로 훼손당하는 부분이 감소하면서 풍경과 인간이 탈기능적으로 만나 풍경과 시적 관계로 귀환할 수 가능성을 기대하게 하는 것이다.

　그런데 이러한 시적 경제가 본 궤도에 진입하여 풍경의 발견을 통해 자연의 시적 가치를 생산하는 경제로 실현된다면, 산업구조의 재배열이 일어나야 할 것이다. 경제는 더 이상 인간을 디지털 스페이스로 이주시키는 금융산업이 아니라, 인간의 삶을 풍경 속에 거주시키는 산업인 건축을 중심으로 배열되어야 할 것이다.

　물론 이 때 건축도 현재 유행하는 것처럼 디지털 기술을 무차별적으로 차용하여 인간의 거주공간을 연질적 유동공간으로 변형시키는 주름건축folding architecture 혹은 트랜스포매이션 건축transformation architecture이 되어서는 안 될 것이다. 또 막대한 금융자본의 또 다른 머니게임이며 찬란한 기호가치의 전시장인 두바이를 이상화한 것처럼 거대건축mega construction이 되어서도 안 될 것이다. 이러한 건축은 디지털 금융산업에 연동된 건축일 뿐이다. 따라서 그러한 거대건축은 디지털스페이스의 공간성인 급격한 변동성에 따라 언제 경제위기의 폭발점이 되어 신기루와 같은 운명을 맞게 될지 모른다.[17]

　새로운 시대의 건축은 이제 자연의 본래적 차원을 풍경으로 발견하여 의미를 드러내고, 그 안에 거주하는 인간에게 그 의미를 매개함으로써 인간의 삶의 터를 여는 시적 건축이어야 할 것이다. 이러한 건축은 당연히 풍경의 의미를 압도하는 초고층 건물에 광적으로 집착하지 않는다. 오히려 시적 건축은 가우디가 주도했던 카탈로니아 모데르니스타 건축에서 그 선구적 예를 찾을 수 있는 건축이다. 그들은 20세기 초반 거세게 밀려오던 기능주의 건축의 지배 아래서도 자신들이 살고 있는 지역에서 시적 가치로 가득찬 풍경을 발견하고, 그로부터 태어나는 건축을 시도했다.

이러한 시적 건축은 또한 다른 산업보다는 조경, 환경 그리고 농업과 친화적 협동적 관계를 동경할 것이다. 물론 이때 조경산업 또한 변화가 필요하다. 그것은 자연을 사용가치로 가공하기 위해 황폐화시킨 후 도시경관을 치장하기 위해 테마파크와 같은 또 다른 가공의 기호학적 경관을 생산해내는 산업이 아니다. 예컨대 자연적 풍경을 밀어내고 거대한 아파트 단지를 조성한 후 그 살풍경을 위장하기 위해 단지 안에 바로크나 로코코로 기호화된 정원을 위조하는 작업은 더 이상 미래적 조경이 아니다. 조경은 건축과 마찬가지로 건축물이 자리할 풍경에 간직된 의미를 건축물로 현실화하는 산업으로 탈바꿈되어야 한다.

농업 역시 구조적 변화가 필연적이다. 지금까지의 농업이 자연을 근대적 기계와 근대적 화학을 통해 사용가치로 가공하는 산업이었다면, 앞으로의 농업은 대지를 풍경의 중심요소로 발견하고 UC를 포용하여 그 대지의 잠재력이 발현될 수 있도록 가꾸고, 그 풍경의 의미를 배려함으로써 결실을 맺는 농업으로 탈바꿈해야 할 것이다. 이렇게 농업과 건축조경이 만나 새롭게 출현할 미래의 산업을 우리는 하이라인를 만들었던 어그리텍쳐보다 더 폭넓고 깊은 의미의 어그리텍쳐라 부를 수 있을 것이다.

그런데 이러한 건축과 농업으로 첨단기술을 수렴시키는 시적 경제의 미덕은 무엇일까?

첫째, 우선 이러한 산업은 인간을 자신의 실존의 고향인 자연과 직접적으로 접촉하는 기회를 연다. 그럼으로써 인간은 결국 자연을 물질현상이 아니라 풍경으로 발견하고, 풍경과 인간의 관계에서 인간이 중심에서 비켜서는 공간을 형성한다. 그 안에서 노동을 포함한 모든 인간의 삶의 행위가 진행되기 때문에 삶에 대한 시학적 절제선을 긋는 활동공간이 열린다. 이는 자연스럽게 자연친화적 녹색경제로 이어질 것이다. 물론 이러한 시학적 절제선 내에서 어떤 종류의 일자리가 창출되고, 또 그것이 허용하는 성장률이 어디까지 될 것인지는 구체적인 연구를 진행할 경제학자들의 과제이다.

둘째, 시적 경제의 또 다른 미덕은 이러한 시학적 공간에서는 인간의 사회적 관계에도 변화가 일어날 가능성이 있다는 점이다. 이미 아도르노가 통찰한 바와 같이 인간의 대 자연 관계는 인간의 사회적 관계와 동형성을 보인다. 즉 동일화를 통한 자연의 지배는 인간사회의 동일화로 발전하여 결국 인간의 내적 자연과 사회적 지배가 극에 달하는 계몽의 변증법으로 귀착된다는 것이다.

이러한 아도르노의 통찰을 전용하면, 사용가치를 중심으로 한 경제는 인간들이 서로를 사용가치로 도구화하는 사회적 관계를 형성하며, 기호가치를 중심으로 한 경제는 기호가치에 기반한 사회적 관계를 산출한다는 주장이 성립한다. 실로 근대 사회와 포스트모던 사회의 차이를 비교해보면 이러한 주장은 반박되기 어려울 것이다. 그리고 이는 다음과 같은 기대를 허용할 것이다. 시적 가치를 중심으로 한 경제에서 인간들은 서로에 대해 시적 가치를 발견하는 사회적 관계를 형성하게 될 가능성이 있다.

이제 이러한 논의 끝에 현재 우리가 봉착하고 있는 상황을 다음과 진단하며 그 탈출구를 찾는다.

총수요의 부족이라는 20세기 초반의 경제문제를 극복하기 위해 인간의 경제활동은 무한한 소모와 소비를 촉진시키는 디지털 스페이스로 이주하였다. 그러나 그 디지털 경제는 결국 위험기반 경제로 변이하여 내파의 과정에 휘말려 버렸다. 이 내파는 인간의 경제활동이 이제 디지털 스페이스로부터 시학적 절제선으로 경계 지어진 풍경으로 방향을 전환해야 한다는 신호일 것이다. 물론 이러한 전망이 실현 가능하기 위해서는 인간을 실존공간으로 귀향시키는 방향에서 UC를 완성시키는 연구와 UC로부터 출현하여 풍경 안에 거주하는 비즈니스 모델을 개발하는 작업이 절박하다. 이 작업은 필자 혼자서는 감당할 수 없다. 이 작업을 위해는 풍경현상학을 넘어 철학·경제학·컴퓨터공학이 이루어내는 또 다른 심층횡단이 시작되어야 할 것이다. 이제 필자는 이 또 다른 심층횡단이 가까운 시일 내에 출발할 수 있기를 기대하면서 3년에 걸친 집필 과정을 접는다.

| 1부 |

1. 슐츠는 노르웨이 오슬로 출신의 건축가이며, 건축이론가이다. 취리히 공대 재학 시 하이데거의 저서를 탐독한 후, 그 영향으로 후에 건축현상학이란 분야를 개척 하였다. 유명한 소프라노 가수 엘리자베스 슐츠의 부친이기도 하다.

2. *Convergent Technologies to Improve Human Performance*, edited by Mihail C. Roco, William Sims Bainbridge, 2002, NSF

3. 『인간의 능력 향상을 위한 융합기술*Convergent Technologies to Improve Human Performance*』의 두 명의 공저자 중 한 사람인 베인브리지W.S.Bainbridge는 트랜스 휴머니스트이다.

4. 인지심리학자 이정모 교수도 필자와의 대화에서 'convergence'를 융합으로 번역 하는 것에 대해 유보적 의견을 피력한 바 있다. 이정모 교수는 최근 출간된 저서 에서 NBIC 융합에 대한 해설과 나아가 인지과학을 기반으로 한 보다 확장된 융 합연구의 방향을 탁월하게 논의하고 있다. 이에 대해서는, 이정모, 『인지과학— 학문 간 융합의 원리와 응용』, 성균관대학교 출판부, 2009, 633~700쪽 참조.

5. 구글은 2011년 7월 19일 도쿄에서 시연된 행사에서 사업이념을 '증강인류 Augmented Humanity'로 선언하였다. 이는 트랜스휴머니즘이 구글의 미래사업 비 전에도 침투해 있음을 보여준다.

6. HLEG(by Alfred Nordmann, Rapportuer), *Converging Technologies for the European Knowledge Societies*, Report, 2004

7. 에드워드 윌슨, 최재천·장대익 옮김, 『통섭, 지식의 대통합』, 사이언스북스, 2005, 39쪽.

8. 같은 책, 46쪽.

9. 같은 책, 40쪽.

10. 들뢰즈의 리좀 모델과 횡단에 대해서는, Wolfgang Welsch, *Vernunft. Die zeitgenössische Vernunftkritik und das Konzept der transversalen Vernunft*, Frankfurt am Mein, 1996, p.356~364 참조.

11. 윌슨의 통섭은 사실상 '이중적 의미'를 갖고 있다. 한편으로 그것은 모든 지식

을 물리적 원리로 환원하는 물리주의적 경직성을 의미한다. 예를 들면, 인간의 정신은 뇌를 구성하고 있는 분자의 작용으로 밝혀질 수 있다는 입장이 그것이다. 그러나 다른 한편으로 통섭은 매우 느슨한 의미를 갖는다. 이에 따르면, 통섭은 다른 분야의 학자들이 서로 모여 공동의 주제의식을 갖고 함께 연구할 것을 제안하는 정도의 의미를 갖는다.

12. 에드워드 윌슨, 앞의 책, 122쪽.

13. 러셀은 귀납의 문제점을 다음과 같이 희화화하여 폭로한다. 매일 아침 9시에 주인이 가져다주는 모이를 먹던 거위는 "나는 항상 아침 9시에 모이를 받아먹는다."는 귀납추리의 결론에 도달하였다. 그리고 이 결론은 크리스마스까지 의심의 여지없이 타당하였다. 그러나 크리스마스 당일 전과 다름없이 9시에 주인이 나타났지만, 그 거위는 도달한 귀납추리의 결론과는 달리 목이 잘리는 비운을 당한다. 이로써 그가 진리로 믿던 귀납추리의 결론은 거짓으로 판명되었다. 알랜 차머스, 신일철·신중섭 옮김, 『현대의 과학철학』, 서광사, 1990, 48쪽 참조.

14. Paul M. Laporte, "Cubism and Relativity with a letter of Albert Einstein", in *Art Journal 25*, 1966, p.246-248, p.246; Ulrich Müller, *Raum, Bewegung und Zeit im Werk von Walter Gropius und Ludwig Mies van der Rohe*, Berlin, 2004, p.10 참조.

15. Pablo Piccaso, "Statement" (1923), in Herschel B. Clipp, *Theories of Modern Art*, Univ. California Press, Berkeley and Los Angeles, 1968, p.210.

16. 이미 에른스트 카시러Ernst Cassierer는 이 점을 분명히 파악하고, 자신의 저서에서 경고한다. 카시러는 비록 20세기 초에 활동한 철학자이지만, 소위 포스트모더니스트 철학자들보다도 훨씬 앞서 있었다. 이에 대해서는, Ernst Cassierer, *Substance and Function and Einsteins Theory of Relativity*, Dover Publication, N.Y, 2003, p.450 참조.

17. 이외에도 윌슨의 통섭은 뇌과학의 연구결과를 절대시한다는 문제점을 갖고 있다.

18. 이러한 사정은 리좀 모델이 학문과 기술의 공동탐구를 목표로 한 개념이라기보다는 근대의 주관주의적·자본주의적 이성의 해체라는 다분히 정치적 동기를 겨냥한 개념이기 때문이다.

19. Paul A. Harries, "To see with the mind and think through the eye, Deleuze, Folding Architecture and Simons Rodia' s Watt Towers," in *Deleuze and Space*, Toronto, 2005, p.41 참조.

20. 함성호, 「휘어진 공간 휘어진 건축」, 김제환 외, 『상대성이론 그 후 100년』, 궁리, 2005, 198쪽.

21. 정인하, 「질 들뢰즈의 주름 개념과 랜드스케이프 건축」, 『프랑스학 연구 32권』, 2005, 351쪽 참조.

22. 같은 책, 352쪽 참조.

23. 등가원리는 '하늘로부터 떨어지는 사람은 아무 무게도 느끼지 못할 것'이라는 상상에서 비롯되었다고 아인슈타인 스스로 술회하고 있다.

24. 관성의 법칙에 따르면, 모든 물체는 외부의 힘이 작용하지 않을 때, 등속직선운동을 한다.

25. 후설의 저서는 전집 시리즈로 출간되고 있는 *Husserliana*를 중심으로 인용하고, 『전집』으로 표기한다.

26. E. Husserl, 『전집 3/1』, 151쪽.

27. E. Husserl, 『전집 3/1』, 152쪽.

28. E. Husserl, 『전집 17』, 99쪽.

29. G. Cantor, *Gesammelte Abhandlungen mathematischen und philosophischen Inhalts*, hg., von Ernst Zermelo, Berlin 1932, 150 쪽.

30. 같은 책, 204 쪽.

31. E. Husserl, 『논리연구 I』, 249쪽.

32. E. Husserl, 『전집 12』, 465쪽.

33. E. Husserl, 『전집 3/1』, 152쪽 참조.

34. 김용운 · 김용국, 『집합론과 수학 ─ 현대수학의 철학적 배경』, 서울: 1989, 44쪽.

35. 같은 책, 52쪽.

36. E. Husserl, 『논리연구 I』, 249쪽.

37. E. Husserl, 『전집12』, 467쪽.

38. 같은 책, 468쪽.

39. 같은 곳 참조.

40. 같은 곳 참조.

41. E. Husserl, 『전집 3/1』, 150쪽; 『전집17』, 79쪽 참조.

42. E. Husserl, 『전집 6』, 224쪽.

43. 같은 책, 20쪽.

44. 같은 책, 44쪽 참조.

45. E. Husserl, 『전집17』, 97쪽 참조.

46. E. Husserl, 『전집 12』, 431쪽.

47. E. Husserl, 『전집 17』, 97쪽 참조. 후설에서 '연역적deduktiv' 이라는 표현은 '구성konstruktiv' 과 동의어로 쓰인다. 같은 책, 102 · 107 · 108쪽 참조.

48. 대수적 연산의 공리 연역적 구조에 대해 후설은 1889년 자신의 원고 "Arithmetik als deduktive Wissenschaft" 에서 상세히 논의하고 있다. E. Husserl, 『전집 21』, 57~68쪽 참조.

49. G. Frege, *Wissenschaftlicher Briefwechsel*, hrg. G. Gabriel, Hamburg 1976, 66쪽.

50. E. Husserl, 『전집 6』, 40쪽.

51. E. Husserl, 『전집 17』, 99쪽 참조. 여기서 후설은 한정다수체를 "수학을 내부에서 계속 이끌고 가는 개념der die Mathematik … beständig innerlich leitenden Begriffes" 이라고 천명하고 있다.

52. E. Husserl, 『전집 6』, 50쪽. 이를 후설은 이념화된 자연을 선과학적으로 직관적인 세계의 기반으로 밀어 넣음Unterschiebung der idealisierten Natur unter die vorwissenschaftlich anschauliche Welt 혹은 'Substruktion' 으로 표현하고 있다.

53. E. Husserl, 『전집 6』, 107쪽.

54. E. Husserl, 『전집11』, 5쪽.

55. E. Husserl, 『전집 16』, 80쪽 참조.

56. E. Husserl, 『전집 14』, 539쪽 참조.

57. 후설의 공간론에 대해서는, 한정선, 「시각의 놀라움」, 『철학과 현상학 연구』, 2004, 23~58쪽 참조. 이 논문은 시각의 문제를 다루고 있지만, 후설의 공간론의 핵심에 대해 명쾌하게 정리하고 있다.

58. 하이데거가 도구적 존재자를 손 안의 존재Zuhandenheit로, 대상적 존재자를 손 밖에 서 있는 존재Vorhandenheit로, 이렇게 손과의 관계 형태로 표현한 것은 양 존재방식의 실천 관계를 상징적으로 보여주기 위한 것이다.

59. M. Heidegger, *Sein und Zeit*, Tübingen, 1976, 357쪽.

60. M. Heidegger, 같은 책, 68쪽 참조.

61. M. Heideggr, 같은 책, 66쪽 참조.

62. 이기상 · 구연상, 『존재와 시간 용어해설』, 까치글방, 1998, 146쪽.

63. M. Heidegger, *Sein und Zeit*, 151쪽.

64. 같은 책, 154쪽.

65. 같은 책, 107쪽 참조.

66. 같은 책, 107쪽.

67. 같은 책, 109쪽 참조. 방의 예에서 하이데거가 하고 있는 해설은 정교함이 미흡하여 필자가 수정 보완하였다.

68. M. Merleau-Ponty, *Phänomenologie der Wahrnehmung*(이하 PW로 표기), Übersetzt von Rudolf Boehm, Berlin, 1966, 286~289쪽 참조.

69. 물론 하이데거는 존재와 시간이 출간된 지 30년이 지난 후, Zollikoner Seminare 에서 몸의 문제를 다루고 있다. 여기는 그는 현존재의 공간성으로부터 몸의 문제를 접근해가며 물리적 공간 안에 존재하는 물체와는 다른 몸의 존재방식과 공간성을 밝혀내고 있다. 그러나 여기서도 몸의 문제에 대한 논의의 밀도는 우리가 기대하는 바를 충족하지 못한다. M. Heidegger, 『전집 89』 참조.

70. M. Heideggr, *Sein und Zeit*, 103쪽 참조.

71. 같은 책, 112쪽 참조. 사실 하이데거는 이러한 문제를 다루지 않고, 오스카 베커 Oscar Becker를 참고할 것을 제안한다.

72. 『존재와 시간』이 미완성으로 끝날 수밖에 없는 이유에 대한 하이데거 스스로의 술회에 대해서는, M. Heidegger, "Über den Humanismus", 『전집 9』, 327~328 쪽 참조. 하이데거의 전집 시리즈 Gesamt Ausgabe는 여기서 『전집』으로 표시.

73. M. Heidegger, 『전집 9』, 308쪽.

74. M. Heidegger, *Unter Wegs zur Sprache*, Pfullingen 1979, 9쪽.

75. 소광희, 「논리의 언어와 존재의 언어」, 『하이데거의 언어사상』, 한국하이데거학회 편, 철학과현실, 1998, 26쪽.

76. M. Heidegger, 『전집 15』, 350~351쪽 참조,

77. M. Heidegger, 『전집 9』, 405쪽.

78. M. Heidegger, 『전집 38』, 169쪽.

79. 같은 책, 170쪽.

80. Herbert Hornstein, "Das Haus des Seins, Zu Martin Heideggers Sprachephilosophie," In: *Neues Abendland* 10. 1955, 433~438, 433쪽.

81. M. Heidegger, 『전집 39』, 218쪽.

82. M. Heidegger, 『전집 9』, 316쪽.

83. M. Heidegger, 『전집 12』, 212쪽.

84. M. Heidegger, 『전집 20』, 257쪽, 또는 *Sein und Zeit*, 74~75쪽 참조.

85. M. Heidegger, 『전집 12』, 14쪽.

86. M. Heidegger, 『전집 9』, 324쪽.

87. M. Heidegger, 『전집 9』, 358쪽.

88. 같은 책, 364쪽 참조.

89. M. Heidegger, 『전집 39』, 26쪽 참조.

90. 「고은 인터뷰」, 『중앙일보』, 2008년 9월 2일 자.

91. M. Heidegger, 『전집 39』, 29쪽.

92. 같은 책, 170쪽 참조.

93. M. Heidegger, 『전집 52』, 40쪽.

94. M. Heidegger, 『전집 12』, 19쪽.

95. M. Heidegger, 『전집 7』, 174쪽.

96. M. Heidegger, 『전집 7』, 165쪽 혹은 M. Heidegger, 『전집 12』, 19쪽 참조.

97. 횔덜린은 하이델베르그 다리에 대한 시를 남겼으며, 하이데거의 다리에 대한
    현상학적 기술은 이 횔덜린의 시에 영향을 받은 것으로 추정된다.

98. M. Heidegger, 『전집 7』, 146쪽 참조.

99. 같은 책, 147쪽 참조.

100. 여기서 하이데거는 그리스의 공간개념을 상기시킨다. 그리스인들에게는 어떤
     것이 놓여 있는 것으로서의 공간이란 단어가 없다. 장소는 사물에 속하며 따라서
     각각 다른 사물들은 각기 자신의 고유한 장소를 가지고 있다. 전집 40 · 70쪽 참조.

101. 이미 유클리드 기하학에 영향 받은 티투스 루크레티우스 카루스Titus Lucretius
     Carus는 공간을 사물에 앞서는 무한하고 균질적인 텅 빔으로 생각했다. 그는
     "자연은 두 가지로 구성된다. 하나는 물체이고, 다른 하나는 이 물체들이 위치
     하는 공허이다."라고 주장한다(De reum natura I, 420). 1800년 후 칸트도 공간
     이 사물에 앞서는 것임을 선험철학적 입장에서 다시 주장한다. 주지하다시피
     공간은 우리가 경험하는 대상에 앞서는 것이므로 경험세계에 존재하는 것이며,
     칸트에 있어서는 물질과 독립된 우리 경험의 선험적 형식이다(I. Kant, *Vom den
     ersten Grund des Unterschiedes der Gegenden in Raume, Gesammete Werke II*,
     Akademie Ausgabe, 376쪽 참조).

102. M. Heidegger, 『전집 7』, 149 쪽.

103. 같은 책, 150 쪽.

104. 같은 곳.

105. Vincent Scully, *The Earth, the Temple, and the Gods*, New Heaven, Yale, 1962, 2쪽.

106. M. Heidegger, 『전집 7』, 141쪽 참조.

107. M. Heidegger, *Hebel der Hausfreund*, Pfullingen, 1953, 13쪽.

| 2부 |

1. 하이데거에서 시작(포이에시스)poiesis은 감성적 언어의 유희가 아니다. 포이에시스 란 말의 어원을 따라가 보면, 그 원래 의미는 앞으로 드러내놓음hervorbringen이란 탈은폐 사건으로 밝혀진다. 자연physis도 그 피어오름에서 감추어진 것이 드러나 는 과정이기에 포이에시스이다.

2. Christian Norberg-Schulz, *Principles of Modern Architecture*, London 2000, 123쪽.

3. Christian Norberg-Schulz, *The Concept of Dwelling. On the Way to figurative architecture*, New York 1985, 30쪽.

4. Christian Norberg-Schulz, 같은 책, 17쪽 참조.

5. 졸고, 「그림에 떠오르는 현대문화」, 『철학과 현상학 연구 15집』, 13~54쪽 참조.

6. M. Heidegger, 『전집 38』, 170쪽 참조.

7. Christian Norberg-Schulz, "Kahn, Heidegger and the Language of Architecture", *Oppositions 18*, Cambridge, Massachusetts: MIT Press, Fall 1979, 28~47, 36쪽 참조.

8. 이에 대한 자세한 논의는, M. Heidegger, 『전집 54』, 104쪽 참조. 또는 J. Malpas, *Heidegger's Topology, Being, Place, World*, Cambridge, Masachusetts, 2006, 206쪽 참조.

9. Christian Norberg-Schulz, *Existence, Space & Architecture*, New York 1971, 18쪽 참조.

10. Christian Norberg-Schulz, *Architectutre: Presence, Language, Place*, 86쪽 참조.

11. Christian Norberg-Schulz, *The Concept of Dwelling, On the way to figurative Architecture*, 31쪽 참조.

12. 같은 곳 참조.

13. 이러한 경향은 옛 서울의 도시구조에서도 발견된다. 옛 서울은 주산인 백악산(북악산)을 중심으로 인왕산·목멱산·타락산을 연결하는 경계로 형성되며, 이 공간은 유교적 의미에서 신성시되었다. 천명을 받아 땅을 다스리는 왕의 거주지(경복궁)는 하늘의 북극성과 같이 지상의 중심으로 주산인 북악에 위치하고, 유교에서 신성시되는 공자와 선왕들을 위한 제사 공간인 문묘와 종묘가 왕궁과 근접한 거리에 자리한다. 이에 대해서는, 이현군, 「조선시대 한성부 형성배경과 입지적 특성」, 『한국도시지리학회』 8권 1호, 35쪽 참조.

14. Christian Norberg Schulz, *Existence, Space & Architecture*, 42쪽 참조.

15. 도시인들의 행태를 조사한 연구에 따르면, 사람들은 같은 목적지로 이동하는 경우에도 각기 다른 길을 선택한다. Christian Norberg-Schulz, 같은 책, 22쪽 참조.

16. 같은 책, 49쪽 참조.

17. 같은 책, 58쪽 참조.

18. 같은 책, 26쪽.

19. 같은 책, 53쪽.

20. Christian Norberg-Schulz, *Meaning in Western Architecture*, 223쪽 참조. 성벽의 기원이 단순히 군사적 목적보다 더 깊은 유래를 갖고 있음은 동양에서도 마찬가지이다. 서울과 같이 과거 국가의 수도를 칭하는 도성은 성곽도시를 의미하지만, 도성에는 상징적 의미가 더 본질적이다. 서울의 성곽은 서울의 주산(백악산·인왕산·목멱산·타락산)들이 연결될 때 자연스럽게 일어나는 경계를 기반으로 하고 있으며, 서울을 중심부와 주변부로 구분하는 역할을 한다. 이에 대해서는 이현군, 앞의 글, 31쪽 참조.

21. Christian Norberg-Schulz, *Genius Loci*, 20쪽 참조.

22. 같은 책, 15쪽.

23. Christian Norberg-Schulz, *Principles of Modern Architecture*, 90쪽 참조.

24. 건축가 마리오 보타Mario Botta 역시 하이데거나 슐츠와 같이 건축물의 터를 여는 역할을 강조하고 있다. 그러나 이 입장이 지나쳐 슐츠와는 달리 자연적 터의 차원이 망각되는 문제가 발생한다. 보타의 건축철학과 작품에 대해서는, Doerte Kuehlman, "Der Geist des (W)ortes", In: *Bauen und Wohnen*, Hg., Eduard Fuehr, Muenster: New York: Muenchen: Berlin 2000, 227쪽 참조.

25. Christian Norberg-Schulz, 앞의 책, 12~14쪽 참조.

26. 같은 책, 32쪽 참조.

27. 같은 책, 33쪽 참조.

28. 같은 책, 40쪽 참조.

29. Christian Norberg-Schulz, *Archtectutre: Presence, Language, Place*, Milan, 2000, 163쪽 참조.

30. 같은 곳.

31. 같은 책, 42쪽 참조.

32. 같은 책, 45쪽.

33. L. Curtius, *Die antike Kunst II, 1. Die klassische Kunst Griechlands*. Postsdam 1938, 15, 19쪽 참조.

34. Christian Norberg-Schulz, *Genius Loci*, 46쪽.

35. 같은 책, 47쪽.

36. Christian Norberg-Schulz, *Existence, Space & Architecture*, 32쪽.

37. Christian Norberg-Schulz, *Genius Loci*, 17쪽 참조.

38. 같은 책, 50~52쪽 참조.

39. 같은 책, 66~67쪽 참조.

40. 같은 책, 67쪽 참조.

41. 같은 책, 67~68쪽 참조.

42. 같은 책, 73쪽.

43. Christian Norberg-Schulz, *Meaning in Western Architecture*, 42쪽.

44. Christian Norberg-Schulz, *Genius Loci*, 74쪽.

45. 바로크 이후의 풍경과 거주의 역사는 2부의 마지막 부분인 현대도시의 기원에서 다루어질 것이다.

46. Christian Norberg Schulz, *Meaning in Western Architecture*, New York: Rizzoli, 1983, 7쪽 참조.

47. Christian Norberg Schulz, *Principles of Modern Architecture*, 103쪽 참조.

48. Christian Norberg-Schulz, *Meaning in Western Architecture*, 15쪽 참조.

49. 같은 책, 9쪽 참조.

50. 같은 책, 27쪽.

51. Christian Norberg-Schulz, *Meaning in Western Architecture*, 27쪽 간접 인용.

52. V. Scully, *The Earth, the Temple, and Gods*, New Heaven and London, 1962, 9쪽,

Christian Norberg-Schulz, 같은 책, 23쪽 참조.

53. 같은 책, 3쪽.

54. Gregory J. Retallack, "Rocks, Views, Soils and Plants at the Temples of Ancient Greece," *Antiquity* 82 (2008), 640~657쪽 참조.

55. 로마제국에 의해 건설된 도시들의 거리는 남북 방향으로 배치된 주도로와 이와 교차하는 동서 방향의 축을 형성하고 있다. 전자는 카르도라 불리고 후자는 데쿠마누스라고 부른다. 카르도와 데쿠마누스에 대해서는 로마를 풍경현상학적으로 해석하는 부분에서 다시 다루어질 것이다.

56. Christian Norberg-Schulz, *The Concept of Dwelling, On the way to figurative architecture*, 34쪽 참조.

57. Christian Norberg Schulz, *Meaning in Western Architecture*, 65쪽 참조.

58. 같은 책, 69쪽 참조.

59. 같은 책, 75~76쪽 참조.

60. 같은 책, 89쪽 참조.

61. 같은 곳 참조.

62. Christian Norberg-Schulz, *Meaning in Western Culture*, 92~93쪽 참조.

63. 프랑스 성당에서 본당 동쪽 끝의 외관을 말한다.

64. 같은 책, 98쪽 참조.

65. 같은 책, 103쪽 참조.

66. 같은 책, 113~114쪽 참조.

67. 같은 책, 114쪽.

68. 같은 책, 128쪽 참조.

69. 같은 곳.

70. 같은 책, 124쪽 참조.

71. Christian Norberg-Schulz, *Principles of Modern Architecture*, 24쪽 참조.

72. Christian Norberg-Schulz, *Architecture: Presence, Language, Place*, 77쪽 참조.

73. Christian Norberg-Schulz, *Meaning in Western Architecture*, 143쪽.

74. Christian Norberg-Schulz, *Late Baroque and Rococo Architecture*, 24쪽 참조.

75. Christian Norberg-Schulz, *Baroque Architecture*, Milano 2003, 8쪽 참조.

76. Christian Norberg-Schulz, *Meaning in Western Architecture*, 160쪽.

77. 같은 곳 참조.

78. 같은 책, 150쪽.

79. 같은 책, 150쪽에서 간접인용.

80. Christian Norberg Schulz, *Principle of Modern Architecture*, 24쪽 참조.

81. Christian Norberg-Schulz, *Meaning in Western Architecture*, 151쪽 참조.

82. 같은 곳.

83. 같은 책, 152 쪽.

84. Christian Norberg-Schulz, *Genius Loci*, 140쪽.

85. 같은 책, 142쪽.

86. Christian Norberg-Schulz, *Late Baroque and Rococo Architecture*, 28쪽 참조.

87. Christian Norberg-Schulz, *Genius Loci*, 144쪽 참조.

88. Christian Norberg-Schulz, *Meaning in western architecture*, 48쪽 참조.

89. 같은 책, 43쪽 참조.

90. Christian Norberg-Schulz, *Genius Loci*, 148쪽 참조.

91. Christian Norberg-Schulz, *Existence, Space & Architecture*, 48~49쪽 참조.

92. Christian Norberg-Schulz, *Genius Loci*, 153쪽 참조.

93. 같은 책, 164쪽 참조.

94. 1980년대 말 동구 사회주의 몰락의 시발점이 된 민주화 혁명을 일컫는다.

95. Eduard Petiska, *A Treasury of Tales from the Kingdom of Bohemia*, Prague: Martin Publishers, 1996, 22~23쪽.

96. Christian Norberg-Schulz, *Genius Loci*, 79 쪽.

97. Eduard Petiska, *A Treasury of Tales from the Kingdom of Bohemia*, 23쪽.

98. Christian Norberg-Schulz, *Genius Loci*, 82쪽.

99. 같은 책, 84쪽.

100. 같은 곳.

101. 같은 책, 83쪽.

102. M. Heidegger, 『전집 54』, 198쪽 참조.

103. Christian Norberg-Schulz, *Genius Loci*, 83쪽.

104. 같은 책, 102쪽 참조.

105. 같은 책, 103쪽.

106. Christian Norberg-Schulz, *Late Baroque and Rococo Architecture*, New York 1985, 67쪽 참조.

107. Christina Norberg-Schulz, *Genius Loci*, 106쪽.

108. 여기서 중력은 물리학적 의미가 아니라 대지에 근원을 두고 대지로 회귀하는 사물성을 뜻한다.

109. 같은 곳 참조.

110. 건축가 볼프강 마이센하이머Wolfgang Meisenheimer는 건축의 의미를 농부들, 기사들의 다음과 같은 소박한 언술에서 발견한다. "나는 여기서 머무르고 싶다! 여기 살겠다! 여기에서 죽을 것이다! 농부들의 말, 기사들의 말, 왕의 말, 건축을 향한 최초의 분기점", 그는 "이보다 더 간결하게 공간의 성질을 정의한 말을 알지 못한다."고 설파하며 "우리들은 이 공간의 성질로부터 출발해야 한다."고 강조한다. Wolfgang Meisenheimer, *Choreografie des Architektonischen Raumes, Verschwinden des Raumes in der Zeit*, Seoul, 2007, 70쪽.

111. Christian Norberg-Schulz, *Genuis Loci*, 58쪽 참조.

112. 같은 책, 170쪽 참조.

113. Christian Norberg-Schulz, *Principles of Modern Architecture*, 75 쪽 참조

114. 가로의 역할은 다음과 같다. 1) 실존적 공간에 특정한 구조를 제공한다. 2) 건축적 요소를 조직하는 축 역할을 한다. 3) 인간의 환경을 지역으로 구분한다. 4) 특정한 목적지로 인도한다.

115. Christian Norberg-Schulz, *The Concept of Dwelling*, 60쪽 참조.

116. 같은 곳.

117. Christian Norberg-Schulz, *Genius Loci*, 176쪽 참조.

118. 같은 곳.

119. Chritian Norberg-Schulz, *The Concept of Dwelling*, 63쪽 참조.

120. 같은 책, 64쪽.

121. 부채꼴 선이 8개인 이유는 당시 시에나가 8개의 가문에 의해 지배되고 있었기 때문이다.

122. 공간을 텅 빈, 동질적으로 무한한 연장성으로 파악한 데카르트는 이미 도시를 합리적으로 건설하기 위해 강력한 파괴가 선행되어야 한다고 주장한 바 있다.

123. Christian Norberg-Schulz, *Meaning in Western Architecture*, 170쪽 참조.

124. Chritian Norberg-Schulz, *The Concept of Dwelling*, 79쪽.

125. Christian Norberg-Schulz, *Meaning in Western Architecture*, 173쪽 참조.

126. 같은 책, 170쪽.

127. 같은 책, 191쪽에서 간접인용.

128. Walter Gropius, *Architecture of the Western World*, Rizzoli Intl Pubns (September 1982), edited by Michael Raeburn, 257쪽에서 간접인용

129. Le Corbusier, *Towards a New Architecture*, tr. Frederick Etchells, London, Architectural Press, 1948, 12~13쪽.

130. Christian Norberg-Schulz, *Principle of Modern Architecture*, 79쪽 참조.

131. Christian Norberg-Schulz, *Existence, Space & Architecture*, 78쪽 참조. 슐츠에 따르면 중앙유럽의 세 가지 마을 형태, 즉 클러스터형, 일자형, 원형 마을의 형태는 그 마을이 자리하는 자연적 풍경의 성격과 관계 속에서 형성된 것이다.

132. Christian Norberg-Schulz, *Principle of Modern Architecture*, 83쪽.

133. Christian Norberg-Schulz, *Genuis Loci*, 190쪽 참조.

134. Wolfgang Meisenheimer, *Choreography of the Architectural Space*, 104쪽.

135. Christian Norberg-Schulz, *Genius Loci*, 190쪽.

| 3부 |

1. IC칩과 무선을 통해 식품, 동물, 사물 등 다양한 개체의 정보를 관리할 수 있는 차세대 인식 기술.

2. 조택현 외, 「유비쿼터스 환경에서 실현 가능한 공동주거」, 『대한 건축학회 논문집』 22권 3호(통권09호), 2006, 89~99, 92쪽 참조.

3. VIEW는 사람의 위치와 음성 및 동작을 입력받아 그에 상응하는 음향과 입체 영상을 표상할 수 있는 데이터를 출력한다. 이 장치는 다양한 인터페이스 장치를 사용하여 360도 전 방향을 통합한 원격감지 환경을 마음대로 탐험하고, 환경 내의 구성요소와도 원하는 대로 상호작용할 수 있게 만든다. VIEW 시스템은 광각 입체 영상출력 장치, 모든 방향의 손동작을 출력하는 글로브 장치, 음성인식기술, 동작추적 장치, 3차원 음향 및 음성합성 기술과 컴퓨터그래픽, 비디오 영상 장치로 구성되어 있다. 자기를 응용해 머리와 손발의 위치를 추적하는 기술을 결합시키면, 머리에 부착된 영상장치는 이용자에게 완전한 3차원 공간과 같은 느낌의 시청각 영상을 제공해준다. 글로브를 사용하면, 3차원 컴퓨터의 영상이나 사람이 원격 조정하는 입체 비디오카메라로 만든 가상환경 내의 가상

물체도 조작할 수 있다. 이용자가 머리나 손발을 움직이면, 그 움직임에 따라 눈의 위치도 달라지기 때문에 보이는 영상의 위치, 각도 등이 달라진다. 컴퓨터 영상 시스템은 이용자의 신체 움직임에 따른 변화를 매초 30프레임의 속도로 실시간 처리되는 3차원 그래픽 영상으로 나타내는 고성능 시스템이다. 동시에 작동하는 두 개의 독립된 영상 채널이 사람의 양쪽 눈에 서로 다른 영상을 보여줌으로써, 현실에서와 같은 깊이를 느끼게 해준다.

4. M. Heim, *Virtual Realism*, Oxford Univ. Press, 1998, 7쪽 참조.

5. Nicholas Lavroff, *Virtual Reality Playhouse*, The Waite Group Inc. 1994; 이상헌 옮김, 『가상현실』, 김영사, 1995, 19~31쪽 참조.

6. 물론 아직까지 가상현실은 기술적으로 완벽한 수준에 도달하지 못했고, 실재 이상의 실재감을 산출하지 못하고 있다. 특히 머리의 움직임에 따라 망막에 잡힌 영상이 순간적으로 변하는 것을 시뮬레이션하여 새 화면을 보여주는 것은 많은 연산을 필요로 하며 시간의 지체가 발생한다. 이러한 지체는 뇌가 지금 나타나는 장면이 진짜 현실이 아니라는 것을 인지하게 한다. 예컨대 비행기를 조종하는 시뮬레이션에서 사용자의 동작에 0.05초 정도 가상현실 시스템이 늦게 반응하면 사용자는 자연스런 몰입을 저지당하며 현실감을 상실한다. 그런데도 현재 컴퓨터 가상현실 시스템이 인간의 동작에 대응하는 시간은 0.25초~0.5초나 걸린다. 그리고 가상현실의 해상도는 아직까지 만족스러운 환상을 만들어내기에는 부족하다. 이러한 지연을 제거하고 해상도를 높이는 데 필요한 것은 보다 빠른 처리 속도를 가진 컴퓨터의 개발이다.

7. M. Weiser, "Computer for 21 Century", *Mobile Computing and Communications Review, Volume 3 Issue 3*, July 1999, 1쪽.

8. 같은 글, 1쪽.

9. Mark Weiser, Seely Brown "The coming age of calm technology", 1996, http://ubiq.com/hypertext/weiser

10. 조택연, 「유비쿼터스 환경에서 구현가능한 "지능공간주거"」, 『건축』 49권 3호, 2005, 대한건축학회, 97~107쪽 참조.

11. 같은 곳.

12. 같은 책, 105쪽 참조.

13. 같은 책, 106쪽 참조.

14. 마스나가 야쓰미스, 『도시계획의 신조류』, 진영환·김진범·정윤희 옮김, 한울

아카데미, 2006, 34쪽.

15. Christian Norberg Schulz, *Genius Loci*, 191쪽 참조.

16. 마스나가 야쓰미스, 같은 책, 30쪽.

17. 같은 책, 24~29쪽 참조.

18. 이러한 현대 도시의 개념이 가장 먼저 실현된 곳이 미국이다. 그러나 유럽의 경우 과거도시의 유산이 잔존하고 있었기 때문에 현대 도시개념이 실현되는 데는 어려움이 따랐다. 제2차 세계대전은 이러한 상황에 획기적인 변화를 일으킨 사건이다. 즉 전쟁은 과거도시를 가장 폭력적 방식으로 철거하는 결과를 가져왔다. 그리하여 전후 복구를 위해 추진된 도시계획은 바로 이 그린시티라는 구상에 의해 지배되기 시작한다. 영국 맨체스터의 흄지구, 네덜란드 벨마이아 등 수많은 도시들이 바로 기능주의에 근거한 그린시티 구상이 물질화된 형태로 탄생한 것이다.

19. Christian Norberg Schulz, *Principles of Modern Architecture*, 75쪽 참조.

20. Tristan d' Estrée Strek(2009), *Building Upon Negroponte: A Hybridized Model of Control for Responsible Architecture*(http://www.ormbra.com/Negroponte/sterkECAADE_03.pdf, 01. 2009) 참조.

21. Marvin Minsky, "Why Computer Science is the most important thing that has happened to the humanities in 5,000 Years" (Lecture Nara, Japan, May 15, 1999) 참조.

22. J. Weizenbaum, "Denken ohne Seele", In Joffe, J(Hg): *Zeit-Dossier 2*. Muenchen 1981, 136~140쪽 참조.

23. Christian Norberg Schulz, *Principle of Modern Architecture*, 90쪽 참조.

24. Charles Jencks, 'Die Sprache der modernen Architektur', In W. Welsch (Hrsg.), *Wege aus der Moderne:Schlüsseltexte zur Postmodernediskussion*, 2.Aufl. Berlin Akademie-Verlag 1994, 88쪽 참조.

25. 같은 책, 92쪽 참조.

26. 같은 책, 88 · 92쪽 참조.

27. 이현종, 「체험관광 동기에 따른 관광 목적지 유형선정 요구」, 『관광연구저널』 21(1), 69~81쪽 참조.

28. 프랑스문화예술학회, 『프로방스 문화예술 산책』, 성균관대학교 출판부, 2001, 25쪽 간접인용.

29. M. Heidegger, 『전집 7』, 181쪽.

30. 이상의 서울 관련 인용문은 2010년 1월 4일 자 주요 일간지 보도에서 간접 인용한 것이다.

31. 서울시는 『론리 프래닛』이 서울에 대한 부정적인 인상을 소개하고 있다는 이유로 론리 프래닛 호주 본사에 시정을 요구했고, 론리 프래닛도 이에 대해 긍정적인 답신을 해왔다고 한다. 그러나 론리 프래닛의 여행서는 수많은 도시와 지역을 여행한 여행전문가들이 직접 발품을 팔아 구석구석을 돌아다니며 체험한 살아 있는 여행정보를 담은 것으로 정평이 나 있다. 따라서 서울시의 시정요구가 받아들여져 서울에 대한 기술을 수정한다고 해도, 그들이 애초에 서울에 다다르면서 다가왔던 풍경의 이미지들은 우리에게 서울에 대해 다시 한 번 생각할 것을 요청한다. 항의할 것이 아니라 겸허히 받아들여야 일이다.

32. Christian Norberg Schulz, *Principles of Modern Architecture*, 95쪽 참조.

33. Christian Norberg Schulz, *Architecture: Presence, Language, Place*, 319쪽 참조.

34. 같은 곳 참조.

35. 경관은 근대 주관주의 철학과 함께 발전해온 개념이다. 이에 대한 논의는, 이무용, 『공간의 문화정치학』, 논형, 2005, 76쪽 참조.

36. Chrisitan Norber-Schulz, *Genius Loci*, 23쪽.

37. 펜실베이니아 대학의 조경학과 교수 스프린Anne Whiston Sprin은 이러한 이유에서 "언어는 존재의 집이다."라는 하이데거의 언명을 "풍경의 언어가 진정한 존재의 집이다."라고 바꾸어 강조한다. Anne Whiston Sprin, *Language of Landscape*, Yale Univ. Press, New Heaven and London, 1998, 16쪽.

38. John Sallis, *Topographies*, Indiana Univ. Press, 2006, 2~3쪽 참조.

39. Ákos Moravánszky, *Antoni Gaudí*, Akadémiai Kiadó, Budapest, 1980, 30쪽.

40. 페데리코 가르시아 로르카, 『인상과 풍경』, 펭귄클래식 코리아, 2008, 136~137쪽.

41. Christian Norberg-Schulz, *The Concept of Dwelling*, New York: Rizzoli, 1985, 31쪽.

42. M. Heidegger, 『전집 7』, 146쪽.

43. Christian Norberg-Schulz, *Architectutre: Presence, Language, Place*, 13쪽 참조.

44. 윤희연, 「하이라인 프로젝트-현재와 미래」, 『환경과조경』 2009년 4월호(통권 제252호).

45. M. Heidegger, 『전집 7』, 19쪽.

46. M. Heidegger, 『전집 7』, 91쪽 참조.

47. M. Heidegger, 『전집 9』, 341쪽 참조.

48. 윤희연, 앞의 글.

49. 이는 다분히 들뢰즈의 형이상학에 기대고 있는 주름건축에 대한 비판을 암시한다. 들뢰즈는 『주름』이라는 저서에서 존재 자체를 잠재성이 현실화하는 과정으로 본다. 그리고 이 과정은 접힘의 상태로 움츠러들어 있던 것이 펼쳐지는 과정에 비유된다. "모든 사물은 그 안에 무한한 부분들을 포함하고 있다. 이 부분들은 수평적 차원에서의 무한이 아니라 수직적-중첩적 차원에서의 무한을 형성한다." 이렇게 무한한 중첩구조를 이루는 물질의 구성요소는 원자가 아니라 주름이다. "연속체의 분절은 모래알들의 분절로서가 아니라, 접혀 있는 종이나 막의 분절로서 이해되어야 한다. 그렇게 크고 작은 무한의 주름들이 존재할 수 있도록 물체/신체는 결코 점이나 무한소로 와해될 수 없기 때문이다." 따라서 라이프니츠에게서 세계는 주름이다. 자연은 무한히 접혀진 주름이다. 들뢰즈는 그의 주름 형이상학을 전개하는 데 있어서 라이프니츠의 모나드이론 뿐만 아니라 미적분기하학, 파동이론, 열역학, 그리고 바로크의 미학 등 다양한 학문 분야를 가로지르고 있다. 그러나 이러한 가로지르기는 한편으로 각 이론의 말단에서 목격되는 개념적 유사성을 접속지점으로 삼고 이론 간의 횡단을 시도하는 것으로 자칫 각 이론의 타당성을 정초하는 이론체계를 훼손하는 오류를 범할 수 있다. 따라서 현재 건축에서 주도적 유행으로 자리 잡아 가고 있는 주름건축은 들뢰즈의 형이상학과 공간론에 대한 비판적 성찰을 필요로 한다. 이에 대한 연구는 다음 기회로 미루기로 한다.

| 4부 |

1. 2007년 미국 상위 10위권 안에 드는 초대형 모기지론 대부업체가 파산하면서 시작돼 미국뿐만 아니라 국제금융시장 전체에 신용경색을 불러왔던 연쇄적인 경제위기를 뜻한다.

2. 금융기관이 다양한 리스크에 대응하기 위해 충분한 자기 자본을 보유하고 있는가를 판단하기 위한 지표로 자기자본비율BIS을 꼽는다. 이는 현재 금융기관이

보유한 위험가중자산에 대한 자기자본의 비율로 표시된다. 2006년까지 운용되었던 산출기준을 '바젤-Ⅰ', 2006년부터 도입된 새로운 기준을 '바젤-Ⅱ'라 부른다. 바젤-Ⅱ는 그동안 무시돼왔던 은행 내부 전산시스템의 오류, 직원들의 부정행위, 예상치 못한 외부사고 등으로 인해 발생한 금융손실을 반영하는 운영리스크에 자본금을 적립하도록 요구했다.

3. 행동경제학에서 이러한 '묻지마 행동'을 동물들이 무리지어 하는 행동, 즉 **Herd Behavior**에 비교하여 설명한다.

4. 예를 들어 냉장고를 쉽게 설명하면, 냉장고의 사용가치는 식품을 신선하게 보관하는 기능이며, 기호가치는 냉장고의 디자인이 갖는 가치이다. 스포츠카의 경우 기호가치가 더 분명해진다. 자동차의 사용가치는 운송기능이지만 스포츠카는 부, 자유분방, 매력을 상징하는 기호로서 가치가 크다. 이러한 예에서 보듯 20세기 후반부터 상품의 가치를 결정하는 데 있어서 기호가치의 비중이 증가하고 있다.

5. 『기호의 정치경제학 비판을 위하여』는 1972년 출간된 보드리야르의 출세작이다. 칼 마르크스 저서 『정치경제학 비판』을 패러디한 이 책에서 보드리야르는 대공황 이후의 기호가치의 생산·소비·유통을 중심으로 자본의 증식전략을 취하는 자본주의의 변이과정을 밝혀낸다. 동시에 마르크스의 정치경제학의 한계를 폭로하면서 후기자본주의 작동원리를 새로운 시각으로 분석한다.

6. 국제적인 통화제도 협정에 따라 구축된 국제통화체제로서, 제2차 세계대전 종전 직전인 1944년 미국 뉴햄프셔 주 브레튼우즈에서 45개국이 참가한 가운데 빛을 보인다. 협정에 따라 국제통화기금IMF과 국제부흥개발은행IBRD이 설립되었고, 통화가치 안정·무역진흥·개발도상국 개발·환율 안정 등이 주요한 목표가 되었다. 또한 미국 달러화를 기축통화key currency로 하는 금환본위제도를 실시해 금 1온스를 35달러로 고정시키고, 그 외에 다른 나라의 통화는 달러에 고정시켰다. 그러나 베트남전쟁 등으로 미국의 국제수지 적자가 발생하고, 전비조달을 위한 통화량 증발에 의해 인플레이션이 발생, 달러 가치가 급락하자 일부 국가들이 금태환을 요구하였고, 결국 1971년 8월 닉슨대통령의 금태환 정지선언으로 이 체제는 붕괴되었다.

7. 한 인터넷 카페에서 아이디 '미네르바'로 활동하던 논객을 뜻함.

8. 타인으로부터 빌린 차입금을 지렛대로 삼아 자기자본이익률을 높이는 것을 말한다. 예를 들어 100억 원의 자기자본으로 10억 원의 순익을 올리게 되면 자기자본이익률은 10%가 되지만, 자기자본 50억 원에 타인자본 50억 원을 도입하

여 10억 원의 순익을 올리게 되면 자기자본이익률은 20%가 된다. 타인자본을 사용하는 데 드는 금리비용보다 높은 수익률이 기대되는 경우에는 타인자본을 적극적으로 활용하는 것이 유리하지만, 타인자본을 과도하게 도입하면 경기가 어려울 때 금리부담으로 인한 도산 위험이 높아진다.

9. 유한상태를 지닌 세포cell들로 구성된 셀 어레이로, 주변 셀의 일정한 변화에 따라 규칙적으로 변화하는 자동 장치. 셀 이웃 주변의 현 상태가 다음 단계의 셀 상태를 결정짓는 것으로, 전이 형태는 각 주변 이웃 셀에 대한 다음 단계의 상태를 정의해 놓은 규칙 테이블 형식으로 항상 정해져 있다. 그리드 형태의 셀 어레이가 일반적으로 1~3차원으로 되어 있어서 고도의 병렬 처리와 상호 접속성 및 단순한 단위를 요소로 이용하는 세포자동자는 소위 세포 컴퓨팅의 기능을 수행할 수 있다.

10. 따라서 복잡계로 이해된 실재에서 모든 것은 모든 것에 대해 주체와 동시에 객체가 되며, 따라서 복잡계의 구성자는 서로 타자가 취하는 행태에 따라 행동하는 동시적 되먹임의 관계를 갖고 있다. 그리하여 복잡계를 지배하는 법칙은 미리 주어진 것이 아니라, 이러한 구성자들의 상호작용 속에서 규칙이 적응이나 배움의 어떠한 과정에 의해 계속해서 재형성되는 양상으로 보인다. 따라서 복잡계란 바로 복잡적응 시스템complex adaptive system이다.

11. 에드워드 프레드킨Edward Fredkin(1934~)은 바로 이렇게 다양한 구성요소들로부터 복잡한 동적 패턴이 창발하는 것에 착안하여 자연계에서 패턴의 형성과 소멸을 설명할 수 있는 것으로 보고, 우주에서 모든 것이 형성되는 근본구조를 CA에서 찾고 있다. 즉 자연계에서의 생성의 원리는 이제 다음과 같은 질문으로 변형되어 탐구된다. "어떻게 CA의 기초적 구조로부터 자발적으로 고수준의 연산이 창발하는가?"

랭턴Christopher Langton(1949~)은 이 부문에서 괄목할 만한 성과를 이루었다. 그는 CA가 컴퓨테이션의 기본 작동을 지원하는 조건은 정보의 전달·저장·변이를 요구하는 것으로서 분석하였다. 이러한 그의 연구는 창발이 질서 지어진 구조와 무질서한 영역의 경계에서 발생할 가능성이 있음을 시사한다. 질서 지어진 영역에서는 세포들이 극도로 상호의존하게 하는 규칙을 통해 서로 긴밀하게 묶여 있다. 질서 지어진 영역으로 유도하는 것은 이러한 상호의존이다. 그러나 긴밀하게 질서 지어진 구조는 통합체로서의 세포가 고수준의 연산을 수행할 수 없음을, 특히 정보의 전달과 변형을 수행할 수 없음을 뜻한다. 반면 무질서에서는 세포들이 서로 독립적이다. 이 상호독립성이 세포들을 무질서하게 나타나게 하는 이유이다. 이러한 상태는 정보의 전달과 변이를 가능하게 하지만 어떤 패턴도 오래 지속되지 않기 때문에 정보의 저장이 문제가 된다.

따라서 무질서chaos와 질서cosmos의 경계 영역에서만 패턴이 형성되고 변이되며 소멸하지 않고 전달되는 것을 허용하는 필연적인 혁신과 복제의 긴장이 있다.

12. 이는 필자가 금융위기 이후 국내외에서 거론된 처방들을 필자 나름대로 정리한 것이다.

13. 이 원고의 교정을 보는 2011년 8월 이 순간에도 신용평가사 S&P가 미국의 국가신용도를 강등한 파장으로 세계금융시장이 다시 2008년과 같은 패닉에 빠져들고 있다.

14. 인간과 컴퓨터의 상호작용 양상을 의미하는 HCI는 컴퓨터 개발에 중요한 연구 분야이다. 예컨대 인간은 컴퓨터와 키보드를 매개로 상호작용하기도 하고, 최근 스마트폰처럼 터치를 통해 상호작용하기도 한다.

15. 장소공간론(토폴로지)Topology는 수학에서 위상학으로 번역되지만, 이는 근대 이후 발전한 수학적 공간론의 한 종류이다. 따라서 토폴로지를 인문학에서 무분별하게 위상학으로 번역하는 것은 큰 오류를 범한다. 많은 철학자와 인문학자들은 토폴로지를 그 원래의 뜻, 즉 장소, 나아가 공간에 관한 학문으로 이해하며 이 용어를 사용한다. 그럼에도 우리나라에서는 이러한 사실에 대한 고려없이 토폴로지를 위상학으로 번역하고 있다. 필자는 토폴로지를 하이데거의 경우 장소공간론으로 번역한다. 그리고 슐츠에서는 지형학으로 번역한다.

16. 경제economy의 그리스 어원은 살림살이를 뜻하는 'oikonomia'이다

17. 이 예측대로 이 글을 탈고하는 동안 두바이가 지불위기를 맞아 건축이 중단되고 있으며, 이는 다시 회복기에 들어선 세계경제를 더블딥으로 몰고 갈지 모른다는 뉴스로 증권시장이 요동치고 있었다.

참고문헌

1차 자료

Husserl, Edmund

- Husserliana 6(전집 제6권)

Die Krisis der europäischen Wissenschaften und die transzendentale Phänomenologie. Eine Einleitung in die phänomenologische Philosophie. [The crisis of European sciences and transcendental philosophy. An introduction to phenomenology.] Edited by Walter Biemel. The Hague, Netherlands: Martinus Nijhoff, 1976.

- Husserliana 11(전집 제11권)

Analysen zur passiven Synthesis. Aus Vorlesungs-und Forschungsmanuskripten, 1918-1926. [Analyses of passive synthesis. From lectures and research manuscripts, 1918-1926.] Edited by Margot Fleischer. The Hague, Netherlands: Martinus Nijhoff, 1966.

- Husserliana 12(전집 제12권)

Philosophie der Arithmetik. Mit ergänzenden Texten (1890-1901). [Philosophy of arithmetic. With complementary texts. (1890-1901).] Edited by Lothar Eley. The Hague, Netherlands: Martinus Nijhoff, 1970.

- Husserliana 14(전집 제14권)

Zur Phänomenologie der Intersubjektivität. Texte aus dem Nachlass. Zweiter Teil. 1921-28. [On the phenomenology of intersubjectivity. Texts from the estate. Second part. 1921-28.] Edited by Iso Kern. The Hague, Netherlands: Martinus Nijhoff, 1973.

- Husserliana 17(전집 제17권)

Formale and transzendentale Logik. Versuch einer Kritik der logischen Vernunft. [Formal and transcendental logic. Attempt at a critique of logical reason.] Edited by Paul Janssen. The Hague, Netherlands: Martinus Nijhoff, 1974.

Heidegger, Martin

(Gesamtausgabe: Frankfurt:Klostermann, 1976-)

- Band 7(전집 제7권)

  Vorträge und Aufsätze (1936-1953). Herausgeber: Friedrich-Wilhelm von Herrmann. 2000.

- Band 9(전집 제9권)

  Wegmarken (1919-1961). Herausgeber: Friedrich-Wilhelm von Herrmann. 1. Auflage 1976.

- Band 12(전집 제12권)

  Unterwegs zur Sprache (1950-1959). Herausgeber: Friedrich-Wilhelm von Herrmann, 1985.

- Band 15(전집 제15권)

  Seminare (1951-1973). Herausgeber: Curd Ochwadt 1. Auflage 1986.

- Band 38(전집 제38권)

  Logik als die Frage nach dem Wesen der Sprache (Sommersemester 1934). Auf der Grundlage der Vorlesungsnachschrift von Wilhelm Hallwachs herausgegeben von Günter Seubold,1998.

- Band 39(전집 제39권)

  Hölderlins Hymnen "Germanien" und "Der Rhein" (Wintersemester 1934/35). Herausgeberin: Susanne Ziegler,1. Auflage 1980.

- Band 52(전집 52)

  Hölderlins Hymne "Andenken" (Wintersemester 1941/42). Herausgeber: Curd Ochwadt 1. Auflage 1982.

- *Sein und Zeit*, Tübingen, 1976.

- *Hebel der Hausfreunde*, Pfullingen, 1953.

Norberg-Schulz, Christian

- *Archtectutre: Presence, Language, Place*. Milan. 2000.

- *Existence, Space & Architecture*. New York 1971.

- *Genius Loci*.

- "Kahn, Heidegger and the Language of Architecture," Oppositions 18, Cambridge, Massachusetts: MIT Press, Fall 1979.

- *Late Baroque and Rococo Architecture*. New York 1985.

- *Meaning in the Western Architecture.* New York 1983.
- *The Concept of Dwelling. On the Way to figurative architecture.* New York. 1985.
- *Principles of Modern Architecture.* London. 2000.

2차 자료(국외)

Cassierer, Ernst. *Substance and Function and Einsteins Theory of Relativity.* Dover Publication, N.Y. 2003.

Frege, G. *Wissenschaftlicher Briefwechsel.* hrg. G. Gabriel. Hamburg. 1976.

Harries, Paul A. "To see with the mind and think through the eye, Deleuze, Folding Architecture and Simons Rodia' s Watt Towers," In *Deleuze and Space.* Toronto. 2005.

Heim, M. *Virtual Realism.* Oxford Univ. Press. 1998.

HLEG(by Alfred Nordmann, Rapportuer), *Converging Technologies for the European Knowledge Societies.* Report. 2004.

Kuehlman, Doerte. "Der Geist des (W)ortes" , In *Bauen und Wohnen, Hg., Eduard Fuehr.* Muenster: New York: Muenchen: Berlin. 2000.

Laporte, Paul M. "Cubism and Relativity with a letter of Albert Einstein" . in Art Journal 25. 1966.

Lavroff, Nicholas. *Virtual Reality Playhouse.* The Waite Group Inc. 1994.

Le Corbusier, *Towards a New Architecture,* tr. Etchells, Frederick. London, Architectural Press. 1948.

Malpas, J. *Heidegger' s Topology, Being, Place, World.* Cambridge, Masachusetts. 2006.

Meisenheimer, Wolfgang. *Choreografie des Architektonischen Raumes, Verschwinden des Raumes in der Zeit.* Seoul, 2007.

Petiska, Eduard. *A Treasury of Tales from the Kingdom of Bohemia.* Prague: Martin Publishers. 1996.

Piccaso, Pablo. 'Statement' (1923), In Herschel B. Clipp, *Theories of Modern Art,* Univ. California Press, Berkeley and Los Angeles. 1968.

Retallack, Gregory J. "Rocks, Views, Soils and Plants at the Temples of Ancient Greece," In *Antiquity 82.* 2008.

Roco, Mihail C., Bainbridge, William Sims. *Convergent Technologies to*

Improve Human Performance. NSF. 2002.

Sallis, John. *Topographies*. Indiana Univ. Press. 2006.

Scully, V. *The Earth, the Temple, and Gods*. New Heaven and London. 1962.

Sprin, Anne Whiston. *Language of Landscape*. Yale Univ. Press, New Heaven and London. 1998.

Weiser, M. "Computer for 21 Century", Mobile Computing and Communications Review. Volume 3 Issue 3. July 1999.

Welsch, Wolfgang. Vernunft. *Die zeitgenössische Vernunftkritik und das Konzept der transversalen Vernunft*, Frankfurt am Mein. 1996.

2차 자료(국내)

마스나가 야쓰미스, 진영환·김진범·정윤희 옮김, 『도시계획의 신조류』, 한울아카데미, 2006.

알랜차머스, 신일철·신중섭 옮김, 『현대의 과학철학』, 서광사, 1990.

에드워드 윌슨, 최재천·장대익 옮김, 『통섭, 지식의 대통합』, 사이언스북스, 2005.

윤희연, 「하이라인 프로젝트-현재와 미래」, 『환경과 조경』 2009년 4월호(통권 제252호).

이기상·구연상, 『존재와 시간 용어해설』, 까치글방, 1998.

이정모, 『인지과학—학문 간 융합의 원리와 응용』, 성균관대학교출판부, 2009.

이현군, 「조선시대 한성부 형성배경과 입지적 특성」, 『한국도시지리학회』 8권 1호.

이현종, 「체험관광 동기에 따른 관광 목적지 유형선정 요구」, 『관광연구저널』 21(1).

정인하, 「질 들뢰즈의 주름 개념과 랜드스케이프 건축」, 『프랑스학 연구 32권』, 2005.

조택현, 「유비쿼터스 환경에서 구현 가능한 "지능공간주거"」, 『건축』 49권 3호, 2005.

조택현 외, 「유비쿼터스 환경에서 실현 가능한 공동주거」, 『대한 건축학회 논문집』 22권 3호(통권09호), 2006.

페데리코 가르시아 로르카, 『인상과 풍경』, 펭귄클래식 코리아, 2008.

한정선, 「시각의 놀라움」, 『철학과 현상학 연구』, 2004.

함성호, 「휘어진 공간 휘어진 건축」, 김제환 외, 『상대성이론 그 후 100년』, 궁리, 2005.

공간의 현상학, 풍경 그리고 건축

과학·건축·현상학의 심층횡단을 통한
인간의 미래 거주 방향 모색

1판 1쇄 발행 2012년 1월 30일
1판 3쇄 발행 2013년 10월 30일

지은이 ┃ 이종관
펴낸이 ┃ 김준영
펴낸곳 ┃ 성균관대학교 출판부
편　집 ┃ 신철호·현상철·구남희
디자인 ┃ 이민영
마케팅 ┃ 박인봉·박정수
관　리 ┃ 조승현·김지현
외주디자인 ┃ 김수영

등록 ┃ 1975년 5월 21일 제1975-9호
주소 ┃ 110-745 서울특별시 종로구 성균관로 25-2
전화 ┃ 02) 760-1252~4
팩스 ┃ 02) 762-7452
홈페이지 press.skku.edu

ⓒ 2012, 이종관

ISBN 978-89-7986-897-5　93130
값 34,000원